Irvin D. Yalom

Die Liebe und ihr Henker & andere Geschichten aus der Psychotherapie

Deutsch von
Hans-Jürgen Heckler

Albrecht Knaus

Die Originalausgabe erschien unter dem Titel
«Love's Executioner» 1989 bei Basic Books, Inc., New York

Alle Namen, Identifikationsmerkmale
und andere Einzelheiten der Falldarstellungen
wurden verändert.

Der Albrecht Knaus Verlag
ist ein Unternehmen der Verlagsgruppe Bertelsmann

1. Auflage
© 1989 by Irvin D. Yalom
© Albrecht Knaus Verlag GmbH, München 1990
Schutzumschlag von Klaus Renner unter
Verwendung des Ölgemäldes «Wohin gehst Du?» von Fritz Janschka,
Historisches Museum der Stadt Wien
ISBN 3-8135-6979-9
Printed in Germany · Mohndruck, Gütersloh

Für meine Familie:
Meiner Frau Marylin und meinen Kindern
Eve, Reid, Victor und Ben

Inhalt

Vorwort
9

Die Liebe und ihr Henker
25

«Wenn Vergewaltigung legal wäre...»
87

Dicke Dame
109

«Das falsche Kind ist gestorben»
147

«Ich hätte nie geglaubt,
daß mir das passieren könnte»
179

Der leere Umschlag
189

Zwei Lächeln
207

Drei ungeöffnete Briefe
231

Therapeutische Monogamie
263

Auf der Suche nach dem Träumer
283

Danksagung
332

Vorwort

Stellen Sie sich einmal folgende Situation vor: Drei- bis vierhundert Menschen, die sich gegenseitig nicht kennen, werden aufgefordert, sich paarweise anzuordnen und sich gegenseitig immer wieder eine einzige Frage zu stellen: «Was willst du?»

Was könnte einfacher sein? Eine harmlose Frage und eine ebenso harmlose Antwort. Und doch habe ich immer wieder erlebt, welch unerwartet starke Gefühle durch diese Gruppenübung ausgelöst wurden. Oft entsteht innerhalb von Minuten eine emotionsgeladene Atmosphäre im Raum. Männer und Frauen – keineswegs verzweifelte oder hilfsbedürftige, sondern durchweg erfolgreiche, lebenstüchtige und gutgekleidete Leute mit entsprechender Ausstrahlung – werden gleichermaßen in ihrem Innersten aufgewühlt. Sie rufen nach den Menschen, die für immer verloren sind – verstorbene oder entschwundene Eltern, Ehepartner, Kinder und Freunde: «Ich will dich wiedersehen.» «Ich will deine Liebe.» «Ich will, daß du stolz auf mich bist.» «Ich will, daß du weißt, wie sehr ich dich liebe und wie leid es mir tut, daß ich dir das nie gesagt habe.» «Ich will, daß du zurückkommst – ich bin so einsam.» «Ich will endlich die Kindheit erleben, die ich nie hatte.» «Ich will wieder gesund, wieder jung sein. Ich will geliebt und geachtet werden. Ich will meinem Leben einen Sinn geben. Ich will etwas erreichen, Einfluß haben, eine wichtige Rolle spielen, in Erinnerung bleiben.»

So viele Wünsche. So viele Sehnsüchte. Und so viele Schmerzen, die binnen weniger Minuten hervorbrechen. Schicksalsschmerz. Lebensschmerz. Ein allgegenwärtiger Schmerz, der ständig unter der Membrane des Lebens schlummert. Ein Schmerz, den man nur allzuleicht aufrührt. Viele Dinge – eine einfache Gruppenübung, wenige Augenblicke des Nachdenkens, ein Kunstwerk, eine Predigt, eine persönliche Krise, ein Verlust – erinnern uns daran, daß unsere tiefsten Wünsche unerfüllbar sind: unser Wunsch nach ewiger Jugend, nach Rückkehr unserer Lieben, nach ewiger Liebe und Geborgenheit, nach Ruhm, mit anderen Worten nach Unsterblichkeit. Wenn diese unerfüllbaren Wünsche so übermächtig werden, daß sie unser Leben beherrschen, wenden wir uns hilfesuchend an unsere Familie, an Freunde, an die Religion – und manchmal auch an die Psychotherapie.

In diesem Buch möchte ich die Geschichten von zehn Patienten erzählen, die zu mir in Therapie kamen und die im Verlauf des therapeutischen Prozesses mit erheblichen existentiellen Ängsten zu kämpfen hatten. Dabei waren diese Ängste keineswegs der Grund, weshalb sie meine Hilfe in Anspruch nahmen; im Gegenteil, alle zehn litten lediglich unter den ganz normalen Problemen des täglichen Lebens: unter Einsamkeit, Minderwertigkeitsgefühlen, Impotenz, Migräne, sexuellen Zwängen, Fettsucht, Bluthochdruck, Kummer, einer Liebesobsession, Stimmungsschwankungen, Depressionen. Und doch enthüllte die Therapie irgendwie (ein «Irgendwie», das sich in jeder Geschichte unterschiedlich äußert) die tieferen Wurzeln dieser alltäglichen Probleme – Wurzeln, die an den Kern der Existenz rührten.

«Ich will! Ich will!» – Diesen Aufruf hört man immer wieder im Verlauf dieser Geschichten. Eine Patientin, die ihre Tochter verloren hatte und ihre beiden Söhne wie Stiefkinder behandelte, rief unter Tränen: «Ich will meine geliebte Tochter wiederhaben.» Ein Patient mit Lymphknotenkrebs im fortgeschrittenen Stadium wiederholte ständig: «Ich will mit jeder Frau schlafen, die mir über den Weg läuft.» Ein anderer, der sich mit drei Briefen herumquälte, weil er es nicht fertigbrachte, sie zu öffnen, wünschte sich «die Eltern, die Kindheit, die ich nie hatte». Und eine weitere Patientin, eine alte Frau, die nicht auf ihre Liebe zu einem fünfunddreißig Jahre jüngeren Mann verzichten wollte, erklärte: «Ich will ewig jung bleiben.»

Ich glaube, daß das primäre Thema der Psychotherapie immer solche Existenzängste sind – und nicht, wie oft behauptet wird, unterdrückte Triebe oder unbewältigte Tragödien im Leben des einzelnen. Mein therapeutisches Vorgehen bei jedem dieser zehn Patienten ging immer von der Grundannahme aus, daß diese Angst in erster Linie vom bewußten oder unbewußten Bemühen der Menschen herrührt, mit den unausweichlichen Tatsachen des Lebens, den Grundlagen der Existenz fertig zu werden.*

Meiner Meinung nach sind vier existentielle Grundtatsachen in der Psychotherapie besonders relevant: die Unausweichlichkeit des Todes für jeden von uns und für die, die wir lieben; die Freiheit, unser Leben nach unserem Willen zu gestalten; unsere letztendliche Isolation und schließlich das Fehlen eines erkennbaren Lebenssinns. So grausam diese Grundtatsachen auch sein mögen, sie bergen den Keim von Weisheit und Erfüllung. Ich möchte anhand dieser zehn Geschichten aus der Psychotherapie zeigen, daß die Menschen ihr Leben verändern und sich weiterentwickeln können, wenn sie sich diesen existentiellen Wahrheiten stellen und sich deren Kraft zunutze machen.

Die eindeutigste Tatsache des Lebens – eine Tatsache, die wir intuitiv begreifen – ist die Unausweichlichkeit des Todes. Schon früh, viel früher als allgemein angenommen, lernen wir, daß wir dem Tod entgegengehen und ihm nicht entkommen können. Und dennoch «ist alles und jeder bestrebt», wie Spinoza sagte, «in seinem Sein zu verharren». In unserem Innersten besteht ein nie endender Konflikt zwischen dem Wunsch nach Weiterleben und der Gewißheit des Todes.

Um uns der Realität des Todes anzupassen, versuchen wir auf vielfältigste Weise, ihn zu leugnen, ihm zu entkommen. Solange wir jung sind, tragen Eltern, weltliche und religiöse Mythen das Ihre dazu bei, den Tod zu verleugnen; später personifizieren wir ihn, indem wir ihn in eine Wesenheit, ein Monster, ein Sandmännchen oder einen Dämon verwandeln. Denn wenn der Tod ein Verfolger ist, sollte es schließlich auch möglich sein, ihm auf irgendeine Weise zu entkommen. Außerdem, so schrecklich ein todbringender Dämon auch sein mag, er ist immer noch weniger schrecklich als die Wahrheit: daß wir den Keim unseres Todes von Anfang an in uns tragen. Später experimentieren Kinder mit anderen Möglichkeiten, ihre Angst vor dem Tod zu mildern: Sie nehmen dem Tod seinen Stachel, indem sie ihn

---

* Eine ausführliche Darstellung dieser existentiellen Perspektive und einer darauf basierenden Theorie und Praxis von Psychotherapie findet sich in meinem Buch *Existential Psychotherapy*, N. Y. 1980; dt. *Existentielle Psychotherapie*, Köln 1989.

verspotten, sie fordern ihn durch Tollkühnheit heraus oder berauben ihn seiner Bedrohlichkeit, indem sie sich – in der beruhigenden Gesellschaft von anderen Kindern und knusprig heißem Popcorn – Gruselgeschichten und Horrorfilmen aussetzen.

Wenn wir älter werden, lernen wir, den Tod zu verdrängen; wir suchen Ablenkung; wir verwandeln ihn in etwas Positives (ein Dahinscheiden, eine Heimkehr, eine Vereinigung mit Gott, eine Erlösung); wir leugnen ihn mit Hilfe von Mythen; wir streben nach Unsterblichkeit, indem wir unvergängliche Werke schaffen, indem wir uns durch unsere Kinder in die Zukunft fortpflanzen oder uns an ein religiöses System klammern, das uns ein Überleben im Geiste bietet. Viele Menschen weisen es weit von sich, daß sie dadurch den Tod zu verleugnen suchen. «Unsinn!» sagen sie. «Wir leugnen den Tod nicht. Jeder muß schließlich einmal sterben. Das wissen wir auch. Die Tatsachen sprechen für sich. Aber welchen Sinn hat es, ständig darüber nachzudenken?»

Die Wahrheit ist, daß wir es wissen und doch nicht wissen. Wir wissen *um* den Tod, wir erkennen mit unserem Verstand die Tatsachen an, aber wir – das heißt der unbewußte Teil unseres Bewußtseins, der uns vor alles überflutender Angst schützt – haben den mit dem Tod assoziierten Schrecken abgespalten. Dieser Abspaltungsprozeß vollzieht sich unbewußt, und nur in den Augenblicken, in denen das Verleugnungsarsenal nicht mehr funktioniert und die Todesangst mit voller Kraft durchbricht, wird er für uns erkennbar. Das geschieht nur selten, vielleicht nur ein- oder zweimal im Leben. Gelegentlich erleben wir etwas Derartiges in der Realität, etwa wenn wir selbst dem Tod nahe waren oder wenn eine geliebte Person gestorben ist; meistens aber kommt die Todesangst in Alpträumen zum Vorschein.

Ein Alptraum ist ein mißglückter Traum, ein Traum, der seine Rolle als Hüter des Schlafs verfehlte, weil es ihm nicht gelang, die Angst «in den Griff zu bekommen». Obwohl sich Alpträume im manifesten Trauminhalt voneinander unterscheiden, ist der ihnen zugrunde liegende Prozeß immer derselbe: Die nackte Todesangst ist ihren Hütern entkommen und bricht gewaltsam ins Bewußtsein ein. Die Geschichte «Auf der Suche nach dem Träumer» ist ein hervorragender Bericht über den Durchbruch der Todesangst und den letzten verzweifelten Versuch des bewußten Denkens, sie in Schach zu halten: Inmitten der alles überflutenden düsteren Todesphantasien von Marvins Alptraum taucht ein Instrument auf, das der Erhaltung des Lebens und dem Kampf gegen den Tod dient – ein leuchtender Stab mit weißer Spitze, mit dem sich der Träumende ein sexuelles Duell mit dem Tod liefert.

Der sexuelle Akt wird auch von den Protagonisten anderer Geschichten als Zaubermittel gegen den Verfall, das Alter, den herannahenden Tod erlebt: von dem jungen Mann, der angesichts einer tödlichen Krebserkrankung eine zwanghafte Promiskuität entwickelt, («Wenn Vergewaltigung legal wäre»), und von dem alten Mann, der sich an die bereits vergilbten, dreißig Jahre alten Briefe seiner toten Geliebten klammert («Der leere Umschlag»).

In meiner langjährigen Arbeit mit Krebspatienten im letzten Stadium habe ich zwei besonders wirkungsvolle und verbreitete Methoden zur Milderung von Todesängsten kennengelernt, zwei Überzeugungen oder Wahnvorstellungen, die ein Gefühl von Sicherheit vermitteln. Entweder die Menschen glauben, etwas Besonderes zu sein, oder sie glauben an einen Retter. Obwohl es sich dabei um Wahnvorstellungen handelt, insofern als sie auf «fixierten falschen Überzeugungen» beruhen, verwende ich den Begriff Wahnvorstellung nicht abwertend: Diese universellen Überzeugungen existieren auf einer bestimmten Bewußtseinsebene in jedem von uns und spielen in mehreren dieser Geschichten eine Rolle.

Der Glaube, etwas Besonderes zu sein, schließt ein, daß man unverwundbar, unantastbar ist – jenseits biologischer Gesetze und jenseits der Gesetze des menschlichen Schicksals. Jeder von uns wird an einem bestimmten Punkt seines Lebens mit einer Krise konfrontiert: mit einer schweren Krankheit, beruflichem Mißerfolg oder Scheidung. In Evas Fall in «Ich hätte nie geglaubt, daß mir das passieren könnte» war es ein so banales Ereignis wie der Diebstahl eines Geldbeutels. Plötzlich offenbarte sich die Gewöhnlichkeit der eigenen Existenz, und die weitverbreitete Ansicht, im Leben ginge es ständig aufwärts, war in Frage gestellt.

Während uns der Glaube, wir seien etwas Besonderes, ein Gefühl innerer Sicherheit gibt, suchen wir mit der zweiten Methode, dem *Glauben an einen Retter,* den ewigen Schutz einer äußeren Macht.

Auch wenn wir versagen oder krank werden, auch wenn wir an den Abgrund des Lebens geraten, gibt es, so glauben wir, einen allmächtigen, allgegenwärtigen Helfer, der uns immer wieder ins Leben zurückholt.

Diese beiden Glaubenssysteme liefern zwei diametral entgegengesetzte Antworten auf die menschliche Grundsituation. Entweder behauptet der Mensch seine Autonomie durch überhöhtes Selbstbewußtsein, oder er sucht Sicherheit in der Vereinigung mit einer höheren Macht: Selbstbehauptung steht gegen Verschmelzung und Abgrenzung gegen Aufgehen in einem größeren Ganzen. Er wird entweder zum Vater seiner selbst, oder er bleibt das ewige Kind.

Die meisten unter uns leben die meiste Zeit ihres Lebens recht behaglich, indem sie ihre Späßchen machen und es mit Woody Allen halten, wenn er sagt: «Ich habe keine Angst vor dem Tod. Ich will nur nicht dasein, wenn er kommt.» Aber es gibt noch eine andere Methode, eine Methode, die in der Psychotherapie eine lange Tradition hat und die uns lehrt, daß wir durch das Bewußtsein unseres Todes reifen und unser Leben bereichern können. Die letzten Worte eines meiner Patienten vor seinem Tod (in «Wenn Vergewaltigung legal wäre...») zeigen, daß die *Idee* des Todes uns retten kann, auch wenn die *Tatsache* des Todes uns physisch zerstört.

Die Freiheit, eine weitere Grundtatsache unserer Existenz, stellt für die meisten meiner zehn Patienten ein Dilemma dar. Als Betty, eine übergewichtige Patientin, verkündete, daß sie sich vor der Therapiestunde vollgefressen habe und dasselbe nach der Sitzung wieder zu tun gedenke, versuchte sie, ihre Freiheit aufzugeben und statt dessen mich dazu zu bringen, sie zu überwachen. Die Therapie mit einer anderen Patientin (Thelma in «Die Liebe und ihr Henker») kreiste ausschließlich um das Thema der Selbstaufgabe in der Beziehung zu einem früheren Liebhaber (und Therapeuten) und um meine Suche nach Strategien, wie sie ihre Kraft und Freiheit wiedergewinnen konnte.

Die Freiheit als grundlegender Bestandteil der Existenz scheint die Antithese des Todes schlechthin zu sein. Während wir den Tod fürchten, betrachten wir die Freiheit als etwas eindeutig Positives. War die Sehnsucht nach Freiheit nicht immer ein ganz bestimmendes

Element in der Geschichte der abendländischen Zivilisation, wenn nicht sogar ihr Motor? Doch ist die Freiheit aus existentieller Sicht immer mit Angst verbunden, denn schon ihr Vorhandensein beweist, daß wir, im Gegensatz zu unserer Alltagserfahrung, nicht in ein wohlgeordnetes, von ewigen Gesetzen bestimmtes Universum hineingeboren werden und dieses am Ende wieder verlassen. Freiheit bedeutet, daß man für seine eigenen Entscheidungen, seine Taten, für seine eigene Lebenssituation verantwortlich ist.

Zwar kann das Wort *verantwortlich* auf verschiedenste Weise interpretiert werden, ich ziehe jedoch Sartres Definition vor: Verantwortlich sein bedeutet «Urheber sein», das heißt, jeder von uns ist der Urheber seines eigenen Lebensplans. Wir haben die Freiheit, alles außer unfrei zu sein: Wir sind, wie Sartre sagt, zur Freiheit verdammt. Einige Philosophen gehen noch viel weiter, indem sie behaupten, daß die Architektur des menschlichen Geistes jeden von uns sogar für die Struktur der äußeren Realität verantwortlich macht, für die Form von Raum und Zeit selbst. Hier – in der Idee der Selbstgestaltung – liegen die Ursachen für unsere Ängste: Wir sind Geschöpfe, die sich nach einer Struktur sehnen, und zutiefst beunruhigt von einem Freiheitsbegriff, der impliziert, daß unter uns nichts mehr ist, nichts als der schiere Abgrund.

Jeder Therapeut weiß, daß der entscheidende erste Schritt in der Therapie die Bereitschaft des Patienten ist, Verantwortung für die Gestaltung seines Lebens zu übernehmen. Solange der Patient glaubt, seine Probleme seien von außen verursacht, bleibt jede Therapie wirkungslos. Warum auch sollte er dann sein Leben verändern wollen? Es ist die äußere Welt, die verändert oder ausgewechselt werden muß. So konnte Dave (in «Der leere Umschlag»), der sich bitter darüber beklagte, daß er von einer schnüffelnden, besitzergreifenden Frau quasi eingesperrt wurde, erst dann Fortschritte in der Therapie machen, als er erkannte, wie sehr er selbst für die Entstehung dieses Gefängnisses verantwortlich war.

Da Patienten sich häufig dagegen wehren, Verantwortung zu übernehmen, müssen Therapeuten Techniken entwickeln, um ihnen bewußt zu machen, daß sie ihre Probleme selbst verursachen. Eine sehr wirkungsvolle Technik, die ich häufig anwende, ist die Konzentration auf das Hier und Jetzt. Da die Patienten in der therapeutischen

Beziehung dazu tendieren, dieselben zwischenmenschlichen Probleme zu produzieren, mit denen sie im normalen Leben zu kämpfen haben, konzentriere ich mich mehr auf das, was im jeweiligen Augenblick zwischen dem Patienten und mir vorgeht als auf die Ereignisse seines vergangenen oder aktuellen Lebens. Indem ich die Beziehung zwischen dem Patienten und mir (oder, in einer Gruppentherapie, die Beziehungen unter den Gruppenmitgliedern) genau beobachte, kann ich an Ort und Stelle aufzeigen, in welcher Weise ein Patient die Reaktionen anderer Menschen beeinflußt. So konnte sich David zwar dagegen wehren, Verantwortung für seine Eheprobleme zu übernehmen, er konnte aber in der Gruppentherapie nicht verhindern, daß sich sein Verhalten unmittelbar auf die anderen auswirkte: das heißt, seine heimlichtuerische, intrigante und ausweichende Art brachte die anderen Gruppenmitglieder dazu, ähnlich auf ihn zu reagieren wie seine Frau.

Auch Bettys Therapie (»Dicke Dame«) war erfolglos, solange sie für ihre Einsamkeit den oberflächlichen kalifornischen Lebensstil verantwortlich machen konnte. Erst als ich ihr in unseren gemeinsamen Stunden zeigte, wie ihre unpersönliche, verschüchterte, distanzierte Art dieselbe unpersönliche Umgebung in der Therapie entstehen ließ, begann sie, sich Gedanken darüber zu machen, inwieweit sie für ihre Isolation selbst verantwortlich war.

Die Übernahme von Verantwortung bringt den Patienten zwar auf den Weg der Veränderung, bedeutet aber selbst noch nicht Veränderung. Das Ziel aber kann nur Veränderung heißen, so sehr sich der Therapeut auch um Einsicht, Verantwortungsübernahme und Selbstverwirklichung bemüht. Freiheit erfordert nicht nur Verantwortung für unsere existentiellen Entscheidungen, sondern bedeutet auch, daß jede Veränderung einen Willensakt voraussetzt. Obwohl *Wille* ein von Therapeuten selten explizit verwendeter Begriff ist, unternehmen wir große Anstrengungen, den Willen des Patienten zu beeinflussen. Wir klären und interpretieren unaufhörlich in der Annahme, daß Verstehen immer zu Veränderung führt – das allerdings ist ein reiner Glaubenssatz, da überzeugende empirische Belege dafür fehlen. Wenn jahrelanges Interpretieren zu keiner Veränderung geführt hat, fangen wir möglicherweise an, direkt an den Willen zu appellieren: «Ohne Anstrengung geht es nicht. Du mußt es versuchen, weißt du. Es gibt eine Zeit zum Nachdenken und Analysieren, aber auch eine Zeit zum Handeln.» Und wenn auch direkte Appelle keine Wirkung zeigen, bleibt dem Therapeuten, wie diese Geschichten zeigen, nichts anderes übrig, als alle bekannten Mittel der Beeinflussung anzuwenden. So kann ich raten, argumentieren, in die Enge treiben, schmeicheln, anspornen, beschwören oder einfach ausharren, bis die neurotische Weltsicht des Patienten aus reiner Erschöpfung in sich zusammenfällt.

Unsere Freiheit vollzieht sich im Willen, der Triebfeder der Tat. Für mich verläuft der Willensakt in zwei Phasen: der Wunschphase als auslösendem Moment und der Entscheidungsphase als vollziehendem Moment.

Manche Menschen sind in ihren Wünschen blockiert, weil sie weder ihre Gefühle noch ihre Wünsche kennen. Ohne Meinungen, ohne eigene Impulse, ohne Neigungen werden sie zu Parasiten der Wünsche der anderen. Solche Menschen sind oft langweilig und lästig. Betty war langweilig, eben weil sie ihre Wünsche unterdrückte, und die Menschen in ihrer Umgebung wurden es leid, ihr ständig Wünsche und Phantasien zu liefern.

Andere Patienten wiederum sind entscheidungsunfähig. Obwohl sie genau wissen, was sie wollen und was sie tun sollten, sind sie nicht in der Lage zu handeln und laufen statt dessen selbstquälerisch vor dem Tor der Entscheidung auf und ab. Saul (»Drei ungeöffnete Briefe«) wußte, daß jeder vernünftige Mensch die Briefe öffnen würde; dennoch lähmte die Furcht vor dem Inhalt seinen Willen. Thelma (»Die Liebe und ihr Henker«) wußte, daß ihre zwanghafte Liebe ihr Leben jeglicher Realität beraubte. Sie *wußte*, daß sie, wie sie sich ausdrückte, ihr Leben vor acht Jahren gelebt hatte und daß sie, um es wiederzugewinnen, ihre Vernarrtheit würde aufgeben müssen. Aber das konnte oder wollte sie nicht, und sie widersetzte sich vehement all meinen Versuchen, ihren Willen zu beleben.

Entscheidungen sind aus vielen Gründen schwierig – einige reichen bis an die Wurzeln des Seins. John Gardner erzählt in seinem Roman *Grendel* von einem weisen Mann, der seine Meditationen über die Geheimnisse des Lebens in zwei ebenso einfachen wie schrecklichen Postulaten zusammenfaßt: «Die Dinge vergehen, Alternativen schließen sich aus.» Vom ersten Postulat, dem Tod, habe ich schon gesprochen. Das zweite, «Alternativen schließen sich aus», ist ein wichtiger Grund, um zu verstehen, warum Entscheidungen häufig so schwerfallen. Entscheidung bedeutet immer Verzicht: Jedes Ja erfordert ein Nein, jede Entscheidung bedeutet das Ende für alle anderen Optionen. So klammerte sich Thelma an die winzige Chance, die Beziehung mit ihrem Liebhaber noch einmal zu erleben, weil der Verzicht auf diese Möglichkeit Altern und Tod bedeutet hätte.

Die existentielle Isolation, eine dritte Grundtatsache des Lebens, bezieht sich auf die unüberbrückbare Kluft zwischen dem Ich und den anderen, eine Kluft, die auch in intensivsten zwischenmenschlichen Beziehungen nicht zu überwinden ist. Aber der Mensch ist nicht nur von anderen Lebewesen getrennt, sondern in dem Maß, wie jeder seine Welt erst erschafft, auch von der gesamten Außenwelt. Diese existentielle Isolation unterscheidet sich von zwei anderen Formen der Isolation: der interpersonellen Isolation und der intrapersonellen Isolation.

Interpersonelle Isolation oder Einsamkeit erfährt ein Mensch, wenn ihm die sozialen Fähigkeiten oder die Persönlichkeit fehlen, die ihm erlauben, enge soziale Kontakte herzustellen. *Intrapersonelle* Isolation tritt dann ein, wenn Teile des Selbst abgespalten sind, wenn zum Beispiel die Erinnerung an ein Ereignis ihrer Gefühlsqualität beraubt wird. Die extremste und dramatischste Form der Spaltung, die Persönlichkeitsspaltung, ist relativ selten (obgleich dieses Phänomen immer häufiger diagnostiziert wird); in einem solchen Fall (wie bei Marge in «Therapeutische Monogamie») ist der Therapeut häufig in dem verwirrenden Dilemma gefangen, an welcher Persönlichkeit er festhalten soll.

Da es für die existentielle Isolation keine Lösung gibt, müssen Therapeuten von falschen Lösungen abhalten. Der Versuch, der Isolation zu entkommen, kann die Beziehungen zu anderen Menschen sabotieren. So manche Freundschaft oder Ehe ist gescheitert, weil wir den anderen als Schutz gegen die Isolation benutzten, anstatt uns aufeinander zu beziehen, füreinander dazusein.

Einen weitverbreiteten und ungeheuer wirksamen Versuch, die existentielle Isolation zu überwinden, stellt die Fusion dar – die

Auflösung der individuellen Grenzen, das Verschmelzen mit einem anderen. Die Macht der Fusion wurde in Experimenten zur subliminalen Wahrnehmung demonstriert, in denen die Botschaft «Mami und ich sind eins» so kurz auf einem Bildschirm auftauchte, daß sie von den Teilnehmern nicht bewußt wahrgenommen werden konnte. Dennoch berichteten sie anschließend, daß sie sich besser, stärker, optimistischer fühlten, ja, sie sprachen sogar besser als andere auf die Behandlung von Problemen wie starkes Rauchen, Fettsucht oder Verhaltensstörungen im Wachstumsalter an (bis hin zur Verhaltensänderung).

Eins der großen Paradoxe des Lebens ist die Tatsache, daß Selbstwahrnehmung Angst erzeugt. Die Verschmelzung rottet diese Angst radikal aus, indem sie die Selbstwahrnehmung ausschaltet. Ein Mensch, der sich verliebt und das Glück der Vereinigung mit einem anderen Menschen erlebt, denkt nicht mehr über sich selbst nach, weil das fragende einsame *Ich* (und die damit verbundene Angst vor der Isolation) sich im *Wir* auflöst. So befreit man sich von der Angst, verliert aber gleichzeitig sich selbst. Genau das ist der Grund, weshalb Therapeuten nicht gerne Patienten behandeln, die verliebt sind. Therapie und der Verschmelzungswunsch der Liebe sind unvereinbar, denn die therapeutische Arbeit erfordert kritische Selbstwahrnehmung und Angst, die letztlich zum Verständnis innerer Konflikte führen.

Darüber hinaus ist es für mich wie für die meisten Therapeuten schwierig, eine Beziehung zu einer Person herzustellen, die in einer Liebesbeziehung gefangen ist. In der Geschichte «Die Liebe und ihr Henker» zum Beispiel weigert sich Thelma, eine Beziehung mit mir einzugehen. Man hüte sich vor der übermächtigen, exklusiven Bindung an eine Person; sie ist keineswegs, wie viele glauben, sichtbarer Beweis der reinen Liebe. Eine solche eingekapselte, ausschließliche Liebe – die sich aus sich selbst nährt und weder gibt noch sich um andere kümmert – muß zwangsläufig in sich selbst zusammenfallen. Liebe ist mehr als ein Ausbruch von Leidenschaft zwischen zwei Menschen; zwischen Verliebtsein und Lieben besteht ein gewaltiger Unterschied. Liebe ist eine Form des Seins, ein Geben und kein Sichhineinfallenlassen; sie steht in einem größeren Zusammenhang und ist nicht auf eine einzige Person begrenzt.

Obwohl wir viel dafür geben, zu zweit oder in Gruppen durchs Leben zu gehen, gibt es Zeiten, vor allem wenn der Tod sich nähert, in denen die Wahrheit – daß wir allein auf die Welt kommen und allein sterben müssen – mit erschreckender Deutlichkeit zutage tritt. Viele im Sterben liegende Patienten sagten mir, daß das Schrecklichste am Sterben das Alleinsein ist. Und doch kann selbst im Augenblick des Todes die Bereitschaft eines anderen, ganz und gar präsent zu sein, die Isolation durchbrechen. Wie ein Patient in «Der leere Umschlag» sagte: «Wenn du auch allein in deinem Boot sitzt, es ist doch beruhigend, die Lichter der anderen Boote vorbeiziehen zu sehen.»

Wenn also der Tod unvermeidlich ist und all unsere Errungenschaften, ja sogar das ganze Sonnensystem eines Tages in Trümmern liegen, wenn die Welt das bloße Werk des Zufalls ist (das heißt, wenn alles ebensogut anders hätte sein können) und wenn die Menschen sich innerhalb dieser Welt ihre eigene Welt und ihren eigenen existentiellen Entwurf schaffen müssen, welchen bleibenden Sinn kann das Leben dann noch haben?

Diese Frage quält die Menschen unserer Zeit, und viele suchen einen Therapeuten auf, weil sie das Gefühl haben, daß ihr Leben ohne Sinn und Ziel ist. Wir alle sind auf der Suche nach Sinn. Biologisch sind unsere Nervensysteme so organisiert, daß das Gehirn die hereinkommenden Reize automatisch zu Konfigurationen bündelt. Sinn vermittelt auch ein Gefühl von Macht: Da wir uns angesichts zufälliger, strukturloser Ereignisse hilflos und verwirrt fühlen, versuchen wir, sie zu ordnen und sie auf diese Weise beherrschbar zu machen. Noch wichtiger aber ist, daß Sinnfindung zur Entstehung von Werten und damit zur Entstehung von Verhaltensnormen führt: Auf diese Weise liefern Antworten auf die Frage nach dem *Warum* (Warum lebe ich?) auch Antworten auf die Frage nach dem *Wie* (Wie lebe ich?).

In diesen zehn Geschichten aus der Psychotherapie wird nur selten explizit über den Sinn des Lebens gesprochen. Die Suche nach einem Sinn muß ähnlich wie die Suche nach Glück indirekte Wege gehen. Sinn erwächst aus sinnvollem Tun: Je mehr wir bewußt danach suchen, desto unwahrscheinlicher ist es, daß wir fündig werden; die rationalen Fragen nach dem Sinn werden die Antworten immer überdauern. In der Therapie wie im Leben ist Sinnfülle ein Nebenprodukt von Sicheinlassen und Verpflichtung, und darauf müssen Therapewten ihre Bemühungen lenken – nicht daß Sicheinlassen die rationale Antwort auf die Frage nach dem Sinn des Lebens liefert, aber es läßt diese Fragen zweitrangig werden.

Dieses existentielle Dilemma, daß wir in einem Universum nach Sinn und Gewißheit suchen, das weder das eine noch das andere zu bieten hat, spielt in der Arbeit des Psychotherapeuten eine ungeheuer wichtige Rolle. Wenn Therapeuten in ihrer täglichen Arbeit authentische Beziehungen zu ihren Patienten knüpfen, haben sie mit einer beträchtlichen Ungewißheit zu kämpfen. Der Therapeut wird nicht nur mit denselben Fragen ohne Antwort konfrontiert wie der Patient, sondern er muß auch erkennen, wie es mir in «Zwei Lächeln» erging, daß die Erfahrung des anderen letztlich eine ganz und gar private ist, zu der er keinen Zugang hat.

Die Fähigkeit, Ungewißheit auszuhalten, ist somit eine Grundvoraussetzung der therapeutischen Tätigkeit. Daß Therapeuten, wie allgemein angenommen, ihre Patienten systematisch und mit sicherer Hand durch von vornherein festgelegte Therapiephasen zu einem von vornherein bekannten Ziel führen, ist selten der Fall: Meist – und das zeigen auch diese Geschichten – suchen sie ihren Weg tastend und improvisierend. Die Versuchung, Gewißheit zu erlangen, indem man sich einer ideologischen Schule oder einem starren therapeutischen System anschließt, ist groß, doch eine dogmatische Fixierung blockiert meist die für eine wirksame Therapie notwendige Offenheit und Spontanität der Begegnung.

Diese Begegnung, die den eigentlichen Kern der Psychotherapie bildet, ist ein liebevoller, zutiefst humaner Austausch zwischen zwei Menschen, wobei der eine (im allgemeinen, aber nicht immer, der Patient) größere Schwierigkeiten hat als der andere. Der Therapeut hat dabei eine doppelte Aufgabe: Er muß das Leben seiner Patienten sowohl beobachten als auch daran teilnehmen. Als Beobachter muß er objektiv genug sein, um, soweit erforderlich, eine Leitfunktion für den Patienten übernehmen zu können. Als Teilnehmer tritt er in das Leben des Patienten ein und läßt sich auf eine Begegnung ein, die ihn nicht nur emotional berührt, sondern manchmal auch sein Leben verändert.

In dem Moment, wo ich mich voll auf das Leben eines Patienten einlasse, bin ich, der Therapeut, nicht nur denselben existentiellen Problemen wie mein Patient ausgesetzt, sondern ich muß auch bereit sein, mir dieselben Fragen zu stellen. Ich muß davon ausgehen, daß Wissen besser ist als Nichtwissen, Riskieren besser als Nichtriskieren und daß Magie und Illusion, so ergiebig und verlockend sie auch sein mögen, letztlich nur zur Schwächung des menschlichen Geistes führen. Thomas Hardy schrieb: «Der Weg zum Besseren, so es ihn gibt, erfordert einen schonungslosen Blick auf das Schlimmste.»

Die doppelte Rolle des Beobachters und Teilnehmers verlangt dem Therapeuten viel ab und konfrontierte mich in diesen zehn Fällen mit quälenden Fragen. Durfte ich zum Beispiel von einem Patienten, der mich bat, seine Liebesbriefe aufzubewahren, verlangen, sich den Problemen zu stellen, denen ich in meinem eigenen Leben ausgewichen war? Konnte ich ihm dabei helfen, über meine eigenen Beschränkungen hinauszugehen? Sollte ich einem sterbenden Mann, einer Witwe, einer um ihr Kind trauernden Mutter, einem ängstlichen Rentner mit transzendenten Träumen schonungslose existentielle Fragen stellen – Fragen, auf die ich selbst keine Antworten wußte? Sollte ich meine Schwäche, meine Unzulänglichkeiten einem Patienten enthüllen, dessen andere, zweite Persönlichkeit ich so verführerisch fand? Konnte ich eine ehrliche und liebevolle Beziehung zu einer dicken Frau aufbauen, die ich physisch abstoßend fand? Durfte ich, unter dem Banner der Selbsterleuchtung, einer alten Frau ihre Kraft und Trost spendende Liebesillusion rauben? Oder einem Mann meinen Willen aufzwingen, der sich von drei ungeöffneten Briefen terrorisieren ließ, unfähig, in seinem eigenen Interesse zu handeln?

Obwohl in diesen Geschichten aus der Psychotherapie sehr häufig die Worte *Patient* und *Therapeut* vorkommen, sollten Sie sich nicht irreführen lassen: Es sind Geschichten von ganz gewöhnlichen Menschen. Jeder kann Patient werden; das Etikett ist weitgehend willkürlich und hängt mehr von kulturellen und ökonomischen Faktoren ab als von der Schwere der Krankheit. Da Therapeuten nicht weniger als Patienten mit diesen existentiellen Gegebenheiten konfrontiert werden, ist das in der Naturwissenschaft so unentbehrliche Postulat der unbeteiligten Objektivität für unsere Arbeit nicht geeignet. Wir

Psychotherapeuten können nicht einfach nur Wohlwollen verströmen und die Patienten dazu anhalten, energisch gegen ihre Probleme anzukämpfen. Wir können nicht sagen: *Sie* und *Ihre* Probleme. Statt dessen müssen wir von *uns* und *unseren* Problemen sprechen, denn unser Leben, unsere Existenz wird immer mit dem Tod verbunden sein, Liebe immer mit Verlust, Freiheit mit Furcht und Wachsen mit Trennung. Dieses Schicksal teilen wir alle.

Die Liebe und ihr Henker

Ich arbeite nicht gerne mit Patienten, die verliebt sind. Vielleicht ist es Neid, auch ich sehne mich nach dem Zauber der Liebe. Vielleicht ist es die Tatsache, daß Liebe und Psychotherapie im Grunde unvereinbar sind. Ein guter Therapeut kämpft gegen die Dunkelheit und sucht Erleuchtung, während die romantische Liebe im Mysterium Nahrung findet und bei näherer Prüfung in sich zusammenfällt. Ich hasse es, der Henker der Liebe zu sein.

Doch obwohl Thelma mir gleich zu Beginn unseres ersten Gesprächs erzählte, daß sie in eine hoffnungslose, tragische Liebe verstrickt sei, habe ich nie auch nur eine Minute gezögert, sie als Patientin anzunehmen. Alles, was ich auf den ersten Blick sah – das faltige Gesicht einer Siebzigjährigen, das schüttere, mit Wasserstoffsuperoxyd gebleichte, ungepflegte gelbliche Haar, die mageren blaugeäderten Hände –, sagte mir, daß sie sich irren mußte, daß das nicht wahr sein konnte. Wie konnte die Liebe einen so gebrechlichen, klapprigen, alten Körper auswählen oder sich in diesem abgetragenen Jogginganzug aus Polyester niederlassen?

Und wo war die Aura der Glückseligkeit? Daß Thelma litt, überraschte mich nicht, denn Liebe geht immer mit Schmerz einher; ihre Liebe jedoch war völlig aus dem Gleichgewicht geraten – sie war absolut freudlos, ihr Leben eine einzige Qual.

So willigte ich in die Behandlung ein, weil ich sicher war, daß ihr Problem nicht die Liebe war, sondern eine seltene Abart, die sie mit Liebe verwechselte. Ich war nicht nur überzeugt, daß ich Thelma helfen konnte, sondern auch von dem Gedanken fasziniert, daß die Beschäftigung mit diesem Zerrbild der Liebe ein Licht auf das Rätsel der Liebe werfen könnte.

Thelma verhielt sich bei unserer ersten Begegnung distanziert und abweisend. Sie hatte mein Lächeln nicht erwidert, als ich sie im Wartezimmer begrüßte, und folgte mir im Abstand von ein oder zwei Schritten. In meinem Büro sah sie sich nicht erst einmal um, sondern nahm sofort Platz. Dann, ohne eine Äußerung von meiner Seite abzuwarten und ohne ihre schwere Jacke aufzuknöpfen, die sie über dem Jogginganzug trug, holte sie tief Luft und begann:

«Vor acht Jahren hatte ich eine Liebesaffäre mit meinem Therapeuten. Seitdem muß ich immer an ihn denken. Ich habe schon einen Selbstmordversuch hinter mir, und ich glaube, daß mir der nächste gelingt. Sie sind meine letzte Hoffnung.»

Ich höre bei den ersten Äußerungen immer sehr aufmerksam zu. Sie sind oft außergewöhnlich aufschlußreich und lassen schon erkennen, welche Art von Beziehung sich zwischen mir und dem Patienten aufbauen läßt. Die Sprache eröffnet normalerweise einen Zugang zum Leben eines anderen Menschen, aber Thelmas Tonfall forderte nicht zu mehr Nähe auf.

Sie fuhr fort: «Falls es Ihnen schwerfällt, mir zu glauben, vielleicht hilft Ihnen das.»

Sie griff in eine abgenutzte rote Handtasche und gab mir zwei alte Fotos. Das erste zeigte eine junge, schöne Tänzerin in einem enganliegenden schwarzen Trikot. Ich war verblüfft, als ich im Gesicht der Tänzerin Thelmas beharrliche Augen erkannte, die mich durch die Jahrzehnte hindurch anblickten.

«Das da», erläuterte Thelma, als sie sah, daß ich mich dem zweiten Foto – dem einer sechzigjährigen, gutaussehenden, aber abgestumpften Frau – zuwandte, «wurde vor acht Jahren aufgenommen. Wie Sie sehen» – sie fuhr sich mit den Fingern durch die ungekämmten Haare – «achte ich nicht mehr auf mein Aussehen.»

Obwohl ich mir schwer vorstellen konnte, daß diese heruntergekommene alte Frau eine Affäre mit ihrem Therapeuten gehabt hatte, sagte ich nicht, daß ich ihr nicht glaubte. Genaugenommen sagte ich überhaupt nichts. Ich versuchte, vollkommen objektiv zu bleiben, aber irgendwie muß sie meine Ungläubigkeit gespürt oder erraten haben, vielleicht an einer winzigen Weitung meiner Pupillen. Ich hielt es für besser, nicht auf ihren Vorwurf, ich würde ihr nicht glauben, einzugehen. Galanterie war hier nicht angebracht, und die Vorstellung einer schlampigen, siebzigjährigen Frau mit Liebeskummer hatte ja tatsächlich etwas Absurdes an sich. Sie wußte das, ich wußte es, und sie wußte, daß ich es wußte.

Bald erfuhr ich, daß sie in den letzten zwanzig Jahren ständig unter Depressionen gelitten hatte und fast ununterbrochen in psychiatrischer Behandlung gewesen war, meist in der örtlichen Nervenklinik, wo sie von einer Reihe von Praktikanten behandelt worden war.

Vor etwa elf Jahren begann sie eine Therapie mit Matthew, einem jungen, gutaussehenden Therapeuten, den sie acht Monate lang wöchentlich in der Klinik und danach für ein weiteres Jahr in seiner Privatpraxis aufsuchte. Im folgenden Jahr mußte Matthew, da er eine Ganztagsstelle an einem staatlichen Krankenhaus angenommen hatte, alle privaten Therapiestunden beenden.

Thelma war über den Abschied sehr betrübt. Er war der bei weitem beste Therapeut, den sie je hatte. Mit der Zeit fühlte sie sich immer mehr zu ihm hingezogen, und in diesen zwanzig Monaten wartete sie immer in freudiger Erregung auf ihre wöchentliche Therapiesitzung. Nie zuvor war sie einem Menschen gegenüber so offen gewesen. Nie zuvor war ein Therapeut so absolut ehrlich, so direkt und so einfühlsam gewesen.

Thelma schwärmte einige Minuten lang von Matthew. «Er war so fürsorglich, so liebevoll. Die Therapeuten, die ich davor hatte, versuchten natürlich auch, warmherzig und einfühlsam zu sein, aber keiner war wie Matthew. Bei ihm wußte ich, daß er sich *wirklich* um mich sorgte und mich *wirklich* akzeptierte. Was ich auch tat, was für schreckliche Dinge ich auch dachte, ich wußte, daß er es akzeptieren und mich dennoch in meiner Person bestätigen würde. Seine Hilfe unterschied sich nicht von der anderer Therapeuten, und trotzdem gab er mir viel mehr.»

«Zum Beispiel?»

«Er eröffnete mir die geistigen und religiösen Dimensionen des Lebens. Durch ihn habe ich gelernt, alles Lebende zu achten. Durch ihn habe ich gelernt, über den Sinn meiner Existenz nachzudenken. Aber er war keineswegs ein Tagträumer, sondern immer vollkommen präsent und greifbar.»

Thelma sprach sehr aufgeregt, sie beendete kaum ihre Sätze und unterstrich ihre Worte mit lebhaften Gesten. Ich konnte sehen, wie gerne sie über Matthew sprach. «Sogar seine Art, mich festzunageln, mochte ich. Er ließ mir nichts durchgehen. Er kritisierte ständig meine beschissenen Gewohnheiten.»

Dieser Satz verblüffte mich. Er paßte nicht zum Rest ihrer Schilderung. Andererseits wählte sie ihre Formulierungen so bewußt, daß ich nur Matthews Worte dahinter vermuten konnte, vielleicht ein Beispiel für seine großartige Technik! Meine negativen Gefühle für ihn wurden immer stärker, aber ich behielt sie für mich. Thelmas Worte gaben mir klar zu verstehen, daß sie mir jede Form von Kritik an Matthew übelnehmen würde.

Nach Matthew setzte Thelma ihre Therapie bei anderen Therapeuten fort, aber keinem gelang es, eine so enge Bindung zu ihr herzustellen oder ihrem Leben wieder Sinn zu verleihen.

Vor diesem Hintergrund kann man sich vorstellen, wie glücklich sie war, als sie ihn ein Jahr nach ihrer letzten Stunde, an einem Samstagnachmittag, zufällig auf dem Union Square in San Francisco traf. Sie begrüßten sich und gingen dann, um sich in Ruhe unterhalten zu können, auf einen Kaffee ins St. Francis Hotel. Es gab soviel zu erzählen, soviel, was Matthew über Thelmas Leben im vergangenen Jahr wissen wollte, daß es schließlich Abend wurde und sie zu Scoma's am Fisherman's Wharf gingen, ein Restaurant, das für seine Krabbensuppe berühmt war.

Irgendwie schien alles ganz natürlich, so als ob sie schon unzählige Male zuvor miteinander gegessen hätten. Dabei war ihre Beziehung in der Vergangenheit nie über das normale Verhältnis zwischen Patient und Therapeut hinausgegangen. Sie waren einander in wöchentlichen Sitzungen von genau fünfzig Minuten nähergekommen, nicht mehr und nicht weniger.

Doch an diesem Abend ließen sie und Matthew, aus Gründen, die Thelma bis heute nicht verstand, die Realität des täglichen Lebens hinter sich. Keiner achtete auf die Zeit; als ob es ein stilles Einverständnis gäbe, fand keiner etwas dabei, gemeinsam Kaffee zu trinken und zu Abend zu essen. Wie selbstverständlich zupfte sie den schlechtsitzenden Kragen seines Hemdes zurecht, entfernte die Fusseln von seinem Sakko und hakte sich unter, als sie den Nob Hill hinaufgingen. Matthew erzählte wie selbstverständlich von seiner neuen «Bude» in Haight-Ashburry, und Thelma sagte ebenso selbstverständlich, daß sie gar nicht abwarten könne, sie zu sehen. Sie hatten herumgealbert, als Thelma erwähnte, daß ihr Mann zur Zeit nicht in San Francisco sei: Harry war ein führender Funktionär des amerikanischen Pfadfinderverbandes und hielt fast die ganze Woche über Vorträge auf Pfadfindertreffen in ganz Amerika. Matthew war amüsiert, daß sich nichts geändert hatte; Thelma brauchte ihm nichts zu erklären, denn er wußte ja ohnehin Bescheid über sie.

«Ich erinnere mich nicht allzugut an den Rest des Abends», fuhr Thelma fort. «Ich weiß nicht mehr, wie es passiert ist, wer wen zuerst berührte, wie wir zu der Entscheidung kamen, miteinander zu schlafen. Wir haben überhaupt nichts geplant, alles ergab sich spontan und ganz von selbst. Doch ganz deutlich erinnere ich mich an das berauschende Gefühl, als ich in Matthews Armen lag – einer der wundervollsten Augenblicke meines Lebens.»

«Erzählen Sie mir, wie es weiterging.»

«Die nächsten siebenundzwanzig Tage, vom 19. Juni bis zum 16. Juli, waren ein einziger Traum. Wir telefonierten mehrmals täglich und sahen uns insgesamt vierzehnmal. Ich schwebte über den Dingen, ich fühlte mich schwerelos, ich tanzte.»

Thelmas Stimme klang jetzt beschwingt, und sie bewegte ihren Kopf im Rhythmus der Melodie von damals, vor acht Jahren. Ihre Augen waren fast geschlossen, was meine Geduld auf eine harte Probe stellte. Ich mag es nicht, wenn man meine Anwesenheit völlig ignoriert.

«Das war der Höhepunkt meines Lebens. Nie zuvor oder danach war ich so glücklich. Was immer seitdem passiert ist, nichts kann das, was Matthew mir gegeben hat, auslöschen.»

«Was ist denn seitdem passiert?»

«Das letzte Mal habe ich ihn am 16. Juli um 12 Uhr 30 gesehen. Zwei Tage lang hatte ich vergeblich versucht, ihn telefonisch zu erreichen, bis ich einfach unangekündigt in sein Büro platzte. Er aß gerade ein Sandwich und hatte bis zur nächsten Therapiesitzung noch zwanzig Minuten Zeit. Ich fragte ihn, warum er mich nie angerufen habe, und er sagte einfach: ‹Es ist nicht richtig, was wir tun, das wissen wir beide.›» Sie hielt inne und begann zu weinen.

Wie geschickt, ihr das in dem Augenblick zu sagen, dachte ich.

«Können Sie weitererzählen?»

«Ich fragte ihn: ‹Angenommen, ich rufe dich erst nächstes Jahr oder in fünf Jahren wieder an, wärst du dann bereit, mich zu sehen? Könnten wir dann noch einmal über die Golden Gate Bridge gehen? Würdest du mir erlauben, dich zu umarmen?› Matthews Antwort auf meine Fragen bestand darin, daß er meine Hand nahm, mich an sich zog und mich mehrere Minuten lang fest umarmte. Seitdem habe ich ihn unzählige Male angerufen und Nachrichten auf seinen Anrufbeantworter gesprochen. Zunächst rief er noch ein paarmal zurück, doch dann hörte ich überhaupt nichts mehr von ihm. Er brach einfach jeden Kontakt zu mir ab. Sendeschluß.»

Thelma drehte sich um und sah aus dem Fenster. Die Leichtigkeit in ihrer Stimme war verschwunden. Ihre Worte kamen nun überlegter, und obgleich sie nicht mehr weinte, lagen Bitterkeit und Verzweiflung in ihrer Stimme. Ich hatte den Eindruck, daß sie jetzt der Wut näher war als den Tränen.

«Ich konnte nie herausfinden, *warum* – *warum* es vorbei war, einfach so. In einem unserer letzten Gespräche sagte er, daß wir in unser wirkliches Leben zurückkehren müßten, und fügte dann hinzu, daß er eine neue Beziehung habe.» Insgeheim dachte ich, daß diese neue Beziehung in Matthews Leben sicher wieder eine Patientin war. Thelma war sich nicht sicher, ob die neue Beziehung ein Mann oder eine Frau war. Sie hatte den Verdacht, daß Matthew schwul sei: Er lebte in einer der zahlreichen Schwulenenklaven San Franciscos und hatte diese typische Schönheit vieler schwuler Männer, mit seinem gepflegten Schnurrbart, seinem jungenhaften Gesicht und seinem Adoniskörper. Zum erstenmal war ihr der Gedanke vor einigen Jahren gekommen, als sie mit einem Bekannten die Stadt besichtigte und bei der Gelegenheit in einen Schwulentreff an der Castro Street geriet. Sie war nicht wenig überrascht, als sie dort fünfzehn Matthews an der Bar sitzen sah – fünfzehn schlanke, attraktive Männer mit gepflegten Schnurrbärten.

Diese plötzliche Trennung von Matthew war vernichtend; und daß sie nicht wußte, *warum*, machte sie gänzlich unerträglich. Thelma dachte ständig an ihn, keine Stunde verging, ohne daß er in ihren Phantasien gegenwärtig war. Was sie quälte, war das *Warum*. *Warum* hatte er sie zurückgewiesen, sie fallengelassen? *Warum* nur? *Warum* wollte er sie nicht mehr sehen oder nicht einmal mit ihr telefonieren?

Thelma wurde immer mutloser, nachdem alle Versuche, Verbindung mit ihm aufzunehmen, gescheitert waren. Sie blieb den ganzen Tag zu Hause und starrte aus dem Fenster; ihr fehlte jegliche Motivation, etwas zu unternehmen. Sie hörte auf zu essen, und bald nahmen ihre Depressionen so überhand, daß auch psychotherapeutische Maßnahmen und Medikamente nichts mehr halfen. Nachdem sie drei verschiedene Ärzte wegen ihrer Schlafstörungen konsultiert und von jedem Tabletten verschrieben bekommen hatte, hatte sie bald eine tödliche Dosis zusammen. Genau sechs Monate nach ihrem zufälligen Treffen mit Matthew am Union Square hinterließ sie ihrem Mann, Harry, der wieder einmal auf Reisen war, einen Abschiedsbrief, wartete, bis er ihr telefonisch von der Ostküste gute Nacht gewünscht hatte, nahm dann den Hörer ab, schluckte alle Tabletten auf einmal und ging zu Bett.

Harry, der in dieser Nacht nicht schlafen konnte, rief Thelma noch einmal an und machte sich Sorgen wegen des anhaltenden Besetztzeichens. Er rief seine Nachbarn an, die vergeblich an Thelmas Tür und Fenster klopften. Sie alarmierten die Polizei, die wenig später ins Haus stürmte und Thelma bewußtlos vorfand.

Nur dank der heroischen Leistung der Ärzte wurde Thelmas Leben gerettet. Ihr erster Anruf, nachdem sie wieder bei Bewußtsein war, galt Matthew. Sie sprach auf seinen Anrufbeantworter, versicherte ihm, daß sie ihr gemeinsames Geheimnis bewahren würde, und flehte ihn an, sie im Krankenhaus zu besuchen. Matthew kam zwar, blieb aber nur fünfzehn Minuten, und seine Gegenwart, sagte Thelma, war schlimmer als sein Schweigen: Er wich grundsätzlich aus, wenn sie auf die siebenundzwanzig Tage ihrer Liebe anspielte, seine Haltung war sachlich und professionell. Nur einmal fiel er aus der Rolle: Als Thelma ihn nach seiner neuen Beziehung fragte, fuhr er sie an: «Das geht dich nichts an!»

«Und das war's dann!» Thelma sah mich zum erstenmal direkt an und fügte mit resignierter, gequälter Stimme hinzu: «Ich habe ihn nie wiedergesehen. Bei besonderen Anlässen spreche ich immer auf sein Band: an seinem Geburtstag, am 19. Juni (unserem ersten Rendezvous), am 17. Juli (unserem letzten), an Weihnachten und an Neujahr. Auch wenn ich den Therapeuten wechsle, teile ich ihm das mit. Er ruft nie zurück.

Acht Jahre lang habe ich nie aufgehört, an ihn zu denken. Um sieben Uhr morgens frage ich mich, ob er schon wach ist, und um acht stelle ich mir vor, wie er seine Haferflocken ißt (er liebt Haferflocken – er wuchs auf einer Farm in Nebraska auf). Wenn ich durch die Straßen gehe, bin ich immer auf der Suche nach ihm. Oft bilde ich mir ein, ihn zu sehen, und stehe plötzlich einem Fremden gegenüber. Ich träume von ihm. Ich stelle mir immer wieder jedes unserer Treffen in diesen siebenundzwanzig Tagen vor. Genaugenommen verbringe ich die meiste Zeit meines Lebens mit diesen Tagträumen und nehme kaum Notiz von dem, was um mich herum vorgeht. Ich habe mein Leben vor acht Jahren gelebt.»

Ich habe mein Leben vor acht Jahren gelebt – ein frappierender Satz, den ich mir einprägte.

«Erzählen Sie mir von Ihren Therapien in den letzten acht Jahren – seit Ihrem Selbstmordversuch.»

«In der ganzen Zeit bin ich nie ohne Therapeuten ausgekommen. Ich bekam reichlich Medikamente gegen Depressionen, die kaum etwas bewirkten, außer daß ich danach schlafen konnte. Eine richtige Therapie gab es eigentlich kaum, bis auf die Gesprächstherapien, die aber nie halfen. Ich muß allerdings dazu sagen, daß ich den Therapeuten kaum eine Chance ließ, denn ich hatte mich dazu entschlossen, Matthew zu decken und weder ihn noch unsere Affäre jemals einem Therapeuten gegenüber zu erwähnen.»

«Wollen Sie damit sagen, daß sie in *acht Jahren* Therapie nicht ein einziges Mal über Matthew gesprochen haben?»

Schlechte Technik! Typischer Anfängerfehler – doch ich konnte mein Erstaunen nicht unterdrücken. Eine Szene kam mir in den Sinn, an die ich schon ewig nicht mehr gedacht hatte: Als Student hatte ich an einem Seminar über Gesprächstherapie teilgenommen. Ein wohlmeinender, aber plumper und wenig einfühlsamer Student (der später glücklicherweise Orthopäde wurde) führte vor seinen Kommilitonen ein Gespräch und versuchte, die sogenannte Rogers-Technik anzuwenden, die darin besteht, den Patienten weiterzuleiten, indem man dessen Worte, gewöhnlich die letzten Worte einer Äußerung, wiederholt. Der Patient, der über seinen tyrannischen Vater und dessen schreckliche Gewohnheiten berichtet hatte, schloß mit den Worten: «Und er ißt rohes Rinderhack!» Der Interviewer, der sich sehr bemüht hatte, neutral zu bleiben, konnte seine Empörung nicht länger verbergen und brüllte los: «*Rohes Rinderhack?*» Für den Rest des Jahres flüsterte man sich in den Vorlesungen immer wieder «rohes Rinderhack» zu und löste damit brüllendes Gelächter aus. Natürlich behielt ich meine Gedanken für mich. «Aber heute haben Sie sich entschlossen, zu mir zu kommen und ehrlich mit sich selbst zu sein. Erzählen Sie mir von dem Entschluß.»

«Ich habe mich über Sie informiert. Ich rief fünf meiner früheren Therapeuten an, sagte ihnen, daß ich einen letzten Therapieversuch unternehmen wollte, und fragte sie, zu wem ich gehen sollte. Ihr Name stand auf vier von fünf Listen, und man sagte mir, daß Sie ein Therapeut seien, der auch in fast hoffnungslosen Fällen nicht aufgibt. Das sprach erst einmal für Sie. Aber ich wußte auch, daß diese Therapeuten alle ehemalige Studenten von Ihnen waren, und wollte deshalb noch mehr über Sie erfahren. Ich ging in die Bibliothek und besorgte mir eins Ihrer Bücher. Nach der Lektüre war ich von zwei Dingen besonders beeindruckt: Sie drückten sich klar aus – ich konnte verstehen, was Sie meinten –, und Sie sprachen offen über den Tod. Auch ich werde offen zu Ihnen sein: Ich bin fast sicher, daß ich irgendwann doch Selbstmord begehen werde. Ich bin hier, weil ich einen letzten Versuch machen will, wenigstens ein Quentchen Lebensglück wiederzugewinnen. Wenn mir das nicht gelingt, hoffe ich, daß Sie mir helfen zu sterben und einen Weg zu finden, wie ich meiner Familie so wenig Schmerzen wie möglich bereite.»

Ich sagte Thelma, daß ich mir eine Zusammenarbeit vorstellen könne, schlug aber eine weiteres Vorgespräch vor, um sie noch besser kennenzulernen und auch ihr die Möglichkeit zu geben, zu überlegen, ob sie mit mir zusammenarbeiten könne. Ich wollte noch mehr sagen, aber Thelma sah auf die Uhr und schnitt mir das Wort ab: «Ich sehe, daß meine fünfzig Minuten vorbei sind, und wenn ich auch sonst nichts gelernt habe – daß ich meine Therapiezeit nicht überziehen darf, das weiß ich.»

Während ich noch über den Ton dieser abschließenden Bemerkung nachdachte – halb spöttisch, halb kokett –, stand Thelma auf und sagte mir im Weggehen, daß sie mit meiner Sekretärin den nächsten Termin vereinbaren werde.

Diese Sitzung lieferte reichlich Stoff zum Nachdenken. Da war zunächst Matthew. Er machte mich wütend. Ich habe zu viele Patienten gesehen, die von ihren Therapeuten sexuell ausgenutzt wurden und schweren Schaden erlitten. Eine sexuelle Beziehung fügt dem Patienten immer Schaden zu.

Die Entschuldigungen der Therapeuten sind immer ebenso praktische wie eigennützige Rationalisierungen – zum Beispiel, daß man dadurch die Sexualität der Patientin akzeptiere und bestätige. Zwar mögen viele Patientinnen sexuelle Bestätigung brauchen – vor allem die unattraktiven, stark übergewichtigen oder körperlich entstellten –, aber ich habe noch nie von einem Therapeuten gehört, der ausgerechnet eine von *denen* bestätigt hätte. Immer sind es die attraktiven Frauen, die zu diesem Zweck ausgewählt werden. Natürlich sind es die Therapeuten selbst, die sexuelle Bestätigung suchen, eine Bestätigung, die sie in ihrem eigenen Leben nicht finden, weil sie selbst nichts zu bieten haben.

Aber Matthew war mir irgendwie ein Rätsel. Als er Thelma verführte (oder sich von ihr verführen ließ, was auf dasselbe hinauslief), muß er Ende Zwanzig, Anfang Dreißig gewesen sein, denn er hatte gerade sein Studium beendet. *Warum* also? Warum sucht sich ein attraktiver, vermutlich kultivierter junger Mann eine zweiundsechzigjährige Frau aus, die jahrelang nur mit schweren Depressionen dahinvegetiert hatte? Ich dachte an Thelmas Vermutung, daß er möglicherweise schwul sei. Vielleicht war die vernünftigste Hypothese, daß Matthew an irgendwelchen eigenen psychosexuellen Problemen laborierte (oder sie ausagierte) und daß er seine Patientin(nen) dabei ausnutzte.

Genau aus diesem Grund verlangen wir von angehenden Therapeuten immer, sich selbst einer längeren Therapie zu unterziehen. Da aber die heutigen Ausbildungs- und Prüfungskriterien für Therapeuten weniger streng sind und weniger Supervision verlangt wird als früher, glauben viele, darauf verzichten zu können. Schon mancher Patient hatte unter der mangelnden Selbstkenntnis des Therapeuten zu leiden. Ich habe wenig Nachsicht mit Kollegen, denen es an Verantwortungsgefühl gegenüber ihren Patienten fehlt, und ermutige jeden Patienten, der sich sexuell belästigt fühlt, sich an das Ehrengericht des Berufsverbandes zu wenden. Im Augenblick dachte ich darüber nach, daß ich in Matthews Fall wahrscheinlich wenig machen konnte, da diese Angelegenheit bereits verjährt war. Auf jeden Fall aber mußte man ihn zur Rede stellen und ihm klarmachen, welchen Schaden er angerichtet hatte.

Ich konzentrierte meine Gedanken wieder auf Thelma und stellte die Frage nach Matthews Beweggründen vorläufig zurück. Doch sollte ich mich im Verlauf der Therapie noch sehr oft damit auseinandersetzen. Damals konnte ich freilich noch nicht ahnen, daß ich von allen Rätseln im Fall Thelma das Rätsel Matthew am besten lösen würde.

Ich war betroffen von der Besessenheit, mit der sie seit acht Jahren an einer offenbar einseitigen Liebesbeziehung festhielt, obwohl sie von außen in keiner Weise darin bestärkt wurde. Ihr ganzes Leben war von dieser Obsession beherrscht. Sie hatte recht: Sie hatte ihr Leben vor acht Jahren gelebt. Offensichtlich bezog die Obsession einen Teil ihrer Kraft aus der Verarmung ihrer restlichen Existenz. Ich bezweifelte, daß man sie von ihrer Obsession befreien konnte, wenn es nicht zunächst gelang, andere Bereiche ihres Lebens auszufüllen.

Ich fragte mich, wieviel Nähe es in ihrem täglichen Leben gab. Was sie bisher über ihre Ehe erzählt hatte, ließ nicht darauf schließen, daß sie und ihr Mann sich besonders nahestanden. Vielleicht sollte ihre Obsession einfach die fehlende Nähe herstellen, denn auf diese Weise war sie mit einem anderen Menschen verbunden, wenn auch nur in ihrer Phantasie.

Ich konnte zu dem Zeitpunkt bestenfalls hoffen, daß sich zwischen uns eine enge, vertrauensvolle Beziehung herstellen ließe, in der sich ihre Obsession irgendwann auflösen würde. Aber das würde nicht leicht sein. Was sie über ihre bisherigen Therapien berichtet hatte, war eher dazu angetan, mich abzuschrecken. Man stelle sich jemanden vor, der acht Jahre lang zu den verschiedensten Therapeuten geht und nicht ein einziges Mal über das eigentliche Problem redet! Das hält nur jemand aus, der eine beachtliche Doppelbödigkeit erträgt, ein Mensch, der Nähe nur in der Phantasie erlebt und sie im wirklichen Leben eher vermeidet.

Zu Beginn der nächsten Sitzung erzählte mir Thelma, daß sie eine schreckliche Woche hinter sich habe. Nach jeder Therapiestunde befinde sie sich in demselben Dilemma. «Ich weiß, daß ich ohne Sie nicht zurechtkomme, und doch fühle ich mich jedesmal, wenn ich mich ausgesprochen habe, die ganze Woche danach miserabel. In Therapiesitzungen wird immer nur alles aufgerührt, aber es kommt nie etwas dabei heraus. Im Gegenteil, es wird alles nur noch schlimmer.»

Das gefiel mir gar nicht. Worauf wollte Thelma hinaus? Wollte sie mir zu verstehen geben, daß sie mit dem Gedanken spielte, die Therapie abzubrechen?

«Die ganze Woche über hatte ich ununterbrochen Heulkrämpfe. Ich habe jede Minute an Matthew gedacht. Mit Harry kann ich nicht sprechen, weil ich nur zwei Dinge im Kopf habe – Matthew und Selbstmord –, und die sind beide tabu.

Niemals werde ich mit meinem Mann über Matthew sprechen. Vor Jahren habe ich ihm einmal erzählt, daß ich Matthew zufällig kurz begegnet war. Vielleicht hat er damals etwas geahnt, denn er sagte mir, er glaube, daß Matthew irgend etwas mit meinem Selbstmordversuch zu tun habe. Ich bin überzeugt, daß er Matthew umbringen würde, wenn er jemals die Wahrheit erfahren sollte. Harry steckt voller Pfadfinderideale – die Pfadfinder sind sein ein und alles –, aber hinter dieser Fassade verbirgt sich ein gewalttätiger Mensch. Er war britischer Kommandooffizier im Zweiten Weltkrieg und spezialisiert auf die Vernichtung des Gegners im Nahkampf.»

«Erzählen Sie mir mehr über Harry.» Ich war überrascht von der Heftigkeit in Thelmas Stimme, als sie sagte, daß Harry Matthew umbringen würde, wenn er wüßte, was passiert sei.

«Ich lernte Harry in den dreißiger Jahren kennen, als ich als Tänzerin auf Tournee in Europa war. Ich habe immer nur für zwei Dinge gelebt: für die Liebe und für den Tanz. Ich weigerte mich, mit dem Tanzen aufzuhören, um Kinder zu bekommen, aber vor einunddreißig Jahren mußte ich wegen einer Gicht im großen Zeh Schluß machen – nicht gerade eine günstige Krankheit für eine Ballerina. Was die Liebe angeht, hatte ich in meinen jungen Jahren zahlreiche Liebhaber. Sie haben ja das Bild von mir gesehen – seien Sie ehrlich, war ich nicht schön?» Sie fuhr fort, ohne meine Antwort abzuwarten. «Aber nachdem ich Harry geheiratet hatte, war es mit der Liebe vorbei. Nur wenige Männer (obwohl es immer noch genug gab) hatten noch den Mut, sich mit mir einzulassen – die meisten hatten schreckliche Angst vor Harry. Und Harry hat schon vor zwanzig Jahren den Sex aufgegeben (er ist überhaupt gut im Aufgeben). Heute gibt es kaum noch Zärtlichkeiten zwischen uns, was vermutlich ebenso an mir liegt wie an ihm.»

Ich wollte Thelma schon fragen, inwiefern Harry gut im Aufgeben sei, fand aber keine Möglichkeit, sie zu unterbrechen. Sie wollte reden, aber offenbar immer noch nicht mit mir. Nichts deutete darauf hin, daß sie eine Antwort von mir erwartete. Ihr Blick war abwesend. Gewöhnlich waren ihre Augen gedankenverloren nach oben gerichtet.

«Das andere, woran ich ständig denke, ohne darüber sprechen zu können, ist Selbstmord. Ich weiß, daß ich es früher oder später wieder versuchen werde, es ist der einzige Ausweg. Aber Harry gegenüber mache ich nie auch nur den Hauch einer Andeutung. Mein erster Selbstmordversuch hätte ihn fast umgebracht. Er erlitt einen leichten Schlaganfall und war über Nacht um zehn Jahre gealtert. Als ich zu meiner Überraschung lebend im Krankenhaus aufwachte, dachte ich viel darüber nach, was ich meiner Familie angetan hatte. Damals habe ich einige Entschlüsse gefaßt.»

«Was für Entschlüsse?» Eigentlich war die Frage überflüssig, denn Thelma wäre ohnehin gleich dazu gekommen, aber ich brauchte irgendeinen Austausch mit ihr. Ich bekam zwar viele Informationen, aber keinen Kontakt. Wir hätten uns genausogut in getrennten Räumen befinden können.

«Ich beschloß, nie mehr etwas zu sagen oder zu tun, was Harry Schmerz bereiten könnte. Ich beschloß, nur für ihn dazusein und ihm in allem nachzugeben. Er will einen neuen Raum für seine Fitneßgeräte – o. k. Er will Urlaub in Mexiko machen – o. k. Er möchte in der Kirchengemeinde gesellschaftliche Kontakte knüpfen – o. k.»

Als Thelma meinen fragenden Blick bei der Erwähnung der Kirchengemeinde bemerkte, erläuterte sie: «Seitdem ich wußte, daß ich irgendwann Selbstmord begehen würde, das heißt seit drei Jahren, vermied ich jede neue Bekanntschaft. Neue Freunde würden nur noch mehr Abschiede und noch mehr Leid bedeuten.»

Ich habe mit vielen Menschen zu tun gehabt, die ernsthaft versucht hatten, sich umzubringen; aber die meisten gehen aus dieser Erfahrung verändert hervor, sie reifen daran und gewinnen neue Einsichten. Eine wirkliche Konfrontation mit dem Tod führt gewöhnlich zu einer ernsthaften Überprüfung des bisherigen Lebens. Das gilt auch für die, die durch eine verhängnisvolle Krankheit mit dem Tod konfrontiert werden. Wie viele Menschen haben schon gejammert: «Warum habe ich erst jetzt, wo mein Körper vom Krebs zerfressen ist, begriffen, was Leben bedeutet!» Doch Thelma war anders. Selten habe ich jemanden gesehen, der dem Tod so nahe gewesen war und so wenig daraus gelernt hat. Und was die Entschlüsse nach ihrem Aufwachen im Krankenhaus anging: Glaubte sie wirklich, daß sie Harry glücklich machen würde, wenn sie sich seinen Wünschen bedingungslos unterwarf und ihre eigenen Wünsche und Gedanken zurückhielt? Was könnte schlimmer für Harry sein als eine Frau, die eine Woche lang ununterbrochen weint, ohne sich ihm anzuvertrauen? Was für ein ungeheurer Selbstbetrug!

Besonders deutlich wurde ihr Selbstbetrug, wenn sie von Matthew sprach. «Jeder, der mit ihm zu tun hatte, war von seiner Liebenswürdigkeit angetan. Er war der Liebling aller Sekretärinnen. Für jede hatte er ein freundliches Wort, er kannte die Namen ihrer Kinder und brachte drei- oder viermal pro Woche Krapfen für sie mit. Immer wenn wir in den siebenundzwanzig Tagen ausgingen, sagte er den Kellnern oder den Verkäufern etwas Nettes. Kennen Sie sich ein bißchen mit buddhistischer Meditation aus?»

«Nun ja, ich...» Aber Thelma ließ mich den Satz nicht beenden. «Dann kennen Sie sicher auch die *Loving-Kindness-Meditation*. Er praktizierte sie zweimal täglich und brachte sie auch mir bei. Gerade deshalb hätte ich mir nie, auch in hundert Jahren nicht, träumen lassen, daß er mich so behandeln würde. Manchmal, wenn ich tief in Gedanken bin, habe ich das Gefühl, daß er – ausgerechnet der Mensch, der mir beibrachte, offen zu sein – sich keine schlimmere Strafe hätte ausdenken können als dieses totale Schweigen. Ich glaube immer mehr» – Thelma senkte ihre Stimme fast zu einem Flüstern –, «daß er mich mit Absicht in den Selbstmord treiben will. Finden Sie, daß das verrückt klingt?»

«Ich weiß nicht, ob es verrückt ist, aber es klingt wie ein verzweifelter und schrecklich schmerzhafter Gedanke.»

«Er will mich in den Selbstmord treiben. Dann wäre er mich endgültig los. Es ist die einzig mögliche Erklärung!»

«Und warum haben Sie ihn, wenn Sie das glauben, all die Jahre gedeckt?»

«Weil ich mir mehr als alles andere auf der Welt wünsche, daß Matthew nur Gutes von mir denkt. Ich will nicht meine letzte Chance auf irgendeine Form von Glück aufs Spiel setzen!»

«Aber Thelma, das war vor *acht Jahren*. Sie haben seit *acht Jahren* nichts mehr von ihm gehört!»

«Aber es gibt eine Chance – eine kleine Chance. Eine Chance von zwei und selbst von einem Prozent ist besser als gar keine. Ich erwarte ja nicht von Matthew, daß er mich wieder liebt, ich bin schon zufrieden, wenn er meine Anwesenheit auf diesem Planeten überhaupt zur Kenntnis nimmt – im Golden Gate Park hätte er sich einmal beinahe das Fußgelenk verrenkt, um nicht auf einen Ameisenhaufen zu treten. Er könnte doch auch etwas von dieser allumfassenden Liebe für mich erübrigen!»

Tiefsitzende Wut, ja beinahe Zynismus und völlige Ergebenheit lagen dicht nebeneinander – ein gewaltiger Widerspruch. Obwohl ich langsam Zugang zu ihrer Erlebniswelt fand und mich an ihre überzogenen Vorstellungen von Matthew gewöhnte, warf mich ihre nächste Bemerkung beinahe um.

«Wenn er mich einmal im Jahr anrufen und nur fünf Minuten mit mir sprechen würde, wenn er mich fragen würde, wie es mir geht, und mir zeigen würde, daß ich ihm nicht gleichgültig bin, wäre ich schon glücklich. Ist denn das zuviel verlangt?»

Nie war ich einem Menschen begegnet, der einem anderen soviel Macht über sich zugestand. Stellen Sie sich das vor – sie behauptete, daß ein Gespräch von fünf Minuten einmal im Jahr sie heilen könnte. Ich bezweifelte das entschieden. Ich weiß noch, wie ich damals daran dachte, daß man diese Möglichkeit als letzten Versuch, nachdem alles andere gescheitert war, in Betracht ziehen könnte. Mir war klar, daß die Chancen für eine erfolgreiche Therapie nicht gut standen: Thelmas Selbsttäuschung, ihre fehlende psychologische Ansprechbarkeit, ihr Widerstand gegen Selbstbeobachtung, ihre Selbstmordgedanken – alles signalisierte: «Vorsicht!»

Und doch faszinierte mich ihr Problem. Ihre Liebesobsession – wie sonst könnte man das nennen? – mußte unglaublich stark und kompromißlos sein, wenn sie acht Jahre lang ihr Leben beherrschen konnte. Dennoch, die Wurzeln dieser Obsession schienen außerordentlich morsch. Eine kleine Anstrengung, ein bißchen Geschick sollten genügen, um das ganze Unkraut auszurotten. Und dann? Was würde ich hinter der Obsession finden? Würde ich die kruden Tatsachen menschlicher Erfahrung entdecken, die sich hinter dem Zauber verbargen? Dann könnte ich wirklich etwas über die Funktion der Liebe lernen. In der medizinischen Forschung entdeckte man zu Beginn des neunzehnten Jahrhunderts, daß man den Zweck eines endokrinen Organs am besten erkennt, wenn man es entfernt und danach die physiologischen Funktionen des Versuchstieres beobachtet. Obwohl mich die Unmenschlichkeit meiner Metapher erschreckte, fragte ich mich doch: *Könnte man dasselbe Prinzip nicht auch hier anwenden?* Bis jetzt war offensichtlich, daß sich hinter Thelmas Liebe für Matthew in Wirklichkeit etwas anderes verbarg – vielleicht eine Flucht, ein Schutz vor Alter und Isolation. Auf jeden Fall hatte es wenig mit Matthew zu tun und – sofern Liebe eine fürsorgliche, selbstlose Partnerschaft bedeutet – auch wenig mit Liebe.

Es gab noch andere Zeichen, die mich hätten warnen sollen, doch ich entschloß mich, sie zu ignorieren. So hätte ich zum Beispiel den *zwanzig Jahren* psychiatrischer Behandlung, die Thelma hinter sich hatte, mehr Beachtung schenken müssen. Als ich noch studierte, lieferte das Personal an der John Hopkins Psychiatric Clinic immer schnell die «Hinterzimmer»-Diagnose über die Aussichten eines Patienten. In ihrem gnadenlosen Jargon maßen sie die Krankengeschichte in Pfunden: Je länger die Krankengeschichte eines Patienten war, um so mehr Pfunde brachte er auf die Waage, um so mehr wurde er als Wrack abgestempelt und um so schlimmer war die Prognose. Thelma wäre nach diesen Kriterien mindestens ein siebzigjähriger «Zehnpfünder» gewesen, und niemand, absolut niemand, hätte sie für eine Therapie empfohlen.

Rückblickend muß ich sagen, daß ich diese Bedenken einfach wegrationalisierte.

Zwanzig Jahre Therapie? Nun, die letzten acht konnte man wegen Thelmas Verschwiegenheit nicht zählen. Keine Therapie kann etwas bewirken, wenn der Patient die wesentlichen Probleme zurückhält.

Die zehn Jahre Therapie vor Matthew? Nun, die lagen lange zurück. Außerdem waren die meisten ihrer Therapeuten jung und unerfahren. Sicherlich könnte ich ihr mehr bieten. Mit ihren begrenzten finanziellen Mitteln hatten sich Harry und Thelma immer nur Therapeuten leisten können, die noch in der Ausbildung standen. Da aber meine psychotherapeutische Arbeit speziell mit älteren Menschen damals von einem Forschungsinstitut finanziert wurde, blieb für Thelma nur ein minimaler Betrag zu zahlen. So war es auch ihr möglich, einmal von einem erfahrenen Therapeuten behandelt zu werden.

Doch die eigentlichen Gründe für meinen Entschluß, mit Thelma zu arbeiten, lagen woanders: Zum einen war ich fasziniert von dieser zwanghaften Liebe, die so tief verwurzelt schien und doch so verwundbar war. Nichts sollte mich daran hindern, ihre Wurzeln freizulegen und zu untersuchen. Zum anderen litt ich an einem Phänomen, das ich rückblickend als Hybris bezeichnen möchte – ich glaubte, daß ich jedem Patienten helfen, daß keiner sich meinen Fähigkeiten entziehen könne. Die Vorsokratiker definierten Hybris als «Auflehnung gegen göttliches Gesetz»; natürlich lehnte ich mich nicht gegen göttliche Gesetze, wohl aber gegen Naturgesetze auf, das heißt gegen die Gesetze, die die Prozesse in meiner beruflichen Arbeit bestimmen. Ich glaube, ich hatte damals schon eine Vorahnung, daß ich mich noch vor Beendigung meiner Arbeit mit Thelma der Hybris bezichtigen sollte.

Am Ende der zweiten Stunde sprach ich mit Thelma über einen Behandlungsvertrag. Sie hatte mir von vornherein klargemacht, daß sie eine Langzeittherapie ablehnte; ich meinerseits war überzeugt, daß ich nach sechs Monaten wissen würde, ob ich ihr helfen könnte. So einigten wir uns auf sechs Monate, bei einer Sitzung pro Woche (mit der Möglichkeit einer sechsmonatigen Verlängerung, falls nötig). Sie verpflichtete sich, regelmäßig zu kommen und an einem psychotherapeutischen Forschungsprojekt mitzuarbeiten, das ein Interview sowie eine psychologische Testbatterie beinhaltete, die jeweils zu Beginn und sechs Monate nach Beendigung der Therapie durchgeführt werden sollten.

Ich bemühte mich, ihr klarzumachen, daß die Therapie mit Sicherheit schmerzvoll würde, und bat sie, mir zu versprechen, daß sie dazu stehen werde.

«Thelma, dieses ständige Grübeln über Matthew – lassen Sie es uns der Einfachheit halber mal eine Obsession nennen...»

«Diese siebenundzwanzig Tage waren ein wundervolles Geschenk», sagte sie wütend. «Das ist einer der Gründe, weshalb ich mit anderen Therapeuten nicht darüber gesprochen habe – ich will nicht, daß man sie wie eine Krankheit behandelt.»

«Nein, Thelma, ich spreche nicht von der Zeit vor acht Jahren. Ich spreche von heute und darüber, daß Sie Ihr Leben nicht leben, weil Sie immer an die Geschichte von damals denken. Ich dachte, Sie sind zu mir gekommen, weil Sie sich nicht länger quälen wollten.»

Sie seufzte, schloß die Augen und nickte. Jetzt, nachdem sie mich gewarnt hatte, war sie offenbar entspannter und lehnte sich in ihren Sessel zurück.

«Was ich sagen wollte, war, daß diese Obsession – oder nennen wir es anders, wenn *Obsession* Sie verletzt...»

«Nein, es ist schon in Ordnung. Ich verstehe jetzt, was Sie damit meinen.»

«Nun, diese Obsession bestimmt seit acht Jahren Ihr Denken mehr als alles andere. Es wird schwierig sein, Sie davon zu befreien. Ich werde gezwungen sein, einige Ihrer Überzeugungen in Frage zu stellen, und das könnte sehr schmerzhaft werden. Ich brauche Ihr Versprechen, daß Sie das gemeinsam mit mir durchstehen wollen.»

«Das haben Sie. Wenn ich einmal einen Entschluß gefaßt habe, bleibe ich dabei.»

«Und außerdem, Thelma, kann ich nicht gut mit einer Selbstmorddrohung im Raum arbeiten. Ich brauche ein feierliches Versprechen von Ihnen, daß Sie sich in den nächsten sechs Monaten physisch nichts antun werden. Wenn Sie glauben, daß Sie auf der Kippe stehen, rufen Sie mich an. Ich bin immer für Sie da. Aber wenn Sie auch nur den geringsten Versuch unternehmen, ist unser Vertrag gebrochen, und ich werde nicht mit Ihnen weiterarbeiten. Normalerweise lasse ich mir das schriftlich geben, aber ich verlasse mich darauf, daß Sie, wie Sie sagten, Ihre Versprechen immer halten.»

Zu meiner Überraschung schüttelte Thelma den Kopf. «Dieses Versprechen kann ich Ihnen auf keinen Fall geben. Es gibt Stimmungen, in denen ich keinen anderen Ausweg sehe. Also muß ich mir diese Möglichkeit offenhalten.»

«Ich spreche nur von den nächsten sechs Monaten. Ich verlange nichts, was über diesen Zeitpunkt hinausgeht, aber ohne Ihr Versprechen fange ich gar nicht erst an. Wenn Sie noch einmal darüber nachdenken wollen, Thelma, vereinbaren wir für nächste Woche ein weiteres Treffen.»

Sie wurde sofort versöhnlich. Wahrscheinlich hatte sie nicht damit gerechnet, daß ich so unnachgiebig sein würde. Obwohl sie es nicht zeigte, glaube ich, daß sie erleichtert war.

«Ich kann nicht noch eine Woche warten. Ich möchte, daß wir das jetzt entscheiden und sofort mit der Therapie beginnen. Ich verspreche, daß ich mein Bestes tun werde.»

«Mein Bestes tun» – ich hatte nicht das Gefühl, daß das ausreiche, doch wollte ich nicht gleich den ersten Machtkampf mit ihr austragen. So sagte ich nichts, sondern sah sie nur skeptisch an.

Nach einer oder eineinhalb Minuten (ein langes Schweigen in der Therapie) stand Thelma auf, streckte mir die Hand hin und sagte: «Sie haben mein Versprechen.»

In der nächsten Woche begannen wir mit unserer Arbeit. Ich wollte mich ausschließlich auf relevante und aktuelle Probleme konzentrieren. Thelma hatte genügend Zeit gehabt (zwanzig Jahre Therapie!), um ihre frühkindliche Entwicklung aufzuarbeiten, und ich hielt es für wenig sinnvoll, mich mit Ereignissen zu beschäftigen, die sechzig Jahre zurücklagen. Sie hatte ein sehr ambivalentes Verhältnis zur Therapie: Obwohl sie ihre ganze Hoffnung darauf setzte, war sie mit dem Ergebnis der Sitzungen nie zufrieden. In den ersten zehn Wochen stellte sich heraus, daß sie nach einer Stunde, in der wir ihre Gefühle Matthew gegenüber analysiert hatten, die ganze folgende Woche von ihrer Obsession gequält wurde. Wenn wir dagegen andere Themen besprachen, selbst so wichtige wie ihre Beziehung zu Harry, betrachtete sie die Sitzung als Zeitverschwendung, weil wir ihr Hauptproblem – nämlich Matthew – nicht berührt hatten.

Ihre Unzufriedenheit machte unsere gemeinsamen Stunden auch für mich unerfreulich. Ich lernte, in meiner Arbeit mit Thelma keine persönliche Befriedigung zu erwarten. Es war für mich nie ein Vergnügen, mit ihr zusammenzusein, und schon nach der dritten oder vierten Sitzung erkannte ich, daß ich meine Befriedigung ausschließlich im intellektuellen Bereich würde suchen müssen.

Die meiste Zeit war Matthew gewidmet. Ich fragte sie nach dem genauen Inhalt ihrer Tagträume, und Thelma schien gerne darüber zu sprechen. Ihre Gedanken kreisten immer um dieselben Ereignisse: die Begegnungen mit Matthew in den siebenundzwanzig Tagen. Am meisten dachte sie an ihr erstes zufälliges Treffen am Union Square, den Kaffee im St. Francis Hotel, den Spaziergang zum Fisherman's Wharf, den Blick von Scoma's Restaurant auf die Bucht, die aufregende Fahrt zu Matthews «Bude»; aber oft dachte sie auch nur an seine liebevollen Worte in ihren Telefongesprächen.

Sex spielte in diesen Gedanken eine untergeordnete Rolle: Selten verspürte sie sexuelle Erregung. Denn obwohl es im Verlauf dieser siebenundzwanzig Tage häufig zu sehr intimen Liebkosungen gekommen war, hatten sie nur einmal – am ersten Abend – Geschlechtsverkehr. Sie versuchten es noch zweimal, aber Matthew war impotent. Ich war mehr und mehr davon überzeugt, daß mein Gefühl in bezug auf sein Verhalten richtig war: Matthew mußte erhebliche psychosexuelle Probleme haben, die er an Thelma (und wahrscheinlich auch an anderen unglücklichen Patientinnen) ausagiert hatte.

Es gab so viele erfolgversprechende Fährten, daß es mir schwerfiel, mich auf eine zu konzentrieren. Zunächst aber mußte Thelma davon überzeugt werden, daß es keinen Fortschritt geben konnte, wenn die Obsession nicht mit allen Wurzeln ausgerottet wurde. Denn eine solche Liebesobsession entzieht dem Leben seinen Realitätscharakter und blockiert den Weg zu neuen Erfahrungen, guten wie schlechten – wie ich aus meinem eigenen Leben weiß. Tatsächlich entstanden meine tiefsten therapeutischen Überzeugungen und meine wissenschaftlichen Prioritäten immer aus persönlicher Erfahrung. Nietzsche sagte, daß sich das Gedankensystem eines Philosophen immer aus seiner Autobiographie ableitet, und ich glaube, daß das auch für alle Therapeuten gilt – mehr noch, für jeden, der über das Denken nachdenkt.

Etwa zwei Jahre vor meinem ersten Treffen mit Thelma hatte ich auf einer Konferenz eine Frau kennengelernt, die mir danach nicht mehr aus dem Sinn ging und all meine Gedanken und Träume beherrschte. Sie nistete sich in meinem Gehirn ein und ließ sich trotz aller Anstrengungen nicht vertreiben. Eine Zeitlang ging das ganz gut. Ich fand Gefallen an meinen Zwangsvorstellungen und genoß sie immer wieder aufs neue. Einige Wochen später verbrachte ich mit meiner Familie einen Urlaub auf einer wunderbaren karibischen Insel. Erst nach mehreren Tagen erkannte ich, was mir auf der Reise alles entgangen war: die Schönheit des Strandes, die üppige tropische Vegetation, sogar das Tauchen und die aufregende Begegnung mit der Welt des Meeres. Der ganze Reichtum um mich herum verblaßte auf dem Hintergrund meiner Obsession. Ich war einfach abwesend. Ich war der Gefangene meiner inzwischen sinnlos gewordenen Phantasien, die immer und immer wieder um dieselben Vorstellungen kreisten. Beunruhigt über meinen Zustand und voller Überdruß begann ich eine Therapie (wieder einmal), und nach drei harten Monaten gehörten meine Gedanken wieder mir, kehrte ich zurück in die aufregende Welt des *wirklichen* Lebens. (Ein merkwürdiger Zufall: Mein Therapeut, mit dem ich mich später befreundete, erzählte mir nach Jahren, daß er zur Zeit meiner Behandlung selbst von einer faszinierenden Italienerin besessen gewesen sei, die ihre Gunst einem anderen geschenkt hatte. Und so ging die Liebesobsession im «Reigen» vom Patienten zum Therapeuten und wieder zum Patienten.)

So betonte ich in meiner Arbeit mit Thelma immer wieder, wie sehr ihre Obsession ihr Leben vergiftete, und wiederholte häufig ihre frühere Bemerkung, daß sie ihr Leben vor acht Jahren gelebt hatte. Kein Wunder, daß sie ihr jetziges Dasein haßte. Ihr Leben erstickte in einem Raum ohne Luft und Fenster, einem Raum, dessen einziger Lufthauch in längst vergangenen siebenundzwanzig Tagen bestand.

Aber Thelma fand diese These nie überzeugend – aus gutem Grund, wie ich jetzt glaube. Weil ich von meiner eigenen Erfahrung auf Thelma geschlossen hatte, hatte ich irrtümlicherweise angenommen, daß sie eigentlich ein erfülltes Leben hätte, wenn ihre Obsession dem nicht im Wege stünde. Thelma meinte, obwohl sie das damals nicht explizit sagte, daß in ihrer Obsession unendlich mehr Vitalität lag als in ihrer gelebten Erfahrung. (Später sollten wir die Formel umkehren und feststellen, daß die Obsession *wegen* der Verarmung ihres Lebens eine solche Macht über sie gewinnen konnte – eine Erkenntnis, die bei Thelma zunächst ebensowenig bewirkte.)

Etwa nach der sechsten Sitzung hatte ich sie so zermürbt, daß sie auf meine Linie einschwenkte und zugab, daß die Obsession der Feind sei und vernichtet werden müsse. Sitzung für Sitzung verbrachten wir nun ausschließlich damit, ihre Obsession zu erforschen. Mir schien, daß die Obsession ihre Kraft aus der Macht bezog, die Thelma Matthew verliehen hatte.

«Thelma, dieses Gefühl, daß Sie nur glücklich sind, wenn Matthew gut über Sie denkt – erzählen Sie mir alles darüber, was Sie wissen.»

«Das ist schwer zu sagen. Die Vorstellung, daß er mich hassen könnte, ist unerträglich. Er ist der einzige Mensch, der von Anfang an *alles* über mich wußte. Daß er mich trotz dieses Wissens lieben konnte, das war es, was mir so viel bedeutete.»

Das, dachte ich, ist genau der Grund, weshalb sich Therapeuten nicht auf intime Beziehungen mit Patienten einlassen sollten. Durch ihre privilegierte Stellung, ihren Zugang zu tiefen Gefühlen und vertraulichen Informationen gewinnen ihre Reaktionen immer eine überdimensionale Bedeutung. Für die Patienten ist es fast unmöglich, Therapeuten so zu sehen, wie sie wirklich sind. Meine Wut gegen Matthew steigerte sich.

«Aber Thelma, er ist nur ein Mensch. Sie haben ihn acht Jahre nicht gesehen. Warum ist es dann noch wichtig für Sie, wie er über Sie denkt?»

«Ich kann Ihnen nicht sagen, warum. Ich weiß, es macht keinen Sinn, aber ich bin zuinnerst davon überzeugt, daß ich glücklich wäre, wenn er gut von mir denken würde.»

Dieser Irrglaube war der Feind. Ich mußte ihn vertreiben. Mit einem leidenschaftlichen Appell wandte ich mich an Thelma. «Aber Sie sind Sie, Sie führen Ihr eigenes Leben, Sie sind nach wie vor, und zwar in jedem Augenblick Ihres Lebens, die Person, die Sie sind. Ihr Leben ist nicht im geringsten zu erschüttern durch die flüchtigen Gedanken, die elektromagnetischen Wellen, die irgendeinem unbekannten Geist entspringen. Versuchen Sie einmal, sich das klarzumachen. Die ganze Macht, die Matthew über Sie hat, haben Sie ihm gegeben – und zwar jedes bißchen!»

«Ich bekomme Magenschmerzen, wenn ich mir vorstelle, daß er mich verachtet.»

«Was sich im Kopf einer anderen Person abspielt, eines Menschen, den Sie nie sehen, der Ihre Existenz wahrscheinlich gar nicht zur Kenntnis nimmt und der mit seinen eigenen Lebenskonflikten beschäftigt ist, kann nichts an der Person ändern, die Sie real sind.»

«Natürlich nimmt er meine Existenz zur Kenntnis. Ich spreche oft genug auf seinen Anrufbeantworter. Letzte Woche habe ich ihm übrigens eine Nachricht hinterlassen, um ihm zu sagen, daß ich bei Ihnen in Behandlung bin. Ich finde, er sollte wissen, daß ich mit Ihnen über ihn spreche. Ich habe ihn in den ganzen Jahren immer angerufen, wenn ich den Therapeuten gewechselt habe.»

«Aber ich dachte, daß Sie mit all den Therapeuten nicht über ihn gesprochen haben.»

«Hab' ich auch nicht. Ich hatte es ihm versprochen, obwohl er es gar nicht verlangte, und dieses Versprechen habe ich gehalten – zumindest bis jetzt. Trotzdem fand ich, er sollte wissen, zu welchem Therapeuten ich ging, auch wenn ich mit keinem über ihn geredet habe. Viele haben mit ihm zusammen studiert. Vielleicht waren einige sogar mit ihm befreundet.»

Wegen meiner Rachegefühle gegenüber Matthew war ich mit Thelmas Worten nicht unzufrieden. Im Gegenteil, es amüsierte mich, mir seine Verlegenheit beim Abhören von Thelmas irritierenden Botschaften vorzustellen. Vielleicht sollte ich meine Absicht, es Matthew heimzuzahlen, aufgeben. Diese Frau wußte offenbar genau, wie sie ihn strafen konnte, sie brauchte meine Hilfe nicht.

«Aber Thelma, denken Sie noch einmal an das, was ich vorher gesagt habe. Sehen Sie nicht, daß Sie für all das selbst verantwortlich sind? Seine Gedanken könnten unmöglich diese Macht über Sie gewinnen, wenn Sie es nicht zulassen würden. Er ist nur ein Mensch wie Sie und ich. Wenn *Sie* Schlechtes über jemanden denken, mit dem Sie überhaupt keinen Kontakt haben, glauben Sie, daß *Ihre* Gedanken – diese in Ihrem Gehirn kreisenden und nur Ihnen bekannten Bilder – *diese* Person beeinflussen? Das geht höchstens mit Voodoo-Zauber. Warum gestehen Sie Matthew soviel Macht über sich zu? Er ist ein Mensch wie jeder andere, er kämpft, um zu leben, er wird alt, er läßt einen Furz und er stirbt.»

Keine Reaktion von Thelma. Ich erhöhte den Einsatz.

«Sie sagten einmal, daß er sich, falls er es darauf angelegt hätte, keine schlimmere Strafe hätte ausdenken können als dieses totale Schweigen. Sie glauben sogar, daß er Sie möglicherweise bewußt in den Selbstmord treiben wollte. Es ist ihm vollkommen egal, ob es Ihnen gutgeht. Welchen Sinn macht es da, ihn so zu vergöttern? Zu glauben, daß es nichts Wichtigeres auf der Welt gibt als sein Wohlwollen?»

«Eigentlich glaube ich nicht, daß er mich wirklich zum Selbstmord treiben will. Der Gedanke geht mir nur gelegentlich durch den Kopf. Meine Gefühle gegenüber Matthew sind eben sehr schwankend. Aber das Wichtigste ist, daß ich ihm nicht gleichgültig sein will.»

«Aber warum ist das so ungeheuer wichtig? Sie haben ihn zu einem Übermenschen gemacht, dabei scheint vor allem er verkorkst zu sein. Sie haben selbst gesagt, daß er erhebliche sexuelle Schwierigkeiten hat. Und wie steht es mit seiner persönlichen Integrität, seinem Berufsethos? Er hat sich über die moralischen Grundsätze seines Standes hinweggesetzt. Sie sehen doch, welches Leid er Ihnen zugefügt hat. Wir wissen beide, daß es einfach nicht richtig sein kann, wenn ein Therapeut, der verpflichtet ist, im besten Interesse seiner Patienten zu handeln, einen Menschen so verletzt.»

Aber ich hätte ebensogut gegen den Wind reden können.

«Bei mir war es aber genau umgekehrt, denn *erst*, als er wieder professionell und förmlich wurde, fühlte ich mich verletzt. Als wir dagegen einfach zwei menschliche Wesen waren, die sich liebten, machte er mir das kostbarste Geschenk der Welt.»

Ich war zutiefst frustriert. Für mich war *offensichtlich*, daß Thelma für ihr Dilemma selbst verantwortlich war, daß der Glaube, Matthew habe reale Macht über sie, eine Fiktion war, und daß sie ihm diese Macht gab, weil sie ihre eigene Freiheit leugnete und sich weigerte, Verantwortung für die Gestaltung ihres Lebens zu übernehmen. Weit davon entfernt, sich von Matthew befreien zu wollen, genoß sie ihre Unterwerfung.

Natürlich hatte ich von Anfang an gewußt, daß die Überzeugungskraft meiner Argumente allein nicht ausreichen würde, um eine Veränderung zu bewirken. Diese Erfahrung hatte ich oft genug schon gemacht. Auch bei meiner eigenen Therapie hat es nie funktioniert. Nur wenn man eine Einsicht auch im Bauch spürt, hat man sie wirklich erreicht. Erst dann kann man damit arbeiten und etwas verändern. In der Psychologie für den Hausgebrauch wird unentwegt von «Verantwortungsübernahme» geredet, aber das sind nichts als Worte: Es ist außerordentlich schwer, ja beängstigend, zu erkennen, daß du und nur du für deinen eigenen Lebensplan verantwortlich bist. Das Problem in der Therapie besteht also darin, einen Weg zu finden, wie eine wenig wirkungsvolle intellektuelle Selbsterkenntnis in emotionale *Erfahrung* umgesetzt werden kann. Nur wenn in der Therapie tiefe Emotionen freigesetzt werden, wird sie zu einem machtvollen Instrument der Veränderung.

Und Machtlosigkeit war das zentrale Problem in meiner Therapie mit Thelma. Meine Versuche, Einfluß auf sie zu gewinnen, waren beschämend ungeschickt und bestanden hauptsächlich darin, nörgelnd und stochernd immer wieder um ihre Obsession zu kreisen und darauf einzudreschen.

Wie sehr sehne ich mich in solchen Augenblicken nach den festen Glaubenssätzen der klassischen Schulen. Die Psychoanalyse, um die katholischste unter den psychotherapeutischen Ideologien zu nehmen, kennt immer die richtigen Methoden, und die Analytiker scheinen im Gegensatz zu mir, der ich ständig im dunkeln tappe, *immer* genau zu wissen, was zu tun ist. Wie beruhigend müßte es sein, nur einmal das Gefühl zu haben, daß man genau weiß, was man in seiner psychotherapeutischen Arbeit tut – zum Beispiel, daß man pflichtgemäß und in der korrekten Reihenfolge alle Phasen des therapeutischen Prozesses durchläuft.

Aber natürlich ist das alles eine Illusion. Solche Ideologien mit ihrem komplexen metaphysischen Überbau sind, wenn überhaupt, nur deshalb erfolgreich, weil sie die Angst des *Therapeuten* und nicht die des Patienten lindern (und so dem Therapeuten ermöglichen, sich seiner eigenen Angst im therapeutischen Prozeß zu stellen). Je besser der Therapeut mit der Angst vor Ungewißheit leben kann, um so weniger ist er darauf angewiesen, sich an orthodoxe Schulen zu klammern. Die kreativen Anhänger orthodoxer Schulen, *jeder* orthodoxen Schule, wachsen früher oder später über ihre Lehrmeister hinaus.

Obwohl ein allwissender Therapeut, der jede Situation beherrscht, etwas Beruhigendes hat, sprechen viele Patienten sehr stark auf Therapeuten an, die sich mühsam an die Dinge herantasten müssen, die sich mit ihnen, den Patienten, gemeinsam durchkämpfen, bis sie auf eine brauchbare Entdeckung stoßen. Doch leider, wie Thelma mich vor Abschluß dieses Falles lehren sollte, war bei manchen Patienten auch die schönste Therapie umsonst.

Auf meiner Suche nach einem Durchbruch ging ich bis an die Grenzen. Ich versuchte, sie aus der Fassung zu bringen, sie zu schockieren.

«Stellen Sie sich einen Augenblick vor, Matthew würde sterben! Würde Sie das erlösen?»

«Ich habe schon versucht, mir das vorzustellen. Wenn ich mir vorstelle, er sei tot, überkommt mich eine große Traurigkeit. Ich würde in einer leeren Welt leben. Ich kann mir nichts mehr vorstellen danach.»

«Wie können Sie sich selbst erlösen? Wie können Sie erlöst werden? Könnte Matthew Sie erlösen? Haben Sie sich jemals vorgestellt, daß er Sie durch ein Gespräch erlöst?»

Thelma lächelte bei dieser Frage. Sie sah mich an, und ich glaubte Respekt in ihrem Blick zu erkennen – als ob sie von meiner Fähigkeit, Gedanken zu lesen, beeindruckt sei. Ich war offenbar auf eine wichtige Phantasie gestoßen.

«Oft, sehr oft.»

«Erzählen Sie mir davon. Wie stellen Sie sich das vor?»

Obwohl ich der Technik des Rollenspiels und Stühlewechselns kritisch gegenüberstehe, schien mir dies der geeignete Augenblick. «Lassen Sie uns mal ein Rollenspiel versuchen. Würden Sie sich bitte auf den anderen Stuhl setzen, Matthews Rolle übernehmen und zu Thelma hier auf diesem Stuhl sprechen!»

Da Thelma bisher all meine Vorschläge abgelehnt hatte, machte ich mich auf ein hartes Stück Überzeugungsarbeit gefaßt. Doch zu meiner Überraschung stimmte sie begeistert zu. Vielleicht hatte sie in ihren zwanzig Jahren Therapie schon mit Gestalttherapeuten gearbeitet, die diese Techniken anwandten; vielleicht aber brach auch ihr Bühnentemperament wieder durch. Sie sprang fast von ihrem Stuhl hoch, räusperte sich, tat so, als würde sie sich eine Krawatte umbinden und das Jackett zuknöpfen, setzte ein gütiges Lächeln mit einem herrlich übertriebenen Ausdruck wohlwollenden Großmuts auf, räusperte sich wieder, setzte sich auf den anderen Stuhl und wurde Matthew.

«Thelma, ich bin zu dir gekommen, weil ich mich gern an unsere gemeinsame therapeutische Arbeit erinnere und dein Freund sein möchte. Dieses Geben und Nehmen zwischen uns hat mir große Freude gemacht und auch unsere gemeinsamen Scherze über deine beschissenen Gewohnheiten. Ich habe dir nie etwas vorgemacht. Alles, was ich dir sagte, habe ich auch so gemeint. Und dann passierte etwas, worüber ich mit dir nicht reden wollte und was mich veranlaßte, meine Haltung dir gegenüber zu ändern. Es hatte nichts mit dir zu tun; es gab nichts, was mir plötzlich an dir mißfallen hätte, obwohl wir für eine dauerhafte Beziehung wohl nicht genügend gemeinsam hatten. Was passierte, war, daß eine Frau, Sonja...»

Hier unterbrach Thelma für einen Augenblick und erklärte mit lautem Bühnenflüstern: «Dr. Yalom, Sonja war mein Künstlername als Tänzerin.»

Sie wurde wieder zu Matthew und fuhr fort: «Diese Sonja trat in mein Leben, und ich wußte bald, daß sie die richtige Frau für mich war. Ich versuchte also, auf Distanz zu gehen, und bat dich, nicht mehr anzurufen. Daß du dich darüber hinweggesetzt hast, hat mich – das gebe ich gerne zu – geärgert. Nach deinem Selbstmordversuch wußte ich, daß ich meine Worte vorsichtig wählen mußte, und *deshalb* war ich so distanziert. Ich ging zu einem Psychiater, und *er* war es, der mir riet, jeden Kontakt abzubrechen. Thelma, du bist ein Mensch, mit dem ich gerne befreundet wäre, aber es gibt keine Möglichkeit für eine offene Beziehung. Da gibt es auf der einen Seite deinen Harry, auf der anderen meine Sonja.»

Sie hielt inne und sank auf ihren Stuhl zurück. Ihre Schultern sackten zusammen, das wohlwollende Lächeln verschwand, und, nachdem sie sich so völlig verausgabt hatte, wurde sie wieder Thelma.

Schweigend saßen wir zusammen. Als ich über die Worte, die sie Matthew in den Mund gelegt hatte, nachdachte, wurde mir klar, welche Wirkung sie auf Thelma gehabt haben mußten und warum sie sie in Gedanken ständig wiederholte: Sie bestätigten ihre Sicht der Realität, sie enthoben Matthew jeder Verantwortung (schließlich war es der Psychiater, der ihm geraten hatte, jeden Kontakt abzubrechen) und widerlegten, daß mit ihrer Beziehung etwas nicht stimmte; Matthew hatte lediglich größere Verpflichtungen gegenüber einer anderen. Daß die andere Sonja war, das heißt sie selbst als junge Frau, wies auf die Notwendigkeit hin, Thelmas Gefühle hinsichtlich ihres Alters näher zu analysieren.

Die Idee der Erlösung faszinierte mich. *Würden diese Worte von Matthew sie wirklich erlösen?* Ich mußte plötzlich an eine Unterhaltung mit einem Patienten aus meinem ersten Jahr in der Psychiatrie denken (diese ersten klinischen Erfahrungen prägen sich dem Gedächtnis besonders ein). Der stark paranoide Patient behauptete fest, ich sei nicht Dr. Yalom, sondern ein FBI-Agent, und verlangte, daß ich mich auswies. Als ich ihm in der nächsten Sitzung dümmlich meine Geburtsurkunde, meinen Führerschein und meinen Paß präsentierte, erklärte er, daß sich sein Verdacht bestätigt habe: Nur mit FBI-Verbindungen könne man so schnell an falsche Papiere herankommen. Wenn ein Gedankensystem alles erfaßt, kann es *keine* freien Enklaven mehr geben...

Natürlich war Thelma nicht paranoid, aber ich fragte mich, ob nicht auch sie Matthews erlösende Worte zurückweisen und immer neue Beweise und Beteuerungen verlangen würde. Trotzdem glaube ich, daß ich in diesem Augenblick zum erstenmal ernsthaft daran dachte, Matthew mit in die Therapie einzubeziehen – nicht ihren idealisierten Matthew, sondern den wirklichen, den aus Fleisch und Blut.

«Wie fühlen Sie sich bei dem Rollenspiel, Thelma? Hat es irgend etwas in Ihnen bewegt?»

«Ich fühle mich wie ein Idiot. Es ist einfach lächerlich für jemanden in meinem Alter, einen dummen Jüngling zu spielen.»

«Höre ich da eine indirekte Frage an mich? Glauben Sie vielleicht, daß ich so über Sie denken könnte?»

«Um ehrlich zu sein, das ist tatsächlich ein weiterer Grund (neben meinem Versprechen an Matthew), weshalb ich weder mit einem Therapeuten noch mit sonst jemand über ihn gesprochen habe. Ich weiß, daß alle es als Schwärmerei oder als typischen Fall einer Übertragung abtun würden. ‹Jeder verliebt sich in seinen Therapeuten› – ich kann es direkt hören. Oder sie nennen es... wie sagt man, wenn der Therapeut etwas auf den Patienten überträgt?»

«Gegenübertragung.»

«Ja, Gegenübertragung. Das haben Sie schon letztes Mal erwähnt, als Sie sagten, Matthew hätte in der Therapie mit mir seine persönlichen Probleme ‹ausagiert›. Ich will ganz offen sein (wie es in der Therapie sein soll): Das tut mir weh. Es ist so, als ob ich gar nicht zählen würde, als wäre ich nur ein unbeteiligter Zuschauer in einem Stück, das er mit seiner Mutter austrägt.»

Ich hielt meinen Mund. Sie hatte recht; genau das dachte ich auch. Ihr *seid* tatsächlich beide, Sie und Matthew, «unbeteiligte Zuschauer». Im Grunde hat keiner von euch eine wirkliche Beziehung zum anderen gehabt, sondern nur zu einem Bild des anderen. Sie haben sich in Matthew verliebt, weil er für Sie ein ganz bestimmtes Ideal verkörperte: jemand, der Sie total und bedingungslos liebt; der sich ganz Ihrem Wohl, Ihrer persönlichen Entwicklung widmet; der Ihr Alter rückgängig macht und die junge, schöne Sonja liebt, die Sie einst waren; der Ihnen die Möglichkeit bietet, dem Schmerz des Getrenntseins zu entkommen und Ihnen das Glücksgefühl der Verschmelzung mit einem anderen Menschen gibt. Sie waren vielleicht verliebt, aber eins ist sicher: Liebe war es nicht; Sie haben Matthew nie gekannt.

Und Matthew? Wen oder was liebte er? Ich wußte es noch nicht, aber ich glaubte, daß er weder in Thelma verliebt war noch sie geliebt hatte. Er liebte Thelma nicht, er benutzte sie. An Thelma, der Thelma aus Fleisch und Blut, hatte er überhaupt kein Interesse! Ihre Vermutung, daß er irgendwelche Probleme mit seiner Mutter austrug, war wahrscheinlich gar nicht so falsch.

Als ob sie meine Gedanken lesen könnte, fuhr Thelma fort, wobei sie den Kopf zurückwarf und sprach, als richtete sie ihre Worte an ein großes Publikum. «Wenn jemand behauptet, wir hätten uns nicht wirklich geliebt, dann bagatellisiert er unsere Liebe. Er nimmt ihr die Tiefe, macht sie zu einem Nichts. Die Liebe war und ist *real*. *Nichts war jemals realer für mich.* Diese siebenundzwanzig Tage waren der Höhepunkt meines Lebens. Es waren siebenundzwanzig Tage im Paradies, und ich würde alles geben, könnte ich sie zurückbekommen!»

Eine starke Frau, dachte ich. Sie hatte eine klare Grenze gezogen: «Nehmen Sie mir nicht den Höhepunkt meines Lebens. Nehmen Sie mir nicht die einzig wahre Erfahrung meines Lebens.» So etwas kann man keinem Menschen antun, geschweige denn einer verzweifelten, lebensmüden siebzigjährigen Frau.

Aber ich hatte nicht die Absicht, mich auf diese Weise erpressen zu lassen. Wenn ich sie jetzt gewähren ließe, würde ich alle Waffen aus der Hand geben. Deshalb fuhr ich in beiläufigem Ton fort: «Erzählen Sie mir alles über Ihre Euphorie.»

«Es war, als ob ich meinen Körper verlassen hätte. Ich war schwerelos, es war, als ob ich gar nicht da wäre, oder zumindest der Teil von mir, der verletzbar und schwerfällig ist. Ich hörte einfach auf, mir Gedanken und Sorgen über mich zu machen. Ich wurde ein *Wir*.»

Das einsame Ich, das sich ekstatisch im *Wir* auflöst. Wie oft habe ich das schon gehört! Es ist der gemeinsame Nenner jeder Form von Glückseligkeit – der romantischen, sexuellen, politischen, religiösen, mystischen. Jeder wünscht sich diese glückselige Verschmelzung. Aber mit Thelma war es anders – sie *wünschte* sie sich nicht, sie hatte sie *dringend nötig, um einer Gefahr zu entrinnen.*

«Das paßt zu dem, was Sie mir über Ihre sexuelle Erfahrung mit Matthew sagten – daß es für Sie nicht wichtig war, daß er *in* Ihnen war, sondern daß er mit Ihnen verbunden, mit Ihnen vereint war.»

«Das ist richtig. Das meinte ich, als ich sagte, Sie messen unserer sexuellen Beziehung zuviel Bedeutung bei. Das Sexuelle selbst hat keine große Rolle gespielt.»

«Das hilft uns, den Traum zu verstehen, den Sie vor ein paar Wochen hatten.»

Vor zwei Wochen hatte mir Thelma von einem Alptraum erzählt – dem einzigen Traum, den sie mir in der ganzen Therapie anvertraute:

Ich tanzte mit einem großen schwarzen Mann. Dann verwandelte er sich in Matthew. Wir lagen auf dem Tanzboden und liebten uns. Kurz bevor ich kam, flüsterte ich «Töte mich» in sein Ohr. Plötzlich verschwand er, und ich lag ganz allein auf dem Tanzboden.

«Es kommt mir so vor, als ob Sie Ihre Grenzen auflösen, sich verlieren wollen (was in dem Traum durch das «Töte mich» symbolisiert wird), und Matthew soll Ihnen als Instrument dazu dienen. Was fällt Ihnen zu dem Tanzboden ein?»

«Ich sagte vorher, daß ich nur in diesen siebenundzwanzig Tagen jemals Euphorie erlebte. Das ist nicht ganz richtig. Mir war oft euphorisch zumute, wenn ich tanzte. Auch da hatte ich das Gefühl, daß sich alles auflöste, ich selbst und alles andere, es gab nur den Tanz und den Augenblick. Wenn ich in meinen Träumen tanze, bedeutet das, daß ich alles Böse vertreiben will. Ich glaube, es bedeutet auch, wieder jung zu sein.»

«Sie haben mir nicht viel darüber erzählt, was für ein Gefühl es ist, siebzig zu sein. Denken Sie oft darüber nach?»

«Ich glaube, daß ich eine andere Einstellung zur Therapie hätte, wenn ich vierzig wäre. Mit vierzig kann man noch in die Zukunft blicken. Arbeitet man in der Psychiatrie nicht lieber mit jüngeren Leuten?»

Ich wußte, daß hier reiche Quellen lagen. Ich war überzeugt, daß Thelmas Angst vor dem Alter und dem Tod ihre Obsession nährte. Einer der Gründe, weshalb sie in der Liebe aufgehen und von ihr ausgelöscht werden wollte, war ihre Angst vor der Zerstörung durch den Tod. Nietzsche sagte: «Der letzte Lohn der Toten – nicht mehr zu sterben.» Doch bot sich hier auch eine wunderbare Gelegenheit, an unserer Beziehung zu arbeiten. Obwohl die beiden bisher behandelten Themen (die Flucht vor der Freiheit und vor der Isolation) den Kern unserer Arbeit bildeten und auch weiterhin bilden würden, hatte ich das Gefühl, daß meine größte Chance, Thelma zu helfen, in der Entwicklung einer vertrauensvollen Beziehung zwischen uns beiden lag. Ich hoffte, daß eine enge Bindung zwischen ihr und mir die Bindung zu Matthew genügend abschwächen würde, damit sie sich von ihm befreien könnte. Nur dann könnten wir die Hindernisse erkennen und beseitigen, die es Thelma unmöglich machten, enge Beziehungen zu ihren Mitmenschen herzustellen.

«Thelma, wenn Sie fragen, ob die Psychiatrie nicht lieber mit jüngeren Menschen arbeitet, klingt das so, als ob Sie mir eine persönliche Frage stellen.»

Thelma vermied, wie gewöhnlich, das Persönliche. «Es liegt doch auf der Hand, daß mehr dabei herauskommt, wenn man sich beispielsweise mit einer jungen Mutter mit drei Kindern beschäftigt. Sie hat ihr ganzes Leben noch vor sich, und von der Stabilisierung ihrer Psyche profitieren auch ihre Kinder und wiederum deren Kinder.»

Ich ließ nicht locker. «Was ich meinte, war, ob Sie mir nicht eine ganz persönliche Frage gestellt haben, die sich auf uns beide bezieht.»

«Würden Psychiater nicht lieber einen dreißigjährigen Patienten als einen siebzigjährigen behandeln?»

«Können wir nicht von *Ihnen* und *mir* sprechen anstatt von *Psychiatrie*, *Psychiatern* und *Patienten*? Lautet Ihre Frage nicht: ‹Was halten Sie, Irv, davon›» – hier lächelte Thelma; sie sprach mich selten direkt an, weder mit Vor- noch mit Nachnamen –, «‹mich, Thelma, eine siebzigjährige Frau, zu behandeln?›»

Keine Antwort. Sie starrte aus dem Fenster und schüttelte kaum wahrnehmbar den Kopf. Mein Gott, war sie stur!

«Habe ich recht? Ist das Ihre Frage?»

«Das ist *eine* Frage, nicht *die* Frage. Aber wenn Sie meine Frage einfach so beantwortet hätten, wie ich sie gestellt habe, hätte ich die Antwort auf die Frage bekommen, die Sie gerade gestellt haben.»

«Sie meinen, Sie hätten von mir erfahren, wie die Psychiatrie generell zur Behandlung älterer Patienten steht, und daraus den Schluß gezogen, daß das auch meine persönliche Einstellung Ihnen gegenüber ist.»

Thelma nickte.

«Aber warum so umständlich? Und außerdem sagt das noch gar nichts. Wenn ich versuche, die Meinung der Psychiatrie im allgemeinen wiederzugeben, muß das nicht unbedingt etwas über meine Gefühle Ihnen gegenüber aussagen. Was hindert Sie daran, mich direkt zu fragen?»

«Darüber habe ich mit Matthew auch gesprochen. Genau das war es, was er meine beschissenen Gewohnheiten nannte.»

Ich hielt einen Augenblick inne. Wollte ich mich in irgendeiner Weise mit Matthew verbünden? Und doch war ich sicher, daß das die richtige Spur war.

«Lassen Sie mich versuchen, Ihre Fragen zu beantworten – die allgemeine, die Sie gestellt haben, und die persönliche, die Sie nicht gestellt haben. Ich beginne mit der allgemeinen. Ich persönlich arbeite gerne mit älteren Patienten. Wie Sie aus all den Fragebogen, die Sie vor Beginn Ihrer Therapie ausfüllten, wissen, arbeite ich im Rahmen eines Forschungsprojekts mit vielen Patienten um die Sechzig oder Siebzig. Mit ihnen mache ich ebenso gute, wenn nicht bessere Erfahrungen wie mit jüngeren Patienten, und die Arbeit verschafft mir große Befriedigung.

Ihre Frage über die junge Mutter und ihren potentiellen Einfluß verstehe ich gut, aber ich sehe es anders. Auch Sie haben großen Einfluß. Alle jüngeren Menschen, mit denen Sie in Berührung kommen, sehen in Ihnen eine Bezugsperson oder ein Vorbild für ihren nächsten Lebensabschnitt. Und ich glaube, daß Sie auch mit Siebzig noch neue Perspektiven entwickeln können, mit deren Hilfe Sie Ihrem ganzen früheren Leben nachträglich einen neuen Sinn geben können. Ich weiß, daß Sie das im Augenblick schwer einzusehen vermögen, aber glauben Sie mir, es kommt öfter vor, als Sie denken. Jetzt zu der persönlichen Frage – wie fühle *ich* mich in der Arbeit mit *Ihnen*? Ich *will* mit Ihnen arbeiten. Ich glaube, ich verstehe Ihren Schmerz, und kann mich in Ihre Lage versetzen, weil ich dasselbe mitgemacht habe. Ich interessiere mich für das Problem, mit dem Sie zu kämpfen haben, und glaube, Ihnen helfen zu können, ich fühle mich verpflichtet, Ihnen zu helfen. Was mich allerdings sehr frustriert, ist diese große Distanz, die Sie zwischen uns legen. Sie sagten vorher, daß Sie die Antwort (oder zumindest eine Andeutung davon) auf eine persönliche Frage am besten herausfinden, wenn Sie eine unpersönliche Frage stellen. Aber stellen Sie sich doch einmal vor, wie das auf den anderen wirkt. Wenn Sie mir ständig unpersönliche Fragen stellen, fühle ich mich einfach ausgeschlossen.»

«Genau das hat Matthew auch immer gesagt.»

Zähneknirschend rang ich mich zu einem Lächeln durch. Mir fiel nichts Konstruktives mehr ein. Diese frustrierende, mühsame Interaktion lief immer nach demselben Muster ab. Wir sollten in der Folge noch viele ähnliche Gespräche führen.

Es war eine harte, undankbare Arbeit. Woche für Woche kämpfte ich mich mühsam weiter. Ich versuchte, ihr das Abc der Nähe beizubringen: zum Beispiel, wie man die Pronomen *ich* und *du* verwendet, wie man Gefühle erkennt (angefangen mit dem Unterschied zwischen Gefühlen und Gedanken), wie man sich Gefühle eingesteht und wie man sie ausdrückt. Ich machte sie mit elementaren Gefühlen vertraut (*schlecht, traurig, wütend, froh*). Ich ließ sie Sätze vervollständigen wie: «Irv, wenn Sie das sagen, machen Sie mich...»

Sie verfügte über ein eindrucksvolles Repertoire von Ablenkungsmanövern. So begann sie häufig, wenn sie etwas sagen wollte, mit einer umständlichen, langwierigen Einleitung. Als ich sie darauf ansprach, gab sie mir recht, nahm das aber gleichzeitig zum Anlaß, mir zu erzählen, daß sie jemandem, der sie nach der Zeit fragt, gelegentlich einen Vortrag über das Uhrmacherhandwerk hält. Mehrere Minuten später, als sie ihre Anekdote beendet hatte (einschließlich komplettem historischem Rückblick darauf, wie sie und ihre Schwester diese Technik der abschweifenden Geschichten zum erstenmal angewandt hatten), hatten wir uns endlos weit vom Ausgangspunkt entfernt, und ich war wieder einmal erfolgreich in die Distanz verwiesen worden.

Bei Gelegenheit gab sie zu, daß sie erhebliche Probleme habe, sich selbst darzustellen. Nur in zwei Situationen ihres Erwachsenenlebens war sie auf ganz spontane Weise sie selbst gewesen: als sie tanzte und während der siebenundzwanzig Tage, in denen sie und Matthew ineinander verliebt waren. Das erklärt auch zum großen Teil, weshalb es für sie so immens wichtig war, daß Matthew sie akzeptierte: «Er war einer der wenigen, die mich so kannten, wie ich wirklich war – ich war bedingungslos offen, ohne etwas zurückzuhalten.»

Wenn ich sie in den Sitzungen fragte, wie es ihr ginge, oder sie bat, ihre Gefühle mir gegenüber zu beschreiben, bekam ich selten eine Antwort. Und wenn ich eine bekam, behauptete sie meistens, überhaupt keine Gefühle zu haben. Doch manchmal gelang es ihr, mich völlig zu entwaffnen, indem sie sagte, sie habe in der Stunde eine große Nähe gespürt – in einer Stunde, in der sie sich, wie ich fand, besonders ausweichend und distanziert verhalten hatte. Ihr meine Sicht der Dinge darzulegen, wäre gefährlich gewesen, weil ich sie damit möglicherweise vor den Kopf gestoßen hätte.

Als immer deutlicher wurde, daß sich zwischen uns keine vertrauensvolle Beziehung entwickeln würde, kam ich mir wie ein Narr, wie ein Versager vor. Obwohl ich für sie offen war, blieb sie mir gegenüber gleichgültig. Ich versuchte, mit ihr darüber zu sprechen, aber immer hatte ich das Gefühl, daß ich letztlich nur jammerte: «Warum mögen Sie mich nicht genauso wie Matthew?»

«Wissen Sie, Thelma, indem Sie Matthews Meinung völlig überhöhen, weigern Sie sich gleichzeitig, meiner Meinung auch nur die geringste Bedeutung beizumessen. Schließlich weiß ich inzwischen auch eine Menge über Sie. Auch ich bin Therapeut – mit zwanzig Jahren mehr Erfahrung als Matthew. Ich frage mich, warum es Ihnen völlig gleichgültig ist, was ich denke und fühle.»

Sie reagierte auf den Inhalt, aber nicht auf meine Gefühle, und versuchte, mich zu besänftigen: «Das richtet sich nicht gegen Sie persönlich. Ich bin sicher, daß Sie Ihre Arbeit verstehen. Ich würde mich jedem Therapeuten der Welt gegenüber genauso verhalten. Ich will mich nur einfach nicht noch einmal einem Therapeuten so ausliefern, nach allem, was Matthew mir angetan hat.»

«Sie haben auf alles eine gute Antwort, aber letztlich wollen Sie nur sagen: ‹Kommen Sie mir nicht zu nahe.› Sie können sich Harry nicht anvertrauen, weil Sie fürchten, ihn zu verletzen, wenn Sie ihm von Ihren Gefühlen für Matthew und von Ihren Selbstmordgedanken erzählen. Sie vermeiden enge Beziehungen zu Freunden, weil Sie fürchten, Ihnen Schmerz zuzufügen, wenn Sie sich umbringen. Sie halten mich auf Distanz, weil Ihnen vor acht Jahren ein anderer Therapeut Schmerz zugefügt hat. Die Worte ändern sich immer, aber die Musik ist dieselbe.»

Schließlich, etwa im vierten Monat, gab es Anzeichen eines Fortschritts. Thelma hörte auf, sich um jeden Punkt zu streiten, und erzählte mir zu meiner Überraschung zu Beginn einer Sitzung, daß Sie letzte Woche viele Stunden damit verbracht hatte, sich Gedanken über alle Menschen, mit denen sie engeren Kontakt gehabt hatte, zu machen und diese Gedanken aufzuschreiben. Sie stellte fest, daß es ihr jedesmal, wenn sie jemandem nähergekommen war, irgendwie gelang, die Beziehung abzubrechen.

«Vielleicht haben Sie recht. Vielleicht habe ich wirklich große Schwierigkeiten, zu anderen Menschen eine enge Beziehung herzustellen. Ich glaube, ich habe schon seit dreißig Jahren keine gute Freundin mehr. Ich bin mir nicht einmal sicher, ob ich *je* eine hatte.»

Diese Erkenntnis hätte ein Wendepunkt in unserer Therapie sein können. Thelma hatte ein spezifisches Problem erkannt und begonnen, sich damit auseinanderzusetzen. Ich war zuversichtlich, daß wir uns jetzt in die eigentliche Arbeit stürzen konnten. Doch das Gegenteil war der Fall: Sie zog sich noch mehr zurück, weil sie meinte, daß ihre Beziehungsprobleme unsere therapeutische Arbeit erschwerten.

Ich gab mir ungeheure Mühe, ihr klarzumachen, daß diese Erkenntnis ein positives und kein negatives Ergebnis unserer Therapie war. Immer wieder erklärte ich, daß Beziehungsschwierigkeiten nicht irgendwelche belanglosen atmosphärischen Störungen seien, die das therapeutische Klima verschlechterten, sondern das Kernproblem darstellten. Daß es hier und jetzt, wo wir es analysieren konnten, aufgetaucht sei, sei eine *positive* und keine negative Entwicklung.

Doch ihre Verzweiflung wuchs. Es waren schlimme Wochen. Ihre Obsession wurde stärker, sie weinte ständig, sie zog sich noch mehr von Harry zurück und dachte immer häufiger an Selbstmord. Auch ihre Kritik an der Therapie nahm zu. Sie meinte, daß unsere Sitzungen nur dazu dienten, in der Wunde zu rühren und ihre Qualen zu vergrößern, und sie bedauerte, daß sie sich zu vollen sechs Monaten Therapie verpflichtet hatte.

Die Zeit wurde knapp. Vier Monate waren bereits vergangen; und obwohl Thelma mir versicherte, daß sie zu ihrer Verpflichtung stehen würde, machte sie mir unmißverständlich klar, daß sie die Therapie unter keinen Umständen über diesen Zeitpunkt hinaus verlängern würde. Ich fühlte mich total entmutigt: All meine Bemühungen waren wirkungslos geblieben. Es war mir nicht einmal gelungen, die Zusammenarbeit zwischen Therapeut und Patient auf eine solide Basis zu stellen: Ihre ganze emotionale Energie war ausschließlich auf Matthew gerichtet, und ich hatte kein Mittel gefunden, diese Fixierung aufzubrechen. Der Augenblick war gekommen, meine letzte Karte auszuspielen.

«Thelma, seit dieser Stunde vor einigen Monaten, als Sie Matthews Rolle spielten und die Worte sprachen, die Sie erlösen würden, habe ich ständig mit dem Gedanken gespielt, ihn zu einem Dreiergespräch in meine Praxis zu bitten. Uns bleiben nur noch sieben Sitzungen, es sei denn, Sie überlegen es sich anders und machen weiter.» Thelma schüttelte entschieden den Kopf. «Ich glaube, wir kommen ohne seine Hilfe nicht weiter. Ich bitte Sie um die Erlaubnis, Matthew anzurufen und ihn hierher einzuladen. Eine Sitzung dürfte meiner Ansicht nach genügen, aber wir sollten es bald tun, weil wir danach mit Sicherheit noch einige Stunden brauchen, um die gewonnenen Erkenntnisse aufzuarbeiten.»

Thelma, die die ganze Zeit apathisch in ihrem Sessel gesessen hatte, richtete sich kerzengerade auf. Daß ihre Handtasche dabei zu Boden fiel, schien sie gar nicht zu bemerken, so sehr konzentrierte sie sich auf meine Worte. Endlich, endlich hatte ich ihre Aufmerksamkeit erregt, und sie saß mehrere Minuten schweigend da und dachte über meine Worte nach.

Obwohl ich mein Vorhaben nicht voll durchdacht hatte, hoffte ich, Matthew schon aufgrund meines Ansehens als Therapeut für eine Mitarbeit gewinnen zu können. Außerdem konnte ich mir vorstellen, daß auch er von dieser Sache erlöst werden wollte, denn die unzähligen Nachrichten, die Thelma während der acht Jahre auf seinen Anrufbeantworter gesprochen hatte, konnten ihn nicht völlig gleichgültig gelassen haben.

Ich war mir nicht sicher, was bei diesem außergewöhnlichen Treffen herauskommen würde, doch hatte ich irgendwie das Gefühl, daß man dabei nur gewinnen könnte. *Jede* Information wäre hilfreich. *Jede* Aufhellung der Realität würde dazu beitragen, Thelma von ihrer Fixierung auf Matthew zu befreien. Ich war überzeugt, daß Matthew trotz seiner erheblichen charakterlichen Mängel in meiner Gegenwart nichts unternehmen würde, um Thelmas Phantasien erneut Nahrung zu geben.

Nach einem ungewöhnlich langen Schweigen erklärte Thelma, daß sie mehr Zeit brauche, um darüber nachzudenken. «Soweit ich sehe», sagte sie, «spricht mehr dagegen als dafür...»

Ich seufzte und ließ mich in meinen Sessel zurückfallen. Ich wußte, daß Thelma den Rest der Stunde dazu benutzen würde, ihre neurotischen Gedanken auszuspinnen.

«Was dafür spricht, ist die Tatsache, daß Dr. Yalom die Möglichkeit direkter Beobachtungen bekommen würde.»

Ich seufzte noch tiefer. Das ließ sich noch schlimmer an als je zuvor: Sie sprach von mir in der dritten Person. Ich wollte sie eigentlich darauf hinweisen, daß sie so tue, als seien wir nicht im selben Raum, aber mir fehlte die Energie – sie hatte mich zermürbt.

«Auf der negativen Seite fallen mir mehrere Möglichkeiten ein. Erstens würde es durch Ihren Anruf zu einer völligen Entfremdung zwischen ihm und mir kommen. Im Augenblick habe ich noch eine Chance von einem oder zwei Prozent, ihn wiederzusehen. Ihr Anruf würde meine Chancen auf Null oder unter Null sinken lassen.»

Jetzt war ich endgültig verärgert und dachte: «*Acht Jahre* sind vergangen, Thelma, kapieren Sie das nicht? Und außerdem, wie können Ihre Chancen geringer als Null sein, Sie Dummkopf?» Das war wirklich mein letzter Trumpf, und ich fürchtete langsam, daß sie mich übertrumpfen würde. Aber ich sagte nichts.

«Wenn er tatsächlich kommen würde, dann aus rein professionellen Gründen – um einer armen Kranken zu helfen, die nicht fähig ist, ihr eigenes Leben zu meistern. Drittens...»

Mein Gott! Diese Aufzählerei konnte ich nicht ausstehen.

«Drittens, Matthew wird wahrscheinlich die Wahrheit sagen, aber seine Worte werden herablassend und stark von Dr. Yaloms Gegenwart beeinflußt sein. Ich glaube, ich könnte es nicht ertragen, herablassend behandelt zu werden. Viertens wird das in beruflicher Hinsicht für ihn alles sehr peinlich und kompromittierend sein. Er würde mir das nie verzeihen.»

«Aber Thelma, er ist Therapeut. Er weiß, daß Sie nur gesund werden können, wenn Sie über alles sprechen. Wenn er wirklich so sensibel ist, wie Sie glauben, ist er sich bestimmt seiner Mitschuld an Ihrem Elend bewußt und hilft Ihnen gerne.»

Aber Thelma war zu sehr mit ihrer Aufzählung beschäftigt, um mir zuzuhören.

«Fünftens, was sollte für mich bei diesem Treffen herauskommen, wenn er mir doch nicht das sagt, was ich eigentlich hören will? Mir ist völlig egal, ob er es so meint oder nicht, wenn er mir nur versichert, daß ich ihm nicht gleichgültig bin. Warum sollte ich mich dieser Qual aussetzen, wenn ich das, was ich will und brauche, nicht bekomme? Ich bin genug verletzt worden. Warum sollte ich mich darauf einlassen?» Thelma stand auf und ging zum Fenster.

Nun war ich tief betroffen. Thelma verrannte sich immer mehr in ihre irrationalen Gefühle und nahm mir die letzte Chance, ihr zu helfen. Ich ließ mir Zeit und überlegte genau, was ich sagen wollte.

«Die beste Antwort, die ich Ihnen auf all Ihre Fragen geben kann, ist, daß wir der Wahrheit näher kommen, wenn wir mit Matthew sprechen. Das wollen Sie doch sicher, oder?» Obwohl sie mir den Rücken zugewandt hatte, glaubte ich ein zustimmendes Nicken zu erkennen. «Sie können nicht weiter mit einer Lüge oder einer Illusion leben!

Wissen Sie, Thelma, Sie haben mich doch schon oft nach meinen theoretischen Grundsätzen gefragt. Ich habe meistens nicht geantwortet, weil ich glaubte, daß eine Diskussion über die verschiedenen therapeutischen Richtungen uns zu sehr von dem so wichtigen persönlichen Gespräch abgebracht hätte. Aber lassen Sie mich Ihnen jetzt eine Antwort auf diese Frage geben. Das einzig wirklich wichtige Credo, das ich habe, lautet: ‹Ein Leben, das nicht hinterfragt wird, ist nicht wert, gelebt zu werden.› Ein Gespräch mit Matthew könnte der Schlüssel sein zu einer echten Hinterfragung und einem echten

Verständnis all dessen, was Ihnen in den letzten acht Jahren widerfahren ist.»

Meine Antwort schien Thelma zu beruhigen. Sie ging zu ihrem Sessel zurück und setzte sich.

«Im Augenblick ist das alles ein bißchen viel für mich. Mir schwirrt richtig der Kopf. Geben Sie mir eine Woche Zeit zum Nachdenken. Aber Sie müssen mir eins versprechen – daß Sie Matthew nicht ohne meine Zustimmung anrufen.»

Ich versprach ihr, daß ich Matthew in der nächsten Woche nicht ohne ihr Einverständnis anrufen würde, und wir gingen auseinander. Ich hatte ihr nicht garantiert, daß ich ihn *nie* anrufen würde, aber das hatte sie zum Glück auch nicht verlangt.

Als Thelma zur nächsten Sitzung erschien, sah sie zehn Jahre jünger aus und wirkte sehr beschwingt. Sie hatte ihr Haar gekämmt und trug diesmal weder die Freizeithose aus Polyester noch den Jogginganzug, sondern einen Wollrock mit Rautenmuster und Nylonstrümpfe. Sie setzte sich sofort hin und kam ohne Umschweife zur Sache.

«Ich habe die ganze Woche über ein Treffen mit Matthew nachgedacht. Ich habe das Für und Wider abgewägt und bin zu dem Schluß gekommen, daß Sie recht haben – ich bin in einer so üblen Verfassung, daß es eigentlich kaum noch schlimmer kommen kann!»

«Thelma, das sind nicht meine Worte. Ich habe gesagt, daß...»

Aber Thelma ignorierte meinen Einwand und fuhr fort: «Aber Ihre Absicht, ihn anzurufen, war keine gute Idee. Ein Anruf aus heiterem Himmel wäre ein Schock für ihn gewesen. Deshalb wollte ich ihn zunächst anrufen, um ihn auf Ihren Anruf vorzubereiten. Natürlich habe ich ihn nicht erreicht, aber ich habe auf sein Band gesprochen, um ihm Ihren Vorschlag mitzuteilen und ihn gebeten, mich oder Sie zurückzurufen und – und...»

Hier hielt sie mit einem breiten Grinsen inne, um es spannend zu machen. Ich war erstaunt. Ich hatte sie nie zuvor als Schauspielerin erlebt. «Und?»

«Nun, Ihr Name hat offenbar mehr Gewicht, als ich dachte. Zum erstenmal seit acht Jahren hat er angerufen, und wir haben uns zwanzig Minuten lang sehr freundschaftlich unterhalten.»

«Was für ein Gefühl war es, mit ihm zu sprechen?»

«Wunderbar! Ich kann Ihnen gar nicht sagen, wie wunderbar. Es war so, als wäre seit dem letzten Gespräch gerade ein Tag vergangen. Er war wieder ganz der sanfte, besorgte Matthew. Er wollte alles über mich wissen. Er machte sich Sorgen wegen meiner Depressionen. Er war froh, daß ich bei Ihnen in Behandlung bin. Es war ein gutes Gespräch.»

«Können Sie mir sagen, worüber Sie gesprochen haben?»

«Mein Gott, ich weiß nicht. Wir haben einfach so geplaudert.»

«Über die Vergangenheit? Die Gegenwart?»

«Wissen Sie, es klingt vielleicht verrückt, aber ich erinnere mich nicht!»

«Können Sie sich an gar nichts erinnern?» Viele Therapeuten hätten sich an dem Punkt Gedanken gemacht über die Art, wie sie mich ausschloß. Vielleicht hätte ich das auch tun sollen, aber ich konnte einfach nicht warten. Ich war so verdammt neugierig. Es war typisch für Thelma, nicht einen Gedanken darauf zu verschwenden, daß auch ich irgendwelche Wünsche haben könnte.

«Wissen Sie, ich versuche nicht, irgend etwas zu verbergen. Ich kann mich einfach nicht erinnern. Ich war viel zu aufgeregt. Ach ja, er erzählte mir, daß er verheiratet war, jetzt aber geschieden ist, und daß ihn die Scheidung sehr mitgenommen hat.

Aber das Wichtigste ist, daß er zu dem Gespräch mit Ihnen und mir bereit ist. Wissen Sie, es ist komisch, aber er schien richtig begierig danach zu sein – als ob ich ihm die ganzen Jahre aus dem Weg gegangen wäre. Ich sagte ihm, er solle nächste Woche zu meiner regulären Stunde hierherkommen, aber er bat mich, Sie zu fragen, ob es nicht früher ginge. Jetzt, wo wir uns dazu entschlossen haben, kann es ihm gar nicht schnell genug gehen. Ich glaube, mir geht es genauso.»

Ich schlug einen Termin in zwei Tagen vor, und Thelma sagte, daß sie Matthew Bescheid geben würde. Danach gingen wir noch einmal ihr Telefongespräch durch und bereiteten die nächste Stunde vor. Thelma konnte sich zwar nicht an die Einzelheiten des Gesprächs erinnern, aber sie wußte zumindest, worüber sie *nicht* gesprochen hatten. «Seitdem ich den Hörer aufgelegt habe, könnte ich mich unentwegt ohrfeigen, weil ich zu feige war, die beiden wichtigsten Fragen zu stellen. Erstens, was ist vor acht Jahren *wirklich* passiert?

Warum hast du die Beziehung abgebrochen? Warum hast du dich in Schweigen gehüllt? Und zweitens, wie stehst du heute zu mir?»

«Wir wollen sicherstellen, daß Sie nach unserem Treffen nicht wieder das Gefühl bekommen, sich ohrfeigen zu müssen, weil Sie irgend etwas nicht gefragt haben. Ich verspreche, daß ich Ihnen helfe, alle für Sie wichtigen Fragen zu stellen, alle Fragen, deren Beantwortung dazu beitragen könnte, Sie von der Macht, die Matthew über Sie hat, zu befreien. Das wird meine Hauptaufgabe in der Sitzung sein.»

Während der restlichen Stunde wiederholte Thelma viel bekanntes Material: Sie sprach über ihre Gefühle zu Matthew und betonte immer wieder, daß diese Gefühle *keine* Übertragung seien, daß Matthew ihr die besten Tage ihres Lebens geschenkt habe. Es war ein endloses Herunterleiern alter Geschichten in ihrer üblichen weitschweifigen Art. Dabei erzählte sie alles so, als hörte ich es zum erstenmal. Mir wurde klar, wie wenig sie sich geändert hatte und wieviel davon abhing, daß in der nächsten Sitzung etwas Entscheidendes passierte.

Thelma kam zwanzig Minuten zu früh zur Sitzung. Ich erledigte an diesem Morgen meine Korrespondenz und kam im Wartezimmer ein paarmal an ihr vorbei, als ich mit meiner Sekretärin sprach. Sie trug ein elegantes königsblaues Wollkleid – ziemlich gewagt für eine siebzigjährige Frau, dachte ich, fand aber, daß sie eine gute Figur darin machte. Als ich ihr später in meinem Büro Komplimente machte, legte sie einen Finger an die Lippen und erzählte mir im Tonfall des Verschwörers, daß sie fast die ganze Woche mit dem Kauf des Kleides beschäftigt gewesen war. Es war das erste neue Kleid seit acht Jahren. Als sie ihre Lippen nachzog, sagte sie, daß Matthew in ein oder zwei Minuten dasein werde. Er hatte ihr gesagt, daß er so wenig Zeit wie möglich im Wartezimmer verbringen wolle, um nicht irgendwelchen Kollegen zu begegnen. Das konnte ich ihm nachfühlen.

Plötzlich hielt sie inne. Durch die halboffene Tür konnten wir hören, daß Matthew angekommen war und mit meiner Sekretärin sprach.

«Ich habe hier früher einige Vorlesungen besucht, als der Fachbereich noch im alten Gebäude war ... Wann sind Sie umgezogen? ... Hier ist alles viel heller und freundlicher, finden Sie nicht?»

Thelma legte die Hand an die Brust, als ob sie ihr Herzklopfen beruhigen wollte, und flüsterte: «Sehen Sie, mit welcher Natürlichkeit er auf die Leute zugeht?»

Matthew kam herein. Er hatte Thelma acht Jahre lang nicht gesehen, und obwohl ihm nicht entgehen konnte, daß sie älter geworden war, verriet sein jungenhaftes, gutmütiges Lächeln keinerlei Erstaunen. Er selbst war älter, als ich dachte, etwa Anfang Vierzig, und trug einen klassischen, sehr unkalifornischen Anzug mit Weste. Ansonsten sah er ziemlich genauso aus, wie Thelma ihn beschrieben hatte – schlank, Schnurrbart, sonnengebräunt.

Da ich über seine direkte und offene Art Bescheid wußte, war ich nicht sonderlich beeindruckt. (Soziopathen präsentieren sich häufig recht geschickt, dachte ich.) Ich bedankte mich zunächst kurz für sein Kommen.

Er ging sofort darauf ein. «Ich habe mir selbst ein solches Treffen seit Jahren gewünscht. Also muß ich *Ihnen* danken, daß es endlich dazu gekommen ist. Außerdem habe ich Ihre Bücher gelesen, und ich freue mich, Sie persönlich kennenzulernen.»

Nicht ohne Charme, dachte ich, aber ich wollte mich nicht durch eine persönliche oder fachliche Diskussion mit Matthew vom Wesentlichen abbringen lassen. Ich hatte mir vorgenommen, im Hintergrund zu bleiben und vor allem Thelma und Matthew agieren zu lassen. So sagte ich nur: «Wir haben eine Menge Dinge miteinander zu besprechen. Womit wollen wir anfangen?»

Thelma begann: «Komisch, ich habe nicht mehr Medikamente als üblich genommen.» Sie wandte sich an Matthew. «Ich nehme immer noch Mittel gegen meine Depressionen. Acht Jahre danach, mein Gott, acht Jahre, es ist schwer zu glauben – aber genauso ist es. In den acht Jahren habe ich wirklich acht neue Mittel ausprobiert, und keines hat etwas genutzt. Interessant ist, daß heute die Nebenwirkungen stärker sind als sonst. Mein Mund ist so trocken, daß ich kaum sprechen kann. Woran kann das liegen? Ist es möglich, daß Streß die Nebenwirkungen verstärkt?»

Thelma plapperte weiter drauflos und verschwendete unsere kostbare Zeit mit Vorreden. Ich steckte in einem Dilemma: Unter normalen Umständen hätte ich versuchen können, ihr die Konsequenzen ihres Taktierens klarzumachen. Zum Beispiel hätte ich sie darauf hinweisen können, daß sie die offene Aussprache, die sie angeblich gewollt hatte, sofort gefährdete, wenn sie gleich zu Beginn schonende Behandlung wegen ihrer labilen körperlichen und seelischen Verfassung beanspruchte. Oder daß sie Matthew hierhergebeten hatte, um von ihm die Wahrheit zu erfahren, daß sie aber sofort seine Schuldgefühle mobilisierte, indem sie all die Medikamente erwähnte, die sie seit ihrer Trennung genommen hatte. Aber solche Erklärungen würden nur dazu führen, daß die meiste Zeit im Stil der üblichen Einzeltherapie verwendet wurde – genau das, was keiner von uns wollte. Außerdem würde sie sich gedemütigt fühlen und mir nie verzeihen, wenn ich auch nur die geringste Kritik an ihrem Verhalten äußerte.

Doch von dieser Stunde hing zuviel ab. Ich konnte es nicht zulassen, daß Thelma diese Gelegenheit durch ihre Ausweichmanöver zunichte machte. Hier war endlich eine Möglichkeit, all die Fragen zu stellen, die sie seit acht Jahren geplagt hatten, eine Chance, erlöst zu werden.

«Ich werde Sie kurz unterbrechen, Thelma, wenn ich darf. Ich möchte, wenn Sie beide einverstanden sind, heute die Rolle des Zeitnehmers spielen und dafür sorgen, daß wir konzentriert arbeiten. Können wir ein paar Minuten darauf verwenden, uns auf eine Tagesordnung zu einigen?»

Es folgte ein kurzes Schweigen. Dann antwortete Matthew.

«Ich bin hierhergekommen, weil ich Thelma helfen will. Ich weiß, was sie durchgemacht hat, und ich weiß auch, daß ich die Verantwortung dafür trage. Ich werde alle Fragen so offen wie möglich beantworten.»

Das war das perfekte Stichwort für Thelma. Ich warf ihr einen aufmunternden Blick zu. Sie nahm ihn auf und begann.

«Es gibt nichts Schlimmeres als das Gefühl, einen Menschen zu verlieren, das Gefühl, ganz allein auf der Welt zu sein. Als Kind war eines meiner Lieblingsbücher – ich las es immer auf einer Bank im Lincoln Park in Washington D. C. ...»

Hier warf ich Thelma den giftigsten Blick zu, dessen ich fähig war. Er wirkte.

«Ich werde zur Sache kommen. Was ich eigentlich fragen will, ist» – und sie wandte sich langsam und vorsichtig an Matthew –, «welche Gefühle hast du eigentlich mir gegenüber?»

Bravo Mädchen! Ich strahlte sie an.

Bei Matthews Antwort blieb mir die Luft weg. Er sah sie direkt an und sagte: «Ich habe in den letzten Jahren jeden Tag an dich gedacht! Du liegst mir sehr am Herzen. Ich möchte wissen, wie es dir in der ganzen Zeit ergangen ist. Am liebsten würde ich mich alle paar Monate mit dir treffen, um alles Vergangene nachzuholen. Ich möchte irgendwie in dein Leben miteinbezogen werden.»

«Und warum hast du dann die ganzen Jahre geschwiegen?» fragte Thelma.

«Manchmal kann Schweigen mehr ausdrücken als alles andere.»

Thelma schüttelte den Kopf. «Das scheint mir wieder eins von deinen Zen-Rätseln zu sein, die ich nie verstanden habe.»

Matthew fuhr fort: «Immer wenn ich versuchte, mit dir zu sprechen, wurde alles nur noch schlimmer. Du hast immer noch mehr von mir verlangt, bis ich an den Punkt kam, wo ich dir einfach nichts mehr geben konnte. Du hast mich jeden Tag Dutzende Male angerufen. Immer wieder bist du im Wartezimmer meiner Praxis aufgetaucht. Dann, nach deinem gescheiterten Selbstmordversuch, wußte ich – und mein Therapeut stimmte mir zu –, daß es das Beste wäre, die Beziehung ganz abzubrechen.»

Matthews Erklärungen, dachte ich, hatten eine verblüffende Ähnlichkeit mit dem Erlösungsszenario, das Thelma damals bei ihrem Rollenspiel zum besten gegeben hatte.

«Aber kannst du dir nicht vorstellen», erwiderte Thelma, «daß man einen Menschen in tiefste Verzweiflung stürzt, wenn man ihm etwas so Wichtiges so plötzlich wegnimmt?»

Matthew nickte verständnisvoll und legte seine Hand kurz auf die ihre. Dann wandte er sich mir zu. «Ich glaube, es ist wichtig, daß Sie genau erfahren, was vor acht Jahren geschehen ist. Ich spreche jetzt mehr zu Ihnen als zu Thelma, weil ich ihr diese Geschichte schon mehr als einmal erzählt habe.» Und zu ihr gewandt: «Tut mir leid, Thelma, daß du dir das Ganze noch einmal anhören mußt.»

Dann wandte sich Matthew wieder mir zu und begann in aller Offenheit: «Das ist nicht leicht für mich. Am besten überlege ich nicht lange, sondern fange einfach an. Also dann.

Vor acht Jahren, etwa ein Jahr, nachdem ich meine praktische Ausbildung beendet hatte, erlitt ich einen schweren psychotischen

Schub. Ich beschäftigte mich damals intensiv mit Buddhismus und Vipassana – einer buddhistischen Form der Meditation...» Als Matthew mich nicken sah, unterbrach er seine Geschichte. «Sie scheinen sich damit auszukennen – ich würde gerne erfahren, was Sie darüber denken. Aber jetzt sollte ich besser fortfahren... Ich meditierte drei- bis viermal täglich. Ich spielte sogar mit dem Gedanken, ein buddhistischer Mönch zu werden, und fuhr nach Igapuri, einem kleinen Dorf in Indien, nördlich von Bombay, wo ich an einer dreißig Tage dauernden Meditation teilnehmen wollte. Aber das strenge Reglement des klösterlichen Lebens überstieg meine Kräfte – totales Schweigen, totale Isolation, vierzehn Stunden Meditation täglich –, und allmählich verwischten sich die Grenzen meines Ichs. In der dritten Woche hatte ich erste Halluzinationen und dachte, daß ich durch Wände sehen und mich frei in meinem früheren und zukünftigen Leben bewegen könne. Die Mönche brachten mich nach Bombay, wo ein indischer Arzt mir Neuroleptika gab und meinen Bruder anrief, der darauf nach Indien flog und mich zurückholte. Ich war dann zunächst vier Wochen in einer Klinik in Los Angeles. Nach meiner Entlassung flog ich sofort nach San Francisco zurück, und am folgenden Tag traf ich Thelma zufällig am Union Square.

Ich befand mich nach wie vor in einem sehr labilen Geisteszustand. Ich hatte die buddhistischen Lehren zu einem handfesten Wahn verkehrt und glaubte tatsächlich, mit allen Menschen eins zu sein. Ich war froh, Thelma über den Weg zu laufen, *dir*, Thelma», er wandte sich ihr zu. «Ich war froh, dich zu sehen. Es half mir, wieder Boden unter die Füße zu bekommen.»

Matthew wandte sich wieder mir zu und sah Thelma nicht mehr an, bis er seine Geschichte beendet hatte.

«Ich hatte nur gute Gefühle in ihrer Gegenwart. Ich fühlte mich eins mit Thelma. Ich wollte, daß sie alles bekam, was sie sich im Leben wünschte. Mehr noch – ich dachte, daß ihr Streben nach Glück auch mein Streben war. Es war der Wunsch, sie und ich wären eins. Ich nahm das buddhistische Credo – das Aufgehen des Ichs im Universum – sehr wörtlich. Ich wußte nicht, wo ich aufhörte und wo der andere anfing. Ich gab ihr alles, was sie wollte. Sie wollte mir nahe sein, sie wollte mit in meine Wohnung kommen, sie wollte mit mir schlafen – ich war bereit, ihr alles zu geben, in ihr aufzugehen und gemeinsam mit ihr ins Reich der Liebe einzutauchen.

Aber sie wollte noch mehr, mehr als ich geben konnte. Meine Verwirrung nahm zu. Nach drei oder vier Wochen hatte ich wieder Halluzinationen, und ich mußte erneut in die Klinik – diesmal für sechs Wochen. Kurz nach meiner Entlassung hörte ich von Thelmas Selbstmordversuch. Ich wußte nicht, was ich tun sollte. Es war furchtbar. Es war das Schlimmste, was mir je passiert war. Acht Jahre lang hat mich das täglich verfolgt. Erst antwortete ich noch auf ihre Anrufe, aber sie hörten nicht auf. Mein Psychiater riet mir schließlich, jeden Kontakt abzubrechen. Er sagte, daß es für meine Genesung unerläßlich sei, und er war überzeugt, daß es auch für Thelma das Beste sei.»

Während ich Matthew zuhörte, gingen mir zahlreiche Fragen durch den Kopf. Ich hatte eine Reihe von Hypothesen hinsichtlich seines Verhaltens entwickelt, aber auf die Geschichte, die ich eben gehört hatte, war ich nicht im entferntesten vorbereitet.

Zunächst fragte ich mich, ob er die Wahrheit sagte. Matthew war ein echter Charmeur. Hatte er das Ganze nur für mich inszeniert? Nein, ich hatte keinen Zweifel, daß die Dinge so waren, wie er sie geschildert hatte: Seinen Worten haftete unüberhörbar der Klang der Wahrheit an. Er nannte mir freimütig die Namen von Krankenhäusern und Ärzten, falls ich sie anrufen wollte. Außerdem hatte Thelma, die die Geschichte ja bereits kannte, die ganze Zeit aufmerksam zugehört und keinerlei Einwände erhoben.

Ich sah Thelma an, aber sie wich meinem Blick aus. Nachdem Matthew aufgehört hatte zu reden, begann sie, aus dem Fenster zu starren. War es möglich, daß sie das alles von Anfang an gewußt und es mir vorenthalten hatte? Oder war sie so sehr in ihrem eigenen Elend und ihren eigenen Nöten gefangen, daß ihr Matthews Psychose völlig entgangen war? Oder war sie sich dessen nur kurz bewußt gewesen und hatte es sofort wieder verdrängt, weil es mit ihrer eigenen Lebenslüge kollidierte?

Nur Thelma konnte mir das sagen. Aber welche Thelma? Die Thelma, die mich täuschte? Die Thelma, die sich selbst täuschte? Oder die Thelma, die von sich selbst getäuscht wurde? Ich bezweifelte, daß ich die Antworten auf diese Fragen finden würde.

Aber in erster Linie war mein Interesse auf Matthew gerichtet. Ich hatte mir in den letzten Monaten ein Bild – oder, besser gesagt, mehrere Bilder – von ihm gemacht: ein verantwortungsloser Soziopath, der seine Patienten ausnutzte; ein schwieriger, sexuell gestörter Matthew, der seine persönlichen Konflikte (mit Frauen im allgemeinen und seiner Mutter im besonderen) ausagierte; ein moralisch auf Abwege geratener, brillanter junger Therapeut, der die Liebe, nach der er sich sehnte, mit der verwechselte, die von ihm verlangt wurde.

Doch er entsprach keiner dieser Vorstellungen. Er war etwas anderes, etwas, das ich nicht gesehen hatte. Aber was? Ich war mir nicht sicher. Ein Opfer? Ein verwundeter Heiler, eine Christusfigur, die ihre eigene Unversehrtheit seinen guten Absichten für Thelma geopfert hatte? Mit Sicherheit sah ich in ihm nicht mehr den ehrlosen Therapeuten: Er war ebenso Patient wie Thelma und darüber hinaus (ich mußte an Thelma denken, die immer noch aus dem Fenster starrte) ein Patient, der mitarbeitete, so ganz nach meinem Herzen. Ich erinnere mich an meine Verwirrung – so viele Bilder waren in so wenigen Minuten in sich zusammengefallen. Für immer verschwunden war das Bild des Soziopathen und Therapeuten, der seine Patienten ausnutzte. Statt dessen tauchte eine andere quälende Frage auf: *Wer hatte in dieser Beziehung wen ausgebeutet?*

Mehr Informationen sollte ich nicht an die Hand bekommen (und mehr glaubte ich nicht zu benötigen). An den Rest der Stunde erinnere ich mich nur noch schwach. Ich weiß noch, daß Matthew Thelma ermutigte, weitere Fragen zu stellen. Es war, als ob auch er fühlte, daß sie nur erlöst werden konnte, wenn sie alles erfuhr, daß ihre Illusionen im Licht der Wahrheit in sich zusammenfallen würden. Und ich glaube auch, daß er erkannte, daß er nur durch Thelmas Erlösung selbst erlöst werden konnte. Ich erinnere mich, daß Thelma und ich ihm noch viele Fragen stellten, die er alle rückhaltlos beantwortete. Seine Frau hatte ihn vor vier Jahren verlassen. Ihre und seine Ansichten in religiösen Fragen waren immer weiter auseinandergegangen, und sie konnte seinen Übertritt zu einer urchristlichen Sekte nicht nachvollziehen.

Nein, er war nicht schwul. Noch war er es je gewesen. Als Thelma ihn danach fragte, wurde sein gewohntes Lächeln dünner und seine

Stimme leicht gereizt. («Ich habe dir immer wieder gesagt, Thelma, daß auch normale Leute in Haight-Ashburry wohnen.»)

Nein, er hatte nie eine persönliche Beziehung zu anderen Patientinnen. Er war schon vor mehreren Jahren aufgrund seiner Psychose und all dessen, was mit Thelma passiert war, zu der Erkenntnis gelangt, daß seine psychischen Probleme ein unüberwindbares Hindernis darstellten, und hatte aufgehört, als Therapeut zu arbeiten. Da er sich aber einem Leben im Dienst des Menschen verschrieben hatte, hatte er einige Jahre lang psychologische Tests durchgeführt; danach arbeitete er in einem Biofeedback-Laboratorium; und seit kurzem war er Leiter einer christlichen Gesundheitsorganisation.

Ich dachte noch über Matthews berufliche Entwicklung nach und fragte mich sogar, ob er sich in der Zwischenzeit nicht so weit verändert hatte, daß er wieder als Therapeut arbeiten könnte – möglicherweise wäre er jetzt ein außergewöhnlich guter Therapeut –, als ich bemerkte, daß wir mit unserer Zeit beinahe am Ende waren.

Ich vergewisserte mich noch, daß wir auch wirklich alles besprochen hatten. Ich bat Thelma, sich in die Zukunft zu versetzen und sich vorzustellen, welches Gefühl sie in ein paar Stunden haben würde. Würde es noch offene Fragen geben?

Zu meiner Überraschung fing sie so heftig an zu schluchzen, daß sie kaum noch sprechen konnte. Tränen tropften ihr auf das neue blaue Kleid, und Matthew, der mir zuvorkam, reichte ihr ein Taschentuch. Als ihr Schluchzen nachließ, wurden ihre Worte verständlich.

«Ich glaube nicht, daß Matthew sich wirklich dafür interessiert, was mit mir geschieht. Ich *kann* es einfach nicht glauben.» Ihre Worte waren weder an Matthew noch an mich gerichtet, sondern an irgendeinen Punkt im Raum zwischen uns beiden. Ich stellte mit einiger Befriedigung fest, daß ich nicht der einzige war, den sie in der dritten Person ansprach.

Ich versuchte, Thelma weiterzuhelfen. «Warum? Warum glauben Sie ihm nicht?»

«Er sagt das nur, weil er es sagen muß, weil es in dieser Situation das einzig Richtige ist. Er kann gar nichts anderes sagen.»

Matthew tat sein Bestes, aber ihr Schluchzen erschwerte die Verständigung. «Ich meine genau das, was ich gesagt habe. Ich mache mir wirklich Sorgen um dich. Sogar sehr.«

«Aber, was heißt das – du machst dir Sorgen um mich? Ich kenne dich doch. Du machst dir um alles Sorgen: um die Armen, die Pflanzen, die Ameisen und die ökologischen Systeme. Ich will einfach keine von deinen Ameisen sein!»

Nach weiteren zwanzig Minuten mußte ich die Sitzung beenden, obwohl Thelma ihre Fassung immer noch nicht wiedergefunden hatte. Ich gab ihr einen Termin für den folgenden Tag, nicht nur, weil ich ihr in dieser kritischen Situation beistehen wollte, sondern auch, weil ich sie sehen wollte, solange sie sich noch an alle Einzelheiten dieses Gesprächs erinnerte. Am Ende der Stunde gaben wir uns die Hand und gingen auseinander. Einige Minuten später, als ich mir einen Kaffee holen wollte, bemerkte ich, wie Thelma und Matthew sich im Flur unterhielten. Er versuchte, ihr etwas zu erklären, aber sie sah ihn nicht an. Kurz darauf trennten sie sich.

Thelma war am nächsten Tag immer noch sehr mitgenommen und während der ganzen Sitzung außergewöhnlich labil. Sie weinte häufig, und manchmal schlugen ihre Tränen in Wut um. Zunächst jammerte sie, daß Matthew eine so geringe Meinung von ihr habe. Sie hatte sich Matthews Bemerkung, daß «er sich um sie Sorgen mache», so lange durch den Kopf gehen lassen, bis sie ihr schließlich wie eine Beleidigung vorkam. Er habe, so meinte sie, keine ihrer positiven Eigenschaften erwähnt, und schließlich redete sie sich ein, daß seine Grundhaltung ihr gegenüber «unfreundlich» gewesen sei.

Außerdem war sie überzeugt, daß er, wahrscheinlich aufgrund meiner Anwesenheit, eine pseudotherapeutische Art zu reden angenommen hatte, die sie als sehr herablassend empfand. Thelma sprach ziemlich unzusammenhängend und schwankte ständig hin und her zwischen der Rekonstruktion der Stunde und ihrer Reaktion darauf.

«Ich fühle mich wie amputiert. Als hätte man mir etwas weggenommen. Trotz Matthews hochtönender Moral glaube ich, daß ich ehrlicher bin als er. Besonders was seine Version, wer wen verführt hat, angeht.»

Thelma schwieg sich über dieses Thema weiter aus, und ich verlangte keine Erklärung. Obwohl ich liebend gern gewußt hätte, wie es nun *wirklich* war, irritierte mich ihre Wahl des Wortes «Amputation» noch mehr.

«Seit unserer Sitzung ist Matthew aus meinen Phantasien verschwunden», fuhr sie fort. «Ich habe keine Tagträume mehr. Aber sie fehlen mir. Ich brauche das Gefühl, in der Behaglichkeit eines Tagtraumes versinken zu können. Draußen ist es kalt, und ich fühle mich leer. Es ist einfach nichts mehr übrig.»

Wie ein treibendes Boot, das sich losgerissen hat, dachte ich, aber ein Boot, das verzweifelt nach einem Hafen suchte, irgendeinem Hafen. Jetzt, zwischen den Obsessionen, befand sich Thelma in einem seltenen Schwebezustand. Solche Zustände währen nicht lange: Wie freiwerdender Sauerstoff geht die ungebundene zwanghafte Energie sehr schnell eine Verbindung mit einer neuen Vorstellung oder einem Gedanken ein. Diesen Moment, dieses kurze Intervall zwischen den Obsessionen, galt es zu nutzen, bevor Thelma ihr Gleichgewicht wiederfand, indem sie sich erneut an etwas oder jemanden klammerte. Höchstwahrscheinlich würde sie die Stunde mit Matthew rekonstruieren, bis ihre Version der Realität wieder im Einklang mit ihren Verschmelzungsphantasien stehen würde.

Mir schien, daß wir einen echten Fortschritt gemacht hatten: Die Operation war vorüber, und jetzt mußte ich verhindern, daß sie das amputierte Glied konservierte und schnell wieder annähte. Als Thelma etwas später begann, über ihren Verlust zu jammern, hatte ich erste Gelegenheit dazu.

«Meine Befürchtungen haben sich bestätigt. Ich habe keine Hoffnung mehr, ich werde nie wieder eine Befriedigung haben. Mit der Chance von einem Prozent konnte ich leben. Ich habe eine lange Zeit damit gelebt.»

«Was für eine Befriedigung? Ein Prozent Chancen worauf?»

«Worauf? Auf diese siebenundzwanzig Tage. Bis gestern gab es immer eine Chance, daß Matthew und ich diese Zeit wieder aufleben lassen konnten. Wir waren ja beide da, das Gefühl war ganz real. Ich weiß doch, was Liebe ist. Wir hätten für den Rest unseres Lebens immer die Chance gehabt, dorthin zurückzukehren. Bis gestern. Hier in Ihrer Praxis.»

Die Illusion hing noch immer an einigen Fäden, die durchtrennt werden mußten. Ich hatte die Obsession fast völlig zerstört. Es war Zeit, die Sache zu Ende zu bringen.

«Thelma, was ich Ihnen jetzt sage, ist nicht angenehm, aber es ist wichtig. Lassen Sie mich versuchen, meine Gedanken klar zu formulieren. Wenn zwei Menschen einen Augenblick oder ein Gefühl miteinander teilen, wenn sie dasselbe fühlen, dann kann ich mir vorstellen, daß sie Zeit ihres Lebens dieses kostbare Gefühl wiederherstellen könnten. So schwierig das auch sein mag – schließlich ändern sich die Menschen, und Liebe ist vergänglich –, es liegt immerhin im Bereich des Möglichen. Sie könnten einander alles anvertrauen, sie könnten versuchen, eine tiefe, echte Beziehung herzustellen, die – da echte Liebe ein absoluter Zustand ist – jener Beziehung nahekommt, die zuvor bestand.

Aber angenommen, es war gar keine gemeinsame Erfahrung! Angenommen, die beiden Menschen hatten eine sehr unterschiedliche Erfahrung. Und angenommen, einer von ihnen hat fälschlicherweise geglaubt, seine Erfahrung und die des anderen seien identisch?»

Thelmas Augen fixierten mich. Ich war sicher, daß sie mich vollkommen verstand.

Ich fuhr fort. «Was ich in der Sitzung mit Matthew hörte, war genau das. Seine Erfahrung und Ihre Erfahrung waren verschieden. Sehen Sie nicht, daß es für Sie beide unmöglich ist, diesen Ausnahmezustand wiederherzustellen? Es ist deshalb unmöglich, weil ihre Erfahrungen niemals gemeinsame waren.

Er war an einem Ort, Sie waren an einem anderen. Er steckte tief in seiner Psychose. Er wußte nicht, wo seine Grenzen waren – wo er aufhörte und wo Sie begannen. Er wollte, daß Sie glücklich sind, weil er glaubte, er und Sie seien eins. Er liebte nicht wirklich, weil er sich selbst nicht kannte. Ihre Erfahrung war eine völlig andere. Sie können nicht den Zustand einer gemeinsamen romantischen Liebe wiederherstellen, einen Zustand, in dem Sie beide in tiefer Liebe vereint sind, *weil es diesen Zustand nie gegeben hat.*»

Ich glaube nicht, daß ich jemals etwas Grausameres gesagt habe, aber ich mußte meine Worte so hart und unmißverständlich wählen, damit sie ihr unwiderruflich und unverrückbar im Gedächtnis blieben.

Meine Worte zeigten Wirkung. Thelma hatte aufgehört zu weinen, gab keinen Laut von sich und dachte lange über das nach, was ich gesagt hatte. Nach mehreren Minuten brach ich das beklemmende Schweigen.

«Thelma, ich möchte wissen, was Sie jetzt fühlen.»
«Ich fühle überhaupt nichts mehr. Es gibt nichts mehr zu fühlen. Ich muß nur irgendwie über die Runden kommen. Ich bin wie betäubt.»
«Sie haben acht Jahre lang auf eine ganz bestimmte Weise gelebt und gefühlt, und jetzt wird Ihnen alles plötzlich in vierundzwanzig Stunden weggenommen. In den kommenden Tagen werden Sie wahrscheinlich völlig desorientiert sein. Sie werden sich verloren fühlen. Aber darauf müssen Sie gefaßt sein. Wie könnte es anders sein?»
Ich sagte das, weil man häufig eine Katastrophe am besten dadurch verhindert, daß man sie voraussagt. Eine andere Möglichkeit besteht darin, dem Patienten zu helfen, Abstand zu sich selbst zu gewinnen und eine Beobachterrolle einzunehmen. So fügte ich hinzu: «Diese Woche ist es sehr wichtig, daß Sie sich selbst beobachten und genau registrieren, was in Ihnen vorgeht. Ich möchte, daß Sie Ihre innere Verfassung tagsüber alle vier Stunden überprüfen und sich kurze Notizen machen. Wir werden sie dann nächste Woche durchgehen.»
Aber in der nächsten Woche kam Thelma zum erstenmal nicht zu ihrem Termin. Ihr Mann rief an, um mir mitzuteilen, daß sie verschlafen hatte, und wir einigten uns auf einen neuen Termin zwei Tage später.
Als ich in den Warteraum ging, um Thelma zu begrüßen, war ich entsetzt über ihr Aussehen. Sie trug wieder ihren grünen Jogginganzug und hatte weder ihr Haar gekämmt noch irgendeine Anstrengung gemacht, sich zu pflegen. Außerdem war sie zum erstenmal in Begleitung von Harry, einem weißhaarigen Mann mit breiter Knollennase, der gerade Übungen mit Fingerhanteln machte. Ich erinnerte mich, wie Thelma mir erzählt hatte, daß er im Krieg Leute für den Nahkampf ausgebildet hatte. Ich konnte mir gut vorstellen, wie er jemanden erwürgte.
Ich fand es merkwürdig, daß er sie an diesem Tag begleitete. Trotz ihres Alters war Thelma körperlich fit, und sie war bisher immer allein zu den Stunden gefahren. Meine Neugierde nahm noch zu, als sie mir im Wartezimmer erzählte, daß Harry mich heute sprechen wolle. Ich hatte ihn schon einmal getroffen: In der dritten oder vierten Sitzung hatte ich mit ihm und Thelma eine fünfzehnminütige

Aussprache – in erster Linie, um zu sehen, was für ein Mensch er war, und um seine Meinung über ihre Ehe kennenzulernen. Er selbst hatte mich bisher nie um ein Gespräch gebeten. Offensichtlich gab es irgend etwas Wichtiges. Ich erklärte mich bereit, die letzten zehn Minuten von Thelmas Stunde mit ihm zu sprechen, betonte aber gleichzeitig, daß ich Thelma den Inhalt unseres Gesprächs mitteilen würde, falls ich dies für notwendig hielte.

Thelma wirkte erschöpft. Sie ließ sich in den Sessel fallen, und ihre Stimme klang resigniert, als sie langsam und leise zu sprechen begann.

«Die letzte Woche war ein einziger Horror, die reine Hölle! Meine Obsession ist fast verschwunden, glaube ich. Anstatt wie früher neunzig Prozent, verbringe ich jetzt nur noch zwanzig Prozent meiner Zeit damit, an Matthew zu denken, und sogar diese zwanzig Prozent sind anders.

Aber was habe ich statt dessen gemacht? Nichts. Absolut nichts. Ich schlafe zwölf Stunden pro Tag. Alles, was ich noch tue, ist schlafen, herumsitzen und seufzen. Zum Weinen reicht es nicht mehr, ich bin völlig ausgetrocknet. Harry, der sich mir gegenüber fast nie kritisch äußert, fragte mich gestern abend, als ich in meinem Essen herumstocherte – ich habe diese Woche so gut wie nichts gegessen: ‹Bemitleidest du dich wieder selbst?›»

«Wie erklären Sie sich Ihren Zustand?»

«Es ist, als ob ich aus dem Reich der Magie in die Wirklichkeit zurückgekehrt wäre, nur um festzustellen, daß diese Wirklichkeit sehr grau ist.»

Ich war verblüfft. Nie zuvor hatte Thelma eine so bildreiche Sprache benutzt; es war, als ob ein anderer Mensch aus ihr spräche.

«Erzählen Sie mir mehr über Ihre Gefühle.»

«Ich fühle mich alt, wirklich alt. Zum erstenmal ist mir bewußt, daß ich siebzig Jahre alt bin, sieben mal zehn – das ist mehr als neunundneunzig Prozent aller Menschen um mich herum. Ich fühle mich wie ein Zombie, wie jemand, dem der Treibstoff ausgegangen ist. Mein Leben ist ein leerer Raum, eine Sackgasse. Ich kann nur noch auf den Tod warten.»

Die Worte kamen schnell, nur der letzte Satz wurde langsam und bedächtig gesprochen. Dann wandte sie sich mir zu und fixierte mich mit ihrem Blick. Das war an sich schon ungewöhnlich, denn sie hatte mich fast nie direkt angesehen. Vielleicht täuschte ich mich, aber ich glaube, ihre Augen sagten: «Sind Sie jetzt zufrieden?» Doch ich ging auf ihren Blick nicht ein.

«All das geschah nach unserer Sitzung mit Matthew. Was ist in dieser Stunde passiert, das Sie so aus der Bahn geworfen hat?»

«Was für ein Narr ich war, ihn acht Jahre lang zu decken!» Durch ihren Ärger kam Thelma offenbar wieder in Schwung. Sie nahm ihre Handtasche vom Schoß, stellte sie auf den Boden und fuhr mit energischen Worten fort. «Und welchen Dank habe ich bekommen? Ich werde es Ihnen sagen. Einen Schlag ins Gesicht! Wenn ich gegenüber meinen Therapeuten nicht all die Jahre geschwiegen hätte, vielleicht wären dann die Würfel anders gefallen.»

«Ich verstehe nicht. Was war denn der Schlag ins Gesicht?»

«Sie waren doch dabei. Haben Sie nicht bemerkt, wie gefühllos er war? Er hat mich nicht begrüßt und sich nicht verabschiedet. Er hat meine Fragen nicht beantwortet. Dabei hätte es ihm keine Mühe gekostet! Er hat mir *immer noch nicht* gesagt, warum er die Beziehung abgebrochen hat!»

Ich versuchte, ihr zu erklären, wie ich die Dinge gesehen hatte, daß Matthew in meinen Augen sehr herzlich zu ihr gewesen sei und sich sehr bemüht habe, ihr die schmerzlichen Umstände seines Entschlusses zu erläutern.

Aber Thelma ließ sich durch meine Kommentare nicht aufhalten. «Das einzige, was er mir in aller Deutlichkeit zu verstehen gab, war: Matthew Jennings hat von Thelma Hilton die Nase gestrichen voll. Und jetzt sagen Sie mir bitte eines: Gibt es ein perfekteres Szenario, um eine Ex-Geliebte in den Selbstmord zu treiben? *Plötzlicher Abbruch der Beziehung ohne Angabe von Gründen* – genau das war es doch, was er getan hat.

Gestern hatte ich einen Tagtraum, in dem Matthew sich vor einem seiner Freunde rühmte (und sogar darauf wettete), daß er sein psychiatrisches Wissen dazu benutzen könne, mich zuerst zu verführen und mich dann innerhalb von siebenundzwanzig Tagen vollkommen zu zerstören!»

Thelma griff nach ihrer Handtasche, öffnete sie und zog einen Zeitungsartikel heraus, in dem es um Mord ging. Sie wartete, bis ich ihn gelesen hatte. Die Stelle, an der zu lesen war, daß jeder Selbstmord in Wirklichkeit ein Doppelmord sei, hatte sie rot unterstrichen.

«Ich sah das in der letzten Sonntagsausgabe. Könnte das nicht bei mir auch so gewesen sein? Vielleicht wollte ich, als ich versuchte, mich umzubringen, in Wirklichkeit Matthew umbringen. Wissen Sie, ich kann es jetzt richtig spüren. Ganz tief.» Sie faßte sich ans Herz. «So habe ich das vorher noch nie gesehen!»

Ich kämpfte um mein inneres Gleichgewicht. Natürlich machte ich mir Sorgen wegen Thelmas Depressionen. Aber *mußte* sie nicht verzweifelt sein? Wie hätte es anders sein können? Nur tiefste Verzweiflung konnte eine Illusion nähren, die stark und hartnäckig genug war, um acht Jahre zu überdauern. Und wenn ich die Illusion zerstörte, mußte ich damit rechnen, auf die Verzweiflung zu stoßen, die sich dahinter verborgen hatte. So schlimm er auch war, Thelmas Schmerz war ein gutes Zeichen, ein Signal, daß wir dem Ziel näherkamen. Alles lief erwartungsgemäß. Die Vorbereitungsphase war endlich abgeschlossen, und die eigentliche Therapie konnte beginnen.

Genaugenommen hatte sie schon begonnen! Thelmas überraschende Ausbrüche, ihre plötzliche Wut gegen Matthew waren ein Zeichen, daß die alten Schutzmechanismen nicht mehr funktionierten. Ihr Inneres war in Bewegung. Hinter jeder schweren Zwangsneurose steckt ein aggressiver Kern, und Thelmas Ausbrüche trafen mich nicht unvorbereitet. Alles in allem hielt ich ihre Wut, trotz der irrationalen Komponenten, für eine ausgezeichnete Entwicklung.

Ich war so sehr mit den Gedanken und Plänen für unsere zukünftige Arbeit beschäftigt, daß ich den ersten Teil von Thelmas nächstem Satz nicht mitbekam – das Ende hörte ich dafür um so deutlicher.

«... und *deshalb* muß ich die Therapie abbrechen!»

Ich schnappte nach Luft. «Thelma, wie können Sie daran auch nur denken? Das ist der denkbar schlechteste Augenblick, um die Therapie abzubrechen, jetzt, wo sich zum erstenmal ein wirklicher Fortschritt abzeichnet.»

«Ich will keine Therapie mehr. Ich war zwanzig Jahre lang Patientin, und ich habe es satt, wie eine Patientin behandelt zu werden. Matthew hat mich wie eine Patientin behandelt, nicht wie einen Freund. Und auch Sie behandeln mich wie eine Patientin. Ich will so sein wie jeder andere.»

Ich erinnere mich nicht mehr, was ich darauf im einzelnen sagte. Ich weiß nur, daß ich sie eindringlich beschwor, ihren Entschluß noch einmal zu überdenken. Ich wies sie darauf hin, daß sie sich auf sechs Monate verpflichtet hatte, wovon noch fünf Wochen übrigblieben.

Aber sie entgegnete nur: «Auch Sie müssen zugeben, daß es einen Punkt gibt, wo man sich selbst schützen muß. Ich kann einfach keine weitere ‹Behandlung› mehr ertragen.» Mit einem bitteren Lächeln fügte sie hinzu: «Jede weitere Behandlung würde den Patienten umbringen.»

Allen weiteren Argumenten meinerseits erging es ähnlich. Ich betonte immer wieder, daß wir wirkliche Fortschritte gemacht hatten. Ich erinnerte sie daran, daß sie zu mir gekommen war, um von der Fixierung auf Matthew befreit zu werden, und daß wir diesem Ziel sehr nahe gekommen waren. Jetzt war es an der Zeit, sich mit dem latenten Gefühl von Leere und Sinnlosigkeit auseinanderzusetzen, das ihre Obsession genährt hatte.

Thelma aber gab mir zu verstehen, daß sie zuviel verloren hatte – mehr als sie ertragen konnte. Sie hatte ihre Hoffnung auf die Zukunft verloren (damit meinte sie ihre «Ein-Prozent-Chance» auf Versöhnung); sie hatte die besten siebenundzwanzig Tage ihres Lebens verloren (oder genauer, sie konnte keine Energie mehr aus der Erinnerung an den Höhepunkt ihres Lebens schöpfen, denn diese Tage waren, wie ich ihr gezeigt hatte, eigentlich nicht «real»); und sie hatte auch acht Jahre verloren, in denen sie alles geopfert hatte (wenn sie es für eine Illusion getan hatte, war ihr Opfer sinnlos gewesen).

Thelmas Worte klangen so überzeugend, daß ich keine überzeugenden Gegenargumente fand. Ich konnte nur zugeben, daß sie in der Tat viel verloren hatte, und ihr sagen, daß viel Trauerarbeit vor ihr liege und daß ich ihr dabei beistehen wolle. Ich versuchte auch, ihr zu erklären, daß das Gefühl der Reue, wenn es sich erst einmal eingestellt hatte, außerordentlich schmerzvoll sei, daß wir aber viel tun könnten, um solchen Gefühlen in Zukunft nicht erneut Nahrung zu geben. Das galt zum Beispiel für ihre Entscheidung, die Therapie abzubrechen: Würde sie diese Entscheidung nicht in einem Monat, in einem Jahr zutiefst bereuen?

Thelma entgegnete, daß ich möglicherweise recht hätte, daß sie sich aber geschworen habe, die Therapie zu beenden. Sie verglich unsere Sitzung mit Matthew mit einem Arztbesuch wegen Krebsverdacht. «Man hat die ganze Zeit so schreckliche Angst, daß man den Besuch beim Arzt immer und immer wieder aufschiebt. Dann bestätigt der Arzt den Krebsverdacht, und die mit der Ungewißheit verbundene Angst ist mit einemmal verschwunden – aber um welchen Preis?»

Als ich versuchte, meine Gefühle zu ordnen, wurde mir bewußt, daß eine meiner ersten Reaktionen auf ihre Ankündigung in dem verzweifelten Ausruf: «Wie können Sie mir das antun?» bestand. Obwohl meine Empörung zweifellos auch das Ergebnis meiner persönlichen Enttäuschung war, war ich gleichzeitig sicher, daß meine Reaktionen die Antwort auf Thelmas Gefühle mir gegenüber waren. *Ich* war derjenige, der für den dreifachen Verlust verantwortlich war. Das Treffen mit Matthew war *meine* Idee gewesen, und *ich* war es, der sie von ihren Illusionen befreit hatte. Ich hatte sie desillusioniert. Ich merkte auf einmal, daß ich eine sehr undankbare Aufgabe übernommen hatte. Schon das Wort *Desillusionierung* mit seinem negativen, nihilistischen Beigeschmack hätte mich warnen sollen. Ich dachte an O'Neills *Der Eismann kommt* und das Schicksal Hickeys, des Zerstörers der Illusionen. Diejenigen, die er in die Realität zurückholen will, wenden sich am Ende gegen ihn und kehren zurück ins Reich der Illusionen.

Ich erinnerte mich an die Sitzung, in der mir klarwurde, daß Thelma auch ohne meine Hilfe in der Lage war, Matthew zu bestrafen. Ich dachte, daß ihr Selbstmordversuch in der Tat ein Mordversuch war, und jetzt war ich überzeugt, daß auch ihre Entscheidung, die Therapie abzubrechen, eine Form von Doppelmord war. Die Beendigung der Therapie war als Angriff gegen mich gemeint – und der war ihr gelungen! Ihr war nicht entgangen, wie immens wichtig es für mich war, Erfolg zu haben, meine intellektuelle Neugier zu befriedigen und jeden Fall bis zur vollständigen Aufklärung zu verfolgen.

Ihre Rache bestand darin, daß sie mich in jedem dieser Ziele scheitern ließ. Dabei nahm sie in Kauf, daß der für mich gedachte Kataklysmus auch sie in die Tiefe reißen würde: Ihre sadomasochistischen Neigungen waren so ausgeprägt, daß der Gedanke eines Doppelopfers sie geradezu faszinierte. Mit einer gewissen Ironie stellte ich in meinem diagnostischen Fachjargon fest, wie sehr ich mich über sie ärgerte.

Ich versuchte, diese Gedanken mit Thelma zu diskutieren. «Sie sprechen immer nur von Ihrer Wut auf Matthew, aber ich frage mich, ob sich Ihre Wut nicht auch gegen mich richtet. Sie hätten allen Grund, wütend auf mich zu sein – sogar sehr wütend. Schließlich war ich es, zumindest aus Ihrer Sicht, der Sie in diese Patsche gebracht hat. Es war meine Idee, Matthew mit einzubeziehen, meine Idee, ihm die Fragen zu stellen, die Sie gestellt haben.» Ich glaubte, sie nicken zu sehen.

«Wenn das so ist, Thelma, wäre es dann nicht das Beste, wenn wir hier und jetzt daran arbeiten würden?»

Diesmal war Thelmas Nicken eindeutig. «Mein Kopf sagt mir, daß Sie recht haben. Aber manchmal muß man einfach das tun, was man tun muß. Ich habe mir geschworen, nie mehr Patient zu sein, und diesen Schwur werde ich halten.»

Ich gab auf. Ich kämpfte gegen eine Mauer. Unsere Stunde war längst vorbei, und ich mußte noch mit Harry sprechen, dem ich zehn Minuten zugestanden hatte. Bevor wir uns trennten, rang ich Thelma noch einige Zusagen ab: Sie erklärte sich bereit, über ihren Entschluß noch einmal nachzudenken und mich in drei Wochen wieder zu treffen, und sie versprach, den im Rahmen des Forschungsprojekts eingegangenen Verpflichtungen nachzukommen und sich in sechs Monaten beim Leiter des Projekts zu melden, um die abschließenden Fragebogen auszufüllen. Als ich die Sitzung beendete, dachte ich, daß die Chancen für eine Fortsetzung der Therapie äußerst gering waren, auch wenn sie ihren Verpflichtungen im Rahmen des Forschungsprojekts nachkam.

Im sicheren Bewußtsein ihres Pyrrhussieges konnte sie sich ein wenig Edelmut erlauben, und als sie mein Büro verließ, dankte sie mir für meine Bemühungen und sagte, daß ich an erster Stelle stünde, falls sie je wieder psychotherapeutische Hilfe brauche.

Ich begleitete Thelma ins Wartezimmer und bat Harry in mein Büro. Er kam sofort zur Sache. «Ich weiß, was es heißt, unter Zeitdruck zu stehen, Doc – ich habe dreißig Jahre Armee hinter mir. Geht das bei Ihnen den ganzen Tag so?»

Ich nickte, versicherte ihm aber, daß ich Zeit für ihn hätte.

»Nun, ich will es ganz kurz machen. Ich bin nicht wie Thelma, die immer um den heißen Brei herumredet. Ich komme direkt zum Punkt. Geben Sie mir meine Frau wieder, Doktor, die alte Thelma – genauso wie sie früher war.»

Harrys Stimme war eher flehend als drohend. Dennoch hatte er meine volle Aufmerksamkeit, und als er sprach, konnte ich nicht umhin, seine großen Würgerhände zu betrachten. Er fuhr fort, und nun wurde seine Stimme vorwurfsvoll, als er schilderte, daß es Thelma seit Beginn unserer Therapie immer schlechter gegangen sei. Ich hörte ihm zu und versuchte ihn dann mit dem Hinweis zu trösten, daß eine lang anhaltende Depression für die Angehörigen häufig ebensoviel Leid bedeutet wie für den Patienten selbst. Er ignorierte meinen Schachzug und entgegnete, daß Thelma ihm immer eine gute Frau gewesen sei und daß er ihre Probleme durch seine häufige Abwesenheit möglicherweise verschlimmert habe. Als ich ihm schließlich Thelmas Entschluß, die Therapie zu beenden, mitteilte, schien er erleichtert und erfreut: Er redete seit mehreren Wochen auf sie ein, um sie zu diesem Schritt zu bewegen.

Als Harry mein Büro verlassen hatte, war ich müde, niedergeschmettert und verärgert. O Gott, was für ein Paar! Erlöse mich von den beiden! Was für eine Ironie: Der alte Narr will seine «alte Thelma wiederhaben». War er denn die ganze Zeit so «abwesend» gewesen, daß er nicht gemerkt hatte, daß er die alte Thelma nie besessen *hatte*? Die alte Thelma war nie zu Hause: Während der letzten acht Jahre spielten sich neunzig Prozent ihres Lebens ausschließlich in ihrer Phantasie ab, in der Erinnerung an eine Liebe, die es nie gegeben hatte. Harry hatte sich, ebenso wie Thelma, für die Illusion entschieden. Cervantes fragte: «Was wollt ihr: weise Torheit oder törichte Vernunft?» Es war klar, welche Wahl Harry und Thelma getroffen hatten!

Doch ich fand es wenig tröstlich, mit dem Finger auf Thelma und Harry zu zeigen und die Schwäche des menschlichen Geistes zu beklagen – eines Geistes, der nicht fähig war, ohne Illusion, ohne Magie, ohne Luftschlösser oder Lebenslügen zu existieren. Es war Zeit, der Wahrheit ins Auge zu sehen: Ich hatte diesen Fall gehörig verpfuscht und konnte weder die Patientin noch ihren Ehemann, noch das Wesen des Menschen an sich dafür verantwortlich machen.

Meine nächsten Tage waren angefüllt mit Selbstvorwürfen und Sorgen um Thelma. Ich erinnerte mich an ihre Selbstmorddrohungen, beruhigte mich aber schließlich, indem ich mir sagte, daß ihre Aggressionen so offen und direkt nach außen gerichtet waren, daß sie sie kaum gegen sich selbst richten würde.

Um meine Selbstvorwürfe zu bekämpfen, redete ich mir immer wieder ein, daß meine therapeutische Strategie die einzig richtige gewesen war: Thelma *war* in äußerst schlechter Verfassung, als sie mich konsultierte, und ich *mußte* etwas tun. Obwohl ihr Zustand immer noch bedenklich war, ging es ihr auf keinen Fall schlechter als zu Beginn der Therapie. Wer weiß, vielleicht ging es ihr sogar etwas besser, vielleicht hatte ich sie erfolgreich desillusioniert, vielleicht mußte sie nur eine Zeitlang in Ruhe ihre Wunden lecken, bevor sie die Therapie in irgendeiner Form fortsetzte? Schließlich hatte ich es vier Monate lang mit eher konservativen Methoden versucht und erst dann zu radikaleren Mitteln gegriffen, als ich keine andere Wahl mehr hatte.

Aber das war alles reine Selbsttäuschung. Ich wußte, daß ich guten Grund hatte, mich schuldig zu fühlen. Ich war einmal mehr dem grandiosen Glauben zum Opfer gefallen, ich könnte jeden heilen. Getrieben von Hybris und Neugier, hatte ich mich von Anfang an über meine zwanzigjährige Erfahrung als Therapeut hinweggesetzt, die mir eindeutig sagte, daß Thelma für eine psychotherapeutische Behandlung wenig geeignet war, und hatte sie einer schmerzlichen Konfrontation unterworfen, die, rückblickend, wenig Aussicht auf Erfolg hatte. Ich hatte sie ihrer Abwehrmechanismen beraubt, ohne sie durch etwas anderes zu ersetzen.

Vielleicht hatte Thelma insofern recht, wenn sie sich vor mir schützte. Vielleicht hatte sie recht, wenn sie sagte: «Jede weitere Behandlung würde den Patienten umbringen!» Alles in allem hatte ich Thelmas und Harrys Kritik verdient. Ich hatte mich auch beruflich in eine peinliche Situation gebracht. Als ich vor einigen Wochen eine Lehrveranstaltung über diesen Fall abhielt, hatte ich erhebliches Interesse geweckt. Jetzt schreckte ich vor dem Gedanken zurück, Kollegen und Studenten könnten in nächster Zeit auf mich zukommen und mich fragen: «Sagen Sie mal, wie ist diese Geschichte eigentlich ausgegangen?»

Wie ich erwartet hatte, kam Thelma nicht zu dem Termin drei Wochen später. Ich rief sie an und hatte eine kurze, aber bemerkenswerte Unterhaltung mit ihr. Obwohl ihr Entschluß, sich nie wieder zur Patientin machen zu lassen, durch nichts zu erschüttern war, klang sie weniger verbittert. Ihre Abwendung von der Therapie sei nicht nur ein verstandesmäßiger Entschluß, erklärte sie mir freimütig. Sie fühle sich viel besser, auf jeden Fall wesentlich besser als vor drei Wochen. Daß sie Matthew gestern gesehen habe, so erzählte sie ganz beiläufig, habe ihr ungeheuren Auftrieb gegeben!

«Was? Matthew? Wie ist denn das passiert?» fragte ich.

»Nun, wir haben uns bei einer Tasse Kaffee angenehm unterhalten. Wir haben beschlossen, uns einmal pro Monat oder so zu einem kleinen Plausch zu treffen.»

Ich war rasend neugierig und wollte alles ganz genau wissen. Erst versuchte sie, mich aufzuziehen («Ich habe Ihnen doch die ganze Zeit gesagt, daß das das einzige ist, was ich brauche»), dann stellte sie unmißverständlich klar, daß ich nicht länger das Recht hätte, sie über persönliche Dinge auszufragen. Schließlich wurde mir klar, daß ich nicht mehr erfahren würde, und ich verabschiedete mich endgültig von ihr. Routinemäßig ließ ich sie wissen, daß ich ihr jederzeit als Therapeut zur Verfügung stünde, falls sie mich brauchte. Aber sie entwickelte offenbar nie wieder Appetit auf meine Art von Behandlung, denn seitdem habe ich nichts mehr von ihr gehört.

Sechs Monate später stellte sich Thelma, wie versprochen, erneut für ein Interview und psychologische Tests zur Verfügung. Als der Abschlußbericht über das Forschungsprojekt erschien, las sich der Fall Thelma Hilton folgendermaßen:

Bei T. H. handelt es sich um eine siebzigjährige, verheiratete Frau europäischer Abstammung, deren Zustand sich nach Abschluß einer fünfmonatigen Therapie, bei einer Sitzung pro Woche, erheblich besserte. Von den achtundzwanzig an dieser Studie beteiligten geriatrischen Subjekten zeigten sich bei ihr die positivsten Ergebnisse.

Ihre Depressionen haben erheblich nachgelassen. Ihre anfangs extrem hohe Suizidneigung ging so weit zurück, daß sie nicht länger als suizidgefährdet betrachtet werden muß. Ihr Selbstwertgefühl steigerte sich, und gleichzeitig trat auch eine Besserung in den Skalen Angstneurose, Hypochondrie, Psychose, Zwangsvorstellungen ein. Das Forschungsteam kann über die therapeutischen Methoden, die zu diesen eindrucksvollen Ergebnissen geführt haben, keine klaren Aussagen machen, da sich die Patientin aus unerklärlichen Gründen über Einzelheiten der Therapie nach wie vor ausschweigt. Dennoch kann man davon ausgehen, daß der Therapeut eine pragmatische, symptomorientierte Behandlungsmethode anwandte, die mehr auf konkrete Lebenshilfe als auf tiefenpsychologische Erkenntnisse und Veränderung der Persönlichkeit ausgerichtet war. Zusätzlich wandte er mit Erfolg einen systemorientierten Ansatz an und bezog den Ehemann und einen langjährigen Freund (mit dem sie vor mehreren Jahren eine Beziehung hatte) mit in den therapeutischen Prozeß ein.

Ziemlich kopflastig! Irgendwie gab mir das wenig Trost.

«Wenn Vergewaltigung legal wäre...»

«Ihr Patient ist ein Scheißtyp, und das habe ich ihm in der Sitzung gestern abend gesagt – und zwar wörtlich.» Hier hielt Sarah, eine junge angehende Therapeutin, inne und sah mich herausfordernd an.
Offensichtlich war etwas Außergewöhnliches passiert. Nicht jeden Tag stürmt eine Studentin in mein Büro und erzählt mir ohne eine Spur des Bedauerns, daß sie einen meiner Patienten verbal angegriffen hat. Besonders wenn es sich um einen Patienten mit Krebs im fortgeschrittenen Stadium handelt.
«Sarah, würden Sie sich bitte hinsetzen und mir erzählen, was passiert ist. Ich habe noch ein paar Minuten Zeit bis zu meiner nächsten Stunde.»
Sarah versuchte, sich zu fassen, und begann: «Carlos ist das vulgärste und abscheulichste Subjekt, das mir je über den Weg gelaufen ist!»
«Na ja, ich bin auch nicht gerade begeistert von ihm. Das habe ich Ihnen aber gesagt, als ich ihn zu Ihnen schickte.» Ich hatte Carlos sechs Monate lang in Einzeltherapie behandelt und vor einigen Wochen Sarah gebeten, ihn in ihre Gruppe aufzunehmen. «Aber erzählen Sie weiter. Tut mir leid, daß ich Sie unterbrochen habe.»
«Nun, wie Sie wissen, hat er in der Gruppe ja schon immer Anstoß erregt mit seiner Art, an Frauen herumzuschnüffeln wie ein Rüde an läufigen Hündinnen. Dabei war ihm alles, was um ihn herum passierte, völlig egal. Gestern abend dann erzählte Martha – eine äußerst sensible und labile junge Frau, die bis dahin fast nie etwas gesagt hatte –, daß sie letztes Jahr vergewaltigt worden sei. Ich glaube nicht, daß sie jemals zuvor darüber gesprochen hat – mit Sicherheit nicht in einer Gruppe. Sie hatte fürchterliche Angst, schluchzte die ganze Zeit und brachte kaum etwas heraus. Alle gingen auf sie ein, um ihr das

Reden leichter zu machen. Ob es nun richtig war oder nicht – ich wollte ihr helfen, indem ich vor der Gruppe von meiner eigenen Vergewaltigung vor drei Jahren erzählte...»

«Das habe ich nicht gewußt, Sarah.»

«Niemand hat es gewußt!»

Sarah hielt inne und betupfte ihre Augen. Ich sah, wie schwer es ihr fiel, sich mitzuteilen, aber ich war mir in diesem Moment nicht sicher, was schlimmer für sie war: mir von ihrer Vergewaltigung zu erzählen oder davon, wie schonungslos sie sich vor der Gruppe offenbart hatte. (Daß ich Leiter der gruppentherapeutischen Ausbildung war, mußte die Sache für sie noch komplizierter machen.) Oder kam das Schlimmste erst noch? Ich beschloß, einen sachlichen Ton anzuschlagen.

«Und dann?»

«Nun, dann trat Ihr Carlos in Aktion.»

Mein Carlos? Lächerlich! dachte ich. Als ob er mein Kind und ich für ihn verantwortlich wäre. (Allerdings hatte ich Sarah ziemlich gedrängt, ihn zu übernehmen: Sie hatte sich gesträubt, einen Patienten mit Krebs in ihre Gruppe aufzunehmen. Andererseits hatte die Gruppe nur noch fünf Teilnehmer und brauchte neue Leute.) Ich hatte sie nie so irrational erlebt – und so aggressiv. Da ich befürchtete, daß ihr das später vielleicht peinlich sein könnte, vermied ich alles, was sie als Kritik hätte auffassen können.

«Was hat er denn getan?»

«Er wollte von Martha alle Einzelheiten wissen – wann, wo, wer, was. Am Anfang half ihr das auch beim Reden, aber als ich dann von meiner Vergewaltigung sprach, kümmerte er sich nicht mehr um Martha, sondern begann dasselbe Spielchen mit mir. Dann fing er an, uns beiden intimere Fragen zu stellen. Hat der Mann uns die Kleider heruntergerissen? Hat er in uns ejakuliert? Hat es uns an irgendeinem Punkt Spaß gemacht? Das geschah alles so hinterlistig, daß die Gruppe eine Zeitlang brauchte, bis sie merkte, daß er sich daran aufgeilte. Er interessierte sich einen Dreck für Martha und mich, alles, was er wollte, war der sexuelle Kitzel. Ich weiß, ich sollte eher Mitleid mit ihm haben – aber er ist so ein widerlicher Kerl!»

«Und wie ist das Ganze ausgegangen?»

«Die Gruppe hat endlich gemerkt, was los war, und ihn zur Rede gestellt, was ihn aber überhaupt nicht zu berühren schien. Im Gegenteil, er wurde noch verletzender und warf Martha und mir (und allen Opfern von Vergewaltigungen) vor, wir würden zuviel Aufhebens davon machen. ‹Was ist denn schon so schlimm daran?› fragte er und behauptete dann, daß er persönlich nichts dagegen hätte, von einer attraktiven Frau vergewaltigt zu werden. Der krönende Abschluß, bevor wie auseinandergingen, war seine Bemerkung, daß ihm jeder Vergewaltigungsversuch von seiten der weiblichen Gruppenmitglieder willkommen sei. Das war der Augenblick, wo ich ihm antwortete: ‹Wenn Sie das wirklich meinen, sind Sie ein gottverdammter Ignorant!›»

«Ich dachte, Ihr therapeutisches Stilmittel sei ‹Scheißtyp› gewesen?» Das löste Sarahs Spannung, und wir mußten beide lachen.

«Auch der Ausdruck ist gefallen. Ich habe wirklich die Beherrschung verloren.»

Ich suchte nach hilfreichen und konstruktiven Worten, aber sie kamen pedantischer, als ich beabsichtigt hatte. «Denken Sie daran, Sarah, daß extreme Situationen wie diese häufig wichtige Wendepunkte sein können, wenn man sie sorgfältig aufarbeitet. Alles, was geschieht, ist Wasser auf die Mühlen der Therapie. Wir sollten versuchen, das Ganze in einen Lernprozeß für ihn umzusetzen. Ich sehe ihn morgen und werde intensiv daran arbeiten. Sie sollten jetzt aber vor allem auch an sich selbst denken. Ich stehe Ihnen jederzeit zur Verfügung, wenn Sie jemanden brauchen – heute noch oder im Laufe der Woche.»

Sarah dankte mir und sagte, daß sie Zeit zum Nachdenken brauche. Selbst wenn sie sich entschließen sollte, mit jemand anderem über ihre Probleme zu sprechen, dachte ich, als sie mein Büro verließ, würde ich versuchen, mit ihr, sobald sie sich wieder beruhigt hatte, darüber zu sprechen, ob nicht auch sie selbst aus dieser Erfahrung lernen könne. Obwohl mir das, was sie durchgemacht hatte, sehr nahe ging, hielt ich es für falsch, die Gruppe als Vehikel für die Lösung ihrer eigenen Probleme zu benutzen. Es wäre besser gewesen, dachte ich, wenn sie diese in ihrer eigenen Therapie aufgearbeitet hätte, und falls sie dann immer noch in der Gruppe darüber gesprochen hätte – was problematisch war –, hätte sie zumindest besser damit umgehen können.

Dann erschien meine nächste Patientin und beanspruchte meine Aufmerksamkeit. Doch mußte ich die ganze Zeit an Carlos denken und fragte mich, wie ich das Problem in der nächsten Sitzung angehen sollte. Daß Carlos' Verhalten mir nicht aus dem Kopf ging, war nichts Neues. Er war ein außergewöhnlicher Patient; und seit ich ihn vor einigen Monaten zum erstenmal gesehen hatte, dachte ich wesentlich häufiger an ihn als nur in den ein oder zwei Stunden, die ich wöchentlich in seiner Gegenwart verbrachte.

«Carlos ist eine Katze mit neun Leben, aber jetzt sieht es so aus, als ob er am Ende seines neunten angelangt wäre.» Das war das erste, was mir der Onkologe sagte, der ihn an mich in psychotherapeutische Behandlung überwiesen hatte. Dann erklärte er, daß Carlos ein seltenes, langsam wachsendes Lymphom habe, das weniger aufgrund seiner Bösartigkeit als aufgrund seiner Größe problematisch sei. Nachdem der Tumor jahrelang auf verschiedene Formen der Behandlung gut angesprochen hatte, hatte er jetzt die Lungen befallen und war bis zum Herz vorgedrungen. Seinen Ärzten gingen langsam die Ideen aus: Sie hatten ihn mit Höchstdosen bestrahlt und die ganze Palette chemotherapeutischer Medikamente ausgeschöpft. Sie fragten mich, ob es sinnvoll sei, ihm die Wahrheit zu sagen. Carlos schien nichts wissen zu wollen. Sie waren nicht sicher, inwieweit Carlos bereit war, seinen Zustand zu akzeptieren. Sie wußten nur, daß er unter starken Depressionen litt und niemanden zu haben schien, der ihm hätte helfen können.

Carlos war in der Tat völlig isoliert. Abgesehen von seiner Ex-Frau, einem siebzehnjährigen Sohn und einer Tochter – zweieiigen Zwillingen –, die in Südamerika lebten, stand er im Alter von neunundreißig Jahren praktisch allein auf der Welt. Er war als Einzelkind in Argentinien aufgewachsen. Seine Mutter war im Kindbett gestorben, und sein Vater erlag vor zwanzig Jahren demselben Krebsleiden, an dem nun Carlos sterben sollte. Er hatte nie einen Freund gehabt. «Wozu sollen die gut sein?» sagte er einmal zu mir. «Ich habe nie einen kennengelernt, der mir nicht für einen Dollar, einen Job oder eine Möse die Kehle durchgeschnitten hätte.» Er war nur kurz verheiratet gewesen und hatte darüber hinaus nie ernsthafte Beziehungen zu Frauen gehabt. «Man muß verrückt sein, wenn man eine Frau mehr als einmal vögelt!» Sein Lebensziel, so erzählte er mir ohne eine

Spur von Scham oder Befangenheit, sei es, so viele Frauen wie möglich zu ficken.

Nein, bei meinem ersten Treffen konnte ich Carlos' Charakter wenig Positives abgewinnen – von seiner äußeren Erscheinung ganz zu schweigen. Er war völlig ausgezehrt, an Ellbogen, Hals und Ohren traten die geschwollenen Lymphknoten deutlich hervor und als Folge der Chemotherapie war er vollkommen kahl. Seine kläglichen kosmetischen Bemühungen – ein Panamahut mit breiter Krempe, aufgemalte Augenbrauen und ein Schal, um die Schwellungen im Nacken zu verbergen – dienten lediglich dazu, die Aufmerksamkeit unabsichtlich noch mehr auf sein Äußeres zu lenken.

Er wirkte sehr deprimiert – aus gutem Grund – und sprach voller Bitterkeit und Verdruß über seinen zehnjährigen Kampf gegen den Krebs. Sein Lymphom, sagte er, sei ein Tod auf Raten. Es habe schon das meiste zerstört – seine Energie, seine Kraft und seine Freiheit (er war gezwungen, in der Nähe des Stanford Hospital zu leben, für immer abgeschnitten von seiner gewohnten Umgebung).

Das Schlimmste aber sei, daß die Krankheit seine sozialen Beziehungen zerstöre, womit er sein Sexualleben meinte: Wenn er chemotherapeutisch behandelt werde, sei er impotent; wenn die Chemotherapie abgesetzt werde und seine Sexualität wieder in Saft und Kraft stünde, würde ihn jede Frau wegen seiner Kahlheit abblitzen lassen. Sogar wenn sein Haar ein paar Wochen nach der Therapie wieder wachse, könne er keinen Stich machen: Keine Prostituierte ließe sich mit ihm ein, weil alle glaubten, seine vergrößerten Lymphknoten bedeuteten Aids. Sein Sexualleben beschränke sich jetzt ausschließlich auf Masturbation mit Hilfe sadomasochistischer Videos.

Es sei wahr – sagte er, als ich ihn darauf ansprach –, daß er allein sei und manchmal darunter leide, aber nur, weil er manchmal zu schwach sei, seine eigenen körperlichen Bedürfnisse zu befriedigen. Die Vorstellung, daß enge mitmenschliche (asexuelle) Kontakte befriedigend sein konnten, schien ihm gänzlich fremd. Es gab nur eine Ausnahme – seine Kinder –, und wenn Carlos von ihnen sprach, brachen echte Gefühle durch, Gefühle, die mir nahegingen. Ich war bewegt beim Anblick seines zerbrechlichen, von heftigem Schluchzen geschüttelten Körpers, als er seine Angst beschrieb, daß auch sie ihn verlassen könnten: daß es ihrer Mutter schließlich doch gelänge, sie gegen ihn aufzuhetzen, oder daß sie sich aus Ekel vor seiner Krankheit von ihm abwenden könnten.

«Wie kann ich Ihnen helfen, Carlos?»

«Wenn Sie mir helfen wollen – dann bringen Sie mir bei, wie man Gürteltiere haßt!» Einen Augenblick genoß Carlos meine Verwirrung und erklärte mir dann, daß er mit visueller Suggestion gearbeitet habe – einer von vielen Krebspatienten praktizierten Form der Selbstheilung. Die visuellen Metaphern für seine neue Chemotherapie (von seinen Onkologen BS genannt) waren riesige Buchstaben, und zwar das B und das S – sie standen für Bären und Schweine; seine harten kanzerogenen Lymphknoten waren durch gepanzerte Gürteltiere verkörpert. In seinen Meditationssitzungen stellte er sich also vor, wie die Bären und Schweine die Gürteltiere angriffen. Das Problem war, daß seine Bären und Schweine nicht bösartig genug waren, um die Panzer aufzubrechen und die Gürteltiere zu töten.

Obwohl mich sein Krebsleiden und seine Engstirnigkeit eher abschreckten, war ich von Carlos angezogen. Vielleicht lag das an der Erleichterung darüber, daß er es war, der sterben mußte, nicht ich. Vielleicht war es die Liebe zu seinen Kindern oder die rührende Art, wie er mit beiden Händen meine Hand umklammerte, als er mein Büro verließ. Vielleicht war es seine kuriose Bitte: «Bringen Sie mir bei, wie man Gürteltiere haßt.»

Deshalb sah ich bei meiner Entscheidung, ob ich ihn behandeln sollte oder nicht, über mögliche Hindernisse hinweg und kam zu der Überzeugung, daß er eher *un-* als *a*sozial war und daß viele seiner negativen Eigenschaften und Ansichten nicht so stark ausgeprägt waren, daß sie nicht korrigiert werden könnten. Meine Entscheidung war nicht klar durchdacht, und selbst als ich mich entschlossen hatte, ihn als Patienten zu nehmen, war ich mir hinsichtlich geeigneter und realistischer Behandlungsziele im unklaren. Sollte ich ihm einfach nur während der chemotherapeutischen Behandlung zur Seite stehen? (Wie viele Patienten wurde Carlos während der Chemotherapie todkrank und verlor allen Mut.) Oder sollte ich mich, wenn seine Krankheit das Endstadium erreicht hatte, verpflichten, bis zu seinem Tod bei ihm zu bleiben? Würde ich mich damit zufriedengeben, ihm meine bloße Anwesenheit und Unterstützung zu geben? (Vielleicht würde das genügen. Er hatte weiß Gott keinen Menschen, mit dem er reden konnte.) Natürlich war er für seine Isolation selbst verantwortlich, aber sollte ich ihm helfen, das zu erkennen und etwas dagegen zu tun? Jetzt noch? Angesichts des Todes schienen diese Überlegungen belanglos. Waren sie es wirklich? Sollte ich Carlos irgendwelche hochgesteckten Therapieziele zumuten? Nein, nein und noch mal nein! *Welchen Sinn sollte das haben bei jemandem, der bestenfalls noch ein paar Monate zu leben hatte?* Wollte irgend jemand, wollte ich Zeit und Energie in einen so aussichtslosen Versuch investieren?

Carlos stimmte einer Therapie bereitwillig zu. Mit dem für ihn typischen Zynismus sagte er, daß seine Versicherung neunzig Prozent der Kosten übernehmen würde und daß er sich ein solches Geschäft nicht entgehen lassen könne. Außerdem sei er ein Mensch, der alles zumindest einmal versuche, und mit einem Psychiater habe er bis dahin noch nie zu tun gehabt. Ich formulierte den Behandlungsvertrag eher verschwommen und sagte nur, daß es immer hilfreich sei, wenn man jemanden habe, mit dem man schmerzliche Gefühle und Gedanken teilen könne. Ich schlug vor, daß wir uns sechsmal treffen und dann entscheiden sollten, ob eine weitere Behandlung sinnvoll sei.

Zu meiner großen Überraschung profitierte Carlos ungemein von der Therapie, und nach sechs Sitzungen einigten wir uns, die Behandlung fortzusetzen. Er kam zu jeder Stunde mit einer Liste von Themen, über die er gern sprechen wollte – Träume, Arbeitsprobleme (er war ein erfolgreicher Finanzanalytiker und war trotz seiner Krankheit weiter berufstätig). Manchmal sprach er über seine körperlichen Beschwerden und seinen Ekel vor der Chemotherapie, aber meistens ging es um Frauen und um Sex. In jeder Sitzung beschrieb er seine Begegnungen mit Frauen in der zurückliegenden Woche (oft bestanden sie nur aus einem Blickkontakt im Lebensmittelladen) und malte in allen Einzelheiten aus, was er mit ihnen hätte tun können. Er war so besessen von Frauen, daß er zu vergessen schien, wie sehr die Krebszellen schon von allen Teilen seines Körpers Besitz ergriffen hatten. Wahrscheinlich hoffte er, gerade durch die Beschäftigung mit Frauen seinen körperlichen Verfall vergessen zu können.

Aber seine Fixierung auf Frauen hatte nicht erst mit seinem Krebsleiden begonnen. Er war schon immer hinter ihnen hergewesen, hatte sie schon immer als Sexualobjekte betrachtet und sie mit entsprechender Geringschätzung behandelt. So konnte mich Sarahs Schilderung seines Verhaltens in der Gruppe, so schockierend es war, nicht überraschen. Ich wußte, daß er zu solchen Gefühllosigkeiten imstande war – und zu Schlimmerem.

Aber wie sollte ich das Problem in der nächsten Stunde angehen? Vor allem durfte ich unsere Beziehung nicht aufs Spiel setzen. Wir machten gute Fortschritte, und ich war im Augenblick seine wichtigste Bezugsperson. Aber es war für ihn ebenso notwendig, die Gruppentherapie fortzusetzen. Ich hatte ihn vor sechs Wochen dieser Gruppe zugeteilt, um ihn mit Menschen zusammenzubringen, die ihm helfen würden, soziale Kontakte herzustellen, indem sie einige seiner besonders üblen Verhaltensweisen aufdeckten und ihn dazu brachten, sie zu ändern. In den ersten fünf Wochen hatte ihm die Gruppe viel gebracht, doch jetzt, so befürchtete ich, würde er die Gruppenmitglieder endgültig gegen sich aufbringen – wenn das nicht schon geschehen war –, wenn er sein Verhalten nicht drastisch änderte.

Unsere nächste Sitzung begann ruhig. Carlos erwähnte die Gruppe mit keinem Wort, sondern wollte über Ruth sprechen, eine attraktive Frau, die er gerade bei einer kirchlichen Veranstaltung kennengelernt hatte. (Er war Mitglied in einem halben Dutzend Kirchen, weil er glaubte, daß sie ein idealer Ort für Zufallsbekanntschaften seien.) Er hatte kurz mit Ruth gesprochen, die sich dann entschuldigte, weil sie nach Hause mußte. Carlos verabschiedete sich, warf sich aber später vor, daß er sie nicht zum Auto begleitet hatte und sich damit eine einmalige Chance hatte entgehen lassen; er hatte sich sogar eingeredet, daß er sie mit einer Wahrscheinlichkeit von zehn bis fünfzehn Prozent sogar geheiratet hätte. Seine Selbstvorwürfe gingen so weit, daß er sich die ganze Woche beschimpfte und körperlich mißhandelte, indem er sich zwickte und mit dem Kopf gegen die Wand schlug.

Ich ging auf seine Gefühle in bezug auf Ruth nicht weiter ein (entschloß mich aber, weil sie so offenkundig irrational waren, zu einem späteren Zeitpunkt darauf zurückzukommen), weil ich es für dringender hielt, über die Gruppe zu diskutieren. Ich sagte ihm, daß ich mit Sarah über die letzte Sitzung gesprochen hatte. «Wollten Sie», fragte ich, «heute über die Gruppe sprechen?»

«Eigentlich nicht, es gibt nichts Besonderes. Ich will sowieso damit aufhören, weil mir das nichts mehr bringt.»

«Wie meinen Sie das?»
«Da ist niemand aufrichtig, und alle spielen irgendwelche Spielchen. Ich bin der einzige, der sich traut, die Wahrheit zu sagen. Die Männer sind alle Versager – sonst wären sie nicht da. Diese Trottel haben nichts in der Hose, sie sitzen nur rum und winseln, ohne wirklich etwas zu sagen.»
«Was ist denn nun aus Ihrer Sicht in dieser Sitzung passiert?»
«Sarah hat über ihre Vergewaltigung gesprochen. Hat sie Ihnen das erzählt?»
Ich nickte.
«Und Martha auch. Diese Martha! Mein Gott, das wär' was für Sie. Die ist völlig daneben, richtig krank ist die. Schluckt nur Beruhigungstabletten, damit sie nicht völlig ausflippt. Was zum Teufel tue ich eigentlich in einer Gruppe mit solchen Leuten? Aber hören Sie mir zu. Das Wichtigste ist, daß sie beide über ihre Vergewaltigung gesprochen haben, und alle saßen nur mit aufgesperrtem Mund da und sagten gar nichts. Ich war der einzige, der überhaupt reagiert hat und ihnen Fragen stellte.»
«Sarah sagt, daß einige Ihrer Fragen alles andere als hilfreich gewesen seien.»
«Irgend jemand mußte sie doch zum Sprechen bringen. Außerdem wollte ich schon immer wissen, wie das eigentlich ist bei einer Vergewaltigung. Sie etwa nicht? Und die anderen Männer? Mich hat einfach interessiert, was da so alles abläuft und was im Opfer vor sich geht.»
«Also jetzt hören Sie mal zu, Carlos, wenn das alles ist, was Sie interessiert, brauchen Sie sich bloß die entsprechende Lektüre zu beschaffen. Aber Sarah und Martha sind doch Menschen – und keine Informationsquellen. Da muß noch etwas anderes gewesen sein.»
«Also gut, ich geb's zu. Als ich mit der Gruppe anfing, sagten Sie mir, daß ich meine Gefühle offen zeigen sollte. Glauben Sie mir, ich schwöre es, in der letzten Sitzung war ich der einzig Ehrliche in der Gruppe. Ich gebe zu, daß es mich angemacht hat. Es geilt mich unwahrscheinlich auf, wenn ich mir vorstelle, wie Sarah gefickt wird. Ich würde am liebsten mitmachen und diese herrlichen Titten in meinen Händen spüren. Ich habe Ihnen im übrigen nicht verziehen, daß Sie mich daran gehindert haben, mich mit ihr zu verabreden.»

Als er vor sechs Wochen mit der Gruppe begonnen hatte, erzählte er mir ausführlich, wie sehr er in sie – oder besser, in ihre Brüste – vernarrt sei, und er war überzeugt, daß sie mit ihm ausgehen würde. Um Carlos die Integration in die Gruppe zu erleichtern, hatte ich in unseren ersten Sitzungen versucht, ihm ein entsprechendes Sozialverhalten beizubringen. Ich hatte ihm, nicht ohne Schwierigkeiten, klargemacht, daß jeder sexuelle Annäherungsversuch gegenüber Sarah nicht nur unziemlich, sondern auch aussichtslos wäre.

«Außerdem ist es kein Geheimnis, daß Männer sich aufgeilen, wenn sie an Vergewaltigung denken. Ich habe gesehen, wie die anderen in der Gruppe mich verstohlen angegrinst haben. Nehmen Sie doch nur mal das ganze Pornogeschäft! Haben Sie sich die Bücher oder Videos über Vergewaltigung und Sadomasochismus schon mal richtig angesehen? Tun Sie das mal! Gehen Sie mal in einen Porno-Shop – wäre gut für Ihre Bildung. Die würden dieses Zeug doch nicht drucken, wenn es keinen Markt dafür gäbe. Ich sage Ihnen die Wahrheit, *wenn Vergewaltigung legal wäre, würde ich es tun* – ab und zu.»

Hier hielt Carlos inne und grinste mich selbstgefällig an, als wolle er mir einen kumpelhaften Rippenstoß verpassen und mich in die Bruderschaft der Frauenschänder aufnehmen.

Ich schwieg einige Minuten, um meine Gedanken zu ordnen. Es war verlockend einfach, Sarah recht zu geben: Er hatte wirklich etwas Abartiges. Und doch war ich überzeugt, daß viel Imponiergehabe dabei war und daß es einen Weg geben mußte, an seine besseren Seiten heranzukommen. Interessant – und beinahe tröstlich – war der letzte Teil seiner Bemerkung: dieses nachträglich angehängte «ab und zu». Lag in diesen nachgeschobenen Worten nicht eine letzte Spur von Befangenheit oder Scham?

«Carlos, Sie sind stolz auf Ihre Ehrlichkeit innerhalb der Gruppe – aber waren Sie wirklich ehrlich? Oder nur halbehrlich, nur da ehrlich, wo es leicht war? Es stimmt, daß Sie ehrlicher als die anderen Männer waren. Sie haben Ihre sexuellen Gefühle offen gezeigt. Und Sie haben auch recht, wenn Sie sagen, daß diese Gefühle weit verbreitet sind: Die Pornoindustrie weiß genau, daß sie damit die Instinkte vieler Männer anspricht.

Aber sind Sie wirklich vollkommen ehrlich? Wie steht es mit all den andern Gefühlen in Ihrem Inneren, Gefühle, die Sie *nicht* ausgedrückt haben? Lassen Sie mich mal eine Vermutung anstellen: Als Sarah und Martha von ihrer Vergewaltigung sprachen und Sie sagten ‹Was ist denn schon so schlimm daran?› –, haben Sie da nicht vielleicht an Ihre Krankheit gedacht und das, was Sie die ganze Zeit durchmachen müssen? Es ist viel härter, mit etwas fertig zu werden, was Ihr Leben *unmittelbar* bedroht, als mit etwas, das schon ein oder zwei Jahre zurückliegt.

Vielleicht wollen auch Sie nur ein bißchen Zuwendung von der Gruppe, aber wie sollen Sie die bekommen, wenn Sie den knallharten Macker spielen? Sie haben ja noch nie den Versuch gemacht, über Ihre Krankheit zu sprechen.» (Ich hatte Carlos dringend dazu geraten, aber er hatte es immer wieder aufgeschoben: Er sagte, er habe Angst, bemitleidet zu werden, und wolle seine Chancen, mit den weiblichen Gruppenmitgliedern sexuelle Kontakte anzuknüpfen, nicht aufs Spiel setzen.)

Carlos grinste mich an. «Nicht schlecht, Doc! Klingt alles sehr logisch. Sie sind ein kluger Kopf. Aber ich will ehrlich sein – in der Gruppe habe ich nie an meinen Krebs gedacht. Seit ich vor zwei Monaten mit der Chemotherapie aufgehört habe, denke ich manchmal tagelang nicht daran. Können Sie sich nicht vorstellen, daß das ein verdammt gutes Gefühl ist – ihn zu vergessen, frei davon zu sein und für eine kurze Zeit ein ganz normales Leben führen zu können?»

Gute Frage! dachte ich. War es gut zu vergessen? Ich war mir nicht so sicher. Seitdem ich mit Carlos arbeitete, hatte ich entdeckt, daß ich den Verlauf seiner Krankheit mit erstaunlicher Genauigkeit an der Art seines Verhaltens ablesen konnte. Immer wenn sich sein Zustand verschlechterte und der Tod nahe war, dachte er darüber nach, was ihm am meisten bedeutete und wurde nachdenklicher, empfindsamer und einsichtiger. Trat dagegen eine vorübergehende Besserung ein, ließ er sich, wie er es ausdrückte, nur von seinem Schwanz leiten und benahm sich zunehmend roh und oberflächlich.

Ich erinnerte mich an eine Zeitungskarikatur, die ein untersetztes, verlorenes kleines Männchen darstellte, und dieses Männchen sagte: «Plötzlich, wenn du vierzig oder fünfzig bist, wird dir alles klar... Und dann geht es wieder vorbei!» Die Karikatur paßte auf Carlos, außer daß er nicht nur eine, sondern *wiederholte* klare Phasen hatte –

und sie immer wieder vorbeigingen. Ich dachte oft, daß ich ihm helfen könnte, seine Einstellung zum Leben und zu anderen Menschen entscheidend zu ändern, wenn ich ihn dazu bringen könnte, sich seines Todes und der damit verbundenen «Klärung» ständig bewußt zu sein.

Sein Auftreten heute und vor einigen Tagen in der Gruppe ließ deutlich erkennen, daß sein Krebs zur Zeit Ruhe gab und daß sein Denken nicht im geringsten vom Tod und der damit einhergehenden Abgeklärtheit bestimmt war.

Ich versuchte es anders. «Carlos, bevor Sie mit der Gruppe begannen, versuchte ich Ihnen die Grundprinzipien der Gruppentherapie zu erklären. Erinnern Sie sich, wie ich sagte, daß alles, was in der Gruppe geschieht, uns in der Einzeltherapie helfen kann?» Er nickte.

Ich fuhr fort: «Und eins der wichtigsten Prinzipien ist, daß die Gruppe einen Mikrokosmos darstellt, das heißt, daß die Beziehungen in der Gruppe unser Leben in der Außenwelt widerspiegeln. Erinnern Sie sich, wie ich sagte, daß wir in der Gruppe *dieselbe soziale Wirklichkeit schaffen, die wir im wirklichen Leben erfahren?*»

Er nickte wieder. Er schien zuzuhören.

«Und jetzt sehen wir uns mal an, was mit Ihnen in der Gruppe passiert ist. Sie haben dort Leute kennengelernt, mit denen Sie einen engen Kontakt hätten haben können. Und wir waren uns einig, daß menschliche Beziehungen sehr wichtig für Sie sind. Das war der Grund, weshalb Sie mit der Gruppe begannen, erinnern Sie sich? Aber jetzt, nach nur sechs Wochen, sind alle Gruppenmitglieder und mindestens eine Ko-Therapeutin stocksauer auf Sie. Und das haben Sie ganz alleine zu verantworten. Sie haben sich in der Gruppe genauso verhalten wie Sie es *außerhalb* der Gruppe tun! Sagen Sie mir ehrlich: Sind Sie zufrieden? Ist es das, was Sie in Ihren Beziehungen zu anderen suchen?»

«Doc, ich verstehe vollkommen, was Sie sagen, aber Sie vergessen etwas Wesentliches: Die Leute in der Gruppe sind mir scheißegal, verstehen Sie? – scheißegal! Das sind für mich keine normalen Leute. Ich werde mich nie mit solchen Versagern auf eine Stufe stellen. Ihre Meinung bedeutet mir überhaupt nichts. Ich *will* ihnen überhaupt nicht näherkommen.»

Ich kannte das schon, wenn Carlos völlig dichtmachte. In ein bis zwei Wochen, nahm ich an, würde er vernünftiger sein, und unter normalen Umständen hätte ich einfach abgewartet. Aber wenn sich nicht schleunigst etwas änderte, würde entweder er die Gruppe verlassen, oder es würde in der nächsten Sitzung zu einem irreparablen Bruch zwischen ihm und den restlichen Gruppenmitgliedern kommen. Da ich stark bezweifelte, daß ihn nach diesem Zwischenfall je wieder ein anderer Therapeut in seine Gruppe aufnehmen würde, bohrte ich weiter.

«Ich weiß, daß Ihre Wut und Ihre harte Kritik Ihre wahren Gefühle widerspiegeln. Aber, Carlos, versuchen Sie diese Gefühle mal für einen Augenblick auszuklammern und herauszufinden, ob da nicht noch irgend etwas anderes war. Als Sarah und Martha von ihren schmerzlichen Erfahrungen berichteten, was haben Sie da noch gefühlt? Ich spreche nicht von vorherrschenden Gefühlen, sondern von solchen, die vielleicht nur ganz kurz aufgetaucht sind.»

«Ich weiß, worauf Sie hinauswollen. Und ich weiß auch, daß Sie Ihr Bestes versuchen. Ich möchte Ihnen ja gerne helfen, aber ich würde mir nur irgend etwas aus den Fingern saugen. Sie unterstellen mir Gefühle, die ich einfach nicht habe. Ihre Praxis hier ist der einzige Ort, wo ich die Wahrheit sagen kann, und die Wahrheit ist nun mal, daß ich mit diesen beiden Fotzen aus der Gruppe nichts täte, als sie zu ficken! Wenn ich sage, wenn Vergewaltigung legal wäre, würde ich es tun, dann meine ich das auch so! Und ich weiß auch schon, mit wem ich anfangen würde!»

Er dachte höchstwahrscheinlich an Sarah, aber ich fragte nicht nach. Ein Gespräch über dieses Thema war das letzte, was ich wollte. Wahrscheinlich herrschte zwischen uns eine starke ödipale Rivalität, die unsere Kommunikation erschwerte. Er ließ keine Gelegenheit aus, mir in aller Anschaulichkeit zu schildern, was er alles mit Sarah tun würde, als ob er glaubte, daß wir Nebenbuhler seien. Ich weiß, daß er überzeugt war, ich wolle Sarah für mich behalten, und daß ich ihm deshalb ausgeredet hatte, ihr nachzustellen. Aber Interpretationen dieser Art wären im Augenblick völlig nutzlos: Er war viel zu verschlossen und defensiv. Wenn ich einen Durchbruch erreichen wollte, mußte ich zu wirksameren Mitteln greifen.

Der einzig mögliche Ansatz, der mir einfiel, hatte mit seinem Gefühlsausbruch in unserer ersten Sitzung zu tun – die Taktik war so durchschaubar und simpel, daß ich mir nie hätte vorstellen können, welche erstaunlichen Ergebnisse ich damit erzielen würde.

«Also gut, Carlos, nehmen wir mal an, es gäbe diese ideale Gesellschaft, die Sie sich vorstellen und die Sie propagieren – eine Gesellschaft, in der Vergewaltigung legal ist. Und jetzt denken Sie mal einen Augenblick an Ihre Tochter. Wie würde es ihr in dieser Gemeinschaft ergehen – als potentielles Opfer legaler Vergewaltigung, als irgendein Stück Hintern, an dem sich jeder vergehen darf, der gerade scharf ist und Lust hat, siebzehnjährige Mädchen zu schänden?»

Plötzlich hörte Carlos auf zu grinsen. Er zuckte sichtbar zusammen und sagte einfach: «Das würde ich ihr nicht wünschen.»

«Aber wo wäre dann ihr Platz in einer Welt, wie Sie sie haben wollen? Eingeschlossen in einem Kloster? Sie müssen doch einen Ort für sie schaffen, wo sie leben kann: Nichts anderes tut ein Vater – er baut eine Welt für seine Kinder. Ich habe Sie noch nie gefragt – was wünschen Sie sich eigentlich für Ihre Tochter?»

«Ich möchte, daß sie ihr Glück in einer Beziehung zu einem Mann und in der Familie findet.»

«Aber wie soll das möglich sein, wenn ihr Vater für eine Welt der Vergewaltigung eintritt? Wenn Sie wollen, daß sie in einer Welt voller Liebe lebt, dann müssen Sie ihr diese Welt bauen – und Sie müssen mit Ihrem eigenen Verhalten anfangen. Sie können sich nicht über Ihr eigenes Gesetz erheben – das ist die Grundlage jedes moralischen Systems.»

Das Klima der Sitzung hatte sich verändert. Die kämpferischen und ordinären Töne waren verschwunden. Wir waren todernst geworden. Ich kam mir vor wie ein Philosophie- oder Religionslehrer, aber ich wußte, daß das der richtige Weg war. Ich hätte über diese Dinge schon früher sprechen sollen. Er hatte oft über seine eigene Widersprüchlichkeit Späße gemacht. Ich erinnere mich, wie er mir einmal ausgelassen von einem Gespräch mit seinen Kindern beim Abendessen erzählte. (Sie besuchten ihn zwei- oder dreimal im Jahr.) Seiner Tochter hatte er damals gesagt, daß er sie mit keinem Jungen sehen wolle, den er nicht vorher kennengelernt und akzeptiert hatte. «Was *dich* angeht», sagte er dann zu seinem Sohn gewandt, «*du* kannst so viele Weiber aufreißen, wie du willst!»

Es gab keinen Zweifel, daß er mir diesmal wirklich zuhörte. Um ihn noch besser packen zu können, beschloß ich, das Problem aus einer anderen Richtung anzugehen.

«Und jetzt, Carlos, fällt mir noch etwas anderes ein. Erinnern Sie sich an Ihren Traum mit dem grünen Honda vor zwei Wochen? Lassen Sie uns den noch mal durchgehen.»

Er sprach gerne über Träume und nahm daher meinen Vorschlag bereitwillig auf, zumal auf diese Weise die schmerzliche Diskussion über seine Tochter erst einmal unterbrochen war.

Carlos hatte geträumt, daß er sich ein Auto mietete und daß es nur noch Honda Civics gab – das Auto, das er am wenigsten mochte. Von den verschiedenen Farben entschied er sich für Rot. Doch auf dem Parkplatz mußte er feststellen, daß es nur noch einen grünen Honda gab – die Farbe, die er genausowenig mochte wie das Auto! Das Wichtigste an einem Traum sind die damit verbundenen Emotionen, und dieser Traum war trotz seines belanglosen Inhalts voller Schrecken: Carlos war aus dem Schlaf gerissen worden und war stundenlang von Angst überflutet.

Vor zwei Wochen waren wir mit dem Traum nicht sehr weit gekommen. Ich erinnere mich, daß Carlos eine Assoziationskette über die Identität der Frau, die ihm das Auto vermietet hatte, produzierte. Heute jedoch erschien mir der Traum in einem anderen Licht. Seit vielen Jahren war Carlos fest von der Wiedergeburt überzeugt – ein tröstlicher Glaube, wenn die Angst vor dem Tod ihn überkam. In einer unserer ersten Sitzungen hatte er das Bild gebraucht, daß man beim Sterben seinen Körper gegen einen anderen eintauscht – so wie man beim Wagenkauf sein altes Auto in Zahlung gibt. Ich erinnerte ihn jetzt an dieses Bild.

«Nehmen wir an, Carlos, daß der Traum mehr ist als nur ein Traum über Autos. Eine so harmlose Angelegenheit wie das Mieten eines Autos kann schließlich nicht zu einem Alptraum werden und Ihnen für den Rest der Nacht den Schlaf rauben. Ich glaube, es ist ein Traum über den Tod und das Leben nach dem Tod, ein Traum, in dem Ihre Vorstellung, daß man einfach ein altes Leben gegen ein neues austauscht, auf einen Austausch von Gebraucht- gegen Neuwagen übertragen wird. Wenn wir den Traum von dieser Seite sehen, wird uns klarer, weshalb er bei Ihnen so starke Ängste hervorgerufen hat. Was bedeutet es Ihrer Meinung nach, daß der einzige Wagen, den Sie bekommen konnten, ein grüner Honda Civic war?»

«Ich hasse Grün, und ich hasse Honda Civic. Mein nächstes Auto ist ein Maserati.»

«Aber wenn Autos Traumsymbole für Körper sind, warum sollten Sie dann in Ihrem nächsten Leben ausgerechnet den Körper oder das Leben bekommen, das Sie am meisten verabscheuen?»

Carlos blieb nichts übrig, als darauf zu antworten: «Jeder bekommt das, was er verdient, je nachdem, was man in seinem Leben getan hat und wie man es gelebt hat. Es geht entweder aufwärts oder abwärts.»

Jetzt merkte er, worauf die Diskussion hinauslief, und er kam ins Schwitzen. Das dichte Gestrüpp von Schroffheit und Zynismus, das ihn umgab, hatte andere Menschen immer wieder schockiert und abgeschreckt. Aber jetzt war er an der Reihe, schockiert zu sein. Ich war in seine beiden heiligsten Tempel eingedrungen: die Liebe zu seinen Kindern und den Glauben an die Wiedergeburt.

«Sprechen Sie weiter, Carlos, das ist wichtig – übertragen Sie das auf sich und Ihr eigenes Leben.»

Mühsam fügte er ein Wort zum anderen. «Der Traum bedeutet, daß ich nicht richtig lebe.»

«Ich stimme Ihnen zu, genau das bedeutet der Traum. Erzählen Sie mir ein bißchen mehr darüber, was Sie unter richtig leben verstehen.»

Ich setzte schon zu einer Predigt über die Maßstäbe an, nach denen alle Religionen die Richtigkeit eines Lebens bemessen – Liebe, Großzügigkeit, Fürsorge, edle Gedanken, Streben nach dem Guten –, aber das war nicht nötig. Carlos zeigte, daß er mich verstanden hatte: Er sagte, daß ihm schwindlig werde und daß das alles ein bißchen viel auf einmal sei. Er wolle in der kommenden Woche ruhig über alles nachdenken. Als ich merkte, daß wir noch fünfzehn Minuten Zeit hatten, beschloß ich, noch ein weiteres Thema anzuschneiden.

Ich kam noch einmal auf den Anfang der Stunde zurück: Carlos' Glaube, daß er bei Ruth, der Frau, die er bei einer kirchlichen Veranstaltung kennengelernt hatte, eine einmalige Chance verpaßt hatte, und seine anschließenden Selbstmißhandlungen und Vorwürfe, weil er sie nicht zum Auto begleitet hatte. Der Zweck dieses irrationalen Glaubens war offenkundig. Solange er sich weiterhin in dem Glauben wiegte, daß er seinem Ziel, von einer attraktiven Frau begehrt und geliebt zu werden, verlockend nahe war, konnte er auch glauben, daß er genauso war wie jeder andere, daß er im großen und ganzen in Ordnung war, weder todkrank noch körperlich entstellt.

In der Vergangenheit hatte ich ihm seine Verleugnungsstrategie durchgehen lassen. Im allgemeinen ist es am besten, einen Abwehrmechanismus nur dann in Frage zu stellen, wenn dadurch nicht mehr Probleme als Lösungen entstehen und wenn man etwas Besseres anzubieten hat. Die Wiedergeburt ist ein gutes Beispiel: Obwohl ich den Glauben an Wiedergeburt für eine Form der Todesverleugnung halte, war er für Carlos (wie für den größten Teil der Weltbevölkerung) eine große Hilfe; und anstatt diesen Glauben zu unterminieren, hatte ich ihn immer unterstützt, in dieser Sitzung bestärkte ich Carlos noch darin, indem ich ihn drängte, alle Implikationen der Wiedergeburt konsequent zu bedenken.

Doch es war an der Zeit, einige der weniger hilfreichen Teile seines Verleugnungssystems in Frage zu stellen.

«Carlos, glauben Sie wirklich, daß Sie eine zehn- bis fünfzehnprozentige Chance gehabt hätten, Ruth zu heiraten, wenn Sie sie zu ihrem Wagen begleitet hätten?»

«Eines führt zum anderen. Irgend etwas lief da ab zwischen uns. Ich habe es gespürt. Was ich weiß, weiß ich!»

«Aber das sagen Sie jede Woche – die Frau im Supermarkt, die Zahnarzthelferin, die Kartenverkäuferin im Kino. Sogar bei Sarah haben Sie das geglaubt. Wie oft haben Sie genau wie tausend andere Männer eine Frau schon zum Wagen begleitet, *ohne* sie zu heiraten?»

«O. k., o. k., vielleicht war es nur eine Chance von einem oder einem halben Prozent, aber es war immerhin eine Chance – wenn ich nicht so ein Trottel gewesen wäre. Ich habe nicht einmal daran *gedacht*, sie zu ihrem Wagen zu begleiten!»

«Sie reiten darauf herum, um sich selbst zu quälen. Lassen Sie mich ganz offen sein. Was Sie sagen, ergibt absolut keinen Sinn. Alles, was Sie mir über Ruth erzählt haben – Sie haben nur fünf Minuten mit ihr gesprochen –, ist, daß sie dreiundzwanzig ist, zwei kleine Kinder hat und seit kurzem geschieden ist. Lassen Sie uns mal ganz realistisch sein – wie Sie selbst sagten, ist das hier der Ort der Wahrheit. Was werden Sie ihr über Ihre Gesundheit erzählen?»

«Wenn ich sie besser kenne, sage ich ihr die Wahrheit – daß ich Krebs habe, daß er jetzt unter Kontrolle ist und daß es Behandlungsmöglichkeiten gibt.»

«Und...?»

«Daß die Ärzte nicht genau wissen, wie es weitergeht, daß täglich neue Behandlungsmethoden entdeckt werden, daß Rückfälle möglich sind.»

«Was haben Ihnen die Ärzte gesagt? Haben sie gesagt, daß Rückfälle *möglich* sind?»

«Nein, sie haben gesagt, daß Rückfälle *unvermeidlich* sind, wenn kein geeignetes Mittel gefunden wird.»

«Carlos, ich will nicht grausam sein, aber seien Sie einmal objektiv. Versetzen Sie sich in Ruths Lage – dreiundzwanzig Jahre, harte Zeiten hinter sich, wahrscheinlich auf der Suche nach einer Stütze für sich und ihre Kinder, keine Ahnung von Krebs, aber sicher Angst davor – können Sie ihr die Art von Sicherheit und Unterstützung bieten, die sie sucht? Wird sie bereit sein, die mit Ihrer Krankheit verbundene Unsicherheit zu akzeptieren? Wird sie das Risiko eingehen, in eine Lage zu geraten, in der sie Sie möglicherweise pflegen muß? Wie stehen die Chancen wirklich, daß sie sich auf eine Beziehung mit Ihnen einläßt?»

«Wahrscheinlich nicht mal eins zu einer Million», sagte Carlos traurig und müde.

Sicherlich war ich grausam, doch wäre es noch grausamer gewesen, ihn einfach gewähren zu lassen und seine Unfähigkeit, sich der Realität zu stellen, stillschweigend hinzunehmen. Seine Phantasievorstellungen von Ruth gaben ihm das Gefühl, daß es noch einen Menschen gab, der ihm Zuwendung und Interesse entgegenbringen könnte. Ich hoffte, er würde verstehen, daß mein Wunsch, ihn zu fordern, anstatt hinter seinem Rücken mit den Augen zu zwinkern, meine Art war, ihm Zuwendung und Interesse entgegenzubringen.

Das ganze Getöse hatte mit einemmal aufgehört. Mit sanfter Stimme fragte Carlos: «Also, was bleibt mir jetzt noch zu tun?»

«Wenn Sie jetzt wirklich menschliche Nähe suchen, ist es Zeit, diese krampfhafte Jagd nach einer Frau aufzugeben. Ich habe gesehen, wie Sie sich da in den letzten Monaten hineingesteigert haben. Sie sollten endlich aufhören, sich selbst zu überfordern. Sie haben gerade eine anstrengende Chemotherapie hinter sich. Vor vier Wochen konnten Sie weder essen noch aufstehen und mußten sich die ganze Zeit übergeben. Sie haben stark abgenommen und kommen gerade wieder zu Kräften. Sie muten sich einfach zuviel zu, wenn Sie weiter glauben, ausgerechnet jetzt eine Frau suchen zu müssen. Setzen Sie sich ein vernünftiges Ziel – das können Sie ebensogut wie ich. Kümmern Sie sich mehr um gute Gespräche. Versuchen Sie, Ihre Beziehungen zu den Menschen zu vertiefen, die Sie schon kennen.»

Ich sah, wie ein Lächeln auf Carlos' Lippen trat. Er ahnte, was ich als nächstes sagen wollte: *«Und welcher Ort ist dafür besser geeignet als die Gruppe?»*

Carlos war nach dieser Sitzung von Grund auf verändert. Unser nächstes Treffen fand einen Tag nach der Gruppensitzung statt. Das erste, was er sagte, war, daß ich mir nicht vorstellen könne, wie gut er diesmal in der Gruppe gewesen sei. Er sei jetzt, rühmte er sich, konstruktiver und einfühlsamer als alle anderen Gruppenmitglieder. Um weiteren Schwierigkeiten mit der Gruppe aus dem Wege zu gehen, hatte er das einzig Richtige getan und gleich zu Beginn von seinem Krebsleiden erzählt. Er behauptete – und Wochen später sollte Sarah das bestätigen –, sein Verhalten habe sich so drastisch verändert, daß die Gruppenmitglieder jetzt bei ihm moralische Unterstützung suchten.

Er war von unserer letzten Sitzung ganz begeistert. «Unsere letzte Sitzung war bisher die beste. Ich wünschte, es könnte jedesmal so sein. Ich weiß nicht mehr genau, worüber wir gesprochen haben, aber es hat mir enorm geholfen, mein Leben zu verändern.»

Eine seiner Bemerkungen rührte mich besonders:

«Ich weiß nicht, warum, aber ich sehe sogar die Männer in der Gruppe jetzt anders. Sie sind alle älter als ich, aber – so komisch das klingt – es kommt mir so vor, als ob es meine eigenen Söhne wären!»

Daß er den Inhalt unserer letzten Sitzung vergessen hatte, störte mich wenig. Es hätte ja auch so sein können – und das fände ich schlimmer –, daß er sich an alles genau erinnerte und sein Verhalten trotzdem nicht änderte (bei Patienten allgemein die beliebtere Variante).

Carlos machte ungeheure Fortschritte. Zwei Wochen später eröffnete er die Sitzung mit der Bemerkung, daß er in der vergangenen

Woche zu zwei wesentlichen Erkenntnissen gelangt sei. Er war so stolz darauf, daß er ihnen Namen gegeben hatte. Die erste nannte er (dabei sah er auf seine Notizen): «Jeder hat ein Herz.» Die zweite: «Ich bin nicht meine Schuhe.»

Zuerst erklärte er «Jeder hat ein Herz.»: «In der Gruppensitzung letzte Woche sprachen die drei Frauen lange über ihre jeweiligen Gefühle. Es ging um die Schwierigkeiten des Singledaseins, die Einsamkeit, die Trauer um ihre Eltern und um Alpträume. Ich weiß nicht, warum, aber ich sah sie auf einmal in einem anderen Licht! Sie waren wie ich! Sie hatten genau dieselben Probleme. Früher hatte ich immer das Gefühl, daß sie alle auf dem Olymp sitzen, mit einer ganzen Schlange Männer vor sich, unter denen sie aussortieren – der kommt in mein Schlafzimmer, der nicht!

Aber in diesem Augenblick», fuhr Carlos fort, «hatte ich eine Vision ihrer nackten Herzen. Ihre Brust löste sich auf, sie schmolz einfach dahin und entblößte eine viereckige rotblaue Höhle mit einer Gitterwand aus Rippen und, in der Mitte, ein leberfarbenes, glänzendes, heftig schlagendes Herz. Die ganze Woche habe ich bei allen das Herz schlagen sehen, und ich habe mir gesagt: ‹Jeder hat ein Herz, jeder hat ein Herz.› Ich habe das Herz in jedem gesehen – in einer buckligen Empfangsdame, in einer alten Putzfrau und sogar in den Männern, mit denen ich zusammenarbeite!»

Carlos' Schilderung machte mich so glücklich, daß mir die Tränen kamen. Ich glaube, er merkte es, sah aber, um mir die Verlegenheit zu ersparen, darüber hinweg und ging schnell zur nächsten Erkenntnis über: «Ich bin nicht meine Schuhe.»

Er erinnerte mich daran, daß wir in der letzten Sitzung über seine Angst, in seiner Firma ein Referat zu halten, diskutiert hatten. Er hatte immer große Schwierigkeiten gehabt, in der Öffentlichkeit zu sprechen: Außerordentlich empfindlich gegenüber jeder Form von Kritik, hatte er sich, wie er sagte, immer wieder fürchterlich aufgeregt, wenn Kollegen irgendeinen Aspekt seiner Arbeit in Frage stellten, und war zu giftigen Gegenattacken übergegangen.

Ich hatte ihm zu verstehen gegeben, daß er das Gefühl für die Grenzen seines Ichs verloren hatte. Es ist ganz natürlich, hatte ich ihm erklärt, daß man sich dagegen wehrt, wenn man im Kern seines Wesens angegriffen wird – schließlich geht es in solchen Situationen um die eigene Existenz. Wenn man aber wie er die Arbeit zum integralen Bestandteil des eigenen Ichs macht, reagiert man zwangsläufig schon auf mildeste Kritik an irgendeinem Aspekt der Arbeit, als ob es eine tödliche Attacke auf den Kern des Selbst, eine existentielle Bedrohung sei.

Ich hatte Carlos darauf hingewiesen, wie wichtig es sei, zwischen dem Kern des Selbst und anderen periphären Eigenschaften oder Aktivitäten zu unterscheiden. Allen Identifikationen mit den nicht zum Kern gehörenden Teilen mußte er ein Ende setzen: Sie mochten das verkörpern, was er liebte oder tat oder schätzte –, aber sie waren nicht *er*, nicht Teil seines Selbst.

Carlos war von diesem Begriff fasziniert. Er erklärte nicht nur sein defensives Verhalten im Beruf, sondern ließ sich auch auf seinen Körper übertragen. Selbst wenn sein Körper in Gefahr war, blieb er selbst in seinem Wesen unberührt.

Diese neue Sicht der Dinge nahm ihm viel von seiner Angst, und in der letzten Woche hatte er ein glänzendes Referat gehalten. Nie zuvor war er so unverkrampft und überzeugend gewesen. Während des ganzen Vortrags summte ein kleines Mantra-Rädchen in seinem Kopf: «Ich bin nicht meine Arbeit.» Als er fertig war und sich neben seinen Chef setzte, hörte er das Mantra wieder: «Ich bin nicht meine Arbeit. Nicht mein Sprechen. Nicht meine Kleider. Nichts von diesen Dingen.» Als er seine Beine überkreuzte, fielen ihm seine ausgetretenen Schuhe auf: «Und ich bin auch nicht meine Schuhe.» Er begann, mit den Zehen zu wackeln und mit den Füßen zu wippen, als wollte er seinem Chef demonstrieren: «Ich bin nicht meine Schuhe!»

Carlos' Erkenntnisse – es sollten nicht die einzigen bleiben – waren ein Geschenk für mich und meine Studenten. Diese beiden Erkenntnisse, die jeweils aus verschiedenen Therapieebenen hervorgegangen waren, verdeutlichten beispielhaft den Unterschied zwischen dem, was man aus der Gruppentherapie mit ihrem Schwerpunkt auf *zwischenmenschlicher* Kommunikation und dem, was man aus der Einzeltherapie mit ihrem Schwerpunkt auf *innerer* Kommunikation ziehen kann. Bis heute benutze ich Carlos' Erkenntnisse oft zur Veranschaulichung meines Lehrstoffes.

In den wenigen Monaten, die ihm noch verblieben, widmete sich Carlos ausschließlich seinen Mitmenschen. Er organisierte eine

Selbsthilfegruppe für Krebskranke (nicht ohne sich über diesen «letzten Kontaktschuppen» vor der Endstation lustig zu machen) und leitete verschiedene Interaktionsgruppen in einer seiner Kirchen. Sarah, die inzwischen seine Aktivitäten voll unterstützte, wurde als Gastrednerin eingeladen und berichtete mir später von dem hohen Maß an Verantwortung und Kompetenz, mit dem er seine Aufgabe anging.

Am meisten jedoch gab er seinen Kindern, denen seine Veränderung nicht entgangen war. Sie entschlossen sich, bei ihm zu leben, und schrieben sich für ein Semester in einem nahegelegenen College ein. Er war ein unglaublich großherziger und besorgter Vater. Ich war immer überzeugt, daß die Art, wie man dem Tod begegnet, weitgehend vom Beispiel der Eltern bestimmt wird. Das letzte Geschenk, das Eltern ihren Kindern machen können, ist, ihnen zu zeigen, wie man dem Tod mit Gleichmut und Würde entgegentritt – und Carlos tat dies auf bewundernswerte Weise. Sein Tod war kein düsteres, dumpfes Dahinschwinden und frei von jeder Heuchelei. Bis zum letzten Augenblick seines Lebens gingen er und seine Kinder, was seine Krankheit betraf, ehrlich miteinander um, und er brachte die Kinder sogar zum Kichern, wenn er von seinem «Lymphoooooooooooom» sprach und dabei die Augen verdrehte und den Mund spitzte.

Aber das größte Geschenk machte er mir kurz vor seinem Tod. Es war ein Geschenk, das ein für alle Male die Frage beantwortet, ob therapeutische «Ambitionen» bei Todkranken überhaupt noch sinnvoll und angemessen sind. Als ich ihn im Krankenhaus besuchte, war er so schwach, daß er sich kaum bewegen konnte, aber er hob den Kopf, drückte meine Hand und flüsterte: «Danke. Sie haben mein Leben gerettet.»

Dicke Dame

Die besten Tennisspieler der Welt trainieren täglich fünf Stunden, um auch letzte Schwächen in ihrem Spiel auszumerzen. Zen-Meister streben unaufhörlich nach innerer Harmonie, die Ballerina nach vollendeter Balance; und der Priester prüft immer und immer wieder sein Gewissen. In jedem Beruf bietet sich ein Bereich für das Streben nach Vollendung an. Für den Psychotherapeuten heißt dieser Bereich Gegenübertragung, eine nicht enden wollende Schule der Weiterbildung, für die es nie einen Abschluß gibt. Während mit *Übertragung* Gefühle bezeichnet werden, die der Patient irrtümlicherweise auf den Therapeuten bezieht («überträgt»), die aber in Wirklichkeit in früheren Beziehungen ihren Ursprung haben, bezeichnet *Gegenübertragung* ähnlich irrationale Gefühle des Therapeuten gegenüber dem Patienten. In extremen Fällen ist die Gegenübertragung so stark, daß eine sinnvolle Therapie unmöglich ist: Man stelle sich einen Juden vor, der einen Nazi behandelt, oder das Opfer einer Vergewaltigung als Therapeutin eines Frauenschänders. Doch in abgeschwächter Form schleicht sich die Gegenübertragung in jede Therapie ein.

In dem Augenblick, als Betty meine Praxis betrat, und ich sah, wie sie mit ihren auf ein Meter siebenundfünfzig komprimierten zweihundertfünfzig Pfund auf meinen schmucken High-Tech-Sessel zusteuerte, wußte ich, welche Gefahren hinsichtlich einer Gegenübertragung hier auf mich lauerten.

Dicke Frauen haben mich immer abgestoßen. Ich finde sie widerlich: ihren grotesken Watschelgang, das Fehlen jeglicher Körperformen – Brüste, Schoß, Gesäß, Schultern, Kinn, Backenknochen, *alles*, was ich an Frauen liebe, begraben unter einer Lawine von Fleisch. Und ich hasse ihre Kleidung – diese unförmigen Sackkleider, oder schlimmer noch, die Elefantenjeans mit Beinen wie Fässer. Wie können sie es wagen, dem Rest der Menschheit einen solchen Körper zuzumuten?

Woher kamen diese Gefühle? Ich hatte nie daran gedacht, sie zu erforschen. Sie waren so tief verwurzelt, daß ich sie nicht einmal für Vorurteile hielt. Aber wenn man eine Erklärung von mir verlangt hätte, hätte ich immerhin auf die Familie fetter, dominanter Frauen, allen voran auf meine Mutter, verweisen können, die meine Kindheit bevölkerten. Die in meiner Familie weitverbreitete Neigung zur Korpulenz war offenbar ein Teil dessen, was ich hinter mir lassen mußte, als ich – ein vorwärtsstrebender, ehrgeiziger Amerikaner der ersten Generation – mich entschloß, meine Füße für immer vom Staub des russischen Schtetel zu befreien.

Es gibt noch andere Erklärungen. Ich habe den Körper einer Frau immer bewundert, vielleicht mehr als viele andere Männer. Nein, nicht nur bewundert: Ich habe ihn in einer Weise idealisiert und vergöttert, die jedes vernünftige Maß übersteigt. Nahm ich es dicken Frauen übel, daß sie meine Gefühle entweihten, daß sie das liebliche Bild, das ich vor mir hertrug, in den Schmutz zogen und monströs vergrößerten? Daß sie mir die süße Illusion raubten und mir die brutale Wirklichkeit außer Rand und Band geratenen Fleisches vor Augen hielten?

Ich wuchs in Washington D.C. als einziger Sohn der einzigen weißen Familie in einem Schwarzenviertel auf. Auf den Straßen wurde ich von den Schwarzen drangsaliert, weil ich weiß war, in der Schule von den Weißen, weil ich Jude war. Aber da boten sich gottlob noch die Dicken, die Fettärsche, die, die beim Sport immer als letzte in eine Mannschaft gewählt wurden, als Zielscheibe des Spottes an. auch ich brauchte jemanden, den ich hassen konnte. Vielleicht habe ich es da gelernt.

Natürlich werden meine Vorurteile durch das gesellschaftliche Umfeld noch bestätigt. Wer hat denn je ein freundliches Wort für eine dicke Frau übrig? Aber meine Verachtung übersteigt alle Normen. Zu Beginn meiner Laufbahn arbeitete ich im Hochsicherheitstrakt eines Gefängnisses. Unter den von meinen Patienten begangenen Verbrechen war einfacher Mord noch das *harmloseste*. Und doch hatte ich wenig Schwierigkeiten, diese Patienten zu akzeptieren, ihnen Verständnis entgegenzubringen und ihnen zu helfen.

Doch wenn ich eine dicke Frau essen sehe, steige ich etliche Sprossen auf der Leiter des menschlichen Verständnisses hinab. Am liebsten würde ich ihr das Essen unter der Nase wegreißen. Ihr Gesicht in den Eisbecher tauchen. «Hören Sie endlich auf, sich vollzustopfen! Haben Sie denn immer noch nicht genug, verdammt noch mal?» Ich hätte Lust, ihr die Kiefer mit Draht zuzubinden!

Gott sei Dank – Gott sei Dank! – wußte die arme Betty nichts von all dem, als sie unschuldig auf mich zukam, langsam ihren Körper herabsenkte, um sich zu setzen, ihre Falten in Ordnung brachte und mich erwartungsvoll ansah, wobei ihre Füße in der Luft hingen.

Warum, dachte ich, reichen ihre Füße nicht bis zum Boden? So klein ist sie nun auch wieder nicht. Sie saß in dem Sessel wie auf ihrem eigenen Schoß. Konnte es sein, daß ihre Oberschenkel und Hinterbacken so aufgequollen waren, daß ihren Füßen der feste Boden für immer verwehrt blieb? Schluß jetzt! Schließlich saß hier ein Mensch vor mir, der meine Hilfe brauchte. Einen Augenblick später dachte ich an die kleine, dicke Frau aus dem Film Mary Poppins – die, die immer «Supercalifragilisticexpialidocious» singt –, denn genau daran erinnerte Betty mich. Nur mit Mühe gelang es mir, auch diesen Einfall zu verbannen. Und so ging es die ganze Stunde weiter. Ich mußte immer wieder meine abschätzigen Gedanken vertreiben, um ihr meine volle Aufmerksamkeit zu schenken. Ich dachte an Mickey Mouse oder den Zauberlehrling aus Fantasia, bis ich auch diese Bilder verscheuchen mußte, um zu Betty zurückzukehren.

Wie gewöhnlich begann ich zur Orientierung mit Fragen zur Person. So erfuhr ich von Betty, daß sie siebenundzwanzig Jahre alt und ledig war, daß sie in der Werbeabteilung einer großen Einzelhandelskette mit Sitz in New York arbeitete und daß sie vor drei Monaten für eineinhalb Jahre nach Kalifornien versetzt worden war, um dort beim Aufbau neuer Filialen zu helfen.

Sie war als Einzelkind auf einer bescheidenen, kleinen Ranch in Texas aufgewachsen, wo ihre Mutter seit dem Tod ihres Vaters vor fünfzehn Jahren allein lebte. Betty war eine gute Schülerin, besuchte die Universität und arbeitete dann für ein Warenhaus in Texas. Zwei Jahre später kam sie in die Hauptverwaltung des Konzerns nach New York. Sie hatte schon immer Gewichtsprobleme gehabt, wurde aber erst in der letzten Phase des Wachstumsalters extrem übergewichtig.

Abgesehen von zwei oder drei kurzen Perioden, in denen sie durch Radikalkuren dreißig bis vierzig Pfund abnahm, hatte ihr Gewicht seit ihrem einundzwanzigsten Lebensjahr immer zwischen hundertneunzig und zweihundertdreißig Pfund geschwankt.

Ich kam zur Sache und stellte die Standardfrage: «Wo tut's weh?» «Überall», antwortete Betty. Alles lief schief in Bettys Leben. Eigentlich, sagte sie, habe sie gar kein Leben. Sie arbeitete sechs Tage in der Woche, hatte keine Freunde, keinen gesellschaftlichen Umgang, wußte nichts mit ihrer Freizeit anzufangen. Durch den Umzug nach Kalifornien habe sie ihr New Yorker Leben aufgeben müssen, sagte sie, und wenn sie dorthin zurückgehen wolle, würde das ihrer Karriere schaden, die wegen ihrer Unbeliebtheit bei den Kollegen ohnehin schon in Gefahr sei. Ihre Firma hatte sie zusammen mit acht anderen Mitarbeitern in einem dreimonatigen Intensivkurs auf ihre zukünftigen Aufgaben vorbereitet. Betty war besorgt, weil sie in ihren Leistungen hinter den anderen Kursteilnehmern zurückblieb und weil sie bei Beförderungen übergangen wurde. Sie lebte in einer möblierten Wohnung am Stadtrand und tat nichts außer arbeiten, essen und die Tage abhaken, bis ihre achtzehn Monate vorüber waren.

Ihr Psychiater in New York, ein Dr. Farber, bei dem sie etwa vier Monate lang in Behandlung war, hatte ihr Mittel gegen Depressionen verschrieben. Obwohl sie diese nach wie vor einnahm, hatte sich ihr Zustand nicht gebessert: Sie war ständig deprimiert, weinte jeden Abend, wünschte, sie sei tot, und schlief so schlecht, daß sie jeden Morgen um vier oder fünf Uhr aufwachte. Zu Hause dämmerte sie trübselig vor sich hin, und am Sonntag, ihrem freien Tag, zog sie sich gar nicht erst an, sondern verbrachte den ganzen Tag mit Unmengen von Süßigkeiten vor dem Fernseher. In der letzten Woche hatte sie Dr. Farber angerufen, der ihr meinen Namen gab und ihr riet, mich aufzusuchen.

«Erzählen Sie mir mehr über Ihre Probleme», bat ich sie.

«Ich weiß gar nicht mehr, was ich alles in mich hineinfresse», sagte Betty glucksend und fügte hinzu: «Eigentlich ist das ja nichts Neues, aber diesmal ist es schlimmer als je zuvor. Ich habe in den letzten drei Monaten zehn Kilo zugenommen und passe nicht mehr in meine Kleider.»

Das überraschte mich, denn ihre Kleider schienen so unförmig und so unendlich dehnbar, daß ich mir nicht vorstellen konnte, sie könnten jemals zu eng werden.

«Gibt es sonst noch Gründe, weshalb Sie gerade jetzt zu mir kommen?»

«Ich war letzte Woche beim Arzt wegen meiner Kopfschmerzen, und er sagte mir, daß mein Blutdruck extrem hoch sei, etwa 220 zu 110, und daß ich unbedingt abnehmen müsse. Er schien richtiggehend entsetzt. Ich weiß nicht, wie ernst ich ihn nehmen soll – hier in Kalifornien sind alle solche Gesundheitsfanatiker. Er trägt sogar im Büro Jeans und Joggingschuhe.»

Sie gab das alles in fröhlichem Plauderton von sich, als ob sie von jemand anderem spräche oder als ob sie und ich Kommilitonen seien, die sich an einem regnerischen Sonntagnachmittag im Studentenheim Geschichten erzählten. Sie versuchte, mich in ihre Späßchen einzubeziehen. Sie erzählte Witze. Sie war eine Meisterin im Imitieren von Akzenten und parodierte nacheinander ihren Hippie-Arzt aus Marin County, ihre chinesischen Kunden und ihren Chef aus dem Mittleren Westen. Sie lachte während der Sitzung bestimmt zwanzigmal und ließ sich selbst durch meine kategorische Weigerung, in ihr Lachen einzustimmen, nicht von ihrer guten Laune abbringen.

Ich nehme die Entscheidung, ob ich jemanden behandeln soll oder nicht, immer sehr ernst. Wenn ich jemanden als Patienten akzeptiere, bedeutet das für mich ein uneingeschränktes Engagement für diese Person, das heißt, ich widme dem Patienten alle Zeit und Energie, die für eine Besserung erforderlich sind, und vor allem bemühe ich mich, eine enge und ehrliche Beziehung zu ihm herzustellen.

Aber konnte ich zu Betty eine Beziehung aufbauen? Um ehrlich zu sein, sie widerte mich an. Ich hatte Mühe, ihr Gesicht hinter diesen Fettschichten auszumachen. Und ihr dummes Geschwätz fand ich ebenso abstoßend. Am Ende der ersten Stunde war ich gereizt und gelangweilt. Konnte ich eine Nähe zwischen uns herstellen? Betty schien mir die *letzte* zu sein, der ich mich hätte nahe fühlen wollen. Aber das war *mein* Problem, nicht Bettys. Wenn ich nach fünfundzwanzig Jahren Berufspraxis damit nicht fertig wurde, wann dann? Betty war der Gipfel der Herausforderung zum Thema «Gegenübertragung» – und aus diesem Grund entschloß ich mich, sie als Patientin anzunehmen.

Sicherlich konnte niemand etwas gegen einen Therapeuten einwenden, der sich bemüht, seine Technik zu verbessern. Wie aber, fragte ich mich mit einigem Unbehagen, stand es um die Interessen des Patienten? Gibt es wirklich keinen Unterschied zwischen einem Therapeuten, der sich vom Makel einer unschicklichen Gegenübertragung befreien will, und einer nach Vollendung strebenden Tänzerin oder einem Zen-Meister? Ein Tennisspieler, der seine Rückhand verbessern will, ist eine Sache, ein Therapeut, der seine Geschicklichkeit auf Kosten eines instabilen, verstörten Menschen trainiert, eine völlig andere.

Doch ich war der Meinung, daß man über diese Bedenken letztlich hinwegsehen konnte. Natürlich bot mir Betty Gelegenheit, meine therapeutischen Fähigkeiten zu verbessern. Aber es bestand auch kein Zweifel, daß die Patienten nach Betty davon profitieren würden. Wie können Therapeuten oder Ärzte ihre beruflichen Fertigkeiten weiterentwickeln, wenn nicht am lebenden Patienten? Es gibt keine Alternative. Die medizinische Ausbildung ist ohne klinische Praxis undenkbar. Außerdem war ich immer überzeugt, daß junge Therapeuten mit ihrer Unvoreingenommenheit und ihrem Enthusiasmus ebenso gute Arbeit leisten können wie erfahrene Profis.

Die Beziehung zwischen Therapeut und Patient ist das Medium der Heilung – mein beruflicher Rosenkranz. Das bete ich meinen Studenten immer wieder vor. Und ich sage ihnen auch, welches die Voraussetzungen für eine solche Beziehung sind – uneingeschränkte Aufmerksamkeit, bedingungsloses Akzeptieren, echtes Engagement, emphathisches Verständnis. Wie sollte es mir gelingen, Betty durch unsere Beziehung zu heilen? Wie vorurteilslos, wie engagiert, wie verständnisvoll konnte ich sein? Wie ehrlich? Was würde ich antworten, wenn sie mich nach meinen Gefühlen ihr gegenüber fragte? Ich hoffte, daß ich mich im Verlauf der Therapie ändern würde. Im Augenblick schien mir das, was Betty von sich gab, ohnehin so primitiv und oberflächlich, daß es keiner gründlichen Analyse bedurfte.

Ich hatte insgeheim gehofft, daß die Nachteile ihrer äußeren Erscheinung durch innere Qualitäten irgendwie wettgemacht werden könnten. Ich hatte in der Vergangenheit einige wenige dicke Frauen kennengelernt, die sehr temperamentvoll und geistig außergewöhnlich agil waren. Doch leider blieb es bei der Hoffnung. Je besser ich sie kennenlernte, desto langweiliger und oberflächlicher erschien sie mir.

In den ersten Sitzungen schilderte Betty in endlosen Details ihre Probleme mit Kunden, Kollegen und Vorgesetzten. Häufig gab sie trotz meines innerlichen Stöhnens besonders banale Unterhaltungen wieder, indem sie die verschiedenen Rollen spielte. Wie ich das haßte! Sie beschrieb, wiederum in allen Einzelheiten, die attraktiven Männer, mit denen sie beruflich zu tun hatte, und die ausgeklügelten, wenn auch erbärmlichen Tricks, mit deren Hilfe sie wenigstens ein paar Sätze mit ihnen wechseln konnte. Trotz all meiner Bemühungen gelang es mir nicht, ihre Oberflächlichkeit zu durchbrechen.

Nicht nur, daß unser anfängliches, zum Warmwerden sicherlich nicht ungeeignetes «Cocktailgeplauder» kein Ende nahm, ich hatte auch das Gefühl, daß wir selbst in der Zukunft nicht über diese Oberflächlichkeit hinauskommen würden, daß wir dazu verdammt waren, ewig über Pfunde, Diäten, banale Arbeitsprobleme und die Gründe zu sprechen, weshalb sie sich gegen einen Aerobic-Kurs entschieden hatte. Mein Gott, wo war ich da hineingeraten?

In meinen Notizen über diese ersten Sitzungen tauchen immer wieder Sätze auf wie: «Schon wieder eine langweilige Sitzung»; «Sah ungefähr alle drei Minuten auf die Uhr»; «Der langweiligste Patient, den ich je hatte»; «Bin heute beinahe eingeschlafen – mußte vollkommen aufrecht sitzen, um wach zu bleiben»; «Bin heute fast vom Stuhl gefallen».

Während ich mit dem Gedanken spielte, auf einen harten, unbequemen Stuhl zu wechseln, mußte ich plötzlich an Rollo May, meinen früheren Therapeuten, denken, der immer auf einem Holzstuhl gesessen hatte. Er behauptete damals, er habe Probleme mit dem Rücken, doch klagte er in all den Jahren danach nie wieder über Rückenschmerzen. Könnte es sein, daß er *mich*... fand?

Betty erwähnte, daß sie Dr. Farber nicht mochte, weil er in den Sitzungen oft eingeschlafen war. Ich verstand nur zu gut, warum! Jetzt wurde mir einiges klar! Als ich mit Dr. Farber telefonierte, hatte er sich zwar über Bettys Unfähigkeit, die Therapie für sich umzusetzen, ausgelassen, seine gelegentlichen Nickerchen aber – wie konnte es anders sein – mit keinem Wort erwähnt. Es war nicht schwer zu verstehen, warum er sich entschloß, sie mit Medikamenten zu behandeln. Wir Psychiater greifen leider immer wieder darauf zurück, wenn wir in der eigentlichen Therapie nicht weiterkommen.

Wo sollte ich beginnen? Wie sollte ich beginnen? Ich brauchte irgendeinen Ansatzpunkt. Es war sinnlos, das Gewichtsproblem direkt anzusprechen. Betty machte von Anfang an deutlich, daß sie mit Hilfe der Therapie an den Punkt zu kommen hoffte, an dem sie ernsthaft gegen ihre Gewichtsprobleme angehen konnte, doch war sie damals noch weit davon entfernt. «Wenn ich so depressiv bin wie im Augenblick, ist essen das einzige, was mich irgendwie aufrecht hält.»

Aber als ich mich auf ihre Depressionen konzentrierte, bewies sie, daß Depressionen die einzig angemessene Reaktion auf ihre Lebenssituation seien. Wenn man dazu verdammt ist, achtzehn Monate in einem kleinen, möblierten Appartement in einem seelenlosen kalifornischen Vorort zu verbringen, abgeschnitten vom wirklichen Leben, ohne richtiges Zuhause, ohne gesellschaftliche Aktivitäten und ohne Freunde – wie soll man da keine Depressionen bekommen?

Also versuchte ich, auf ihre Lebenssituation einzugehen, um ihr zu helfen. Aber auch damit kam ich nicht sehr weit. Sie hatte für alles irgendwelche Erklärungen. Sie fand nicht leicht Freunde, sagte sie: Das ging ja wohl allen dicken Frauen so. (Das nachzuempfinden, fiel mir nicht schwer.) Die Leute in Kalifornien hätten ihre eigenen Cliquen und seien Fremden gegenüber nicht aufgeschlossen. Ihre Kontakte waren auf das Berufliche beschränkt, doch wurde sie wegen ihrer Vorgesetztenrolle von den meisten Mitarbeitern gemieden. Außerdem dachten sie wie alle Kalifornier nur an Sport und verbrachten ihre Freizeit mit Wellenreiten und Fallschirmspringen. Ob ich mir sie dabei vorstellen könne, fragte sie mich. In meiner Phantasie sah ich sie auf einem Surfbrett langsam in den Fluten versinken. Nein, ich mußte zugeben, daß das nichts für sie war.

Welche anderen Möglichkeiten es gebe, fragte sie. Auch in der Welt der Singles sei für dicke Menschen kein Platz. Zum Beweis erzählte sie mir von einem verzweifelten Versuch, einen Mann kennenzulernen. Sie hatte auf eine Kontaktanzeige im *Bay Guardian*, einer Regionalzeitung, geantwortet, und zwar auf die einzige, in der nicht ausdrücklich eine schlanke Frau gesucht wurde. Sie rief an und verabredete sich zum Abendessen mit einem Mann namens George, der sie bat, eine Rose im Haar zu tragen und ihn an der Bar eines nahegelegenen Restaurants zu treffen.

Als er sie zum erstenmal sah, berichtete sie, fiel ihm das Gesicht herunter, aber – dafür sei sie ihm ewig dankbar – er gab sich als George zu erkennen und benahm sich während des anschließenden Essens wie ein Gentleman. Obwohl Betty nie wieder etwas von George hörte, dachte sie oft an ihn. Bei mehreren ähnlichen Versuchen in der Vergangenheit war sie immer wieder versetzt worden, weil die Männer sie wahrscheinlich von weitem erkannt und auf dem Absatz kehrtgemacht hatten.

Verzweifelt suchte ich nach Möglichkeiten, um Betty zu helfen. Wahrscheinlich waren meine Bemühungen etwas zu krampfhaft (um meiner negativen Gefühle Herr zu werden), und ich machte den typischen Anfängerfehler, Alternativen vorzuschlagen. Hatte sie es schon mal mit dem Sierra Club versucht? Nein, sie habe nicht genügend Kondition fürs Wandern. Oder mit *Overeaters Anonymous*, einer Gruppe von Leidensgenossen, in der sie Anschluß finden könnte. Nein, sie haßte Gruppen. Anderen Vorschlägen erging es ähnlich. Es mußte doch einen Weg geben.

Zu den wichtigsten Voraussetzungen einer Therapie gehört die Bereitschaft des Patienten, Verantwortung zu übernehmen. Wenn man sich für seine Probleme in keiner Weise verantwortlich fühlt, wie soll man sie dann überwinden? Genau das war die Schwierigkeit mit Betty: Sie verlagerte das Problem völlig nach außen. Nicht *sie* war für ihre Situation verantwortlich, sondern die Versetzung nach Kalifornien oder der sterile kalifornische Lebensstil oder das dürftige kulturelle Angebot oder der übertriebene Gesundheitskult oder die negative Einstellung der Gesellschaft gegenüber dicken Menschen. Sosehr ich mich auch bemühte, Betty leugnete jede persönliche Verantwortung für ihre unglückliche Lebenssituation.

Doch, doch, rein verstandesmäßig konnte sie durchaus begreifen, daß die Welt sie möglicherweise anders behandeln würde, wenn sie ihre Eßgewohnheiten ändern und abnehmen würde. Doch das alles war zu weit weg, zu unabsehbar, und sie hatte die Kontrolle über ihre Freßsucht bereits verloren. Außerdem führte sie noch weitere entlastende Argumente ins Feld, zum Beispiel die genetische Komponente (die Neigung zur Korpulenz war in ihrer Familie mütterlicher- und väterlicherseits sehr ausgeprägt) und neue Erkenntnisse in der medizinischen Forschung, die zeigten, daß es bei Übergewichtigen physiologische Abnormalitäten gibt, die von einer niedrigeren Stoffwechselrate bis zu vorprogrammiertem, relativ unbeeinflußbarem Körpergewicht reichten. Nein, so würde ich nicht weiterkommen. Sicherlich mußte ich ihr irgendwann helfen, Verantwortung für ihre Probleme zu übernehmen, aber im Augenblick sah ich keine Möglichkeit. Ich mußte einen direkteren Ansatz finden. Und ich wußte auch, welchen.

Das einzige wirklich nützliche Instrument des Psychotherapeuten ist die Konzentration auf den therapeutischen «Prozeß». Wobei *Prozeß* im Gegensatz zu Inhalt zu verstehen ist. In einer Unterhaltung besteht der Inhalt aus den real benutzten Worten, den real diskutierten Themen; der Prozeß hingegen bezieht sich auf die Art und Weise, *wie* der Inhalt ausgedrückt wird und darauf, was diese Ausdrucksform über die Beziehungen zwischen den teilnehmenden Personen aussagt.

Ich mußte also versuchen, vom Inhalt wegzukommen – zum Beispiel aufhören, Betty simple Lösungen anzubieten –, und mich auf den Prozeß und auf unsere Beziehung konzentrieren. Und für unsere Beziehung gab es ein herausragendes Merkmal – Langeweile. Und das war genau der Punkt, wo das Problem der Gegenübertragung die Dinge komplizert machte: Ich wußte, daß auch ich für diese Langeweile verantwortlich war und daß ich bei *allen* dicken Frauen dasselbe Problem hätte.

Deshalb ging ich behutsam vor – zu behutsam. Meine negativen Gefühle lähmten mich. Ich hatte zuviel Angst, meine Aversion sichtbar zu machen. Bei einem Patienten, der mir sympathischer gewesen wäre, hätte ich nie solange gewartet. Fang endlich an! sagte ich mir. Wenn ich Betty helfen wollte, mußte ich mich zu meinen Gefühlen bekennen und danach handeln.

Sie war eine sehr langweilige Frau, und irgendwie mußte ich sie mit dieser Wahrheit konfrontieren, ohne sie zu sehr vor den Kopf zu stoßen. Sie konnte zwar die Verantwortung für ihre Einsamkeit, für die Isolation in der Single-Szene, für die Trostlosigkeit ihrer Vorstadtexistenz verleugnen, doch auf *keinen* Fall konnte sie die Verantwortung dafür wegschieben, daß sie mich tödlich langweilte.

Ich wagte nicht, daß Wort *langweilig* zu benutzen – viel zu vage und zu negativ. Ich mußte präzise und konstruktiv sein. Ich fragte mich, was denn an Betty eigentlich so langweilig war, und kam zu zwei Erkenntnissen: Erstens diese Unfähigkeit, etwas wirklich Persönliches von sich preiszugeben, und zweitens dieses ständige Gekichere, diese forcierte Fröhlichkeit, diese Weigerung, die Dinge mit dem ihnen gebührenden Ernst anzugehen.

Es dürfte nicht leicht sein, ihr das klarzumachen, ohne sie zu verletzen. Ich entschied mich für eine allgemeine Strategie: Ich würde ihr sagen, daß ich ihr näherkommen wolle, daß mich die Art ihres Verhaltens aber daran hinderte. Ich glaubte, daß es schwierig für sie wäre, an meiner Kritik Anstoß zu nehmen, wenn ich sie in einen solchen Zusammenhang stellte. Sie konnte eigentlich nur froh sein, daß ich sie besser kennenlernen wollte. Ich beschloß, zunächst ihre Unfähigkeit, sich mitzuteilen, anzusprechen, und am Ende einer besonders einschläfernden Sitzung legte ich los.

«Betty, ich erkläre Ihnen später, warum ich Ihnen diese Frage stelle, aber ich möchte heute mal etwas Neues versuchen. Wo würden Sie sich auf einer Skala von eins bis zehn einstufen, wenn Sie beurteilen müßten, wieviel Sie heute in dieser Sitzung von sich selbst offenbart haben? Sagen wir, zehn bedeutet größtmögliche Offenheit und eins die Art von Offenheit, die man einem Fremden in einer Warteschlange vor dem Kino gegenüber an den Tag legt.»

Fehler! Betty verbrachte mehrere Minuten, um mir zu erklären, warum sie nie allein ins Kino gehen würde. Sie befürchtete, daß die Leute sie bemitleiden könnten, weil sie keine Freunde hatte. Sie hatte Angst, daß sie sich belästigt fühlen könnten, wenn sie sich neben sie setzte. Sie sah in ihren Gesichtern, wie neugierig und gespannt sie waren, ob sie es fertigbrachte, sich in einen kleinen Kinosessel zu quetschen. Als sie noch weiter abzuschweifen begann – diesmal waren es Flugzeugsitze und das Entsetzen der Leute, wenn sie den Gang entlangkam, um ihren Sitz zu suchen –, unterbrach ich sie, wiederholte meine Frage und definierte «eins» als «zwanglose Unterhaltung am Arbeitsplatz».

Betty antwortete, daß sie sich eine «zehn» geben würde. Ich war überaus erstaunt (ich hatte eine «zwei» oder «drei» erwartet) und sagte es ihr. Sie begründete ihre Entscheidung mit dem Hinweis, daß sie mir Dinge erzählt hatte, die sie noch nie zuvor jemandem anvertraut hatte: zum Beispiel, daß sie einmal eine Zeitschrift aus einem Supermarkt gestohlen hatte und daß sie sich nicht traute, allein in ein Restaurant oder ein Kino zu gehen.

Wir wiederholen dasselbe Szenario noch mehrere Male. Betty behauptete immer wieder, daß sie große Risiken eingehe. Doch als ich ihr sagte: «Betty, Sie geben sich eine ‹zehn›, aber ich habe nicht das Gefühl gehabt, daß Sie wirklich offen waren. Ich habe nicht das Gefühl gehabt, daß Sie bei mir ein echtes Risiko eingegangen sind», entspann sich folgender Dialog:

«Ich habe nie jemandem von diesen Dingen erzählt. Auch Dr. Farber nicht.»

«Was für ein Gefühl ist das für Sie, wenn Sie mir diese Dinge erzählen?»

«Ein gutes Gefühl.»

«Können Sie nicht andere Worte benutzen als gut? Es muß doch schrecklich oder befreiend sein, wenn man zum erstenmal über diese Dinge spricht!»

«Ich fühle mich o. k. Ich weiß, daß Sie mir mit professionellem Interesse zuhören. Es ist wirklich o. k. Ich fühle mich o. k. Ich weiß nicht, was Sie wollen.»

«Wie können Sie so sicher sein, daß ich Ihnen mit professionellem Interesse zuhöre? Sind Sie sich da sicher?»

Vorsicht, Vorsicht! Ich konnte nicht mehr Ehrlichkeit versprechen, als ich bereit war zu geben. Die Enthüllung meiner negativen Gefühle würde sie auf keinen Fall verkraften. Betty sagte, daß sie keine Zweifel habe, und erzählte mir daraufhin, daß Dr. Farber bei ihr immer eingeschlafen sei. Sie fügte hinzu, sie habe den Eindruck, daß ich mich wesentlich mehr für sie interessiere als er.

Was *wollte* ich eigentlich von ihr? Von ihrem Standpunkt aus hatte sie viel von sich preisgegeben. Woran lag es also? Warum berührte mich das, was sie erzählte, nicht? Es fiel mir auf, daß sie immer nur von Dingen sprach, die anderswo passierten – zu einer anderen Zeit, an einem anderen Ort. Sie war unfähig oder nicht bereit, ihre Gefühle im Hier und Jetzt mitzuteilen. Daher ihre ausweichenden Antworten, dieses «o. k.» oder «gut», wenn ich sie nach ihren aktuellen Gefühlen fragte.

Das war die erste wichtige Entdeckung, die ich machte: Betty war schrecklich isoliert und hielt diese Isolation nur aus, weil sie sich an den Mythos klammerte, daß ihr wahres Leben anderswo stattfand. Ihre Freunde, ihr Bekanntenkreis waren nicht hier, sondern anderswo, in New York, in Texas, in der Vergangenheit. Eigentlich spielte sich alles Wichtige anderswo ab. An diesem Punkt hatte ich zum erstenmal den Verdacht, daß es für Betty auch dort kein «Hier» gab.

Und noch etwas: Wenn sie mir mehr als irgend jemand anderem zuvor anvertraut hatte, welcher Art waren dann ihre sogenannten engen Beziehungen? Betty antwortete, daß sie allgemein als guter Gesprächspartner gelte. Sie und ich, sagte sie, seien aus derselben Branche: Sie sei jedermanns Therapeut. Sie fügte hinzu, daß sie eine Menge Leute kenne, daß aber keiner *sie* kenne. Ihr Markenzeichen sei, daß sie ein guter Zuhörer und Unterhalter war. So sehr sie den Gedanken haßte, das Klischee traf zu: Sie war der Prototyp der lustigen Dicken.

Und damit waren wir auch schon bei dem anderen Grund, weshalb ich Betty so langweilig fand: Sie war nie aufrichtig, nie sie selbst, alles nur Maske und aufgesetzte Fröhlichkeit.

«Was Sie mir da erzählen, finde ich sehr aufschlußreich. Ich habe den Eindruck, daß Sie fest entschlossen sind, auch bei mir die Rolle des netten Kumpels zu spielen.»

«Hmmm, interessante Theorie, Dr. Watson.»

«Das versuchen Sie seit unserer ersten Sitzung. Sie erzählen mir von einem Leben voller Verzweiflung, aber Sie tun es so, als ob Sie sagen wollten: ‹Mein Gott, ist das alles lustig!›»

«So bin ich nun mal.»

«Wenn Sie so weitermachen, könnte ich glatt vergessen, wie schlecht es Ihnen geht.»

«Das ist immer noch besser, als sich im Elend zu suhlen.»

«Aber Sie suchen doch Hilfe. Warum glauben Sie dann, mich unterhalten zu müssen?»

Betty wurde rot. Durch meine Konfrontation offenbar stark verunsichert, ging sie auf Distanz und sackte in ihren Körper zurück. Um Zeit zu gewinnen, betupfte sie ihre Stirn mit einem winzigen Taschentuch.

«Die Angeklagte macht von ihrem Recht auf Aussageverweigerung Gebrauch.»

«Betty, diesmal bleibe ich hartnäckig. Wie wär's, wenn Sie aufhörten, den Entertainer zu spielen?»

«Ich sehe nicht ein, warum wir nicht ein bißchen Spaß haben sollten. Warum muß man alles so... so... Ich weiß nicht... Sie sind immer so ernst. Außerdem, so bin ich nun mal, ich bin wirklich so. Ich glaube, ich weiß wirklich nicht, worüber Sie sprechen. Was meinen Sie, wenn Sie sagen, daß ich Sie nur unterhalten will?»

«Betty, es geht hier um ganz wichtige Dinge, wichtiger als alles, was wir bisher besprochen haben. Aber Sie haben recht. Zunächst müssen Sie genau wissen, was ich meine. Sind Sie damit einverstanden, daß ich Sie von jetzt an in unseren zukünftigen Sitzungen immer dann unterbreche, wenn ich das Gefühl habe, daß Sie nur unterhaltsam sein wollen?»

Betty mußte wohl oder übel einwilligen. Und ich hatte jetzt zum erstenmal wirklich freie Hand. Ich durfte sie jedesmal sofort unterbrechen (immer unter Hinweis auf unsere neue Abmachung), wenn sie anfing zu kichern, Leute zu imitieren oder versuchte, amüsant zu sein und die Dinge auf die leichte Schulter zu nehmen.

Innerhalb von drei oder vier Sitzungen hatte sie ihre «Entertainer-Allüren» abgelegt und begann zum erstenmal mit dem gebotenen Ernst über ihr Leben zu sprechen. Sie sagte, daß sie deshalb glaube, amüsant sein zu müssen, weil die anderen sie sonst nicht mehr interessant fänden. Ich antwortete, daß für meine Praxis das Gegenteil gelte: Je mehr sie versuche, amüsant zu wirken, desto größer sei die Distanz und desto geringer mein Interesse.

Aber Betty sagte, sie wisse nicht, wie sie sich sonst verhalten solle: Ich verlange von ihr, daß sie ihr gesamtes Repertoire an sozialen Verhaltensweisen über Bord wirft. Was hieß, sich offenbaren? Was sollte sie offenbaren? Da gab es einfach nichts. Sie war leer. (Das Wort *leer* sollte im Verlauf der Therapie immer häufiger auftauchen. Der Begriff «innere Leere» spielt bei der Behandlung von Eßstörungen eine wesentliche Rolle.)

Ich unterstützte sie in dieser Phase, so gut ich konnte. Ich machte ihr klar, daß sie erst *jetzt* begonnen habe, wirkliche Risiken einzugehen. *Jetzt* seien acht oder neun Punkte auf der Skala gerechtfertigt.

Ob sie den Unterschied spüre. Sie hatte schnell begriffen. Sie sagte, daß sie Angst habe und daß sie sich fühle, als ob sie ohne Fallschirm aus einem Flugzeug springen müsse.

Das Gefühl der Langeweile ließ nach. Ich sah nicht mehr so oft auf die Uhr, und wenn ich es tat, dann weniger, um die Minuten zu zählen, die ich noch ausharren mußte, sondern um zu sehen, ob mir noch genügend Zeit für ein neues Thema blieb.

Auch meine verächtlichen Einfälle zu ihrem Aussehen verschwanden. Ich achtete gar nicht mehr auf ihren Körper, sondern sah ihr in die Augen. Zu meiner Überraschung stellte ich fest, daß ich anfing, mich in ihre Lage zu versetzen. Als Betty erzählte, wie sich einmal in einer Western Bar zwei Stiernacken hinter ihr aufgebaut und sie mit lautem Muhen begrüßt hatten, war ich entrüstet und ließ sie das auch wissen.

Aber meine neue Einstellung zu Betty erinnerte mich auch an den Beginn der Therapie, und ich empfand Scham bei dem Gedanken an meine ursprünglichen Gefühle. Ich war entsetzt, wenn ich an all die dicken Frauen dachte, denen ich zuvor mit der gleichen Intoleranz und Unmenschlichkeit begegnet war.

All diese Veränderungen zeigten, daß wir Fortschritte machten: Wir waren endlich in so wichtige Bereiche wie Bettys Isolation und ihre Sehnsucht nach menschlicher Nähe vorgestoßen. Ich hoffte, ihr zeigen zu können, daß ihre Bereitschaft, sich einem Menschen anzuvertrauen, eben nicht bedeuten mußte, daß dieser sich von ihr abwandte.

Betty stand jetzt voll hinter unserer Arbeit. In der Zeit zwischen den Sitzungen dachte sie über unsere Diskussionen nach, führte während der Woche lange imaginäre Gespräche mit mir, freute sich jedesmal auf unsere Stunden und war verärgert und enttäuscht, wenn sie gelegentlich wegen einer Geschäftsreise absagen mußte.

Doch gleichzeitig berichtete sie von zunehmenden Ängsten und wachsender Traurigkeit, was ich mir zunächst nicht erklären konnte. Mir schien, daß sich hier eine Gelegenheit bot, an den Kern der Dinge heranzukommen. Wenn der Patient Symptome entwickelt, die sich aus der Beziehung zum Therapeuten ergeben, hat die Therapie wirklich begonnen, und die Erforschung dieser Symptome öffnet den Weg zu den zentralen Fragen.

Sie hatte Angst, weil sie fürchtete, sie könne von der Therapie abhängig werden. Unsere Sitzungen waren das Wichtigste in ihrem Leben geworden. Sie wußte nicht, was passieren würde, wenn sie nicht mehr ihren wöchentlichen «Schuß» bekäme. Mir schien, daß sie mich immer noch auf Distanz hielt, wenn sie ihre Abhängigkeit von mir mit einem «Schuß» verglich, und ich tastete mich behutsam an diesen Punkt heran.

«Betty, warum haben Sie Angst davor, daß ich Ihnen etwas bedeuten könnte?»

«Ich weiß nicht. Irgendwie habe ich das Gefühl, daß ich zu abhängig von Ihrer Hilfe werden könnte. Ich bin mir nicht sicher, ob Sie dasein werden. Und in einem Jahr gehe ich nach New York zurück.»

«Ein Jahr ist eine lange Zeit. Sie sind also deshalb mir gegenüber so reserviert, weil Sie mich nicht für immer haben können?»

«Ich weiß, daß das unsinnig ist. Aber genauso gehe ich mit Kalifornien um. In New York fühle ich mich wohl, und in Kalifornien will ich mich nicht wohl fühlen. Ich fürchte, daß ich vielleicht nicht mehr zurück will, wenn ich hier Freundschaften schließe und Gefallen am Leben finde. In letzter Zeit sage ich mir aber auch öfters: ‹Du bist sowieso nur für kurze Zeit hier. Wer läßt sich schon auf eine befristete Freundschaft ein?›»

«Das Problematische an dieser Haltung ist, daß sie auf ein Leben ohne Menschen hinausläuft. Vielleicht ist das einer der Gründe, weshalb Sie sich innerlich so leer fühlen. Jede Beziehung hört irgendwann mal auf – so oder so. So etwas wie eine Garantie auf Lebenszeit gibt es nicht. Wenn ich dem Sonnenaufgang gerne zuschaue, soll ich dann darauf verzichten, nur weil ich den Sonnenuntergang nicht mag?»

«Es klingt natürlich absurd, so wie Sie das sagen, aber genau das ist es, was ich tue. Wenn ich jemanden kennenlerne, den ich mag, stelle ich mir gleich vor, wie es ist, wenn ich mich von ihm trennen müßte.»

Ich wußte, daß dies ein wichtiger Punkt war, auf den ich zurückkommen würde. Otto Rank faßte diese Lebenshaltung in einem wunderbaren Satz zusammen: «Die Leihgabe des Lebens ablehnen, um nicht in der Schuld des Todes zu stehen.»

Betty verfiel jetzt in eine Depression, die nur von kurzer Dauer war und die eine seltsame, paradoxe Komponente aufwies. Die Intensität und Offenheit unserer Beziehung hatte sie aus ihrer Lethargie gerissen, doch anstatt sich über diese Entwicklung zu freuen, war sie niedergeschlagen, weil sie erkannte, wie wenig Nähe es bisher in ihrem Leben gegeben hatte.

Ich erinnerte mich an eine andere Patientin, die ich vor einem Jahr behandelt hatte, eine vierundvierzigjährige, extrem verantwortungsbewußte und gewissenhafte Ärztin. Eines Abends, als sie mal wieder einen Ehekrach und entgegen ihrer Gewohnheit zuviel getrunken hatte, verlor sie die Kontrolle und schleuderte drei Teller gegen die Wand, wobei ihr Mann nur knapp einem Zitronenkuchen entging. Als ich sie zwei Tage später sah, schien sie zerknirscht und deprimiert. Ich bemühte mich, sie zu trösten, und versuchte ihr klarzumachen, daß es nicht immer eine Katastrophe sei, wenn man die Kontrolle verliere. Aber sie unterbrach mich und sagte, daß ich sie mißverstanden hätte: Sie sei nicht deshalb so deprimiert, weil sie die Kontrolle verloren habe, sondern weil sie vierundvierzig Jahre gewartet hatte, bis sie ihren Gefühlen zum erstenmal freien Lauf ließ.

Trotz ihrer zweihundertfünfzig Pfund hatten Betty und ich selten über ihre Gewichtsprobleme gesprochen. Sie hatte mir oft von heroischen (und ausnahmslos ergebnislosen) Kämpfen mit ihrer Mutter und Freunden erzählt, die versuchten, sie bei der Änderung ihrer Eßgewohnheiten zu unterstützen. Diese Rolle wollte ich auf keinen Fall übernehmen; statt dessen ging ich davon aus, daß Betty von ganz allein beginnen würde, sich um ihren Körper zu kümmern, wenn ich ihr helfen konnte, die Hindernisse auf dem Weg dorthin aus dem Weg zu räumen.

Die ersten Hindernisse waren bereits beseitigt. Nachdem Betty begonnen hatte, sich mit dem Problem ihrer Isolation auseinanderzusetzen, hatten ihre Depressionen nachgelassen, und da sie inzwischen soziale Beziehungen aufgebaut hatte, betrachtete sie Nahrung nicht mehr als die einzige Quelle der Befriedigung. Doch erst nach einer verblüffenden Enthüllung konnte sie den Entschluß fassen, mit ihrer Diät zu beginnen: Sie hatte Angst vor den Gefahren des Abnehmens.

Nachdem ich sie einige Monate behandelt hatte, kam ich zu der Überzeugung, daß man den Erfolg der Therapie beschleunigen könnte, wenn man die Einzeltherapie durch eine Gruppentherapie ergänzte. Zum einen hielt ich es für hilfreich, wenn sie in der schwierigen Zeit der Diät, die ihr ja noch bevorstand, Unterstützung in einer Gemeinschaft fand. Zum anderen war ich der Ansicht, daß eine Therapiegruppe Betty Gelegenheit bieten würde, die in der Einzeltherapie begonnene Diskussion über ihre Probleme zu vertiefen: ihre Angst, sich zu offenbaren, ihre gezwungene Fröhlichkeit, das Gefühl, nichts zu bieten zu haben. Obwohl Betty große Angst hatte und sich anfänglich dagegen sträubte, willigte sie schließlich mutig ein.

In einer der ersten Sitzungen passierte etwas höchst Ungewöhnliches: Carlos, der ebenfalls bei mir in Einzeltherapie war (siehe «Wenn Vergewaltigung legal wäre...»), eröffnete der Gruppe, daß er unheilbar an Krebs erkrankt sei. Als Betty zwölf Jahre alt war, war ihr Vater an Krebs gestorben, und sie hatte seitdem schreckliche Angst vor dieser Krankheit. Obwohl sie ursprünglich Medizin studieren wollte, hatte sie sich anders entschieden, weil sie nicht mit Krebspatienten in Berührung kommen wollte.

In den nächsten Wochen erzeugte der Kontakt mit Carlos in Betty soviel Angst, daß ich mich sogar außerhalb unserer regulären Sitzungen um sie kümmern mußte und große Schwierigkeiten hatte, sie zu einer Fortsetzung der Gruppentherapie zu bewegen. Sie klagte über physische Beschwerden wie Kopfschmerzen (ihr Vater war an einem Gehirntumor gestorben), Rückenschmerzen, Kurzatmigkeit und litt unter der Zwangsvorstellung, daß auch sie Krebs habe. Da sie einen Horror vor Ärzten hatte (sie ließ sich nur selten untersuchen, weil sie sich wegen ihres Körpers schämte, und war noch nie bei einem Gynäkologen gewesen), war es nicht leicht, sie zu beruhigen.

Carlos' beängstigender Gewichtsverlust erinnerte Betty an ihren Vater, der in einem Zeitraum von zwölf Monaten von einem korpulenten Mann zu einem in große Falten überflüssiger Haut gehüllten Skelett zusammengeschrumpft war. Obwohl sie die Irrationalität dieses Gedankens erkannt hatte, wurde ihr nun klar, daß sie seit dem Tod ihres Vaters geglaubt hatte, ein Gewichtsverlust mache sie anfällig für Krebs.

Auch bei Haarausfall geriet sie in Panik. Als sie zum erstenmal in die Gruppe kam, trug Carlos (dem nach der Chemotherapie die Haare ausgefallen waren) noch ein Toupet, aber an dem Tag, als er in der Gruppe über seine Krankheit berichtete, erschien er kahl. Betty war entsetzt, und die Erinnerung an ihren kahlen Vater – er war wegen seiner Gehirnoperation kahlgeschoren worden – kehrten zurück. Außerdem fiel ihr wieder ein, wie erschrocken sie jedesmal war, wenn ihr bei früheren radikalen Abmagerungskuren selbst die Haare ausgefallen waren.

Diese Ängste hatten Bettys Gewichtsprobleme noch erheblich verschlimmert. Nicht nur, daß Essen für sie die einzige Form der Befriedigung und die Möglichkeit, kurzfristig über das Gefühl der Leere hinwegzukommen, war, nicht nur, daß Magerkeit sie schmerzlich an den Tod ihres Vaters erinnerte, sondern sie fürchtete unbewußt, daß Gewichtsverlust auch ihren Tod bedeuten könnte.

Allmählich ließ Bettys akute Angst nach. Sie hatte nie zuvor offen über diese Dinge gesprochen: Vielleicht war es keine bloße Katharsis; vielleicht war es wichtig für sie, daß Magische ihres Denkens zu erkennen; vielleicht verloren ihr Gedanken dadurch an Schrecken, daß sie in aller Offenheit ruhig und vernünftig darüber sprach.

In dieser Zeit war Carlos besonders hilfreich. Bettys Eltern hatten die Ernsthaftigkeit der Krankheit ihres Vaters bis zum letzten Augenblick geleugnet. Ein so massives Leugnen hat für die Überlebenden immer fatale Folgen, und Betty war weder auf den Tod ihres Vaters vorbereitet worden, noch hatte sie Gelegenheit, von ihm Abschied zu nehmen. Carlos dagegen nahm sein Schicksal auf ganz andere Weise auf: Er setzte sich mit den Gefühlen über seine Krankheit und seinen bevorstehenden Tod mutig, rational und offen auseinander. Außerdem kümmerte er sich besonders um Betty – vielleicht, weil er wußte, daß sie meine Patientin war, vielleicht, weil er gerade in seiner großherzigen («Jeder hat ein Herz») Phase war, als sie auftauchte, oder einfach deshalb, weil er schon immer eine Schwäche für dicke Frauen hatte (was in meinen Augen, wie ich zu meinem Bedauern gestehen muß, ein weiterer Beweis seiner Perversität war).

Betty muß gefühlt haben, daß die Hindernisse auf dem Weg zu einer Abmagerungskur nun so gut wie ausgeräumt waren, denn sie gab unmißverständlich zu erkennen, daß eine größere Aktion ins Haus stand. Ich war erstaunt vom Umfang und der Intensität ihrer Vorbereitungen.

Zunächt meldete sie sich in der Klinik, wo ich arbeitete, zu einem speziellen Programm für Eßstörungen an, das an die Teilnehmer hohe Anforderungen stellte und gründliche medizinische Untersuchungen (der gynäkologische Bereich war für sie nach wie vor tabu) sowie psychologische Tests umfaßte. Dann ging sie daran, alles Eß- und Trinkbare aus ihrer Wohnung zu entfernen – jede Dose, jede Packung, jede Flasche. Sie machte sich Gedanken, wie sie ihr Leben mit neuen Inhalten füllen konnte: Der Fortfall sämtlicher Mittag- und Abendessen, sagte sie, sorge für Lücken in ihrem Tagesablauf. Zu meiner Überraschung schloß sie sich einer Square-dance-Gruppe an (ganz schön mutig, dachte ich) und wurde Mitglied in einem Kegelklub – ihr Vater hatte sie als Kind häufig mit zum Kegeln genommen, erklärte sie. Sie kaufte sich ein gebrauchtes Heimfahrrad, das sie vor dem Fernseher aufstellte. Dann verabschiedete sie sich von ihren alten Freunden – ihrer letzten Packung Kartoffelchips, ihrer letzten Ration Schokoladeplätzchen und, unter größten Schmerzen, von ihrem letzten Honigkrapfen.

Auch innerlich schien sie sich intensiv vorzubereiten. Alles, was sie mir sagen konnte, war, daß sie «sich innerlich wappnete», um zum geeigneten Zeitpunkt mit der Diät beginnen zu können. Ich wurde ungeduldig und stellte mir vor, wie ein enormer japanischer Sumo-Ringer vor dem Kampf hin und her tanzt und, vor Ungeduld stöhnend, in Positur geht.

Und plötzlich war es soweit! Sie begann mit einer Flüssig-Diät, nahm also keine feste Nahrung mehr zu sich, strampelte jeden Morgen vierzig Minuten auf dem Heimfahrrad, ging jeden Nachmittag fünf Kilometer spazieren und betätigte sich einmal wöchentlich im Kegelklub und in der Square-dance-Gruppe. Ihr Fettmantel begann sich aufzulösen. Ihr Volumen schrumpfte zusammen. Große Batzen überhängenden Fleisches fielen von ihr ab und wurden in kleinen Bächen hinweggeschwemmt – zwei, drei, vier, manchmal fünf Pfund pro Woche.

Zu Beginn jeder Stunde berichtete Betty über ihre Fortschritte: zehn Pfund abgenommen, dann zwanzig, fünfundzwanzig, dreißig. Sie war runter auf zweihundertvierzig Pfund, dann zweihundertdreißig und zweihundertzwanzig. Es schien erstaunlich schnell und leicht zu gehen. Ich freute mich für sie und machte ihr jede Woche große Komplimente. Aber in diesen ersten Wochen hörte ich auch immer wieder jene gnadenlose Stimme in mir, die mir sagte: «Um Gottes Willen, man darf gar nicht daran denken, wieviel sie verdrückt hat, wenn sie so schnell abnimmt!»

Und so verging Woche um Woche. Nach drei Monaten wog sie zweihundertzehn Pfund. Dann hundertneunzig, ein Verlust von sechzig Pfund! Dann hundertachtzig. Ihr Körper begann zu rebellieren. Manchmal stürzte sie nach einer Woche ohne Nahrung weinend in meine Praxis und erzählte mir, daß sie kaum abgenommen habe. Jedes Pfund war ein Kampf, aber Betty hielt durch.

Es waren schreckliche Monate. Sie haßte alles. Ihr Leben war eine einzige Tortur – die ekelhafte Flüssignahrung, die Fahrradstrampelei, die teuflische McDonald's-Werbung im Fernsehen und die Gerüche, diese allgegenwärtigen Gerüche: Popcorn im Kino, Pizza im Kegelklub, Croissants im Einkaufszentrum, Krabben am Fisherman's Wharf. Gab es denn auf der ganzen Welt keinen geruchsfreien Ort?

Ein Tag war so schlimm wie der andere. Ihr Leben war völlig freudlos. Viele Programmteilnehmer gaben auf – Betty blieb stark. Mein Respekt vor ihr wuchs.

Auch ich esse gerne. Oft freue ich mich den ganzen Tag auf irgend etwas Besonderes; und wenn mich die Lust überkommt, ist kein Chinese und keine Eisdiele vor mir sicher. Aber je länger Bettys Martyrium dauerte, desto stärker wurden meine Gewissensbisse. Ich hatte das Gefühl, sie zu hintergehen. Immer wenn ich eine Pizza oder Spaghetti al pesto oder Enchilladas con salsa verde oder Schokoladentorte aß, oder irgend etwas anderes, wovon ich wußte, daß Betty es besonders mochte, mußte ich an sie denken. Mich schauderte, wenn ich mir vorstellte, wie Betty sich mit dem Büchsenöffner in der Hand ein Abendessen aus Flüssignahrung «zubereitete». Manchmal legte ich eine Gedenkminute für sie ein.

Wie es der Zufall wollte, überschritt ich ausgerechnet in dieser Zeit die selbst gesetzte oberste Gewichtsgrenze und begann eine dreiwöchige Diät. Da diese in erster Linie darin bestand, auf Eis und Pommes frites zu verzichten, konnte ich Betty schwerlich erzählen, daß ich mich zu einem Solidaritätsfasten entschlossen hatte. Nichtsdestoweniger konnte ich in diesen drei Wochen ihre Qualen sehr gut nachfühlen. Als sie mir sagte, daß sie sich jeden Abend in den Schlaf weinte, war ich zutiefst gerührt. Es tat mir richtig weh, als sie erzählte, wie das hungernde Kind in ihr immerzu «Füttere mich! Füttere mich!» schrie.

Einhundertachtzig. Einhundertsiebzig. Ein Gewichtsverlust von achtzig Pfund! Betty litt jetzt unter extremen Stimmungsschwankungen, und ich war zunehmend beunruhigt. Es gab zwar kurze Perioden voller Stolz und Beschwingtheit (vor allem wenn sie Kleider in kleineren Größen kaufte), doch meistens war sie so mutlos, daß sie es kaum schaffte, morgens zur Arbeit zu gehen.

Manchmal war sie sehr gereizt und machte mir Vorwürfe. Hatte ich sie in eine Therapiegruppe gesteckt, um sie loszuwerden, oder zumindest einen Teil der Last anderen aufzubürden? Warum hatte ich mich nicht eingehender mit ihren Eßgewohnheiten beschäftigt? Schließlich war Essen ihr Leben. Warum liebte ich sie nicht so, wie sie war? (Vorsichtig, vorsichtig, sie kommt dir auf die Spur.) Warum hatte ich ihren Begründungen zugestimmt, weshalb ein Medizinstudium für sie nicht in Frage kam (ihr Alter, mangelnde Ausdauer, Faulheit, ungenügende Vorbildung, finanzielle Probleme)? Daß ich versucht hatte, ihr den Beruf der Krankenschwester schmackhaft zu machen, empfand sie nachträglich als eine Zumutung. Sie warf mir vor, daß ich mir insgeheim sagen würde, «für ein Medizinstudium ist die Kleine nicht helle genug – also soll sie lieber Krankenschwester werden»!

Manchmal war sie verstockt und regressiv. Als ich sie zum Beispiel einmal fragte, warum sie in der Gruppe so still geworden sei, starrte sie nur trotzig vor sich hin und weigerte sich zu antworten. Als ich sie drängte, mir genau zu beschreiben, was in ihr vorging, antwortete sie mit monotoner Kinderstimme: «Wenn ich kein Plätzchen kriege, sage ich Ihnen gar nichts.»

Während einer ihrer depressiven Phasen hatte sie einen bemerkenswerten Traum.

Ich war an einem Ort, der irgendwie an Mekka erinnerte, und an dem man legal Selbstmord begehen konnte. Ich war mit einer engen Freundin zusammen, aber ich weiß nicht mehr, wer es war. Sie wollte sich umbringen und in einen tiefen Schacht springen. Ich versprach ihr, daß ich ihren Körper bergen würde, erkannte aber später, daß ich dazu selbst in diesen schrecklichen

Schacht hinunter mußte, dessen Grund übersät war mit toten, verwesenden Körpern, und ich glaubte nicht, daß ich dazu in der Lage wäre.

Als Assoziation zu diesem Traum erzählte mir Betty, daß ihr vor dem Traum, und zwar am selben Tag, bewußt geworden war, daß sie selbst einen ganzen Körper verloren hatte: sie hatte achtzig Pfund abgenommen, und in ihrer Firma gab es eine Frau, die nur achtzig Pfund wog. Sie war in ihrer Vorstellung sogar noch weitergegangen und hatte ihren «Körper» zur Autopsie freigegeben und ihn beerdigen lassen. Dieser makabre Gedanke, glaubte Betty, spiegelte sich in ihren Traumbildern wider.

Die allegorische Kraft und Tiefe dieses Traums machten nur zu deutlich, wie sehr sich Betty verändert hatte. Es fiel mir schwer, mich an die kichernde, oberflächliche Frau zu erinnern, die sie vor einigen Monaten noch gewesen war. In unseren Sitzungen hatte Betty von der ersten bis zur letzten Minute meine volle Aufmerksamkeit. Wer hätte geglaubt, daß sich diese Frau, deren leeres Geschwätz mich und ihren früheren Psychiater so gelangweilt hatte, je zu einem so gedankenvollen, spontanen und sensiblen Menschen entwickeln würde.

Hundertfünfundsechzig. Zu diesem Zeitpunkt kam noch eine andere Verwandlung zum Vorschein. Als ich eines Tages in meiner Praxis einen Blick auf Betty warf, bemerkte ich zum erstenmal, daß sie einen Schoß hatte. Ich sah noch einmal hin. Hatte ich ihn früher übersehen? Vielleicht hatte ich sie bis dahin nie richtig angeschaut. Nein: Die Konturen ihres Körpers, vom Kinn bis zu den Zehen, waren immer die einer Kugel gewesen. Einige Wochen später sah ich eindeutige Anzeichen für eine Brust, zwei Brüste. Eine Woche später traten Backenknochen hervor, dann ein Kinn, ein Ellbogen. Es war offensichtlich alles da – unter den Fleischbergen war immer ein Mensch, eine hübsche Frau, verborgen gewesen.

Auch andere, vor allem Männer, hatten die Veränderung bemerkt. Wenn sie jetzt mit ihnen sprach, scheuten sie vor körperlichen Kontakten nicht mehr zurück. Ein Kollege hatte sie nach der Arbeit bereits zu ihrem Wagen begleitet. Ihr Friseur machte ihr eine kostenlose Kopfmassage. Sie war sicher, daß ihr Chef schon öfters einen Blick auf ihre Brüste geworfen hatte.

Eines Tages verkündete Betty, «hundertneunundfünfzig» und fügte hinzu, daß jetzt «jungfräuliches Gebiet» erreicht worden sei – das heißt, daß sie seit der High School nicht mehr so wenig gewogen habe. Wenngleich meine anschließende Frage, warum sie Angst habe, sich auf «nichtjungfräuliches Gebiet» zu begeben, kein besonders gelungener Scherz war, entwickelte sich daraus eine interessante Diskussion über Sex.

Obwohl sie eine ausgeprägte sexuelle Phantasie hatte, war es noch nie zu einer Berührung zwischen ihr und einem Mann gekommen – keine Umarmung, kein Kuß, nicht einmal ein verstohlenes Grabschen. Sie hatte sich immer nach Sex gesehnt und war erbittert, daß sie durch die gesellschaftliche Ächtung der Dicken zu sexueller Frustration verurteilt war. Erst jetzt, da sie sich einem Gewicht näherte, das sexuellen Kontakten nicht mehr im Wege stand, erst jetzt, da es in ihren Träumen von bedrohlichen männlichen Figuren nur so wimmelte (ein maskierter Doktor, der ihr eine lange Spritze in den Bauch stieß, ein höhnisch grinsender Mann, der ihr den Schorf von einer großen Bauchwunde abschälte), erkannte sie, daß sie große Angst vor Sex hatte.

Diese Diskussionen lösten eine Flut schmerzhafter Erinnerungen aus: Ihr ganzes Leben war sie von Männern abgewiesen worden. Noch nie hatte sich einer mit ihr verabredet, nie war sie zu einem Tanzfest in der Schule oder zu einer Party eingeladen worden. Sie spielte die Rolle der Vertrauten und hatte vielen Freundinnen bei der Planung ihrer Hochzeiten geholfen. Jetzt waren so gut wie alle verheiratet, und sie konnte sich nicht länger der Tatsache verschließen, daß sie für immer die Rolle der übriggebliebenen Beobachterin spielen würde.

Bald darauf kamen wir vom Sex in die tieferen Gewässer ihrer geschlechtlichen Identität. Betty hatte erfahren, daß ihr Vater sich eigentlich einen Sohn gewünscht hatte und daß er bei ihrer Geburt, auch wenn er es sich nicht anmerken ließ, enttäuscht war. Eines Nachts hatte sie zwei Träume über einen verlorenen Zwillingsbruder. In einem Traum trugen sie und ihr Bruder Erkennungsmarken, die sie ständig austauschten. In dem anderen Traum schaffte sie sich ihn wieder vom Hals: Er zwängte sich in einen überfüllten Aufzug, in den sie wegen ihres Umfangs nicht mehr hineinpaßte. Der Aufzug stürzte ab, alle Insassen wurden getötet, und sie stöberte in den Überresten nach ihrem Bruder.

In einem anderen Traum schenkte ihr Vater ihr ein Pferd mit dem Namen «She's a Lady». Sie hatte sich schon immer ein Pferd von ihm gewünscht, und in diesem Traum ging nicht nur ihr Kindheitswunsch in Erfüllung, sondern ihr Vater nannte sie auch öffentlich «Lady».

Unsere Gespräche über sexuelle Erfahrungen und sexuelle Identität erzeugten in Betty so große Angst und so ein schreckliches Gefühl der Leere, daß sie sich mehrere Male mit Plätzchen und Krapfen vollfraß. Sie durfte inzwischen schon wieder geringe Mengen fester Nahrung zu sich nehmen – täglich ein Abendessen aus der Diätküche –, was sie allerdings schwieriger fand als eine reine Flüssigdiät.

Allmählich tauchte vor Betty jene magische Grenze auf, die mit dem Verlust des hundertsten Pfunds erreicht sein würde. Dieses Ziel, das sie im übrigen nie erreichen sollte, war insofern von besonderer Bedeutung, als Betty damit bestimmte sexuelle Vorstellungen verband. Zum einen hatte Carlos ihr vor mehreren Monaten, wenn auch halb scherzend gesagt, daß er mit ihr für ein Wochenende nach Hawaii fliegen würde, wenn sie hundert Pfund abgenommen hätte. Zum anderen hatte Betty sich bei der mentalen Vorbereitung für ihre Abmagerungskur geschworen, daß sie, wenn sie die hundert Pfund schaffte, mit George Kontakt aufnehmen würde – dem Mann, den sie über die Anzeige kennengelernt hatte –, um ihn mit ihrem neuen Körper zu überraschen und ihn für seine vorbildliche Haltung mit sexuellen Gunstbezeugungen zu belohnen.

Um ihre Angst zu mildern, riet ich ihr nachdrücklich zur Mäßigung und schlug vor, sie solle sich dem Sex mit weniger drastischen Schritten nähern: Sie solle zum Beispiel versuchen, zunächst einmal nur mit Männern zu reden und sich mit Themen wie der Anatomie der Geschlechtsorgane, sexuellen Praktiken und Masturbation zu beschäftigen. Ich empfahl ihr, sich die entsprechende Lektüre zu besorgen, eine Gynäkologin aufzusuchen und diese Fragen mit ihren Freundinnen und der Therapiegruppe zu diskutieren.

Während dieser ganzen Phase rapiden Gewichtsverlusts trat ein weiteres, außergewöhnliches Phänomen in Erscheinung. Betty wurde immer wieder von emotionsgeladenen Erinnerungen überfallen und berichtete mir, häufig unter Tränen, von Ereignissen aus der Vergangenheit, an die sie sich erstaunlich gut erinnerte: der Tag, an dem sie Texas verließ, um nach New York zu gehen, der Collegeabschluß, die Abschlußfeier ihrer High School – eine Erinnerung, bei dem ihr Ärger über ihre Mutter wieder hochkam, die damals zu feige und ängstlich war, um an der Feier teilzunehmen.

Zunächst schien es, als seien diese Erinnerungen und die damit verbundenen extremen Stimmungsschwankungen völlig willkürlich, aber nach mehreren Wochen erkannte Betty, daß sie einem ganz bestimmten Muster folgten: mit jedem bestimmten Gewicht, das sie erreichte, *tauchten jene traumatischen Ereignisse wieder auf, die sie nicht verarbeitet hatte*. So war dieser Abstieg von ihren anfänglich zweihundertfünfzig Pfund auch eine Reise in die Vergangenheit zu den emotionalen Meilensteinen ihres Lebens: der Umzug von Texas nach New York (210 Pfund), der Collegeabschluß (190 Pfund), ihr Entschluß, auf ein Medizinstudium zu verzichten (und damit den Traum vom Wundermittel gegen die Krankheit, die ihren Vater getötet hatte, aufzugeben) (180 Pfund), ihre Einsamkeit bei der Abschlußfeier ihrer High School – der Neid auf die Freundinnen, die mit ihren Vätern kamen, und auf die, die im Gegensatz zu ihr von einem Jungen zum Ball eingeladen wurden (170 Pfund), die Abschlußfeier der Junior High School, bei der sie ihren Vater schmerzlich vermißte (155 Pfund). Welch wunderbarer Beweis für das Reich des Unterbewußten!

Bettys Körper hatte sich an Dinge erinnert, die ihr Geist längst vergessen hatte.

Und immer wieder tauchten Erinnerungen an ihren Vater auf. Je mehr wir uns damit beschäftigten, desto klarer wurde uns, daß alles letztlich auf ihn zurückführte, auf seinen Tod und auf die hundertfünfzig Pfund, die Betty damals wog. Je näher sie an dieses Gewicht herankam, desto depressiver wurde sie, desto mehr beherrschte die Erinnerung an ihren verstorbenen Vater ihr Denken und Fühlen.

Bald verbrachten wir ganze Sitzungen ausschließlich mit Gesprächen über ihren Vater. Es war an der Zeit, alles ans Licht zu holen. Ich half ihr, in die Erinnerung einzutauchen und ermutigte sie, über alles zu sprechen: seine Krankheit, sein Sterben, sein Aussehen, als sie ihn das letzte Mal im Krankenhaus besuchte, den Ablauf der Beerdigung, die Kleidung, die sie dabei trug, die Ansprache des Pfarrers, die Leute, die an der Beerdigung teilnahmen.

Betty und ich hatten schon früher über ihren Vater gesprochen, aber nie mit solcher Intensität. Sie empfand den Verlust stärker denn je und weinte zwei Wochen lang fast ununterbrochen. Wir trafen uns in dieser Zeit dreimal pro Woche, und ich half ihr, sich über die Ursachen ihrer Tränen Gedanken zu machen. Sie weinte zum Teil über den Verlust, vor allem aber, weil das Leben ihres Vaters in ihren Augen eine schreckliche Tragödie gewesen war: Er hatte nie die Erziehung bekommen, die er sich gewünscht hatte (oder die sie sich für ihn gewünscht hatte), er starb noch vor Erreichen des Rentenalters und hatte deshalb nie die Jahre der Muße genießen können, nach denen er sich so lange gesehnt hatte. Doch ich hielt ihr entgegen, daß das Leben ihres Vaters, so wie sie es mir beschrieben hatte – seine weitverzweigte Familie, seine ausgedehnten sozialen Kontakte, sein täglicher Plausch mit Freunden, seine Liebe zur Natur, seine jungen Jahre in der Marine, die Nachmittage beim Angeln –, im Gegenteil das Bild eines ausgefüllten Lebens verkörperte, war er doch fest eingebunden in eine Gemeinschaft von Menschen, die ihn kannten und liebten.

Als ich sie aufforderte, ihr Leben mit dem ihres Vaters zu vergleichen, erkannte sie, daß ihr Kummer zu einem guten Teil der falschen Person galt: Nicht das Leben ihres Vaters, sondern ihr eigenes Leben war schrecklich unausgefüllt. Inwieweit waren also ihre eigenen unerfüllten Hoffnungen der Grund ihrer Trauer? Diese Frage war besonders schmerzlich für Betty, die inzwischen eine Gynäkologin aufgesucht und erfahren hatte, daß sie aufgrund einer Stoffwechselstörung keine Kinder bekommen konnte.

Ich kam mir grausam vor in diesen Wochen, weil in der Therapie so viel von ihrem Leid freigelegt wurde. Jede Sitzung war ein Martyrium, und Betty war meistens fürchterlich mitgenommen, wenn sie meine Praxis verließ. Sie litt zunehmend unter akuten Angstzuständen und unter verstörenden Träumen, in denen sie, wie sie sich ausdrückte, mindestens dreimal pro Nacht starb. Sie konnte sich nur an zwei Träume erinnern, die seit dem Tod ihres Vaters in regelmäßiger Folge wiederkehrten. In einem lag sie gelähmt in einem kleinen Schrank, der von außen zugemauert wurde. In dem anderen lag sie im Krankenhaus, und am Kopfende ihres Bettes brannte eine Kerze, die ihre Seele symbolisierte. Sie wußte, daß sie sterben würde, wenn die Flamme erlosch, und fühlte sich hilflos, als sie sah, wie sie kleiner und kleiner wurde.

Die Diskussionen über den Tod ihres Vaters verstärkten offenbar ihre eigene Angst vor dem Tod. Ich bat Betty, über ihre ersten Erfahrungen mit dem Tod und die Vorstellungen, die sie damals damit verband, zu sprechen. Da sie auf einer Ranch aufgewachsen war, war ihr der Tod nicht fremd. Sie sah ihrer Mutter zu, wenn sie Hühner tötete, hörte das Quieken der Schweine beim Schlachten. Als Betty neun Jahre alt war, hatte der Tod ihres Großvaters sie zutiefst erschüttert. Wie ihre Mutter ihr später erzählte (Betty konnte sich daran nicht erinnern), hatten ihre Eltern sie mit dem Hinweis zu beruhigen versucht, daß nur alte Menschen sterben, worauf sie wochenlang ihren Eltern auf die Nerven fiel, indem sie ihnen ständig vorjammerte, sie wolle nicht alt werden, und sie immer wieder nach ihrem Alter fragte. Doch erst kurz nach dem Tod ihres Vaters begriff Betty die Unausweichlichkeit ihres eigenen Todes. Sie erinnerte sich noch genau an den Augenblick.

«Es war einige Tage nach der Beerdigung, und ich war noch nicht in die Schule zurückgekehrt. Der Lehrer sagte, ich solle erst dann wiederkommen, wenn ich mich dazu in der Lage fühlte. Ich hätte es schon früher tun können, aber mir schien, daß das einen schlechten Eindruck machen würde. Ich hatte Angst, die Leute könnten glauben, ich sei nicht traurig genug. Ich ging über die Felder hinter dem Haus. Es war kalt – ich konnte meinen Atem sehen, und das Gehen war beschwerlich, weil die Erde klumpig und die Ackerfurchen gefroren waren. Ich dachte an meinen Vater, wie er unter der Erde lag und fror, und plötzlich hörte ich von oben eine Stimme, die mir zurief: ‹Du bist die Nächste!›»

Betty hielt inne und sah mich an. «Halten Sie mich jetzt für verrückt?»

«Nein, ich habe Ihnen doch schon gesagt, daß ich dafür kein Talent habe.»

Sie lächelte. «Ich habe die Geschichte noch nie jemandem erzählt. Ich hatte sie sogar die ganzen Jahre über vergessen, bis sie mir diese Woche wieder einfiel.»

«Ich freue mich, daß Sie so viel Vertrauen zu mir haben. Mir scheint diese Geschichte sehr aufschlußreich. Erzählen Sie mir mehr über dieses ‹Du bist die Nächste.›»

«Ich hatte das Gefühl, daß mein Vater nicht mehr da war, um mich zu beschützen. Er stand in gewisser Weise zwischen mir und dem Grab. Ohne ihn war ich als nächste an der Reihe.» Betty zog die Schultern zusammen und schauderte. «Können Sie sich vorstellen, daß mich noch immer das Grauen packt, wenn ich daran denke?»

«Was ist mit Ihrer Mutter? Welche Rolle hat sie gespielt?»

«Sie stand, wie ich Ihnen schon sagte, völlig im Hintergrund. Sie kümmerte sich ums Haus und ums Essen – kochen konnte sie hervorragend –, aber sie war schwach – ich war diejenige, die sie beschützte. Finden Sie es nicht auch unglaublich, daß es in Texas jemanden gibt, der nicht Auto fahren kann? Ich habe mit zwölf angefangen zu fahren, als mein Vater krank wurde, weil sie Angst vor der Fahrschule hatte.»

«Sie hatten also niemanden, der Sie schützte?»

«Das war die Zeit, als ich meine ersten Alpträume hatte. Diesen Traum mit der Kerze –, den habe ich bestimmt zwanzigmal gehabt.»

«Dieser Traum erinnert mich an das, was Sie früher über Ihre Angst vor dem Abnehmen gesagt haben, daß Sie glauben, dick bleiben zu müssen, damit Sie nicht wie Ihr Vater an Krebs sterben. Solange die Flamme fett bleibt, brauchen Sie nicht zu sterben.»

«Schon möglich, aber es klingt ein bißchen weit hergeholt.»

Noch ein gutes Beispiel, dachte ich, für die Sinnlosigkeit, immer gleich mit einer Interpretation aufwarten zu wollen, auch wenn sie, wie in diesem Fall, nicht schlecht war. Patienten profitieren wie andere Menschen am meisten von den Wahrheiten, die sie selbst entdecken.

Betty fuhr fort. «Und irgendwann in dem Jahr hatte ich plötzlich das Gefühl, ich würde sterben, bevor ich dreißig wurde. Wissen Sie, irgendwie glaube ich das bis heute.»

Diese Diskussionen konfrontierten Betty immer wieder mit der Unausweichlichkeit des Todes. Sie war verunsichert. Sie hatte ständig Angst, daß ihr beim Auto- oder Fahrradfahren oder beim Überqueren der Straße etwas passieren könnte. Es war vor allem die

Unberechenbarkeit des Todes, die ihr jetzt zu schaffen machte. «Er lauert überall», sagte sie, «und er kommt, wenn man ihn am wenigsten erwartet.» Ihr Vater hatte jahrelang für eine Reise mit der Familie nach Europa gespart, nur um kurz vor der Abreise an einem Gehirntumor zu erkranken. Betty, mich, uns alle konnte es jederzeit treffen. Wie werden wir, wie werde *ich* mit diesem Gedanken fertig?

Jetzt, da ich mich voll auf Betty eingelassen hatte, versuchte ich, solchen Fragen selbst nicht mehr auszuweichen. Ich erzählte ihr von meinen eigenen Schwierigkeiten, mit der Unausweichlichkeit des Todes fertig zu werden; daß man sein Verhältnis zum Tod weitgehend beeinflussen kann, auch wenn an der Tatsache des Todes nichts zu ändern ist. Aufgrund meiner persönlichen und beruflichen Erfahrung bin ich zu der Überzeugung gelangt, daß die Angst vor dem Tod immer bei denen am stärksten ausgeprägt ist, die glauben, nicht genug aus ihrem Leben gemacht zu haben. Eine gute Arbeitshypothese ist: Je weniger man aus seinem Leben gemacht und seine Möglichkeiten ausgeschöpft hat, desto größer ist die Angst vor dem Tod.

Wenn ihr Leben erfüllter wäre, sagte ich Betty, würde der Tod möglicherweise einiges von seinem Schrecken verlieren – wenn auch nicht alles. (Eine Angst vor dem Tod steckt immer in uns. Das ist der Preis der Selbsterkenntnis.)

Manchmal warf Betty mir vor, ich würde sie zwingen, über morbide Themen nachzudenken. «Warum ständig an den Tod denken? Wir können doch sowieso nichts daran ändern!» Ich versuchte ihr klarzumachen, daß die *Idee* des Todes uns retten kann, auch wenn die *Tatsache* des Todes uns physisch zerstört. Mit anderen Worten, das Bewußtsein des Todes kann uns helfen, eine neue Lebensperspektive zu entwickeln und neue Prioritäten zu setzen. Carlos hatte diese Lektion gelernt – das war es, was er meinte, als er auf seinem Totenbett sagte, sein Leben sei gerettet worden. Mir schien, daß das Wissen um den Tod auch für Betty eine wichtige Lektion enthielt, nämlich die, daß sie ihr Leben *jetzt* leben mußte; sie konnte es nicht unbegrenzt aufschieben. Es war nicht weiter schwer, ihr alle Manöver, mit denen sie dem Leben aus dem Weg zu gehen suchte, vor Augen zu führen: ihre mangelnde Bereitschaft, sich auf andere Menschen einzulassen (weil sie sich vor der Trennung fürchtete); ihre

Freßsucht, durch die ihr so vieles im Leben entging; ihre Flucht vor der Gegenwart, indem sie sich ständig der Vergangenheit oder der Zukunft zuwandte. Es war auch nicht schwer, ihr klarzumachen, daß es in ihrer Macht lag, diese Verhaltensmuster zu ändern – im Grunde hatte sie ja schon begonnen, wenn man bedenkt, mit welchem Engagement sie gerade an diesem Tag bei der Sache war.

Ich ermutigte sie, ihrem Schmerz noch weiter nachzugehen. Ich wollte, daß sie alle Facetten dieses Gefühls erforschte und zum Ausdruck brachte. Immer wieder stellte ich ihr dieselbe Frage: «Worum trauern Sie?»

Betty antwortete: «Ich glaube, ich trauere um die Liebe. Mein Vater war der einzige Mann, der mich je in den Armen hielt. Er war der einzige Mann, der einzige Mensch, der mir sagte, daß er mich liebte. Ich weiß nicht, ob ich das noch einmal erleben werde.»

Ich wußte, daß wir in einen Bereich vorgestoßen waren, den ich früher nie zu betreten gewagt hätte. Ich konnte mir kaum vorstellen, daß ich vor nicht einmal einem Jahr noch Schwierigkeiten hatte, Betty überhaupt anzusehen. Heute empfand ich große Zärtlichkeit ihr gegenüber. Ich suchte nach den rechten Worten und hatte Mühe, ihr meine Gefühle zu vermitteln.

«Betty, geliebt zu werden, ist keine bloße Sache des Glücks oder des Schicksals. Es steht auch in Ihrer Macht – mehr als Sie glauben. Sie sind jetzt viel empfänglicher für die Liebe als noch vor wenigen Monaten. Ich sehe den Unterschied, ich spüre ihn. Sie sehen besser aus, Sie sind kontaktfreudiger und viel zugänglicher und offener als früher.»

Betty ließ positive Gefühle mir gegenüber viel bereitwilliger zu und erzählte mir von langen Tagträumen, in denen sie als Ärztin oder Psychologin zusammen mit mir an einem Forschungsprojekt arbeitete. Die Erkenntnis, daß sie mich gerne als Vater gehabt hätte, führte uns zu einem letzten Aspekt ihrer Trauer, der sie immer besonders gequält hatte. Ihre Liebe zu ihrem Vater wurde auch von negativen Gefühlen überschattet: Sie hatte sich immer wegen seines Aussehens geschämt (er war extrem übergewichtig) und ebenso wegen seines mangelnden Ehrgeizes, seiner dürftigen Bildung und seiner Umgangsformen. Als das heraus war, brach Betty zusammen und schluchzte. Es sei deshalb so schwer gewesen, darüber zu sprechen, sagte sie, weil sie sich fürchterlich schämte, daß sie sich wegen ihres Vaters schämte.

Während ich nach einer Antwort suchte, fiel mir etwas ein, was mir meine erste Analytikerin, Olive Smith, vor über dreißig Jahren gesagt hatte. (Ich erinnere mich deshalb so gut daran, weil es in sechshundert Sitzungen das einzige Mal war, daß sie mir etwas halbwegs Persönliches – auf jeden Fall aber äußerst Hilfreiches – gesagt hatte.) Ich war zutiefst erschüttert gewesen, nachdem ich ihr einige gräßliche Gefühle in bezug auf meine Mutter offenbart hatte. Olive Smith hatte sich über die Couch gebeugt und mit sanfter Stimme geantwortet: «So sind wir nun mal einfach.»

Diese Worte hatten mir viel bedeutet; und jetzt, dreißig Jahre später, gab ich das Geschenk weiter und wiederholte sie vor Betty. Die Jahrzehnte hatten ihnen nichts von ihrer Kraft genommen: Betty atmete tief durch, entspannte sich und lehnte sich in ihren Sessel zurück. Ich fügte hinzu, daß ich aus eigener Erfahrung wüßte, wie schwierig es sei, sich mit Eltern zu identifizieren, deren Bildungsniveau weit unter dem eigenen lag.

Bettys auf eineinhalb Jahre begrenzter beruflicher Einsatz in Kalifornien ging langsam dem Ende zu. Sie wollte die Therapie nicht abbrechen und bat ihre Firma um eine Verlängerung ihres Vertrages. Als das abgelehnt wurde, wollte sie sich zunächst eine neue Stellung in Kalifornien suchen, entschloß sich dann aber doch, nach New York zurückzukehren.

Und das ausgerechnet zu einem Zeitpunkt, wo wir uns mit so wichtigen Themen auseinandersetzten und wo Betty sich immer noch jenseits der Hundertfünfzig-Pfund-Grenze befand! Zuerst dachte ich, daß es nicht schlimmer hätte kommen können. Dann aber sagte ich mir, daß Betty sich möglicherweise nicht trotz, sondern gerade *wegen* unseres begrenzten Zeitrahmens so bedingungslos in die Therapie gestürzt hatte. Es gibt in der Psychotherapie eine lange, auf Carl Rogers und Otto Rank zurückgehende Tradition, wonach ein im voraus festgelegter Zeitpunkt für die Beendigung der Therapie die Effizienz der therapeutischen Arbeit erhöht. Hätte Betty nicht gewußt, daß ihre Zeit begrenzt war, hätte sie sich vielleicht nicht so schnell zu ihrer Diät durchgerungen, um nur ein Beispiel zu nennen.

Außerdem war ich keineswegs sicher, daß wir noch viel weiter kommen würden. Betty schien mehr an der Lösung bereits angeschnittener als an neuen Fragen interessiert zu sein. Als ich ihr empfahl, die Therapie in New York fortzusetzen, und ihr den Namen eines geeigneten Therapeuten gab, wollte sie sich nicht festlegen, weil sie, wie sie sagte, nicht sicher sei, ob sie weitermachen wolle.

Es gab noch andere Anzeichen dafür, daß Betty sich mit dem Erreichten möglicherweise zufriedengeben würde. Zwar fraß sie nicht mehr wie früher alles mögliche in sich hinein, aber sie befolgte auch ihre Diät nicht mehr. Wir waren uns darüber einig, daß es jetzt galt, ihr derzeitiges Gewicht von hundertsechzig Pfund zu halten, und Betty kaufte sich zu diesem Zweck eine völlig neue Garderobe.

Ein Traum verdeutlichte diesen kritischen Zeitpunkt in der Therapie überaus plastisch:

Ich träumte, ich hätte Maler im Haus, die die Tür- und Fensterrahmen an der Außenfront des Hauses nachstreichen sollten. Bald wimmelte es draußen nur so von Malern. An jedem Fenster war ein Mann mit einer Spritzpistole. Ich zog mich schnell an und versuchte, sie aufzuhalten. Sie besprühten die gesamte Außenfront des Hauses. Im ganzen Haus stiegen aus den Bodenritzen Rauchschwaden auf. Ein Mann, der einen Strumpf über den Kopf gezogen hatte, sprühte im Inneren des Hauses. Ich sagte ihm, daß nur die Tür- und Fensterrahmen außerhalb des Hauses gestrichen werden sollten. Er sagte, er habe Anweisungen, alles zu streichen, innen und außen. «Woher kommt der Rauch?» fragte ich. Er antwortete, es seien Bakterien, und fügte hinzu, er und seine Kollegen seien in der Küche gewesen und hätten tödliche Bakterien gezüchtet. Ich bekam Angst und sagte immer wieder: «Ich wollte doch nur die Tür- und Fensterrahmen draußen gestrichen haben.»

Betty wollte zu Beginn der Therapie tatsächlich nur bestimmte Teile der Fassade nachstreichen lassen, konnte dann aber nicht verhindern, daß ihr Haus von Grund auf renoviert wurde. Darüber hinaus hatte der Maler-Therapeut den Tod – den Tod ihres Vaters, ihren eigenen

Tod – ins Haus gesprüht. Jetzt machte sie deutlich, daß sie weit genug gegangen war; es war Zeit aufzuhören.

Als wir uns der letzten Sitzung näherten, fühlte ich mich zunehmend erleichtert, so, als ob ich noch einmal davongekommen sei. Ein Grundsatz der Psychotherapie lautet, daß sich Gefühle zwischen Therapeut und Patient *immer* mitteilen – wenn nicht verbal, dann auf andere Weise. Solange ich mich zurückerinnern kann, habe ich meinen Studenten gesagt, daß in der Therapie eine ernsthafte Auseinandersetzung über die Probleme des Patienten nicht möglich ist, wenn die Gefühle zwischen Patient und Therapeut ausgeklammert bleiben.

Und doch hatte ich zu Beginn der Therapie starke negative Gefühle gegenüber Betty – Gefühle, über die ich nie mit ihr gesprochen hatte, die ihr verborgen geblieben waren. Dennoch bestand kein Zweifel, daß wir wichtige Themen diskutiert und große Fortschritte gemacht hatten. Hatte ich den Katechismus widerlegt? Gab es in der Psychotherapie gar keine absoluten Wahrheiten?

In den letzten drei Stunden ging es um Bettys Schmerz über die bevorstehende Trennung. Was sie schon zu Beginn der Behandlung befürchtet hatte, war nun eingetreten: Sie war emotional abhängig von mir geworden und würde mich jetzt verlieren. Warum hatte sie sich mir bloß anvertraut? Warum war sie nicht bei ihrer Überzeugung geblieben, die besagte: «Keine Verwicklungen, kein Trennungsschmerz»?

Daß diese alten Gefühle wieder auftauchten, kam für mich nicht überraschend. Erstens fallen Patienten gegen Beendigung der Therapie zwangsläufig in alte Verhaltensmuster zurück (zumindest *eine* absolute Wahrheit). Zweitens werden die in der Therapie behandelten Probleme nie ein für alle Male gelöst. Im Gegenteil – die Arbeit zwischen Therapeut und Patient ist ein ständiger Lernprozeß, der sich immer neuen Gegebenheiten anpassen muß.

Ich versuchte, auf Bettys Verzweiflung und ihre Befürchtung, daß unsere ganze Arbeit durch die Trennung zunichte gemacht würde, einzugehen, indem ich ihr erklärte, daß sie nur aus sich selbst heraus gewachsen war und nicht durch mich oder irgendwelche äußeren Einflüsse und daß ihr das auch in Zukunft niemand nehmen könne. Wenn sie zum Beispiel in der Lage war, sich mir mehr anzuvertrauen und zu öffnen als jedem anderen zuvor, dann nahm sie diese Erfahrung mit und damit auch die Fähigkeit, es wieder zu tun. Um meine Argumentation zu veranschaulichen, versuchte ich in unserer letzten Sitzung, mich als Beispiel zu nehmen.

«Mir geht es genauso, Betty. Auch ich werde unsere Stunden vermissen. Auch ich habe mich, seitdem ich Sie kenne, verändert...»

Sie hatte die ganze Zeit mit niedergeschlagenen Augen geweint, doch bei diesen Worten hörte sie auf zu schluchzen und sah mich erwartungsvoll an.

«Welche Veränderung?»

«Nun, wie Sie ja wissen, hatte ich bis jetzt noch keine großen Erfahrungen mit... äh... mit dem Problem der Fettleibigkeit...» Ich sah, wie Bettys Augen sich vor Enttäuschung schlossen und verwünschte im stillen meine Unpersönlichkeit.

«Also, was ich meine, ist, daß ich vorher noch nie mit übergewichtigen Patienten gearbeitet hatte und daß ich jetzt eine ganz andere Einstellung gegenüber...» Ihr Ausdruck zeigte mir, daß ihre Enttäuschung immer größer wurde. «Was ich meine, ist, daß sich meine Einstellung zu korpulenten Menschen völlig geändert hat. Als wir anfingen, fühlte ich mich in der Gegenwart von Dicken eher unbehaglich...»

In ungewöhnlich gereiztem Ton fuhr Betty dazwischen. «Hohoho! ‹Fühlte ich mich eher unbehaglich› – das ist ja wohl ein bißchen milde ausgedrückt. Wissen Sie eigentlich, daß Sie mich in den ersten sechs Monaten so gut wie nie angesehen haben? Und daß Sie mich in eineinhalb Jahren nie –nicht ein einziges Mal – berührt haben? Nicht einmal zu einem Händeschütteln hat es gereicht!»

Ich rang um Fassung. Mein Gott, sie hatte recht! Ich habe sie wirklich nie berührt. Ich war mir dessen nie bewußt gewesen. Und ich vermute, daß ich sie auch nicht oft angesehen habe. Ich hatte nicht erwartet, daß sie das bemerken würde!

Ich stammelte: «Wissen Sie, normalerweise berühren Psychiater ihre Patienten...»

«Erlauben Sie, daß ich Sie unterbreche, bevor Sie mir noch mehr Märchen erzählen und Ihre Nase so lang wird wie die von Pinocchio.» Betty schien meine Verlegenheit zu genießen. «Ich glaube, ich muß Ihrem Gedächtnis ein bißchen nachhelfen. Sie wissen ja, daß ich in derselben Gruppe wie Carlos bin, und wir unterhalten uns nach der Stunde oft über Sie.»

O weh, jetzt saß ich in der Klemme. Das hatte ich nicht vorausgesehen. Um Carlos mit seinem unheilbaren Krebs über seine Isolation und das Gefühl, ein Aussätziger zu sein, hinwegzuhelfen, hatte ich mich entschlossen, von meiner Gewohnheit, einen Patienten nicht zu berühren, abzugehen. Ich gab ihm vor und nach jeder Stunde die Hand, und wenn er meine Praxis verließ, legte ich ihm gewöhnlich die Hand auf die Schulter. Einmal, als er erfahren hatte, daß sein Krebs ins Gehirn vorgedrungen war, hielt ich ihn in meinen Armen, während er weinte.

Ich wußte nicht, was ich sagen sollte. Ich konnte Betty schlecht erzählen, daß Carlos ein Sonderfall war, daß er es dringend brauchte. Sie hatte es, weiß Gott, auch gebraucht. Ich fühlte, wie ich rot wurde. Ich sah, daß mir nichts übrigblieb, als die Wahrheit zu sagen.

«Also gut, Sie haben da einen wunden Punkt getroffen. Es ist wahr, daß ich Ihren Körper anfangs abstoßend fand.»

«Ich weiß, ich weiß. Es war keine besondere Feinfühligkeit erforderlich, um das zu merken.»

«Sagen Sie, Betty, wenn Sie das gewußt haben, wenn Sie gemerkt haben, daß ich Sie nie ansah und mich unbehaglich fühlte –, warum sind Sie dann bei mir geblieben? Warum haben Sie sich niemand anderen gesucht? Ich war schließlich nicht der einzige Seelendoktor in dieser Gegend.» (In einer kritischen Situation gibt es nichts Besseres als eine Frage!)

«Also, zwei Gründe kann ich Ihnen sofort nennen. Erstens dürfen Sie nicht vergessen, daß ich das gewohnt bin. Ich erwarte gar nicht mehr. Jeder behandelt mich so. Die Leute hassen mein Aussehen. Niemand rührt mich *je* an. Sie erinnern sich ja, wie überrascht ich war, als mein Friseur mir den Kopf massierte. Und, obwohl Sie mich nicht ansehen wollten, schienen Sie zumindest interessiert an dem, was ich zu sagen hatte – nein, nein, das ist nicht richtig –, Sie interessierten sich für das, was ich zu sagen hätte, wenn ich nicht mehr den Unterhaltungskünstler spielen würde. Das hat mir sehr geholfen. Und außerdem sind Sie nicht eingeschlafen, was im Vergleich zu Dr. Farber erst einmal ein Fortschritt war.»

«Sie sprachen von zwei Gründen.»

«Der zweite Grund ist, daß ich Ihre Gefühle nachvollziehen konnte. Wir beide sind uns nämlich sehr ähnlich – zumindest in einem Punkt. Erinnern Sie sich, wie Sie mich drängten, zu den *Overeaters Anonymous* zu gehen – um andere Dicke kennenzulernen, Freunde zu finden und vielleicht auch einen Mann?»

«Ja, ich erinnere mich. Sie sagten damals, daß Sie Gruppen nicht ausstehen können.»

«Genauso ist es. Ich hasse Gruppen. Aber das war nicht die ganze Wahrheit. Der eigentliche Grund war, daß auch ich dicke Leute nicht ausstehen kann. Mir wird schlecht in ihrer Gegenwart. Ich will nicht mit ihnen zusammen gesehen werden. Wie also sollte ich Ihnen Ihre Gefühle verübeln?»

Wir saßen beide auf der Stuhlkante, als die Uhr uns sagte, daß die Stunde vorbei war. Ich war von unserem Gespräch ganz außer Atem und hätte am liebsten weitergemacht. Ich wollte nicht aufhören, Betty zu sehen. Ich wollte weiter mit ihr reden, unsere Beziehung fortsetzen.

Wir standen auf, und ich reichte ihr zum Abschied die Hand, beide Hände.

«O nein! O nein, so billig kommen Sie mir nicht davon! Schließlich habe ich einen Anspruch auf Wiedergutmachung.»

Als wir uns umarmten, stellte ich zu meiner Überraschung fest, daß ich meine Arme ganz um sie herumschlingen konnte.

«Das falsche Kind ist gestorben»

Vor einigen Jahren veröffentlichte ich im Zusammenhang mit einem Forschungsvorhaben über die Auswirkungen von Todesfällen auf die Hinterbliebenen einen kurzen Artikel in einer Regionalzeitung, der mit folgender Mitteilung endete:

> «In der vorbereitenden Phase seines Forschungsprojekts möchte Dr. Yalom eine Reihe von Interviews mit Hinterbliebenen führen, die ihre Trauer über den Verlust nicht bewältigten. Freiwillige, die sich für ein Interview zur Verfügung stellen möchten, werden gebeten, sich unter der Nummer 555-6352 zu melden.»

Penny war die erste unter fünfunddreißig Personen, die sich daraufhin meldeten. Sie erzählte meiner Sekretärin, daß sie achtunddreißig Jahre alt und geschieden sei, daß sie vor vier Jahren ihre Tochter verloren habe und daß sie mich dringend sehen müsse. Obwohl sie sechzig Stunden pro Woche als Taxifahrerin arbeitete, betonte sie, daß sie zu jeder Tages- oder Nachtzeit für ein Interview zur Verfügung stehe.

Vierundzwanzig Stunden später saß sie mir gegenüber. Eine robuste, kräftige Frau: vom Leben hart hergenommen, stolz – und zitternd. Man konnte sehen, daß sie eine Menge mitgemacht hatte. Sie erinnerte mich in ihrer harten Art an Marjorie Main, jene längst verstorbene Leinwandgröße aus den dreißiger Jahren.

Die Tatsache, daß Penny in einer Krise steckte, oder dies zumindest behauptete, brachte mich in ein Dilemma. Ich konnte sie unmöglich behandeln, da ich keine Zeit für neue Patienten hatte. Ich brauchte jede Minute, um den Entwurf für mein Forschungsvorhaben fertigzustellen, zumal die Bewilligung von Geldern von der termingerechten Vorlage des Projekts abhing. Diese Arbeit hatte damals für mich absoluten Vorrang; deshalb hatte ich die Annonce in die Zeitung gesetzt. Außerdem begann in drei Monaten mein Urlaubssemester – ein Zeitraum, in dem eine sinnvolle Therapie unmöglich ist.

Um jedem Mißverständnis vorzubeugen, hielt ich es für das beste, diese Frage sofort zu klären. Vorher wollte ich mich gar nicht auf Pennys Problem einlassen, ja sie nicht einmal fragen, warum sie mich, vier Jahre nach dem Tod ihrer Tochter, unbedingt sofort sehen müsse.

So bedankte ich mich zunächst, daß sie sich für ein zweistündiges Interview zur Verfügung gestellt hatte. Ich wies sie nachdrücklich darauf hin, daß es sich um Interviews zu Forschungszwecken und nicht um therapeutische Interviews handelte. Ich fügte sogar hinzu, daß ein solches Gespräch ihr zwar möglicherweise helfen könne, daß es sie unter Umständen aber auch durcheinanderbringe. Wenn ich allerdings zu der Überzeugung käme, daß eine Behandlung tatsächlich notwendig sei, würde ich ihr bei der Suche nach einem geeigneten Therapeuten helfen.

Ich machte eine Pause und sah Penny an. Ich war mit meinen Worten sehr zufrieden: Ich hatte mich abgesichert und war deutlich genug gewesen, um Mißverständnisse zu vermeiden.

Penny nickte und stand auf. Einen Augenblick war ich beunruhigt, weil ich glaubte, sie wolle gehen. Aber sie strich sich nur ihren langen Jeansrock glatt, setzte sich wieder und fragte, ob sie rauchen dürfe. Als ich ihr einen Aschenbecher reichte, zündete sie sich eine Zigarette an und begann mit kräftiger, tiefer Stimme: «Ich brauche Hilfe, muß mich mal aussprechen, das stimmt, aber ich kann mir keine Therapie leisten. Ich bin ziemlich abgebrannt. Was ich bisher hatte, waren zwei billige Therapeuten – einer war noch Student – von der städtischen Klinik. Aber sie hatten alle Angst vor mir. Keiner will über den Tod eines Kindes reden. Als ich achtzehn war, war ich einmal bei einer Beraterin in einer Klinik für Alkoholkranke, einer Frau, die früher selbst Alkoholikerin war. Die wußte, worum es ging, und stellte die richtigen Fragen. Vielleicht brauche ich einen Psychiater, der selbst ein Kind verloren hat! Vielleicht brauche ich einen richtigen Experten. Die Stanford-Universität hat ja einen sehr guten Ruf. Deshalb bin ich auch gleich aufgesprungen, als ich den Artikel in der Zeitung las. Meine Tochter sollte auch einmal in Stanford studieren – aber dazu kam es ja nicht mehr.»

Sie sah mich direkt an und redete frei heraus. Ihre Art gefiel mir, wie ich überhaupt Frauen mag, die wissen, was sie wollen. Mir fiel auf, daß ich einen rauheren Ton anschlug.

«Also gut, ich helfe Ihnen beim Reden. Und ich kann Ihnen ein paar unbequeme Fragen stellen. Glauben Sie nicht, daß ich nachher rumlaufe und die Trümmer aufsammle.»

«Schon verstanden. Sie geben mir nur Starthilfe. Ich kann mich ganz gut um mich selbst kümmern, schließlich war ich schon mit zehn Jahren ein Schlüsselkind.»

«O. k. Erzählen Sie mir erst einmal, warum Sie mich unbedingt sofort sehen wollten. Meine Sekretärin sagte, Sie hätten verzweifelt geklungen. Was ist passiert?»

«Als ich vor einigen Tagen von der Arbeit nach Hause fuhr – ich höre meistens so gegen ein Uhr morgens auf –, hatte ich einen Blackout. Als es vorbei war, fuhr ich auf der falschen Straßenseite und schrie wie ein verwundetes Tier. Wenn mir irgendwelche Autos entgegengekommen wären, säße ich heute nicht hier.»

Das war also der Anfang. Das Bild dieser wie ein verwundetes Tier schreienden Frau zerrte an meinen Nerven, und ich brauchte einige Augenblicke, um davon loszukommen. Dann begann ich, Fragen zu stellen. Pennys Tochter, Chrissie, erkrankte im Alter von neun Jahren an einer seltenen Form von Leukämie und starb vier Jahre später, einen Tag vor ihrem dreizehnten Geburtstag. In diesen vier Jahren versuchte Chrissie weiter zur Schule zu gehen, war aber fast die Hälfte der Zeit bettlägerig und mußte alle drei bis vier Monate ins Krankenhaus.

Das Krebsleiden wie auch die Behandlung waren qualvoll. Zwar hatte man in diesen vier Jahren ihr Leben mit Hilfe von Chemotherapien verlängern können, doch war sie nach jedem Behandlungszyklus völlig kahl und sterbenskrank. Chrissie mußte sich Dutzenden von Knochenmarkpunktionen unterziehen und so viele Blutabnahmen über sich ergehen lassen, daß die Ärzte schließlich keine Venen mehr fanden. Im letzten Jahr vor ihrem Tod waren sie nur noch über einen permanenten, intravenös gelegten Katheter möglich.

Ihr Tod, sagte Penny, sei schrecklich gewesen – ich könne mir nicht vorstellen, wie schrecklich. An diesem Punkt begann sie zu schluchzen. Getreu meiner Ankündigung, unbequeme Fragen zu stellen, forderte ich sie auf, mir zu erzählen, wie schrecklich Chrissies Tod gewesen sei.

Penny hatte meine Starthilfe gewünscht; und, rein zufällig, löste schon meine erste Frage einen Sturzbach von Gefühlen aus. (Später sollte ich erfahren, daß ich überall an tiefen Schmerz rühren würde, ganz gleich wo ich ansetzte.) Chrissie war schließlich an einer Lungenentzündung gestorben: Herz und Lungen hatten versagt; sie konnte nicht mehr atmen und ertrank in ihrer eigenen Flüssigkeit.

Das Schlimmste, erzählte mir Penny schluchzend, war, daß sie sich an den Tod ihrer Tochter nicht erinnern konnte. Sie wußte nur noch, daß sie sich an diesem Abend mit ihrer Tochter schlafen gelegt hatte – in der ganzen Zeit, die Chrissie im Krankenhaus verbrachte, schlief sie auf einer Liege neben ihr – und daß sie irgendwann später am Kopfende des Bettes saß und ihre tote Tochter in den Armen hielt.

Penny begann über Schuldgefühle zu sprechen. Sie quälte sich mit Vorwürfen und war wie besessen von dem Gedanken an Chrissies letzte Stunden. Ihre Stimme wurde lauter, ihr Ton selbstquälerisch. Sie klang wie eine Staatsanwältin, die mich von ihrem schuldhaften Versäumnis überzeugen wollte.

«Können Sie sich vorstellen», sagte sie, «daß ich mich nicht einmal erinnern kann, *wann* und *wie* ich von Chrissies Tod erfuhr?»

Sie war sicher – und bald hatte sie auch mich von der Richtigkeit ihrer Annahme überzeugt –, daß ihre Schuldgefühle *der* Grund waren, weshalb sie nicht von Chrissie loskam, *der* Grund, weshalb sie seit vier Jahren in ihrer Trauer erstarrt war.

Ich war entschlossen, an meinem Forschungsvorhaben festzuhalten: soviel wie möglich über die Langzeitwirkungen eines Verlusts auf die Hinterbliebenen zu erfahren und einen Leitfaden für Interviews anzufertigen. Dennoch sah ich mich durch Pennys Probleme gezwungen, mehr und mehr therapeutische Arbeit zu leisten, und konnte nicht verhindern, daß meine ursprünglichen Ziele zunehmend ins Hintertreffen gerieten. Da Pennys Hauptproblem offenbar ihre Schuldgefühle waren, bemühte ich mich, in der von dem zweistündigen Interview verbleibenden Zeit so viel wie möglich zu erfahren.

«Schuld weswegen?» fragte ich. «Wie lautet die Anklage?»

Der Hauptanklagepunkt, den sie gegen sich vorbrachte, war, daß sie sich der Realität nicht gestellt hatte. Sie habe sich, wie sie es ausdrückte, ständig in Phantasiespiele geflüchtet. Sie hatte sich beharrlich geweigert zu glauben, daß Chrissie sterben würde. Obwohl der Arzt ihr gesagt hatte, daß Chrissies Tage gezählt seien und daß noch niemand diese Krankheit überlebt habe, obwohl er bei ihrem letzten Besuch im Krankenhaus keinen Zweifel daran gelassen hatte, daß es mit Chrissie zu Ende ging, weigerte Penny sich zu glauben, daß ihre Tochter nie mehr gesund werden würde. Sie war voller Wut auf den Arzt gewesen, der die Lungenentzündung einen Segen nannte und nicht dagegen einschreiten wollte. Selbst heute, vier Jahre später, hatte sie sich noch nicht damit abgefunden, daß Chrissie tot war. Erst vor einer Woche hatte sie sich dabei «ertappt», wie sie ein Plüschtier kaufte, weil sie Chrissie ein Geschenk machen wollte. Auch erwähnte sie während des Interviews einmal, daß Chrissie nächsten Monat siebzehn «wird», anstatt «würde» zu sagen.

«Ist das denn so ein Verbrechen?» fragte ich. «Ist es ein Verbrechen, wenn man die Hoffnung nicht aufgibt? Welche Mutter ist denn schon bereit zu glauben, daß ihr Kind sterben muß?»

Penny entgegnete, daß sie nicht aus Liebe zu Chrissie gehandelt, sondern nur an sich gedacht habe. Inwiefern? Sie hatte Chrissie nie geholfen, über ihre Ängste und ihre Gefühle zu sprechen. Wie konnte Chrissie übers Sterben sprechen, wenn ihre Mutter es nicht wahrhaben wollte? Chrissie war also gezwungenermaßen mit ihren Gedanken allein. Welchen Unterschied machte es schon, wenn sie neben ihrer Tochter schlief? Sie war ja nicht wirklich für sie da. Das Schlimmste, was einem Menschen passieren konnte, war, allein zu sterben, und so hatte sie ihre Tochter sterben lassen.

Dann erzählte mir Penny, daß sie seit ihrer Jugend fest an die Wiedergeburt glaubte. Ihre Jugend sei so erbärmlich und so entbehrungsreich gewesen, sie habe sich so sehr um das Leben betrogen gefühlt, daß ihr Trost nur noch die Vorstellung blieb, sie bekäme irgendwann eine neue Chance. Penny wußte, daß sie beim nächsten Mal glücklicher sein würde – vielleicht auch reicher. Sie wußte auch, daß Chrissies Tod nur der Übergang in ein neues Leben war – ein Leben voller Gesundheit und Glück.

Und doch hatte sie Chrissie beim Sterben nicht geholfen. Sie war sogar überzeugt, daß es ihre Schuld war, daß Chrissies Sterben so lange gedauert hatte. Ihrer Mutter zuliebe war Chrissie so lange am Leben geblieben, hatte sie ihre Qual verlängert, ihre Erlösung hinausgeschoben. Obwohl sich Penny nicht an Chrissies letzte Stunden erinnerte, war sie sicher, daß sie ihr *nicht* sagte, was sie hätte sagen *sollen*: Geh! Geh! Es ist Zeit für dich zu gehen. Du brauchst nicht länger meinetwegen hierzubleiben.»

Während sie sprach, mußte ich plötzlich an einen meiner Söhne denken, der damals etwa in Chrissies Alter war. Hätte ich es fertiggebracht, seine Hand loszulassen, ihm beim Sterben zu helfen, ihm zu sagen: «Geh! Es ist Zeit zu gehen»? Ich sah sein strahlendes Gesicht vor mir und eine Woge unbeschreiblicher Qual überrollte mich.

«Nein!» sagte ich mir und riß mich zusammen. Von Gefühlen überschwemmt zu werden – das wollte ich anderen überlassen. Das war etwas für Therapeuten, die ihr nicht helfen konnten. Pennys Problemen war nur mit Sachlichkeit beizukommen.

«Wenn ich Sie also richtig verstehe, fühlen Sie sich aus zwei Gründen schuldig. *Erstens,* weil Sie Chrissie nicht geholfen haben, über ihren bevorstehenden Tod zu sprechen, und *zweitens,* weil Sie sie nicht früh genug haben gehen lassen.» Penny nickte, ernüchtert durch meinen analytischen Ton, und hörte auf zu schluchzen.

Nichts gewährt mehr falsche Sicherheit in der Psychotherapie als eine sachliche Bestandsaufnahme, vor allem in Form einer Aufzählung. Ich fühlte mich durch meine eigenen Worte ermutigt: Das Problem schien plötzlich klarer, vertrauter und viel leichter lösbar. Obwohl ich zum erstenmal mit jemandem arbeitete, der ein Kind verloren hatte, sollte ich in der Lage sein, Penny zu helfen, da ihre Trauer größtenteils auf Schuldgefühle zurückzuführen war. Und mit Schuldgefühlen kannte ich mich aus, sowohl in persönlicher wie in beruflicher Hinsicht.

Bereits zuvor hatte Penny mir erzählt, daß sie viel Zeit in Chrissies Gesellschaft verbrachte, indem sie sie täglich auf dem Friedhof besuchte, ihr Grab pflegte und mit ihr sprach. Penny verwandte so viel Zeit und Energie auf Chrissie, daß ihre Ehe zu kurz kam und ihr Mann sie zwei Jahre nach Chrissies Tod endgültig verließ. Penny sagte, sie habe seinen Weggang kaum bemerkt.

Im Gedenken an ihre Tochter hatte Penny Chrissies Zimmer so gelassen, wie es war, alle Kleider und sonstigen Besitztümer fanden sich an der gewohnten Stelle. Selbst ihre letzten unvollendeten Hausaufgaben lagen noch auf dem Tisch. Nur eins war verändert worden: Penny stellte Chrissies Bett in ihr eigenes Zimmer, um jede Nacht darin schlafen zu können. Daß dies gar nichts Ungewöhnliches war, sollte ich erst später erfahren, als ich noch andere Eltern mit demselben Schicksal interviewte. Damals aber, in meiner Naivität, fand ich das haarsträubend und unnatürlich und glaubte, Penny davon abbringen zu müssen.

«Sie glauben also, Ihre Schuld abtragen zu können, indem Sie sich weiter an Chrissie klammern, und sich weigern, Ihr eigenes Leben zu leben?»

«Ich kann sie nun mal nicht vergessen. Wissen Sie, man kann das nicht einfach so abschalten wie ein Radio!»

«Loslassen ist nicht das gleiche wie vergessen – und niemand redet von abschalten.» Es schien mir am besten, Penny sofort zu antworten: Wenn ich hart blieb, mußte sie nachgeben.

«Wenn ich Chrissie vergessen würde, wäre es so, als ob ich sie nie geliebt hätte. Als ob die Liebe zu meiner eigenen Tochter nur etwas Vorübergehendes gewesen wäre – wie Blumen, die verwelken. Ich werde sie *nicht* vergessen.»

«Nicht vergessen, sagen Sie. Aber das ist doch etwas ganz anderes als loslassen.» Sie hatte meine Unterscheidung zwischen vergessen und loslassen ignoriert, aber ich ging darüber hinweg. «Bevor Sie Chrissie loslassen können, müssen Sie es *wollen*, müssen Sie dazu *bereit* sein. Lassen Sie uns gemeinsam versuchen, das zu verstehen. Gehen wir im Augenblick mal davon aus, daß Sie sich an Chrissie klammern, weil Sie es so *wollen*. Was bringt Ihnen das?»

«Ich weiß nicht, wovon Sie sprechen.»

«Doch, das wissen Sie ganz genau! Geben Sie es doch zu. Warum klammern Sie sich so an Chrissie?»

«Ich habe sie im Stich gelassen, als sie starb, als sie mich brauchte, und ich werde sie auf keinen Fall noch einmal im Stich lassen.»

Obwohl Penny immer noch nicht verstand, war sie gefangen in dem unauflösbaren Widerspruch zwischen ihrer Entschlossenheit, sich an Chrissie zu klammern, und ihrem Glauben an eine Wiedergeburt. Pennys Trauer war erstarrt, eingesperrt in ihrem Inneren. Vielleicht konnte sie anfangen, wirklich zu trauern, wenn sie sich diesen Widerspruch vor Augen führte.

«Penny, Sie sprechen jeden Tag mit Chrissie. Wo ist Chrissie? Wo existiert sie?»

Penny blickte erstaunt. Nie zuvor hatte ihr jemand so schonungslose Fragen gestellt. «An dem Tag, als sie starb, habe ich ihren Geist mit nach Hause genommen. Im Auto hatte ich das Gefühl, daß er neben mir saß. In der ersten Zeit war sie immer in meiner Nähe oder manchmal auch in ihrem Zimmer. Später dann ging ich immer zum Friedhof, wenn ich Verbindung mit ihr aufnehmen wollte. Sie wußte gewöhnlich, was sich in meinem Leben abspielte, aber sie wollte auch wissen, wie es ihren Freunden und Brüdern ging. Ich blieb mit all ihren Freunden in Kontakt, damit ich ihr von ihnen berichten konnte.» Penny hielt inne.

«Und jetzt?»

«Jetzt entschwindet sie langsam. Und das ist gut so. Das bedeutet, daß sie in ein anderes Leben hineingeboren wird.»

«Hat sie irgendwelche Erinnerungen an ihr früheres Leben?»

«Nein. Sie ist in einem anderen Leben. Ich glaube nicht an diesen Mist, daß man sich an seine früheren Leben erinnert.»

«Sie muß also frei sein für ihr nächstes Leben, und trotzdem will ein Teil von Ihnen sie immer noch nicht gehen lassen.»

Penny sagte nichts. Sie starrte mich nur an.

«Penny, Sie sind ein harter Richter. Sie lasten sich das Verbrechen an, Chrissie nicht losgelassen zu haben, als sie dem Tod nahe war, und bestrafen sich dafür mit Selbsthaß. Ich persönlich glaube, daß Sie zu streng mit sich ins Gericht gehen. Zeigen Sie mir die Eltern, die sich anders verhalten hätten. Ich hätte es nicht gekonnt, wenn es mein Kind gewesen wäre – das sage ich Ihnen ganz ehrlich. Doch das Schlimmste ist dieses verdammt harte Urteil gegen sich selbst. Offenbar waren Ihre Schuldgefühle und Ihre Trauer ja auch der Grund, weshalb Ihre Ehe zerbrochen ist. Und wie lange Sie schon büßen! Das will mir einfach nicht in den Kopf. Vier Jahre sind es jetzt. Wie lange soll es noch dauern? Noch ein Jahr? Noch mal vier Jahre? Zehn? Ihr ganzes Leben?»

Ich versuchte, Ordnung in meine Gedanken zu bringen, denn

irgendwie mußte ich ihr helfen zu begreifen, was sie sich antat. Sie saß regungslos da, auf dem Schoß einen Aschenbecher, in dem eine Zigarette verglühte; ihre grauen Augen starrten mich an. Sie schien kaum zu atmen.

Ich fuhr fort: «Ich habe mir die ganze Zeit über Ihr Problem den Kopf zerbrochen, und eben ist mir ein Gedanke gekommen. Ich glaube nämlich nicht, daß Sie sich für etwas bestrafen, das Sie vor vier Jahren, als Chrissie starb, getan haben. *Sie bestrafen sich für etwas, das Sie jetzt tun*, etwas, das Sie selbst in diesem Augenblick noch tun. Sie klammern sich an sie, halten sie in diesem Leben, obwohl Sie wissen, daß sie nicht mehr hierher gehört. Sie gehen zu lassen, würde nicht bedeuten, sie im Stich zu lassen, sie *nicht mehr* zu lieben, sondern es würde im Gegenteil bedeuten, daß Sie sie wirklich lieben –, daß Sie sie genug lieben, um sie für ein anderes Leben *freizugeben*.»

Penny starrte mich weiter an. Obwohl sie schwieg, schien sie beeindruckt. Auch ich spürte die Macht meiner Worte. Doch anstatt sie einfach wirken zu lassen und erst einmal zu schweigen, was wahrscheinlich das beste gewesen wäre, entschloß ich mich, noch etwas hinzuzufügen. Das war vermutlich zuviel des Guten.

«Kehren Sie mal zu diesem Augenblick zurück, Penny, diesem Augenblick, wo Sie Chrissie hätten gehen lassen sollen, diesem Augenblick, den Sie aus Ihrem Gedächtnis gestrichen haben. Wo ist dieser Augenblick jetzt?»

«Was meinen Sie? Ich verstehe Sie nicht.»

«Ich meine, wo dieser Augenblick ist. Wo existiert er?»

Penny schien dieses Kreuzverhör gar nicht zu behagen. Ihr Ton war leicht gereizt. «Ich weiß nicht, worauf Sie hinauswollen. Er ist vorbei. Er ist weg.»

«Gibt es noch irgendeine Erinnerung daran? Vielleicht in Chrissie? Sie sagen, daß sie alle Erinnerungen an dieses Leben verloren hat?»

«Es ist alles weg. Sie erinnert sich nicht, ich erinnere mich nicht. Folglich...?»

«Folglich quälen Sie sich bis heute wegen eines Augenblicks, der nirgendwo existiert – ein *Phantom-Augenblick*. Wenn jemand anders das tun würde, glaube ich, würden Sie ihn für verrückt erklären.»

Rückblickend muß ich sagen, daß in meiner Argumentation viel

Sophisterei steckte. Aber damals fand ich sie zwingend und tiefschürfend. Penny, in ihrer schnodderigen Art sonst nie um eine Antwort verlegen, war wie gelähmt und brachte kein Wort über die Lippen.

Unsere zwei Stunden gingen zu Ende. Obwohl Penny mich nicht darum bat, schien mir ein weiteres Treffen unerläßlich. Zuviel war passiert: Es wäre unverantwortlich gewesen, ihr nicht noch eine zusätzliche Stunde anzubieten. Sie schien von meinem Angebot nicht überrascht und erklärte sich sofort bereit, in der nächsten Woche zur gleichen Zeit wiederzukommen.

Wie zu Eis erstarrt – das klassische Bild für den Gemütszustand endloser Trauer trifft den Kern. Der Körper ist steif; das Gesicht verkrampft; kalte, immer wiederkehrende Gedanken blockieren das Gehirn. Penny war wie zu Eis erstarrt. Würde unsere Konfrontation das Eis brechen? Ich war optimistisch. Obwohl ich nicht wußte, was dabei herauskommen würde, vermutete ich, daß sie in der kommenden Woche ziemlich aufgewühlt wäre, und sah ihrem nächsten Besuch voller Spannung entgegen.

Kaum daß Penny meine Praxis betreten hatte, ließ sie sich in ihren Sessel fallen und sagte: «Mann, bin ich froh, Sie zu sehen! Das war vielleicht eine Woche!»

Mit forcierter Fröhlichkeit fuhr sie fort und erzählte mir, daß sie eine gute Nachricht habe, nämlich daß sie in der vergangenen Woche weniger Schuldgefühle gehabt und weniger an Chrissie gedacht habe. Die schlechte Nachricht sei, daß sie aufgrund einer heftigen Auseinandersetzung mit Jim, ihrem älteren Sohn, die ganze Woche zwischen Wut- und Heulanfällen verbracht hatte.

Penny waren zwei Söhne geblieben, Brent und Jim. Beide hatten die Schule abgebrochen und waren auf die schiefe Bahn geraten. Brent, der Sechzehnjährige, saß wegen Teilnahme an einem Einbruch in einer Jugendstrafanstalt; Jim, neunzehn, war drogenabhängig. Der aktuelle Konflikt hatte einen Tag nach unserer letzten Sitzung begonnen, als Penny erfuhr, daß Jim seit drei Monaten seine Zahlungen für die Friedhofsparzelle eingestellt hatte.

Friedhofsparzelle? Um sicherzugehen, daß ich mich nicht verhört hatte, bat ich sie, das noch einmal zu wiederholen. Also gut, sie hatte «Friedhofsparzelle» gesagt. Vor ungefähr fünf Jahren, als Penny noch lebte, aber schon todkrank war, hatte Penny einen Kaufvertrag zum Erwerb einer teuren Friedhofsparzelle unterschrieben – eine Parzelle, groß genug, betonte sie (als ob das keiner weiteren Erklärung bedurfte), «um die ganze Familie zusammenzuhalten». Jedes Familienmitglied – Penny, ihr Mann Jeff, und ihre beiden Söhne, hatten sich damals auf ihr Drängen bereit erklärt, sich an den über sieben Jahren laufenden Ratenzahlungen zu beteiligen.

Doch trotz dieses Versprechens mußte sie die ganze finanzielle Belastung allein tragen. Jeff war jetzt schon zwei Jahre aus dem Haus und wollte mit ihr nichts mehr zu tun haben – weder zu ihren Lebzeiten noch danach. Ihr jüngerer Sohn, der jetzt seine Strafe absaß, war offenbar nicht mehr in der Lage, seine Zahlungen aufrechtzuhalten (er hatte früher durch seinen Job, den er nach der Schule machte, einen geringen Betrag beisteuern können). Und jetzt mußte sie erfahren, daß Jim sie angelogen hatte und seinen Verpflichtungen auch nicht mehr nachgekommen war.

Noch bevor ich eine kritische Anmerkung zu ihrer seltsamen Erwartung machen konnte, daß diese beiden jungen Männer, die offenbar genug Probleme mit dem Erwachsenwerden hatten, schon für ihre Grabstätte sorgen sollten –, fuhr Penny mit ihrem Bericht über die gräßlichen Ereignisse der Woche fort.

Am Abend nach ihrer Auseinandersetzung mit Jim waren zwei Männer, offensichtlich Drogenhändler, an die Tür gekommen und hatten nach ihm gefragt. Als Penny ihnen sagte, daß er nicht zu Hause sei, forderte sie der eine im Befehlston auf, Jim auszurichten, daß er erst gar nicht nach Hause kommen brauche, wenn sie nicht sofort das Geld bekämen, das er ihnen schuldete – er würde nämlich kein Haus mehr vorfinden, in das er zurückkehren könnte.

Ihr Haus bedeute ihr aber, erzählte Penny, mehr als alles andere in ihrem Leben. Nach dem Tod ihres Vaters – sie war damals acht Jahre alt – war ihre Mutter mit ihr und ihren Schwestern mindestens zwanzigmal umgezogen, weil ihnen jedesmal nach zwei oder drei Monaten wegen ausbleibender Mietzahlungen gekündigt wurde. Sie hatte sich damals geschworen, daß sie eines Tages für ihre eigene Familie ein richtiges Zuhause haben würde, und für dieses Ziel wie eine Verrückte geschuftet. Die monatlichen Belastungen waren hoch, und nachdem Jeff sie verlassen hatte, mußte sie allein für das Haus aufkommen. Obwohl sie jetzt soviel arbeitete wie nie zuvor, schaffte sie es nur mit größter Mühe.

Alles hätten die beiden Männer sagen dürfen, nur das nicht. Als sie gingen, stand sie einige Augenblicke wie betäubt an der Tür; dann verfluchte sie Jim, weil er sein Geld für Drogen ausgab und sie mit den Zahlungen für die Parzelle sitzenließ; und danach «drehte sie völlig durch», wie sie es ausdrückte. Sie sprang in ihren großen, frisierten Pickup, raste hinter den Dealern her und versuchte, als sie auf gleicher Höhe war, sie von der Straße abzudrängen. Nachdem sie sie mehrmals gerammt hatte, konnten sie entkommen, aber erst nachdem sie ihren BMW auf über hundertsechzig Stundenkilometer hochgejagt hatten.

Anschließend informierte sie die Polizei über die Drohung (natürlich ohne ein Wort über die Verfolgungsjagd), und in der letzten Woche hatte ihr Haus rund um die Uhr unter Polizeischutz gestanden. Jim kam später am Abend nach Hause, und als er erfuhr, was passiert war, packte er schnell ein paar Sachen zusammen und verschwand aus der Stadt. Sie hatte seitdem nichts mehr von ihm gehört. Obwohl Penny keinerlei Bedauern über ihr Verhalten äußerte – im Gegenteil, sie schien an der Geschichte Gefallen zu finden –, rumorte es in ihr. Sie wurde zunehmend nervös, fand in dieser Nacht kaum Schlaf und hatte einen bemerkenswerten Traum.

Ich durchsuchte die Räume eines alten Institutsgebäudes. Schließlich öffnete ich eine Tür und sah zwei kleine Jungen, die wie Schaufensterfiguren auf einem Podest standen. Sie sahen aus wie meine beiden Söhne, aber sie hatten lange Haare wie Mädchen und trugen Kleider. Nur war nichts so, wie es sein sollte: Die Kleider waren schmutzig, verkehrt herum und mit dem Futter nach außen. Die Schuhe steckten an den falschen Füßen.

Ich war so überwältigt von der Fülle des Materials, daß ich nicht wußte, womit ich beginnen sollte. Zuerst dachte ich an Pennys verzweifelten Wunsch, alle zusammenzuhalten, den Wunsch, in ihrer Familie den Rückhalt zu finden, den sie als Kind nie hatte, und an die wilde Entschlossenheit, ein eigenes Haus und eine Parzelle auf dem Friedhof zu besitzen, in der dieser Wunsch zum Ausdruck kam. Und jetzt war all das bis auf die Grundfesten erschüttert. Ihre Pläne waren ebenso zerstört wie ihre Familie: Ihre Tochter war tot, ihr Mann hatte sie verlassen, ein Sohn war im Knast, der andere auf der Flucht.

Alles, was ich tun konnte, war, Penny meine Gedanken mitzuteilen und ihr mein Mitgefühl zu zeigen. Ich wollte mir unbedingt die Zeit nehmen, um mich noch einmal eingehend mit dem Traum zu beschäftigen, vor allem mit dem letzten Teil über die beiden kleinen Kinder. Die ersten Träume, die Patienten in die Therapie einbringen, oft besonders inhalts- und facettenreich, führen häufig zu wichtigen Erkenntnissen.

Ich bat sie, mir zu erzählen, was sie in dem Traum empfunden habe. Penny sagte, sie sei weinend aufgewacht, habe aber zunächst nicht gewußt, warum sie weinte.

«Was ist mit den beiden kleinen Jungen?»

Sie sagte, es habe irgendwie traurig, ja mitleiderregend ausgesehen, wie sie angezogen waren – Schuhe an den falschen Füßen, schmutzige Kleider mit dem Futter nach außen. Und die Kleider? Was hatte es mit den langen Haaren und den Kleidern auf sich? Penny hatte zunächst keine Erklärung dafür, fragte sich aber dann, ob es nicht bedeuten könne, daß sie eigentlich gar keine Jungen haben wollte. Vielleicht hätte sie lieber Mädchen gehabt. Chrissie war ein Idealkind gewesen, eine gute Schülerin, hübsch und musisch begabt. Chrissie, vermutete ich, verkörperte Pennys Hoffnung auf die Zukunft: Sie war es, die die Familie vor der drohenden Armut und dem Verbrechen hätte bewahren können.

«Ja, ja», fuhr Penny traurig fort, «der Traum paßt genau auf meine Söhne – Kleider falsch rum, Schuhe falsch rum. Bei denen läuft alles falsch – das war schon immer so. Nichts als Ärger mit den beiden. Ich hatte drei Kinder: Eins war ein Engel, die anderen beiden, Sie brauchen sie bloß anzuschauen – einer im Knast und der andere drogensüchtig. Ich hatte drei Kinder – *und das falsche ist gestorben.*»

Penny schnappte nach Luft und hielt sich die Hand vor den Mund. «Ich habe das schon oft gedacht, aber noch nie ausgesprochen.»

«Und wie klingt es für Sie?»

Sie ließ den Kopf sinken, fast bis auf den Schoß. Tränen fielen auf ihren Jeansrock. «Unmenschlich.»

«Ist es aber nicht, Penny. Für mich sind das ganz und gar menschliche Gefühle. Es mag unmenschlich klingen, aber so sind wir Menschen nun mal. Welche Mutter oder welcher Vater hätte in Ihrer Situation und mit Ihren drei Kindern nicht das Gefühl, daß das falsche gestorben ist. Ich an Ihrer Stelle jedenfalls hätte es auch, da bin ich mir ganz sicher!»

Ich wußte nicht, wie ich ihr noch mehr anbieten konnte, aber da sie nicht reagierte, wiederholte ich es. «Wenn ich in Ihrer Situation wäre, würde ich genauso empfinden.»

Sie hielt den Kopf gesenkt, nickte aber beinahe unmerklich.

Als unsere dritte Stunde zu Ende ging, war es sinnlos geworden, weiter so zu tun, als ob Penny bei mir nicht in therapeutischer Behandlung sei. Also bekannte ich mich offen dazu und schlug sechs weitere Stunden vor. Ich betonte aber, daß ich wegen anderer Verpflichtungen und Reisepläne nicht in der Lage sei, die Therapie über den Zeitraum von sechs Wochen hinaus zu verlängern. Penny war einverstanden, sagte aber, daß Geld für sie ein großes Problem sei. Ob wir uns auf Ratenzahlungen über mehrere Monate einigen könnten? Ich versicherte ihr, daß die Behandlung für sie kostenlos sei: Da die Arbeit mit Penny ursprünglich nur als Teil eines Forschungsprojekts gedacht war, konnte ich nicht guten Gewissens diesen Vertrag plötzlich ändern und Geld verlangen.

Es gab einen weiteren Grund, weshalb ich es völlig in Ordnung fand, ohne Honorar zu arbeiten: Ich wollte mehr über die Auswirkungen von Todesfällen auf Hinterbliebene lernen, und Penny erwies sich als ausgezeichnete Lehrerin. Gerade in dieser Stunde hatte sie mir zu einer Erkenntnis verholfen, die für meine zukünftige Arbeit mit Betroffenen von großem Nutzen war: *Wenn man lernen will, mit den Toten zu leben, muß man als erstes lernen, mit den Lebenden zu leben.* Penny schien noch viel lernen zu müssen, was ihre Beziehungen zu den Lebenden anging: besonders zu ihren Söhnen und vielleicht auch zu ihrem Mann. Ich ging davon aus, daß wir uns in den verbleibenden sechs Stunden vor allem mit diesem Problem auseinanderzusetzen hatten.

Das falsche Kind starb. Das falsche Kind starb. In unseren nächsten beiden Sitzungen untersuchten wir diese unbarmherzige Aussage von allen Seiten. Penny hielt mit ihrem tiefen Groll gegen ihre Söhne nicht zurück. Nicht nur die Art, wie sie lebten, brachte sie gegen sie auf, sondern allein die Tatsache, *daß* sie lebten. Aber erst nachdem alles aus ihr heraus war, erst nachdem sie auszusprechen gewagt hatte, was sie schon seit Jahren gefühlt hatte (seit sie zum erstenmal von Chrissies tödlicher Krankheit erfuhr) – daß sie nämlich ihre beiden Söhne aufgegeben hatte; daß Brent mit sechzehn schon ein hoffnungsloser Fall war; daß sie jahrelang darum gebetet hatte, daß Chrissie mit Jims Körper weiterleben möge (Wozu brauchte er ihn? Er würde ihn ohnehin bald ruinieren, ob mit Drogen oder mit AIDS. Warum sollte er einen funktionierenden Körper haben, während Chrissie, die ihren kleinen Körper so liebte, vom Krebs zerfressen wurde?) –, erst als Penny all das ausgesprochen hatte, konnte sie innehalten und darüber nachdenken, was sie gesagt hatte.

Ich konnte nur dasitzen und zuhören und ihr hin und wieder versichern, daß dies durchaus menschliche Gefühle seien, deren sie sich nicht zu schämen brauche. Schließlich hielt ich die Zeit für gekommen, sich näher mit ihren Söhnen zu befassen. Ich stellte ihr Fragen, zunächst behutsam und allmählich provozierender.

Waren ihre Söhne schon immer schwierig gewesen? Seit der Geburt? Was war in ihrem Leben passiert, daß sie so aus der Bahn geworfen wurden? Wie hatten sie Chrissies Ende erlebt? Hatte es ihnen Angst eingeflößt? Hatte irgend jemand mit *ihnen* über den Tod gesprochen? Wie standen sie zu dem Kauf der Grabstätte? Ein Grab, direkt neben Chrissies? Welche Gefühle hatten sie, als ihr Vater die Familie verließ?

Penny mochte diese Fragen gar nicht. Zuerst lösten sie Erstaunen, später Verärgerung aus. Dann erkannte sie allmählich, daß sie bei allem, was passiert war, nie versucht hatte, sich in die Lage ihrer Söhne zu versetzen. Sie hatte nie eine gute Beziehung zu einem Mann gehabt, und vielleicht hatten ihre Söhne dafür büßen müssen. Wir sprachen über die Männer in ihrem Leben: über einen Vater (ein von ihrer Mutter für alle Zeiten geschmähter Mann, an den sie sich nicht erinnern konnte), der sie verließ, als sie acht war; die Liebhaber ihrer Mutter – eine Reihe unappetitlicher Nachtvögel, die sich bei Tagesanbruch verflüchtigten; der erste Ehemann, der sie einen Monat nach der Hochzeit sitzenließ, als sie siebzehn war; der zweite, ein ungehobelter Säufer, der sie schließlich in ihrer Trauer allein ließ.

Zweifellos hatte sie die Jungen in den letzten acht Jahren vernachlässigt. Als Chrissie krank war, hatte sie sich fast ausschließlich um sie gekümmert. Auch nach Chrissies Tod war Penny nicht für ihre Söhne da: Durch ihre Wut darüber, daß sie lebten und Chrissie tot war, errichtete sie eine Mauer des Schweigens zwischen sich und ihnen. Ihre Söhne wurden härter und distanzierter, aber einmal, bevor sie sich gefühlsmäßig endgültig gegen ihre Mutter abschotteten, sagten sie ihr, was sie sich von ihr gewünscht hätten: daß die Stunde, die Penny seit vier Jahren täglich an Chrissies Grab verbrachte, ihnen gewidmet gewesen wäre.

Welche Auswirkungen hatte Chrissies Tod auf ihre Söhne? Die Jungen waren acht und elf, als Chrissie krank wurde. Daß ihnen die Vorgänge um ihre Schwester Angst einjagen könnten, daß auch sie um ihre Schwester trauern könnten, daß sie sich ihrer eigenen Sterblichkeit vielleicht voller Angst bewußt wurden: An keine dieser Möglichkeiten hatte Penny je gedacht.

Und da war noch die Sache mit den Schlafzimmern. Pennys kleines Haus hatte drei kleine Schlafzimmer, und die Jungen hatten sich immer eins teilen müssen, während Chrissie ihr eigenes Zimmer hatte. Wenn sie, was anzunehmen war, sich bereits zu Chrissies Lebzeiten darüber geärgert hatten, wie groß muß ihr Ärger erst nach Chrissies Tod gewesen sein, als Penny sich weigerte, ihnen das Zimmer zu überlassen? Und was mochten sie dabei empfinden, daß Chrissies letzter Wille und ihr Testament seit vier Jahren unter einem Magneten in Form einer Erdbeere an der Kühlschranktür hing?

Und mußten sie ihr nicht ebenso verübeln, daß sie, um die Erinnerung an Chrissie wachzuhalten, jedes Jahr ihren Geburtstag wie früher feierte? Und was hatte sie für *ihre* Geburtstagsfeiern getan? Penny wurde rot und antwortete schroff: «Das Übliche.» Ich wußte, daß ich sie jetzt hatte.

Vielleicht war Pennys und Jeffs Ehe ohnehin zum Scheitern verurteilt, aber die endgültige Trennung wurde höchstwahrscheinlich durch die Trauer über Chrissies Tod noch beschleunigt. Penny und Jeff gingen mit ihrer Trauer sehr unterschiedlich um: Penny tauchte in die Erinnerung ein, Jeff entschied sich für Verdrängung und Ablenkung. Ob sie in anderen Bereichen harmonierten, schien an diesem Punkt unerheblich: Im Trauern gab es zwischen ihnen keine Gemeinsamkeit, ganz im Gegenteil, jeder machte es durch seine Art des Trauerns dem anderen unmöglich, mit dem eigenen Schmerz fertig zu werden. Wie konnte Jeff vergessen, wenn Penny alle Wände mit Chrissies Foto tapezierte, in ihrem Bett schlief, ihr Zimmer zu einer Gedenkstätte machte? Wie konnte Penny ihre Trauer überwinden, wenn Jeff nicht einmal über Chrissie sprechen wollte; wenn (und darüber war es zu einem fürchterlichen Streit gekommen) er sich, sechs Monate nach ihrem Tod, weigerte, an der Abschlußfeier von Chrissies Junior High School teilzunehmen?

In der fünften Sitzung gab Penny der Lektion «Wie lerne ich, besser mit den Lebenden zu leben?» eine neue Wendung. Je mehr sie über ihre Familie, ihre tote Tochter und ihre beiden Söhne nachdachte, desto häufiger fragte sie sich: Wofür lebe ich eigentlich? Wozu das Ganze? Bisher hatte sie sich von einem einzigen Prinzip leiten lassen: ihren Kindern ein besseres Leben zu ermöglichen, als sie selbst gehabt hatte. Aber wie sah denn nun die Bilanz der letzten zwanzig Jahre aus? Hatte sie ihr Leben vergeudet? Und wozu sollte es gut sein, ihr Leben weiterhin auf dieselbe Art zu vergeuden? Warum sich umbringen, nur um Hypotheken zu tilgen? Hatte das alles irgendeinen Sinn?

Also verlagerten wir den Schwerpunkt. Nicht mehr Pennys Beziehungen zu ihren Söhnen und zu ihrem Ex-Mann standen im Vordergrund, sondern die Frage nach dem Sinn des Lebens, die sich nach dem Verlust eines Kindes in verschärfter Form stellt. Der Verlust eines Angehörigen oder eines engen Freundes ist immer mit dem Verlust eigener Vergangenheit verbunden: Häufig verschwindet mit dem Verstorbenen der einzige Zeuge längst vergangener, goldener Zeiten. Doch wer ein Kind verliert, verliert die Zukunft: Man verliert sein ganzes Lebensprojekt – alles, wofür man lebt, die eigene Projektion in die Zukunft, die Hoffnung, über den Tod hinauszuwachsen (das Kind verkörpert in der Tat den Wunsch nach Unsterblichkeit). Daher bezeichnet man den Verlust eines Angehörigen oft als «Objektverlust» (wobei das «Objekt» eine Figur ist, die bei der Bildung unserer inneren Welt eine entscheidende Rolle spielt), den Verlust eines Kindes dagegen als «Projektverlust» (dieser Verlust beraubt uns unseres zentralen Lebensprinzips, unserer Antwort auf das *Warum* und das *Wie*). So ist es kein Wunder, daß der Verlust eines Kindes schwerer als jeder andere zu ertragen ist, daß viele Eltern noch nach fünf Jahren und manche gar ihr Leben lang in Trauer verharren.

Doch waren wir mit unserer Frage nach dem Sinn des Lebens noch nicht sehr weit gekommen (Fortschritte waren eigentlich auch nicht zu erwarten: das Fehlen eines Sinns ist ein generelles Problem des Lebens und nicht das Problem *eines* Lebens), als Penny erneut den Kurs änderte. Ich hatte mich inzwischen daran gewöhnt, daß sie fast in jeder Stunde ein neues Element in die Diskussion brachte. Es war nicht so, wie ich zuerst glaubte, daß sie sich nicht auf ein Thema konzentrieren konnte und deshalb von einer Sache zur anderen sprang. Statt dessen versuchte sie sehr tapfer, ihre Trauer in ihrer ganzen Vielschichtigkeit freizulegen. Wie viele Schichten würde sie mir noch offenbaren?

In einer Sitzung – ich glaube, es war die siebte – berichtete sie von einem bemerkenswerten Traum und einem weiteren Blackout.

Zu dem Blackout kam es in einem Geschäft (demselben, in dem sie damals mit einem Plüschtier in der Hand zu sich kam): Sie sei plötzlich zu sich gekommen, habe geweint und eine Glückwunschkarte zum Abschluß der High School in der Hand gehalten.

Der Traum, obgleich kein Alptraum, steckte voller Enttäuschungen und Ängste:

Ich war auf einer Hochzeit. Chrissie heiratete einen Jungen aus der Nachbarschaft – eine absolute Null. Ich mußte mich umziehen. Ich war in einem großen, hufeisenförmigen Haus mit vielen kleinen Zimmern und suchte verzweifelt das Umkleidezimmer. So sehr ich mich auch bemühte, ich konnte das Zimmer nicht finden.

Und gleich darauf ein «Anhängsel», eine zweite Episode:

Ich war in einem großen Zug. Wir fuhren immer schneller, bis der Zug abhob und sich einem großen Bogen am Himmel näherte. Es war ein sehr schöner Anblick. Lauter Sterne. Und irgendwo dazwischen das Wort «Entwicklung», vielleicht als Untertitel – auf jeden Fall ein Wort, das starke Gefühle in mir auslöste.

Wir sprachen zunächst über die Hochzeit im ersten Teil des Traums. Vielleicht symbolisierte der Bräutigam den Tod, denn eine solche Heirat hatte sich Penny nicht für Chrissie gewünscht.
Und was bedeutete Entwicklung? Penny hatte gesagt, daß sie bei ihren Besuchen auf dem Friedhof (sie ging nur noch zwei- bis dreimal pro Woche hin) keine Verbindung mehr zu Chrissie spüre. Demnach könnte Entwicklung bedeuten, sagte ich, daß Chrissie sie nun wirklich verlassen habe und in ein neues Leben eingetreten sei.
Vielleicht, aber Penny hatte eine bessere Erklärung für die Traurigkeit, die in dem Blackout und den Träumen steckte. Als sie in dem Geschäft wieder zu sich kam, hatte sie das überdeutliche Gefühl, daß die Glückwunschkarte in ihrer Hand nicht für Chrissie bestimmt war (die zu dieser Zeit mit der High School fertig geworden wäre), sondern für sie selbst. Da Penny die Schule nie beendet hatte, tat es Chrissie stellvertretend für ihre Mutter (dasselbe galt für den Besuch der Stanford-Universität).
Der Traum über die Hochzeit und die Suche nach einem Umkleidezimmer war, wie Penny glaubte, ein Traum über ihre beiden fehlgeschlagenen Ehen und über ihren derzeitigen Versuch, ihr Leben zu ändern. Die Assoziationen, die sie mit dem Gebäude in dem Traum verband, bestätigten diese Deutung: Das Gebäude hatte auffallende Ähnlichkeit mit der Klinik, in der sich meine Praxis befand.
Und auch «Entwicklung» bezog sich auf sie und nicht auf Chrissie. Penny wollte ihr Leben verändern. Sie war fest entschlossen, vorwärtszukommen und sich Eintritt in die feine Gesellschaft zu verschaffen. Jahrelang hatte sie in ihrem Taxi zwischen zwei Fahrgästen Lehrkassetten zur Erweiterung ihres eigenen Wortschatzes sowie die großen Werke der Literatur und Kunst gehört. Sie wußte, daß sie begabt war, hatte aber ihre Talente nie entwickeln können, weil sie seit ihrem dreizehnten Lebensjahr Geld verdienen mußte. Wenn sie endlich aufhören könnte zu arbeiten, könnte sie sich ganz ihrer Bildung widmen, die High School beenden, aufs College gehen, «non-

stop» studieren und von ihrem jetzigen Leben «abheben» (*da* war der Traumzug, der in den Himmel abgehoben hatte!).

In den nächsten zwei Stunden verlagerte Penny mehr und mehr den Schwerpunkt von Chrissies Tragödie auf die Tragödie ihres eigenen Lebens. Als wir uns der neunten und letzten Stunde näherten, opferte ich den Rest meiner Glaubwürdigkeit und bot Penny noch drei weitere Sitzungen an, womit die mir bis zum Beginn meines Urlaubssemesters verbleibende Zeit voll ausgeschöpft war. Es gab mehrere Gründe, weshalb ich die Therapie nicht abbrechen wollte: Allein schon das Ausmaß ihres Leidens zwang mich, ihr beizustehen. Ich war über ihren Zustand besorgt und fühlte mich verantwortlich: Je mehr neues Material auftauchte, desto stärker waren ihre Depressionen geworden. Daß sie dennoch alle Möglichkeiten der Therapie voll ausschöpfte, beeindruckte mich: Ich hatte noch nie einen Patienten gesehen, der so hart an sich arbeitete. Und schließlich – man möge es mir verzeihen – war ich fasziniert von der Vielschichtigkeit eines Dramas, das jede Woche eine neue aufregende und völlig unvorhersehbare Episode für mich bereithielt.

Penny erinnerte sich an ihre Kindheit in Atlanta, eine Zeit unendlicher Trostlosigkeit und Armut. Ihrer Mutter, einer verbitterten, argwöhnischen Frau, gelang es nur unter größten Schwierigkeiten, Betty und ihre beiden Schwestern durchzubringen. Ihr Vater, der als Ausfahrer eines Warenhauses über ein bescheidenes Einkommen verfügte, war, wenn man den Berichten ihrer Mutter Glauben schenken konnte, ein abgestumpfter, freudloser Mann, der an Alkoholismus starb, als Penny acht war. Nach dem Tod ihres Vaters änderte sich alles. Es war kein Geld mehr da. Ihre Mutter mußte täglich zwölf Stunden in einer Wäscherei arbeiten und verbrachte ihre Abende meistens in einer nahegelegenen Bar, wo sie sich Männer für die Nacht aufgabelte. Das war die Zeit, in der Penny zum Schlüsselkind wurde

Danach hatte die Familie nie wieder ein ordentliches Zuhause. Sie zogen von einer Mietwohnung zur nächsten, weil sie häufig wegen ausbleibender Mietzahlungen gekündigt wurden. Penny begann mit dreizehn zu arbeiten, flog mit fünfzehn von der Schule, war mit sechzehn Alkoholikerin, heiratete und ließ sich, nicht einmal achtzehn, wieder scheiden, heiratete wieder und flüchtete schließlich mit neunzehn an die Westküste, wo sie drei Kinder zur Welt brachte, ein Haus kaufte, ihre Tochter beerdigte, sich wieder scheiden ließ und eine Anzahlung für den Kauf eines Familiengrabs machte.

In Pennys Lebensbericht gab es zwei Themen, die mich besonders beeindruckten. Da war einmal die Tatsache, daß sie um ihr Leben betrogen worden war. Ihr größter Wunsch für das nächste Leben, für ihres und Chrissies, war, «stinkreich» zu sein.

Und zum anderen dieser starke Drang, «entkommen» zu wollen. Sie wollte nicht nur Atlanta, ihrer Familie, dem Teufelskreis von Armut und Alkoholismus entkommen, sondern ebenso ihrem vermeintlichen Schicksal, eine «arme, verrückte alte Frau» wie ihre Mutter zu werden, zumal Penny kürzlich erfahren hatte, daß ihre Mutter in den letzten Jahren mehrmals in psychiatrische Anstalten eingeliefert worden war.

Dem Schicksal zu entkommen – ihrem sozialen Schicksal und einem Schicksal als arme, verrückte alte Frau –, das war der entscheidende Antrieb in Pennys Leben. Mich hatte sie aufgesucht, um nicht verrückt zu werden. Der Armut zu entgehen, sagte sie, das könne sie selber bewältigen. Und in der Tat war es die wilde Entschlossenheit, ihrem Schicksal zu entgehen, die es ihr ermöglichte, wie eine Besessene zu arbeiten, lange, zermürbende Stunden hinter dem Steuer ihres Taxis zu verbringen.

Es war bezeichnend, daß sie in ihrem Kampf gegen das Schicksal der Armut und des Scheiterns nur vor einer höheren Macht kapitulierte: vor der Endlichkeit allen Lebens. Penny konnte sich mit der Unausweichlichkeit des Todes noch weniger abfinden als die meisten anderen Menschen. Sie war eine von Grund auf aktive Person – ich dachte daran, wie sie hinter den Drogenhändlern herjagte –, und um so schmerzlicher empfand sie nachträglich ihre eigene Hilflosigkeit bei Chrissies Tod.

Obwohl ich mich daran gewöhnt hatte, daß Penny ständig mit neuen, spektakulären Enthüllungen aufwartete, war ich auf die Bombe, die sie in unserer elften, vorletzten Sitzung losließ, nicht vorbereitet. Wir hatten über das bevorstehende Ende der Therapie gesprochen, und sie erzählte, wie sehr sie sich an die Stunden mit mir gewöhnt hatte und wie schwer ihr der Abschied in der nächsten Woche fallen würde, daß sie schon wieder jemanden verlieren würde, als sie ganz beiläufig fragte: «Habe ich Ihnen eigentlich schon mal erzählt, daß ich mit sechzehn Zwillinge bekommen habe?»

Fast hätte ich ausgerufen: «Was? Zwillinge? Mit sechzehn? Was soll das heißen ‹Habe ich Ihnen eigentlich schon mal erzählt?› Sie wissen verdammt gut, was Sie mir erzählt haben und was nicht!» Aber da mir nur noch diese und die nächste Sitzung blieben, sah ich über die Art ihrer Enthüllung hinweg und konzentrierte mich auf den Inhalt.

«Nein, davon haben Sie mir nie erzählt.»

«Also, mit fünfzehn wurde ich schwanger. Das war der Grund, weshalb ich von der Schule abging. Ich habe mit niemandem darüber gesprochen, bis es zu spät war, irgendwas dagegen zu tun. Ich ließ alles so weiterlaufen und bekam schließlich das Baby oder besser gesagt die beiden Mädchen.» Penny hielt inne und klagte über einen Schmerz in der Kehle. Offensichtlich fiel es ihr schwerer, darüber zu sprechen, als sie vorgab.

Ich fragte, was mit den Zwillingen geschehen sei.

«Die Leute vom Jugendamt meinten, ich sei zu jung und auch sonst nicht in der Lage, meinen Mutterpflichten nachzukommen – womit sie wahrscheinlich recht hatten –, aber ich weigerte mich, die Kinder herzugeben und versuchte, sie allein aufzuziehen. Sechs Monate hat man mich machen lassen, und dann wurden sie mir doch weggenommen. Ich habe sie noch ein paarmal besucht – bis sie adoptiert wurden. Seitdem habe ich nichts mehr von ihnen gehört. Ich habe es auch gar nicht versucht. Ich ging von Atlanta weg und wollte alles vergessen.»

«Denken Sie oft an sie?»

«Erst jetzt wieder. Direkt nach Chrissies Tod habe ich ein paarmal kurz an sie gedacht, aber seit einigen Wochen gehen sie mir nicht mehr aus dem Sinn. Ich frage mich, wo sie sein mögen, wie es ihnen geht, ob sie in einer reichen Familie sind – das war die einzige Bitte, die ich bei der Adoptionsvermittlung äußerte. Sie sagten, sie würden es versuchen. In letzter Zeit liest man in den Zeitungen ständig über Mütter, die ihre Babys an reiche Familien verkaufen. Aber ich habe damals ja keine Ahnung gehabt!»

Wir verbrachten die restliche Stunde und einen Teil der letzten damit, die Implikationen dieser neuen Information zu untersuchen.

Seltsamerweise half uns ihre Enthüllung, mit dem bevorstehenden Ende der Therapie besser umzugehen, denn durch sie schloß sich gewissermaßen der Kreis, der uns zum Beginn der Therapie zurückführte, zurück zu dem immer noch mysteriösen ersten Traum, in dem ihre beiden Söhne als Schaufensterpuppen in Mädchenkleidern erschienen. Ich war überzeugt, daß Penny nach Chrissies Tod und nach der Enttäuschung über ihre beiden Söhne zum erstenmal wirklich bereute, ihre beiden Mädchen abgegeben zu haben, und daß sie mit der Überzeugung gelebt hatte, daß nicht nur das falsche Kind gestorben war, sondern auch die falschen Kinder adoptiert worden waren.

Ich fragte, ob sie sich schuldig fühle, weil sie ihre Kinder abgegeben hatte. Penny antwortete beiläufig, daß es damals das Beste sowohl für sie als auch für ihre Kinder gewesen sei. Wenn sie damals mit sechzehn Jahren ihre beiden Kinder behalten hätte, wäre sie zum gleichen Leben wie ihre Mutter verdammt gewesen. Und es wäre eine Katastrophe für die Kinder gewesen; als alleinstehende Mutter hätte sie ihnen nichts geben können – und an diesem Punkt erfuhr ich zum erstenmal mehr darüber, warum Penny nicht früher schon über die Zwillinge gesprochen hatte. Sie hatte sich fürchterlich geschämt, weil sie die Identität des Vaters nicht kannte. Sie war als Teenager mit allen möglichen Jungen ins Bett gegangen; in der Schule wurde sie die «arme, weiße Schlampe» genannt, und der Vater hätte irgendeiner von zehn Jungen gewesen sein können. Niemand aus ihrem jetzigen Leben, nicht einmal ihr Mann wußte von ihrer Vergangenheit, weder von den Zwillingen noch von ihrem Ruf an der High School – auch das waren Dinge, denen sie zu entkommen versucht hatte.

Zum Schluß der Stunde sagte sie: «Sie sind der einzige, der das weiß.»

«Und was für ein Gefühl ist es, mir das zu erzählen?»

«Gemischt. Ich habe lange darüber nachgedacht, ob ich es Ihnen erzählen soll. Ich habe die ganze Woche Gespräche mit Ihnen geführt.»

«Inwiefern gemischt?»

«Beängstigend, gut, schlecht, mal so, mal so...» Penny rasselte die Worte herunter. Da es ihr sehr schwerfiel, ihre Gefühle auszudrücken, wurde sie gereizt. Doch fing sie sich wieder und sprach ruhig weiter. «Ich glaube, ich habe Angst, daß Sie mich verurteilen. Ich möchte, daß Sie auch in der letzten Stunde nächste Woche noch Achtung vor mir haben.»

«Glauben Sie, ich habe keine Achtung vor Ihnen?»

«Wie soll ich das wissen? Alles, was Sie tun, ist Fragen stellen.»

Sie hatte recht. Wir näherten uns dem Ende der elften Stunde – höchste Zeit, meine Zurückhaltung aufzugeben.

«Penny, was mich angeht, können Sie unbesorgt sein. Je mehr Sie mir anvertrauen, desto mehr mag ich Sie. Ich bin voller Bewunderung für das, was Sie im Leben schon durchgestanden und geleistet haben.»

Penny brach in Tränen aus. Sie zeigte auf ihre Uhr, um mich daran zu erinnern, daß unsere Zeit um war, und stürzte, das Gesicht in Taschentücher vergraben, aus der Praxis.

Eine Woche später, in unserer letzten Sitzung, erfuhr ich, daß die Tränen fast die ganze Woche über geflossen waren. Auf dem Heimweg nach der letzten Sitzung ging sie am Friedhof vorbei, setzte sich neben Chrissies Grab, und weinte, wie so oft, um ihre Tochter. Aber an dem Tag nahmen die Tränen kein Ende. Sie legte sich auf das Grab, umarmte Chrissies Grabstein und weinte dabei immer heftiger – diesmal nicht nur um Chrissie, sondern endlich auch um all die anderen, die sie verloren hatte. Sie weinte um ihre Söhne, um die verlorenen Jahre, ihr gescheitertes Leben. Sie weinte um ihre verlorenen Töchter, die sie nie gekannt hatte. Sie weinte um ihren Vater, wie schlecht auch immer er gewesen war. Sie weinte um ihren Mann, um die vergangenen Zeiten, in denen sie noch jung und voller Hoffnung waren. Sie weinte sogar um ihre arme alte Mutter und ihre Schwestern, die sie vor zwanzig Jahren aus ihrem Leben gestrichen hatte. Aber am meisten weinte sie um sich selbst, um das Leben, das sie sich erträumt und das sie nie gelebt hatte.

Unsere Stunde war zu Ende. Wir standen auf, gingen zur Tür und gaben uns die Hand. Ich betrachtete sie, wie sie die Treppe hinunterging. Sie merkte es, drehte sich um und sagte: «Machen Sie sich keine Sorgen um mich. Ich komm' schon durch. Sie wissen ja» – und sie hielt eine silberne Kette hoch, die sie um den Hals trug – «ich war ein Schlüsselkind.»

Epilog

Ich sah Penny noch einmal, ein Jahr später, als meine beiden Urlaubssemester vorbei waren. Zu meiner Erleichterung ging es ihr viel besser. Obwohl sie mir versichert hatte, daß sie alleine zurechtkommen würde, hatte ich mir große Sorgen gemacht. Nie hatte ich einen Patienten gehabt, der bereit war, in so kurzer Zeit so viele schmerzliche Enthüllungen zu machen. Nie einen, der so herzergreifend geschluchzt hatte. (Meine Sekretärin, deren Büro direkt neben meiner Praxis lag, machte während Pennys Therapiestunden meistens ausgedehnte Kaffeepausen.)

In unserer ersten Sitzung hatte sie gesagt: «Sie geben mir nur Starthilfe. Um den Rest kümmere ich mich selbst.» Und so war es auch gekommen. In dem Jahr nach unserer Therapie ging Penny zwar nicht zu dem Therapeuten, den ich ihr vorgeschlagen hatte, arbeitete jedoch weiter an sich selbst.

Nun, in der Sitzung ein Jahr später, konnte ich feststellen, daß sie mit ihrer Trauer, die sie früher in sich hineingefressen hatte, offener umging. Penny wurde immer noch von Gespenstern verfolgt, aber ihre Dämonen kamen nicht mehr aus der Vergangenheit, sondern aus der Gegenwart. Sie litt jetzt nicht mehr, weil sie die Ereignisse um Chrissies Tod vergessen hatte, sondern weil sie ihre Söhne so schändlich vernachlässigt hatte.

So manifestierte sich denn auch die Veränderung am deutlichsten in ihrer Haltung gegenüber ihren Söhnen. Beide waren nach Hause zurückgekehrt; und obwohl der Mutter-Sohn-Konflikt immer wieder aufbrach, lief er nun anders ab. Penny und ihre Söhne hatten aufgehört, sich wegen des Familiengrabs oder der Geburtstagspartys für Chrissie zu streiten. Jetzt gerieten sie aneinander, wenn Brent sich beispielsweise den Wagen ausleihen wollte oder wenn Jim mal wieder den Job geschmissen hatte.

Außerdem war es Penny gelungen, sich immer mehr von Chrissie zu lösen. Ihre Besuche auf dem Friedhof wurden kürzer und seltener; sie hatte Chrissies Kleider und Spielzeuge größtenteils weggegeben und ihr Zimmer für Brent freigemacht; sie entfernte Chrissies letzten Willen und ihr Testament vom Kühlschrank, telefonierte nicht mehr mit Chrissies Freunden und hörte auf, sich vorzustellen, was Chrissie, wäre sie nicht gestorben, erlebt hätte – zum Beispiel den High-School-Ball oder die Aufnahme ins College.

Penny war eine Überlebenskünstlerin. Irgendwie hatte ich das von Anfang an gewußt. Ich dachte zurück an unser erstes Treffen und wie entschlossen ich damals war, mich nicht auf eine Therapie mit ihr einzulassen. Und doch hatte Penny alles bekommen, was sie sich in den Kopf gesetzt hatte: Therapie, kostenlos, von einem Professor der Stanford-Universität. Wie war das eigentlich zugegangen? Hatte es sich einfach so ergeben? Oder war ich, ohne es zu merken, geschickt da hineinmanövriert worden?

Oder hatte ich mich da womöglich selbst hineinmanövriert? Im Grunde war es müßig, darüber nachzudenken. Auch ich hatte von unserer Beziehung profitiert. Ich wollte etwas über Menschen lernen, die mit der Trauer über den Verlust eines geliebten Menschen nicht fertig werden, und Penny hatte mich in nur zwölf Sitzungen Schicht um Schicht bis zum innersten Kern der Trauer geführt.

Zunächst beschäftigten wir uns mit dem Gefühl der Schuld, das sich bei den Hinterbliebenen fast immer einstellt. Penny fühlte sich schuldig wegen ihres Erinnerungsverlusts und weil sie mit Chrissie nicht über den Tod gesprochen hatte. Andere fühlen sich schuldig, weil sie glauben, nicht genug getan zu haben, sich nicht rechtzeitig um ärztliche Hilfe bemüht, sich nicht ausreichend um die Pflege des Kranken gekümmert zu haben. Eine meiner Patientinnen, eine besonders aufopferungsvolle Frau, wich wochenlang nicht vom Krankenbett ihres Mannes, quälte sich aber nach seinem Tod viele Jahre hindurch, weil er gestorben war, als sie kurz das Zimmer verlassen hatte, um eine Zeitung zu kaufen.

Das Gefühl, daß man «mehr hätte tun sollen», scheint mir den Wunsch widerzuspiegeln, das Schicksal zu beherrschen. Denn wenn man sich vorwirft, nicht alles menschenmögliche unternommen zu haben, dann folgt daraus, daß man tatsächlich etwas hätte tun *können* – ein beruhigender Gedanke, der von unserer jämmerlichen Hilflosigkeit angesichts des Todes ablenkt. Umnebelt von der perfekt konstruierten Illusion grenzenloser Macht und grenzenlosen Fortschritts, wiegen wir uns alle, zumindest bis zur Midlife-crisis, in dem Glauben, daß es im Leben immer nur aufwärts geht und alles ausschließlich von unserem Willen abhängt.

Diese schöne Illusion kann durch eine irreversible existentielle Erfahrung – die Philosophen haben dafür den Begriff «Grenzerfahrung» geprägt – zunichte gemacht wird. Von allen möglichen Grenzerfahrungen konfrontiert uns keine – wie die Geschichte von Carlos zeigt («Wenn Vergewaltigung legal wäre...») – stärker mit der Endlichkeit und Bedingtheit des Lebens als die unmittelbare Drohung des eigenen Todes.

Eine andere Grenzerfahrung ist der Tod eines geliebten Menschen – des Mannes, der Frau oder eines Freundes –, eine Erfahrung, die die Illusion unserer eigenen Unverwundbarkeit zerstört. Für die meisten Menschen stellt der Tod eines Kindes den größtmöglichen Verlust dar. In einem solchen Augenblick scheint das Leben auf allen Fronten anzugreifen: Die Eltern fühlen sich schuldig und sehen voller Angst ihre Unfähigkeit zu handeln; sie sind wütend über das Unvermögen und das scheinbar mangelnde Einfühlungsvermögen der Ärzte; manche beklagen sich auch über die Ungerechtigkeit Gottes und des Universums (später erkennen sie häufig, daß das, was sie für Ungerechtigkeit hielten, in Wirklichkeit die Gleichgültigkeit des Kosmos ist). Der Tod eines Kindes konfrontiert die Eltern auch mit dem eigenen Tod: Sie waren nicht in der Lage, ein wehrloses Kind zu beschützen, und, wie die Nacht auf den Tag folgt, begreifen sie die bittere Wahrheit, daß auch sie nirgends Schutz finden werden.

«Und deshalb», wie John Donne schrieb, «frage nie, wem die Stunde schlägt; denn sie schlägt auch dir.»

Pennys Angst vor ihrem eigenen Tod, obwohl sie in der Therapie nicht offen in Erscheinung trat, manifestierte sich indirekt. Sie war zum Beispiel immer sehr besorgt, daß ihr die Zeit davonlaufen könnte – daß ihr zu wenig Zeit blieb, um sich weiterzubilden, um Urlaub zu machen, um der Nachwelt etwas Greifbares zu hinterlassen; auch zu wenig Zeit für uns, um die gemeinsame Arbeit zu beenden. Außerdem machten ihre Träume, zu Beginn der Therapie, mehr als deutlich, wie groß ihre Todesängste waren. In zwei Träumen sah sie dem Tod durch Ertrinken in die Augen: Im ersten klammerte sie sich an dünne Planken, die viel zu schwach waren, um sie über Wasser zu halten; im zweiten klammerte sie sich an die schwimmenden Trümmer ihres Hauses und flehte einen weißgekleideten Arzt um Hilfe an, der ihr, anstatt sie aus dem Wasser zu ziehen, auf die Finger trat.

In der Arbeit mit diesen Träumen sprach ich ihre Todesängste nicht an. Zwölf Stunden Therapie reichen bei weitem nicht aus, um die Angst vor dem Tod zu erkennen, zu offenbaren und aufzuarbeiten. Statt dessen benutzte ich das Traummaterial, um Themen auszuloten, die in unserer Arbeit bereits aufgetaucht waren. Eine solche pragmatische Nutzung von Traummaterial ist in der Psychotherapie gang und gäbe. Für Träume wie für Symptome gibt es nicht nur eine Erklärung: Sie sind überdeterminiert und enthalten viele Bedeutungsebenen. Kein Therapeut analysiert einen Traum erschöpfend; die meisten ziehen es vor, nur die Traummotive zu untersuchen, die der therapeutischen Arbeit unmittelbar dienen.

Deshalb konzentrierte ich mich auf die Motive des Hausverlustes und der Unterspülung der Fundamente ihres Lebens. Auch für die Beziehung zwischen Penny und mir gab es genügend Material. In tiefes Wasser eintauchen bedeutet häufig in die Tiefen des Unterbewußtseins eintauchen. Und natürlich war ich der Halbgott in Weiß, der sich weigerte, ihr zu helfen, und ihr statt dessen auf die Finger trat. In der anschließenden Diskussion äußerte Penny zum erstenmal den Wunsch, Unterstützung und Orientierungshilfe von mir zu bekommen, und zeigte zum erstenmal ihren Unmut darüber, daß ich sie als Untersuchungsobjekt und nicht als Patientin betrachtete.

Ihre Schuldgefühle gegenüber Chrissie und ihr hartnäckiges Festhalten an der Erinnerung waren Themen, denen ich mich argumentativ näherte: Ich konfrontierte sie mit dem Widerspruch zwischen ihrem Verhalten und dem Glauben an eine Wiedergeburt. Während ein solcher Appell an die Vernunft häufig wirkungslos bleibt, war Penny, die ja im Grunde eine psychisch stabile Persönlichkeit mit viel pragmatischer Intelligenz war, für diese Art der Überredungskunst durchaus empfänglich.

Die nächste Therapiephase widmeten wir dem Leitsatz: «Wenn man lernen will, mit den Toten zu leben, muß man zuerst lernen, mit den Lebenden zu leben.» Ich weiß heute nicht mehr, ob das nun Pennys Worte oder meine oder die eines Kollegen waren, aber ich bin sicher, daß sie es war, die mir die Bedeutung dieses Konzepts bewußt machte.

In vielfacher Hinsicht waren ihre Söhne die wirklichen Opfer dieser Tragödie – wie es bei Geschwistern von gestorbenen Kindern häufig der Fall ist. Manchmal, wie in Pennys Familie, leiden die überlebenden Kinder deshalb so sehr, weil die Eltern einen großen Teil ihrer Energie an das tote Kind binden, das in der Erinnerung idealisiert wird. Manche Kinder sind voller Groll gegenüber dem toten Bruder oder der toten Schwester, weil sie so viel Zeit und Energie für sich beanspruchen; oft geht dieser Groll mit ihrem eigenen Schmerz und dem Verständnis für den Zwiespalt der Eltern einher. Eine solche Kombination ist eine perfekte Voraussetzung dafür, daß das überlebende Kind Schuldgefühle entwickelt und sich selbst wertlos und schlecht fühlt.

Manche Eltern versuchen das Problem zu lösen, indem sie sofort ein neues, ein Ersatzkind, in die Welt setzen – eine Lösung, für die sich Penny glücklicherweise nicht entschied. Häufig begünstigen die Umstände eine solche Entwicklung, doch manchmal werden dadurch mehr Probleme aufgeworfen als gelöst. Zum einen besteht die Möglichkeit, daß die Beziehungen zu den überlebenden Kindern durch ein neues Kind Schaden nehmen, und zum anderen leidet auch das Ersatzkind, nämlich dann, wenn die Eltern ihren Schmerz trotzdem nicht überwinden. Aufzuwachsen als Hoffnungsträger für Eltern, die ihre Lebensziele selbst nicht realisieren konnten, ist hart genug. Kommt aber dazu noch die Last, den Geist eines toten Kindes zu beherbergen, kann der schwierige Prozeß der Identitätsfindung empfindlich gestört werden.

Andere Eltern wiederum neigen zu einem stark überprotektiven Verhalten bei den überlebenden Kindern. In der Sitzung ein Jahr nach Abschluß der Therapie erfuhr ich, daß Penny diesem Mechanismus zum Opfer gefallen war: Sie hatte Angst, wenn ihre Söhne mit dem Auto unterwegs waren, lieh ihnen nur widerstrebend den Pickup und blieb unerbittlich, wenn der Wunsch nach einem eigenen Motorrad laut wurde. Außerdem bestand sie häufiger als nötig darauf, daß sie zur Krebsvorsorge gingen.

In unserer Diskussion über ihre Söhne wollte ich behutsam vorgehen und mich darauf beschränken, die Konsequenzen von Chrissies Tod aus Sicht ihrer Söhne nachzuvollziehen. Ich wollte nicht, daß Penny mit ihren gerade erst freigelegten Schuldgefühlen «entdeckte», wie sehr sie ihre Jungen vernachlässigt hatte und sich nun auf diese neuen Objekte konzentrierte. Einige Monate später stellten sich diese Gefühle dann ohnehin ein, aber inzwischen fiel es Penny weniger schwer, sie zu akzeptieren und Konsequenzen daraus zu ziehen, das heißt, ihr Verhalten gegenüber ihren Söhnen zu ändern.

Das Schicksal von Pennys Ehe teilen unglücklicherweise allzu viele Familien, die ein Kind verloren haben. Viele Untersuchungen haben gezeigt, daß es entgegen der Erwartung, der tragische Verlust eines Kindes könne eine Familie zusammenschweißen, in vielen Ehen zu wachsenden Spannungen kommt. Der Ablauf der Ereignisse in Pennys Ehe ist prototypisch: Die Ehepartner trauern auf verschiedene – ja, diametral entgegengesetzte – Weise, sie sind häufig unfähig, einander zu verstehen und zu helfen; und der eine fühlt sich durch die Trauer des anderen in seiner eigenen Art der Trauer direkt beeinträchtigt, was zu Auseinandersetzungen, Entfremdung und schließlich zur Trennung führt.

Die therapeutischen Möglichkeiten für betroffene Eltern sind nicht unerheblich. Eine Paartherapie kann dazu beitragen, die Ursachen der Spannungen deutlich zu machen, sie kann beiden helfen zu erkennen und zu respektieren, wie der andere mit seinem Schmerz umgeht. Die Einzeltherapie kann helfen, unangemessene Trauerformen zu verändern. So sehr ich mich immer vor Verallgemeinerungen hüte, in diesem Fall treffen Mann-Frau-Klischees häufig zu. Für viele Frauen, wie für Penny, ist es wichtig, das Stadium der immer wiederkehrenden Schmerzbekundungen zu überwinden und sich wieder voll auf die Lebenden, die Zukunft und all die Dinge einzulassen, die ihrem eigenen Leben einen Sinn zu geben vermögen. Männer müssen gewöhnlich lernen, sich zu ihrem Schmerz zu bekennen und ihn mit anderen zu teilen (anstatt ihn zu unterdrücken und sich abzulenken).

In der nächsten Phase ihrer Trauerarbeit verhalfen Penny zwei Träume – der in den Himmel abhebende Zug und das Wort Entwicklung sowie die Hochzeit und die Suche nach einem Umkleidezimmer – zu der zentralen Erkenntnis, daß sich in ihre Trauer über Chrissies Tod die Trauer über ihr eigenes Schicksal, ihre unerfüllten Wünsche und nicht realisierten Möglichkeiten gemischt hatte.

Durch das bevorstehende Ende unserer Beziehung wurde Penny eine letzte Schicht ihrer Trauer bewußt. Sie fürchtete sich aus mehreren Gründen vor dem Ende der Therapie: Natürlich würde sie meine fachliche Hilfe vermissen, würde sie auch mich persönlich vermissen – schließlich war sie nie zuvor bereit gewesen, sich einem Mann anzuvertrauen und Hilfe von ihm anzunehmen. Aber darüber hinaus weckte allein der Gedanke des bevorstehenden Endes lebhafte Erinnerungen an all die anderen schmerzlichen Verluste, die sie erlitten hatte, ohne sich jemals ihre Gefühle einzugestehen und ihre Trauer zuzulassen.

Die Tatsache, daß Penny ihre Veränderung wesentlich selbst bewirkt und gesteuert hat, enthält eine wichtige Lektion für Therapeuten, einen tröstlichen Gedanken, den mir ein früherer Lehrer ganz zu Beginn meiner Ausbildung anvertraute: «Denken Sie daran, Sie können nicht die ganze Arbeit machen. Seien Sie zufrieden, wenn Sie einem Patienten helfen können zu erkennen, was zu tun ist, und vertrauen Sie dann auf seinen Wunsch nach Wachstum und Veränderung.»

«Ich hätte nie geglaubt, daß mir das passieren könnte»

Ich begrüßte Elva im Wartezimmer und führte sie in meine Praxis. Irgend etwas mußte passiert sein, mühsam, mut- und schwunglos schleppte sie sich dahin. War mir in den letzten Wochen immer wieder ihr federnder Gang aufgefallen, so glich sie heute einmal mehr jener verzweifelten, schwerfälligen Frau, die ich vor acht Monaten kennengelernt hatte. Ich erinnere mich noch an ihre ersten Worte: «Ich glaube, ich brauche Hilfe. Mein Leben erscheint mir sinnlos. Mein Mann ist jetzt seit einem Jahr tot, aber es ist alles noch genauso schlimm. Vielleicht brauche ich einfach ein bißchen länger als andere.»

In der Therapie jedoch hatte sich das Gegenteil erwiesen. Wir waren nämlich erstaunlich schnell vorangekommen – vielleicht sogar zu schnell. Was konnte einen derartigen Rückschlag bewirkt haben?

Elva setzte sich, seufzte und sagte: «Ich hätte nie geglaubt, daß mir das passieren könnte.»

Man hatte sie beraubt. Nach ihrer Beschreibung schien es sich um einen ganz normalen Handtaschendiebstahl zu handeln. Der Dieb mußte sie in einem Strandrestaurant in Monterey erspäht und gesehen haben, wie sie die Rechnung für sich und drei Freundinnen – alles ältere Witwen – in bar bezahlte. Er mußte ihr dann auf den Parkplatz gefolgt sein, und während seine Schritte im Lärm der Brandung untergingen, stürzte er auf sie zu, entriß ihr im Lauf die Handtasche und sprang in sein in der Nähe geparktes Auto.

Elva rannte trotz ihrer geschwollenen Beine zurück ins Restaurant, um Hilfe zu holen, doch natürlich war es schon zu spät. Wenige Stunden später fand die Polizei die leere Handtasche in einem Gebüsch am Straßenrand.

Dreihundert Dollar waren eine Menge Geld für sie, und einige

Tage lang dachte Elva ständig an die große Summe, die sie verloren hatte. Allmählich verflüchtigte sich der Gedanke, doch zurück blieb ein bitterer Nachgeschmack, der sich in dem Satz: «Ich hätte nie geglaubt, daß mir das passieren könnte» äußerte. Zusammen mit ihrer Handtasche und ihren dreihundert Dollar war Elva eine Illusion geraubt worden – die Illusion, etwas ganz Besonderes zu sein. Sie hatte immer in einer privilegierten Welt gelebt und war nie mit den Unannehmlichkeiten und Widrigkeiten, mit denen sich der Mann auf der Straße herumschlug, in Berührung gekommen – mit dieser unüberschaubaren Masse aus der Sensationspresse und den Nachrichten, wo ständig jemand ausgeraubt und zum Krüppel geschlagen wurde.

Der Raubüberfall änderte alles. Vorbei war es mit der Behaglichkeit und Harmonie ihres bisherigen Lebens, vorbei mit dem Gefühl der Sicherheit. In ihrem Haus, mit den vielen Kissen, den flauschigen Decken, den dicken Teppichen und den Pflanzen hatte sie sich immer wohl gefühlt. Jetzt sah sie nur noch Schlösser, Türen, Alarmanlagen und Telefone. Sie war immer um sechs frühmorgens mit ihrem Hund spazierengegangen. Jetzt erschien ihr die morgendliche Stille bedrohlich. Häufig hielt sie mit ihrem Hund an und lauschte, ob Gefahr drohte.

Soweit war das nichts weiter Ungewöhnliches. Elva hatte durch den Vorfall einen Schock erlitten und zeigte nun die üblichen Nachwirkungen. Nach einem Unfall oder einem Überfall neigen die meisten Menschen zu einem erhöhten Sicherheitsbedürfnis, übermäßiger Schreckhaftigkeit und übersteigerter Wachsamkeit. Doch mit der Zeit schwindet die Erinnerung an das Ereignis, und die Opfer finden allmählich wieder zu ihrer alten Sicherheit zurück.

Aber für Elva war mehr geschehen als ein einfacher Überfall. Für sie war eine Welt zusammengebrochen. Sie hatte oft gesagt: «Solange ein Mensch Augen, Ohren und einen Mund hat, kann ich auch mit ihm befreundet sein.» Damit war es nun vorbei. Sie hatte ihren Glauben an das Gute im Menschen und an ihre persönliche Unverwundbarkeit verloren. Sie fühlte sich entblößt, gewöhnlich, schutzlos. Der Überfall – und darin lag seine eigentliche Wirkung – hatte eine Illusion zerstört und auf brutale Weise den Tod ihres Mannes heraufbeschworen.

Natürlich wußte sie, daß Albert tot war. Tot und seit über eineinhalb Jahren begraben. Sie hatte den gesamten ritualisierten Weg einer zukünftigen Witwe durchlaufen: Krebsdiagnose; die schreckliche, das Ende hinauszögernde Chemotherapie; ihr letzter gemeinsamer Besuch in Carmel; ihre letzte Fahrt über den El Camino Real; das Krankenhausbett bei ihnen zu Hause; die Beerdigung; der Papierkrieg; die immer seltener werdenden Einladungen zum Dinner; die Clubs für Hinterbliebene; die langen, einsamen Nächte. Kurz, die komplette nekrotische Katastrophe.

Doch trotz allem lebte sie weiter so, als hätte Albert nie aufgehört zu existieren, sie lebte, als würde er sie weiterhin beschützen und ihre Besonderheit garantieren, als ob Albert noch da sei, draußen in der Werkstatt neben der Garage.

Wohlgemerkt, ich spreche nicht von Wahnvorstellungen. Verstandesmäßig begriff Elva durchaus, daß Albert nicht mehr da war, und dennoch lebte sie ihr Leben mit der gewohnten Routine weiter, wenn auch hinter einem Schleier von Illusionen, die den Schmerz betäubten und den grellen Schein der Wahrheit dämpften. Vor über vierzig Jahren hatte sie mit dem Leben einen Vertrag abgeschlossen, dessen Modalitäten zwar mit den Jahren verblaßt waren, dessen Grundgedanke aber unverändert deutlich vor ihr stand: Albert würde immer für Elva dasein. Diese unbewußte Prämisse war das Fundament, auf dem ihre ganze schöne Welt gründete – eine Welt, in der Sicherheit und ein gütiger Paternalismus herrschten.

Albert war ein Allroundman. Er hatte als Dachdecker, Automechaniker, Faktotum und Tischler gearbeitet; er war ein handwerkliches Genie. Wenn er in einer Zeitung oder einem Magazin ein Möbelstück oder irgendein Gerät sah, das ihm gefiel, ging er in die Werkstatt und baute es nach. Ich als hoffnungsloser Fall in technischen Dingen hörte fasziniert zu. Einundvierzig Jahre mit einem solchen Allroundman zusammmenzuleben, muß ein enorm beruhigendes Gefühl sein. Ich konnte leicht nachempfinden, warum Elva sich an die Vorstellung klammerte, Albert sei immer noch draußen in seiner Werkstatt, sei immer noch da, um sie zu beschützen. Wie könnte sie das alles aufgeben? Durch einundvierzigjährige Erfahrung in dieser Erinnerung bestärkt, hatte sie sich in einen Kokon eingesponnen, der sie gegen die Realität abschirmte – das heißt, bis ihr die Handtasche gestohlen wurde.

Bei unserem ersten Treffen vor acht Monaten konnte ich an Elva wenig Liebenswertes entdecken. Sie war eine untersetzte, unattraktive Frau, teils Gnom, teils Kobold, teils Kröte und bei all dem stets übel gelaunt. Ich stand wie gelähmt vor der Mimik und Formbarkeit ihres Gesichts: Sie zwinkerte mit den Augen oder verdrehte sie einzeln oder im Duett. Ihre Stirn glich einem Waschbrett und war ständig in Bewegung. Ihre immer sichtbare Zunge veränderte drastisch ihre Größe, wenn sie vor- und zurückschnellte oder wenn sie um ihre feuchten, gummiartigen, zuckenden Lippen kreiste. Ich erinnere mich, daß ich damals beinahe laut gelacht hätte bei dem Gedanken, ich würde sie einer Gruppe von Patienten vorstellen, die nach langjähriger Einnahme von Beruhigungsmitteln ein dystones Syndrom (eine durch Medikamente verursachte Abnormalität der Gesichtsmuskulatur) entwickelt hatten. Die Patienten hätten sich mit Sicherheit sofort zutiefst verletzt gefühlt, weil sie geglaubt hätten, Elva mache sich über sie lustig.

Doch was mir wirklich mißfiel an Elva, war ihr Zorn. Sie triefte vor Wut und ließ in unseren ersten Stunden über all ihre Bekannten – mit Ausnahme von Albert, natürlich – eine böse Bemerkung fallen. Sie haßte die Freunde, die sie nicht mehr einluden. Sie haßte die, die es ihr gegenüber an Aufmerksamkeit fehlen ließen. Ob man sie einbezog oder ausschloß, für sie waren alle gleich: Sie fand immer einen Grund für ihren Haß. Sie haßte die Ärzte, die ihr gesagt hatten, daß es mit Albert zu Ende gehe. Doch die, die ihr falsche Hoffnungen gemacht hatten, haßte sie noch mehr.

Diese Stunden waren hart für mich. Ich hatte mich in meiner Jugend zu oft im stillen über die böse Zunge meiner Mutter geärgert. Ich erinnere mich, wie ich mir in meiner kindlichen Phantasie immer jemanden vorzustellen versuchte, den sie *nicht* haßte: Eine liebenswerte Tante? Einen Großvater, der ihr Geschichten erzählte? Eine ältere Spielgefährtin, die sie in Schutz nahm? Aber mir fiel niemand ein. Ausgenommen natürlich mein Vater, doch der war eigentlich ein Teil von ihr, ihr Sprachrohr, ihr Animus, ihre Schöpfung, und als solcher konnte er sich (gemäß Asimovs erstem Gesetz für Roboter) nicht gegen seinen Schöpfer wenden – trotz meiner Gebete, er möge ihr einmal – nur einmal, Dad, bitte! – so richtig eine knallen.

Mir blieb nichts anderes übrig als durchzuhalten, sie ausreden zu lassen, die Stunde irgendwie hinter mich zu bringen und meine ganze

Phantasie zu mobilisieren, um ihr irgend etwas Hilfreiches zu sagen – zum Beispiel, wie schwer es doch für sie sein müsse, diesen ganzen Ärger mit sich herumzuschleppen, oder ähnlich leere Floskeln. Manchmal sprach ich sie, beinahe boshaft, auf die übrigen Familienmitglieder an. Es müsse doch irgend jemanden geben, der Respekt verdiene. Aber sie ließ an niemandem ein gutes Haar. Ihr Sohn? Sie sagte: «Sein Aufzug geht nicht bis zum letzten Stock.» Er sei «immer abwesend»: selbst wenn er da sei, sei er «abwesend». Und ihre Schwiegertochter? In Elvas Worten «eine NAP» – eine nichtjüdische amerikanische Prinzessin. Wenn ihr Sohn nach Hause fahre, rufe er häufig seine Frau übers Autotelefon an und teile ihr mit, daß er gleich Abendessen wolle. Kein Problem für sie. Neun Minuten und keine mehr, sagte Elva, brauche die NAP, um das Abendessen zuzubereiten – um ein dürftiges TV-Dinner in der Mikrowelle zu «bestrahlen».

Jeder hatte einen Spitznamen. Ihre Enkelin hieß «Schlafzimmerschönheit» (sie flüsterte mit einem enormen Augenzwinkern und nickte dabei mit dem Kopf) und hatte zwei Badezimmer – wohlgemerkt, zwei. Ihre Haushälterin, die sie angestellt hatte, um nicht so allein zu sein, hieß «Irrenradio» und war so blöd, daß sie aus Angst, beim Rauchen ertappt zu werden, den Rauch bei laufender Spülung in die Toilettenschüssel blies. Ihre Bridgepartnerin war ein eingebildetes Weib, «Dämchen Maienweiß», wie sie sie nannte, und dabei war die noch relativ klar im Kopf im Vergleich zu all den Alzheimerschen Zombies und ausgebrannten Alkoholikern, die, wollte man Elva glauben, die bridgespielende Bevölkerung San Franciscos ausmachten.

Aber trotz ihrer Bitterkeit und trotz meiner Abneigung gegen das Ebenbild meiner Mutter brachten wir diese Sitzungen irgendwie hinter uns. Ich hielt meine Gereiztheit im Zaum, kam ihr ein wenig näher, löste meine Gegenübertragungsprobleme, indem ich das Bild meiner Mutter verscheuchte, und begann langsam, sehr langsam, mit ihr warm zu werden.

Ich glaube, die Wende trat an dem Tag ein, als sie sich mit einem «Mensch! Bin ich geschafft» in meinen Sessel fallen ließ. Als Antwort auf meine fragend hochgezogenen Augenbrauen erklärte sie, daß sie gerade achtzehn Löcher Golf mit ihrem zweiundzwanzigjährigen Neffen gespielt habe. (Elva war sechzig, ein Meter achtundvierzig «groß» und wog mindestens fünfundsiebzig Kilo.)

«Und, wie ist es gegangen?» erkundigte ich mich vergnügt, um auch meinen Teil zur Unterhaltung beizusteuern.

Elva beugte sich vor, hielt sich die Hand vor den Mund, als ob außer mir noch jemand mithören könnte, zeigte mir eine endlose Reihe enormer Zähne und sagte: «Ich hab' ihn fertiggemacht!»

Ich fand es so irrsinnig komisch, wie sie das sagte, daß ich lachen mußte, bis mir die Tränen in die Augen schossen. Elva freute sich über mein Lachen. Später erzählte sie mir, daß das der erste spontane Akt des Herrn Professor Doktor (das war also *mein* Spitzname!) gewesen sei, und fiel in mein Lachen ein. Danach kamen wir wunderbar miteinander aus. Ich begann Elva zu schätzen – ihren Humor, ihre Intelligenz, ihre Komik. Sie hatte ein ausgefülltes, bewegtes Leben hinter sich. In mancher Hinsicht waren wir uns ähnlich. Wie ich hatte sie mit der Lösung vom Elternhaus den großen sozialen Sprung gemacht. Meine Eltern, damals beide Mitte Zwanzig, kamen ohne einen Cent als russische Immigranten nach Amerika. Ihre Eltern waren arme irische Einwanderer gewesen, und Elva hatte es von den Mietskasernen des irischen Viertels im Süden Bostons bis den Bridgeturnieren von Nob Hill in San Francisco geschafft.

Am Anfang der Therapie war jede Stunde mit Elva eine Schinderei. Ich mußte mich immer überwinden, wenn ich ins Wartezimmer ging, um sie hereinzuholen. Doch nach einigen Monaten war alles anders. Ich freute mich auf unsere Treffen. Keine Stunde verging ohne herzliches Lachen. Meine Sekretärin sagte immer, sie könne an der Art, wie ich lächelte, sehen, daß Elva an dem Tag bei mir gewesen sei.

Wir trafen uns mehrere Monate lang wöchentlich und machten gute Fortschritte, wie meistens, wenn Therapeut und Patient gerne zusammenarbeiten. Wir sprachen über ihr Leben als Witwe, ihre veränderte soziale Rolle, ihre Angst vor dem Alleinsein und über ihre Sehnsucht nach körperlicher Berührung. Aber vor allem sprachen wir über die Aggressivität, mit der sie ihre Familie und ihre Freunde vertrieben hatte. Mit der Zeit ließ ihr Groll nach; sie wurde sanfter und freundlicher. Ihre Geschichten über das Irrenradio, die Schlafzimmerschönheit, Dämchen Maienweiß und die Alzheimersche Bridge-Brigade verloren an Bitterkeit. Es kam zu ersten Wiederannäherungen; sowie ihre Wut nachließ, traten Familie und Freunde wieder in Erscheinung. Sie hatte sich so gut entwickelt, daß ich, kurz bevor der Überfall passierte, eine Beendigung der Therapie in Erwägung zog.

Doch nach dem Raubüberfall hatte sie das Gefühl, wieder ganz von vorn anfangen zu müssen. Vor allem führte ihr dieser Vorfall klar vor Augen, daß sie ein ganz gewöhnlicher Mensch war, und ihr «Ich hätte nie geglaubt, daß mir das passieren könnte» zeigte, daß sie den Glauben, etwas Besonderes zu sein, verloren hatte. Natürlich blieben ihre besonderen Fähigkeiten und Begabungen, die Einzigartigkeit ihres Lebens und ihrer Person davon unberührt. Das ist die rationale Seite der Einzigartigkeit (die bei einigen stärker ausgeprägt ist als bei anderen). Dieses Gefühl gehört zu den wirkungsvollsten Mechanismen, den Tod zu leugnen, und der Teil unseres Bewußtseins, dessen Aufgabe es ist, die Angst vor dem Tod zu mildern, erzeugt den irrationalen Glauben, daß wir unverwundbar sind – daß unangenehme Dinge wie Altern und Tod das Los der anderen sind, nicht aber unseres, daß wir jenseits aller Gesetzmäßigkeiten existieren, jenseits des menschlichen und biologischen Schicksals.

Obwohl Elva auf den Raub ihrer Handtasche *scheinbar* irrational reagierte (indem sie zum Beispiel verkündete, daß es für sie auf dieser Welt keinen Platz mehr gebe, weil sie Angst habe, aus dem Haus zu gehen), war es klar, daß sie in *Wirklichkeit* darunter litt, daß sie ihres irrationalen Glaubens beraubt worden war. Das Gefühl, etwas Besonderes zu sein, eine Ausnahme, ein für immer unverwundbares Glückskind – all diese Selbsttäuschungen, die so gut funktioniert hatten, hatten ihre Überzeugungskraft verloren. Sie durchschaute ihre eigenen Illusionen, und was die Illusionen bisher verdeckt hatten, war nun schonungslos dem Blick preisgegeben.

Jetzt konnte man an den Schmerz herankommen. Das ist der Augenblick, dachte ich, um die Wunde weit zu öffnen, damit sie anschließend wieder schnell und gut verheilen konnte.

«Ich verstehe genau, was Sie meinen, wenn Sie sagen, Sie hätten nie geglaubt, daß Ihnen das passieren könnte», sagte ich. «Auch für mich ist es schwer zu akzeptieren, daß dieses ganze Elend – Altern, Verlust, Tod – niemandem, also auch mir nicht, erspart bleibt.»

Elva nickte, ihre gerunzelte Stirn zeigte, daß sie von dieser Äußerung persönlicher Gefühle überrascht war.

«Sie müssen das Gefühl haben, daß Ihnen das nie passiert wäre, wenn Albert noch am Leben wäre.» Ich ignorierte ihre schnoddrige Antwort, daß sie, wenn Albert noch leben würde, diese drei alten Hennen nicht zum Essen eingeladen hätte. «Der Überfall hat Ihnen also klargemacht, daß er wirklich nicht mehr da ist.»

Ihre Augen füllten sich mit Tränen, aber ich hielt es für richtig, ja für meine Pflicht, fortzufahren. «Ich weiß, daß Sie das vorher auch schon wußten. Aber ein Teil von Ihnen wußte es nicht. Jetzt wissen Sie wirklich, daß er tot ist. Er ist nicht im Garten. Er ist nicht in der Werkstatt. Er ist nirgendwo. Nur noch in Ihren Erinnerungen.»

Jetzt weinte Elva richtig. Minutenlang hob und senkte sich ihr untersetzter Körper mit jedem Schluchzen. Das hatte sie in meiner Gegenwart noch nie getan. Ich saß da und fragte mich: «Und was mache ich *jetzt*?» Zum Glück hatte ich einen Einfall, der sich im nachhinein als genial erwies. Meine Augen fielen auf ihre abgenutzte Handtasche – genau die, die man ihr damals geraubt hatte –, und ich sagte: «Pech haben ist eine Sache, aber fordern Sie das Schicksal nicht geradezu heraus, wenn Sie ständig so ein Riesending mit sich herumschleppen?» Elva, forsch wie immer, konnte sich nicht verkneifen, mich auf meine vollgestopften Hosentaschen und das Chaos auf dem Tisch neben mir hinzuweisen. Sie bezeichnete ihre Handtasche als «mittelgroß».

«Noch etwas größer», entgegnete ich, «und Sie brauchen einen Gepäckwagen dafür.»

«Außerdem», sagte Elva, ohne auf meine Provokation einzugehen, «brauche ich alles, was da drin ist.»

«Das kann doch nicht Ihr Ernst sein! Lassen Sie mal sehen!»

Elva schien an dem Spiel Gefallen zu finden, denn sie beförderte ohne Zögern ihre Handtasche auf meinen Tisch, öffnete sie so weit es ging und begann sie zu leeren. Das erste, was die Hundebesitzerin herausholte, waren drei Beutel für Essensreste.

«Sie brauchen wohl zwei zusätzliche für den Notfall?» fragte ich.

Elva gluckste und räumte weiter ihre Tasche aus. Gemeinsam inspizierten wir den gesamten Inhalt und sprachen über jedes einzelne Teil. Elva gab zu, daß drei Päckchen Taschentücher und zwölf Kugelschreiber (und drei Bleistiftstummel) in der Tat übertrieben seien, hielt aber an der Notwendigkeit von zwei Flaschen Eau de Cologne und drei Haarbürsten fest und wies mit einer gebieterischen

Handbewegung meine Kritik an einer großen Taschenlampe, sperrigen Notizblöcken und einem riesigen Bündel Fotos zurück.

Wir stritten uns über alles. Die Rolle mit fünfzig Zehncent-Stücken. Drei Bonbontüten (kalorienarm, versteht sich). Sie kicherte, als ich fragte: «Glauben Sie, Elva, daß Sie um so schlanker werden, je mehr Sie davon essen?» Ein Plastikbeutel mit Orangenschalen. («Man weiß ja nie, Elva, wann man die noch mal brauchen kann.») Ein Bündel Stricknadeln («Sechs Nadeln auf der Suche nach einem Pullover», dachte ich). Ein Paket Stärkemehl. Einen halben Roman von Stephen King (Elva riß die Seiten heraus, wenn sie sie gelesen hatte: «Es lohnt sich nicht, so was aufzuheben», erklärte sie). Einen kleinen Hefter («Elva, das ist doch Wahnsinn!»). Drei Sonnenbrillen. Und aus den hintersten Ecken kramte sie noch alle möglichen Münzen, Papierfetzen, Nagelscheren, eine Nagelfeile und ein Bündel gezupfter Baumwolle hervor.

Als die große Tasche schließlich alles hergegeben hatte, starrten Elva und ich verwundert auf den in mehreren Reihen über meinen Tisch ausgebreiteten Inhalt. Irgendwie waren wir traurig, daß die Tasche nun leer war, es nichts mehr auszuräumen gab. Elva wandte sich um und schenkte mir ein zärtliches Lächeln, das ich erwiderte. Es war ein außerordentlich intimer Augenblick. Auf eine Weise, wie es nie zuvor ein Patient getan hatte, hatte sie mir alles gezeigt. Und ich hatte alles akzeptiert und sogar noch mehr verlangt. Ich folgte ihr in jeden Winkel und jede Ecke, erstaunt und gleichzeitig erschrocken, daß die Handtasche einer alten Frau Isolation wie auch Nähe verkörperte: die absolute Isolation, die integraler Bestandteil der Existenz ist, und die Nähe, die die Angst vor der existentiellen Isolation zerstreuen kann, wenn sie auch an der Tatsache selbst nichts zu verändern vermag.

Diese Stunde hatte grundlegende Veränderungen bewirkt. Dieser Moment außergewöhnlicher Nähe – man könnte es auch als Liebe bezeichnen – brachte die Erlösung. In dieser einen Stunde war Elva aus ihrer Einsamkeit aufgetaucht und hatte den Glauben an das Leben wiedergefunden. Sie wurde wieder lebendig und spürte, daß sie noch zu großer Nähe fähig war.

Ich glaube, es war die beste Therapiestunde, die ich je erlebt habe.

Der leere Umschlag

Ich wußte nicht, wie ich reagieren sollte. Noch nie hatte ein Patient mich gebeten, seine Liebesbriefe aufzubewahren. Dave nannte seine Gründe ohne Umschweife. Es sei schon vorgekommen, daß neunundsechzigjährige Männer plötzlich sterben. Und er wolle seiner Frau, der die Briefe dann in die Hände fielen, den Schmerz dieser Lektüre ersparen. Er hatte niemand sonst, den er darum bitten könnte, keinen Freund, dem er von dieser Affäre zu erzählen gewagt hätte. Seine Geliebte, Soraya? Seit dreißig Jahren tot. Sie war im Kindbett gestorben. Nicht sein Kind, beeilte sich Dave hinzuzufügen. Gott allein wußte, was mit seinen Briefen an sie passiert war!

«Was soll ich damit tun?» fragte ich.

«Nichts. Sie brauchen überhaupt nichts zu tun. Sie sollen sie nur aufbewahren.»

«Wann haben Sie sie zum letztenmal gelesen?»

«Das ist mindestens zwanzig Jahre her.»

«Wenn die Briefe ein so heißes Eisen sind, wie es scheint», fragte ich etwas unvorsichtig, «warum behalten Sie sie dann überhaupt?»

Dave sah mich fassungslos an. Ich glaube, daß ihn starke Zweifel an meiner Person überkamen. War ich wirklich so dumm? War es ein Fehler gewesen anzunehmen, ich könnte mich in seine Lage hineinversetzen und ihm helfen? Nach kurzem Zögern sagte er: «Ich werde diese Briefe niemals vernichten.»

Seine Worte entbehrten nicht einer gewissen Schärfe, ein Hinweis auf eine Verhärtung unserer Beziehung, die sechs Monate zuvor begonnen hatte. Meine Bemerkung war ein Fauxpas gewesen. So schlug ich einen versöhnlicheren Ton an und wich auf allgemeinere Fragen aus. «Dave, erzählen Sie mir mehr über diese Briefe und was sie Ihnen bedeuten.»

Dave begann über Soraya zu sprechen, und nach wenigen Minuten war die Spannung verflogen und seine selbstsichere Unbeschwertheit zurückgekehrt. Er hatte sie in Beirut kennengelernt, wo er damals für eine amerikanische Firma arbeitete. Sie war die schönste Frau, die er je erobert hatte. *Erobert*, sagte er. Dave hatte mich immer wieder überrascht mit solch teils naiven, teils zynischen Äußerungen. Wie konnte er von *erobern* sprechen? War er noch blinder, als ich geglaubt hatte? Oder war es möglich, daß er weit über den Dingen stand und sich mit subtiler Ironie über sich selbst – und mich – lustig machte?

Er hatte Soraya geliebt – zumindest war sie die einzige Geliebte (und deren hatte es Legionen gegeben), der er je gesagt hatte: «Ich liebe dich». Er und Soraya hatten vier Jahre lang eine herrlich heimliche Affäre. (Nicht herrlich *und* heimlich, sondern *herrlich heimlich*, denn Heimlichtuerei – und ich werde gleich darauf zurückkommen – war die Achse, um die sich Daves ganze Persönlichkeit drehte. Er war besessen von dem erregenden Gefühl heimlichen Tuns und bereit, einen hohen Preis zu zahlen, um es sich zu verschaffen. Seine Beziehungen, vor allem die zu seinen beiden Ex-Frauen und seiner jetzigen Frau, hatten erheblich darunter gelitten, daß er nichts offen und geradlinig tat.

Nach vier Jahren wurde Dave von seiner Firma in ein anderes Land geschickt, und in den folgenden sechs Jahren bis zu ihrem Tod sahen sich Dave und Soraya nur noch viermal. Aber sie schrieben sich fast täglich. Er hatte Sorayas Briefe (es mußten Hunderte sein) aufbewahrt und gut versteckt. Manchmal legte er richtige Akten an, wobei er die Briefe nach sonderbaren Kriterien einordnete, beispielsweise stand S für Schuld oder D für Depressionen – was bedeutete, daß sie als Lektüre bei starken Depressionen geeignet waren.

Einmal hatte er sie drei Jahre lang in einen Safe eingeschlossen. Ich hätte gerne gewußt, fragte aber nicht, welche Beziehung zwischen seiner Frau und dem Safeschlüssel bestand. Da ich seine Schwäche für Heimlichtuerei und Intrigen kannte, konnte ich mir gut vorstellen, was passiert war: Er hatte den Schlüssel wahrscheinlich so offen herumliegen lassen, daß sie ihn finden mußte, und hatte dann mit einer offensichtlich erfundenen Tarngeschichte ihre Neugier geschürt; dann, als sie zunehmend nervös wurde und ihn ausfragen wollte, hatte er ihr vorgehalten, wie sehr er sie wegen ihrer mißtrauischen Art und ihrer Herumschnüffelei verachtete. Dave hatte sich schon oft solcher Szenarios bedient.

«In letzter Zeit mache ich mir immer mehr Sorgen wegen dieser Briefe, und ich habe mich gefragt, ob Sie sie vielleicht für mich aufbewahren können. So einfach ist das.»

Wir sahen beide auf seine große Aktentasche, prall gefüllt mit Liebesbriefen von Soraya – der längst verstorbenen, lieben Soraya, deren Hirn und Geist sich aufgelöst hatten, deren DNS-Moleküle wieder ins Reich der Erde eingegangen waren und die seit dreißig Jahren weder an Dave noch an irgend etwas anderes gedacht hatte.

Ich fragte mich, ob Dave wohl genug Abstand aufbringen könnte, um sich sein eigenes Treiben vor Augen zu führen. Um zu sehen, wie lächerlich, wie erbärmlich, wie fetischistisch er war – ein alter Mann, der dem Tod entgegenstolperte, dessen einziger Trost ein Bündel Briefe war, das er wie ein Banner vor sich hertrug, um zu verkünden, daß er einmal, vor dreißig Jahren, geliebt hatte und geliebt worden war. Würde es Dave helfen, dieses Bild zu sehen? Könnte ich ihm helfen, Zeuge seines eigenen Handelns zu werden, ohne ihm das Gefühl zu geben, ich wolle ihn und die Briefe herabwürdigen?

Meiner Ansicht nach ist eine «gute» Therapie (was für mich gleichbedeutend ist mit «tiefgehender» Therapie und nicht mit effizienter, ja – so schwer es mir fällt, das zu sagen – nicht einmal mit hilfreicher Therapie) mit einem «guten» Patienten ein Unternehmen, das sich die Suche nach Wahrheit zum Ziel setzen muß. Schon während meiner Ausbildung hatte ich gelernt, alle Wahrheit in der Vergangenheit zu suchen, alle Koordinaten des Lebens bis zu ihren Wurzeln zurückzuverfolgen, um so das gegenwärtige Leben eines Menschen, seine Symptome, Motivationen und Taten einordnen und erklären zu können.

Ich war mir so sicher. Welche Arroganz! Und *jetzt*, hinter welcher Wahrheit war ich jetzt her? Ich glaube, der Fundus, aus dem ich alles schöpfe, ist eine Illusion. Ich kämpfe gegen die Magie. Ich glaube, daß die Illusion, so tröstlich sie auch gelegentlich sein mag, letztlich immer zur Schwächung und Einengung des Geistes führt.

Doch es kommt immer auf den richtigen Zeitpunkt und die richtige Einschätzung an. Man hüte sich davor, etwas wegzunehmen, wenn man nichts Besseres anzubieten hat. Man hüte sich davor, einen Patienten auseinanderzunehmen, der die Kälte der Realität nicht erträgt. Und gegen religiöse Magie angehen zu wollen, ist reine Kraftvergeudung: Man steht auf verlorenem Posten. Der Durst nach Religion ist zu stark, die Wurzeln reichen zu tief, die kulturellen Fundamente sind zu mächtig.

Doch auch ich hatte einen Glauben, mein Ave Maria war die sokratische Zauberformel, «Das ungeprüfte Leben ist nicht wert, gelebt zu werden». Aber das war nicht Daves Credo. Also zügelte ich meine Neugier. Dave hatte sich über die eigentliche Bedeutung dieser Briefe wohl kaum jemals Gedanken gemacht und war sicherlich nicht bereit, sich jetzt, in seinem angegriffenen Zustand, meinen Fragen auszusetzen. Es wäre auch kaum etwas dabei herausgekommen – jetzt gewiß nicht, vielleicht aber auch nie.

Außerdem hatten meine Fragen einen hohlen Klang. Ich sah, daß ich Dave in vielem ähnelte, und meiner Heuchelei sind gewisse Grenzen gesetzt. Auch ich hatte meinen Sack voller Liebesbriefe aus längst vergangener Zeit. Auch ich hatte sie sorgfältig versteckt. Auch ich hatte die Briefe nie wieder gelesen. Wann immer ich es versuchte, rissen alte Wunden auf, blieb die tröstliche Wirkung aus. Ich hatte sie fünfzehn Jahre lang nicht angerührt, und auch ich hatte nicht die Kraft, sie zu vernichten.

Wenn ich mein eigener Patient (oder mein eigener Therapeut) wäre, würde ich sagen: «Stell dir vor, die Briefe seien nicht mehr da, seien vernichtet oder verlorengegangen. Was würdest du dabei empfinden? Versuche mal, deine Gefühle genau zu beschreiben.» Doch ich brachte es nicht fertig. Ich hatte schon oft überlegt, sie zu verbrennen, aber jedesmal hatte mir schon der bloße Gedanke daran unglaubliche Qualen bereitet. Mein großes Interesse an Dave, meine Neugier und Faszination – ich wußte genau, woher sie rührten: Ich verlangte von Dave, die Arbeit an meiner Stelle zu tun. Oder *unsere* Arbeit an *unserer* Stelle.

Ich hatte mich von Anfang an zu Dave hingezogen gefühlt. In unserer ersten Sitzung vor sechs Monaten hatte ich ihn, nach den üblichen Höflichkeiten, gefragt: «Wo tut's weh?»

Er antwortete: «Ich krieg' ihn nicht mehr hoch!»

Ich war überrascht. Ich weiß noch, wie ich ihn ansah – seinen großen, schlanken, athletischen Körper, sein volles, schwarzglänzendes Haar und seine lebhaften, schelmischen Augen, die seine neunundsechzig Jahre Lügen straften – und dachte, «*Chapeau!*», «Hut ab!». Mein Vater hatte seinen ersten Herzinfarkt mit achtundvierzig. Ich hoffte, mit neunundsechzig noch rüstig und vital genug zu sein, um mir über das Hochkriegen Sorgen zu machen.

Dave und ich neigten beide dazu, vieles in unserem Leben zu sexualisieren. Ich konnte mich lediglich besser im Zaum halten als er und hatte gelernt, mich von meinen Zwängen nicht beherrschen zu lassen. Außerdem war Daves Leidenschaft für Heimlichtuerei nicht meine Sache, und ich habe viele Freunde, einschließlich meiner Frau, mit denen ich offen über alles rede.

Zurück zu den Briefen. Was sollte ich tun? Sollte ich Daves Briefe aufbewahren? Nun, warum eigentlich nicht? War es nicht ein gutes Zeichen, daß er mir Vertrauen schenkte? Er war nie fähig gewesen, sich einem Menschen wirklich anzuvertrauen, und am allerwenigsten einem Mann. Obwohl er eigentlich wegen seiner Potenzschwierigkeiten zu mir gekommen war, hatte ich das Gefühl, daß ich mit der Therapie zunächst bei seinen Beziehungsproblemen ansetzen mußte. Und da konnte ein vertrauensvolles Verhältnis zwischen Therapeut und Patient – Grundvoraussetzung jeder Therapie – nur nützlich sein und uns helfen, Daves krankhafte Heimlichtuerei abzubauen. Wenn ich die Briefe an mich nahm, könnte das das Vertrauen zwischen uns noch stärken.

Vielleicht verliehen die Briefe der Therapie sogar mehr Gewicht. Ich hatte nämlich bisher nie das Gefühl, daß sich Dave wirklich darauf eingelassen hatte. Mit seinen Potenzproblemen waren wir gut vorangekommen. Ich hatte mich vor allem auf seine Ehestreitigkeiten konzentriert und ihm klargemacht, daß in einer Beziehung mit so viel Ärger und gegenseitigem Mißtrauen Impotenz nicht ausbleiben konnte. Dave, der vor kurzem geheiratet hatte (zum viertenmal), beschrieb seine gegenwärtige Ehe genauso, wie er seine früheren Ehen beschrieben hatte: Er hatte das Gefühl, im Gefängnis zu sitzen und von einer Frau bewacht zu werden, die bei seinen Telefongesprächen lauschte und seine Post und persönlichen Papiere las. Ich hatte ihm klargemacht, daß dieses Gefängnis sein eigenes Werk war. *Natürlich* versuchte seine Frau, etwas über ihn zu erfahren. *Natürlich* interessierte sie sich für seine Umtriebe und für seine Korrespondenz. Aber er war es, der ihre Neugier geschürt hatte, weil er über nichts, nicht einmal über die harmlosesten Dinge seines Lebens, mit ihr sprechen wollte.

Dave reagierte positiv auf diesen Ansatz und bemühte sich auf eindrucksvolle Weise, seine Frau an seinem äußeren und inneren Leben teilhaben zu lassen. Es gelang ihm, den Teufelskreis zu durchbrechen, seine Frau wurde sanfter, sein eigener Ärger nahm ab, und seine sexuelle Leistung steigerte sich.

Jetzt begann ich mir Gedanken über Daves unbewußte Motivationen zu machen und versuchte die Therapie in diese Richtung zu lenken. Welche Befriedigung zog er aus dem Glauben, er werde von einer Frau eingesperrt? Warum war er so versessen darauf, alles heimlich zu tun? Was hinderte ihn, eine enge Beziehung zu einem Mann oder einer Frau einzugehen, ohne sexuelle Vorstellungen damit zu verbinden? Was war aus seiner Sehnsucht nach menschlicher Nähe geworden? Konnte diese Sehnsucht jetzt, mit neunundsechzig, noch einmal ausgegraben, wiederbelebt und erfüllt werden?

Aber diese Fragen schienen *mich* mehr zu interessieren als Dave. Ich hatte bisweilen den Verdacht, daß er sich an der Diskussion über unbewußte Motivationen nur mir zuliebe beteiligte. Er unterhielt sich gern mit mir, aber ich glaube, daß er unsere Gespräche vor allem deshalb so liebte, weil sie ihm ermöglichten, in Erinnerungen zu schwelgen und die glücklichen Tage sexuellen Triumphs noch einmal vorbeiziehen zu lassen. Ich mußte behutsam vorgehen. Ich hatte immer das Gefühl, daß er, wenn ich zu sehr bohrte, zu nahe an seine Ängste herankam, einfach verschwinden, nicht mehr zum nächsten Termin erscheinen würde und ich dann nie mehr Kontakt zu ihm aufnehmen könnte.

Behielt ich die Briefe, könnten sie gewissermaßen als Unterpfand dienen: Dave könnte sich dann nicht mehr einfach aus dem Staub machen. Zumindest müßte er mir dann offen sagen, daß er die Therapie beenden wollte. Er müßte mir gegenübertreten und die Briefe zurückverlangen.

Außerdem hatte ich das Gefühl, daß ich die Briefe einfach annehmen *mußte*. Dave war so überempfindlich. Er würde eine Ablehnung der Briefe mit Sicherheit als Ablehnung seiner Person interpretieren.

Überdies war er sehr nachtragend. Ein Fehler wäre fatal: Selten gab er jemandem eine zweite Chance.

Und doch war mir nicht wohl bei dem Gedanken. Ich suchte nach guten Gründen, um die Briefe *nicht* annehmen zu müssen. Ich würde einen Pakt mit seinem Schatten schließen – ein Bündnis mit seinem pathologischen Selbst. Seine Bitte hatte etwas Konspiratives. Unsere Beziehung wäre die von zwei kleinen Lausbuben. Wie konnte ich auf so dubiosen Grundlagen eine solide therapeutische Beziehung aufbauen?

Meine Idee, die Briefe aufzubewahren, damit Dave nicht so leicht die Therapie beenden könnte, war, wie ich schnell erkannte, blanker Unsinn. Ich beschloß, auf diesen Trick – nichts anderes war es ja – zu verzichten, nicht zuletzt deshalb, weil ich mit derart dummen taktischen Spielchen bisher noch immer auf die Nase gefallen war. Vor allem aber würden krumme Touren und Manipulationen Dave eben nicht helfen, anderen Menschen offen und glaubwürdig zu begegnen: Ich mußte mich geradlinig und ehrlich verhalten.

Außerdem würde er, falls er die Therapie beenden wollte, immer eine Möglichkeit finden, um die Briefe zurückzubekommen. Ich erinnere mich an eine Patientin, die ich vor zwanzig Jahren behandelt hatte. Sie war ein Fall von Persönlichkeitsspaltung, deren konkurrierende Hälften (die ich die Schüchterne und das Luder nannte) sich mit allen Tricks bekämpften. Die Person, die ich behandelte, war die Schüchterne, ein naives, prüdes junges Ding; das Luder dagegen, dem ich selten begegnete, bezeichnete sich selbst als «sexuellen Supermarkt» und war mit dem Pornokönig von Kalifornien befreundet. Der Schüchternen passierte es häufig, daß sie «aufwachte», um überrascht festzustellen, daß das Luder ihr Bankkonto geplündert und das Geld für sexy Kleider, rote Spitzenunterwäsche und Flugtickets für Spritztouren nach Tijuana oder Las Vegas ausgegeben hatte. Eines Tages entdeckte die Schüchterne zu ihrem Entsetzen auf ihrer Frisierkommode ein Ticket für einen Rund-um-die-Welt-Flug und glaubte, die Reise verhindern zu können, indem sie sämtliche Reizwäsche des Luders in meiner Praxis versteckte. Leicht verwirrt, doch entschlossen, alles im Leben wenigstens einmal zu versuchen, willigte ich ein und versteckte die Kleider unter meinem Schreibtisch. Eine Woche später, als ich morgens zur Arbeit kam, sah ich, daß meine Tür aufgebrochen, die Praxis durchwühlt und die Kleider verschwunden waren. Verschwunden war auch meine Patientin. Ich sah die Schüchterne (und das Luder) nie wieder.

Was wäre, wenn Dave mir einfach wegsterben würde? So gut seine Gesundheit auch sein mochte, er *war* neunundsechzig, und es *gibt* Leute, die mit neunundsechzig sterben. Was würde ich dann mit den Briefen machen? Außerdem, wo zum Teufel sollte ich sie unterbringen? Diese Briefe mußten mindestens zehn Pfund wiegen. Einen Augenblick dachte ich daran, sie zusammen mit meinen Briefen verschwinden zu lassen. Sie könnten, falls sie entdeckt würden, als Tarnung dienen.

Doch der Hauptgrund, der gegen eine Aufbewahrung der Briefe sprach, hatte mit der Gruppentherapie zu tun. Vor mehreren Wochen hatte ich Dave vorgeschlagen, in eine Therapiegruppe zu gehen, und in den letzten drei Sitzungen hatten wir ausführlich darüber gesprochen. Seine Heimlichtuerei, sein sexualisiertes Verhältnis zu Frauen, seine Angst und sein Mißtrauen gegenüber Männern – all das, so schien mir, waren ergiebige Themen für eine gruppentherapeutische Arbeit. Widerstrebend hatte er sich bereit erklärt, in meine Therapiegruppe einzutreten, und unsere Sitzung an diesem Tag sollte unsere letzte Einzelsitzung sein.

Daves Bitte, die Briefe bei mir aufbewahren zu dürfen, mußte in diesem Zusammenhang gesehen werden. Es war durchaus möglich, daß der bevorstehende Wechsel in die Gruppe ihn bewogen hatte, mir die Briefe anzuvertrauen. Zweifellos war er unglücklich über das Ende unserer exklusiven Beziehung und haßte den Gedanken, mich von nun an mit den anderen Gruppenmitgliedern teilen zu müssen. Die Briefe könnten ein Garant für die Fortdauer unserer besonderen, intimen Beziehung sein.

Ich versuchte, ihm diese Überlegungen so behutsam wie möglich nahezubringen, da ich wußte, wie extrem empfindlich er war. Ich hütete mich, die Briefe herabzuwürdigen, indem ich ihm sagte, daß sie nur Mittel zum Zweck seien. Ich hütete mich ebenso, den Eindruck zu erwecken, als wolle ich unsere Beziehung genauestens unter die Lupe nehmen: Jetzt galt es, sie zu festigen.

Dave, der einen großen Teil der Therapiezeit brauchte, um zu lernen, wie er davon profitieren konnte, spottete über meine Interpretation, anstatt darüber nachzudenken, ob sie nicht doch ein Körnchen Wahrheit enthielt. Daß er mich gerade jetzt gebeten habe, die Briefe aufzubewahren, behauptete er, habe nur einen Grund: Seine Frau sei zur Zeit beim Hausputz und nähere sich langsam aber sicher seinem Arbeitszimmer, wo die Briefe versteckt seien.

Ich nahm ihm die Antwort nicht ab, aber im Augenblick war Geduld gefragt, nicht Konfrontation. So ging ich darüber hinweg. Doch wuchs meine Befürchtung, daß die Arbeit in der Gruppe, sollte ich die Briefe aufbewahren, von vorneherein zum Scheitern verurteilt sein könnte. Die Gruppentherapie, das wußte ich, war für Dave ein Unternehmen, bei dem er alles gewinnen und alles verlieren konnte, und ich wollte ihm den Einstieg erleichtern.

Wo lagen die Chancen? Die Gruppe könnte Dave eine sichere Gemeinschaft bieten, in der er seine Beziehungsprobleme erkennen und neue Verhaltensformen entwickeln könnte. Zum Beispiel könnte er lernen, offener über sich selbst zu sprechen, engere Beziehungen zu Männern herzustellen und Frauen nicht nur als Sexualobjekte, sondern als menschliche Wesen zu begreifen. Im Unterbewußtsein glaubte Dave, daß all das eine Katastrophe herbeiführen müsse: Die Gruppe war die ideale Umgebung, um diese Ängste abzubauen.

Unter vielen möglichen Szenarios fürchtete ich eines ganz besonders. Ich stellte mir vor, daß Dave sich nicht nur weigerte, wichtige (oder triviale) Dinge über sich preiszugeben, sondern dies auch noch auf kokette oder provokative Art tat. Die anderen Gruppenmitglieder würden nachbohren und dann noch mehr wissen wollen. Dave würde immer verstockter reagieren. Die Gruppe wäre verärgert und würde ihn auffordern, seine Spielchen zu beenden. Dave wiederum würde sich verletzt fühlen, als wolle man ihm eine Falle stellen. Sein Verdacht und seine Befürchtungen hinsichtlich der Gruppe hätten sich dann bestätigt, und er würde die Gruppe verlassen, einsamer und mutloser als je zuvor.

Mir schien, daß ich, wenn ich die Briefe aufbewahrte, seiner Heimlichtuerei Vorschub leisten und damit gegen meine therapeutischen Grundüberzeugungen handeln würde. Noch bevor er sich auf die Gruppe einließ, hätte er mich zum Komplizen einer Verschwörung gemacht, die die anderen Gruppenmitglieder ausschloß. Nach Abwägung aller Gesichtspunkte kam ich schließlich zu einem Schluß.

«Ich verstehe, warum die Briefe so wichtig für Sie sind, Dave, und irgendwie freue ich mich auch, daß Sie sie mir anvertrauen wollen. Aber ich weiß aus Erfahrung, daß eine Gruppentherapie nur dann wirklich Aussicht auf Erfolg hat, wenn jeder in der Gruppe, einschließlich des Gruppenleiters, so offen wie möglich ist. Und da ich mir von der Gruppe viel für Sie verspreche, sollten wir uns am besten auf folgendes einigen: Ich schließe die Briefe an einem sicheren Ort, so lange Sie wollen, für Sie ein, vorausgesetzt, Sie erzählen der Gruppe von unserer Abmachung.»

Dave war verblüfft. Damit hatte er nicht gerechnet. Würde er den Sprung machen? Er dachte einige Augenblicke nach. «Ich weiß nicht recht. Ich muß erst darüber nachdenken. Ich sage Ihnen dann Bescheid.» Er verließ meine Praxis, die Aktentasche mit den obdachlosen Briefen im Schlepptau.

Dave kam nie wieder auf die Briefe zurück – zumindest nicht so, wie zu erwarten gewesen wäre. Dennoch trat er der Gruppe bei und nahm an den ersten Sitzungen regelmäßig teil. Ich war sogar überrascht, mit welcher Begeisterung er dabei war: In der vierten Sitzung gestand er uns, daß die Gruppe für ihn der Höhepunkt der Woche sei und er immer die Tage bis zur nächsten Sitzung zähle. Doch hinter dieser Begeisterung verbarg sich leider nicht die verlockende Aussicht auf Selbsterkenntnis, sondern ein Quartett von attraktiven weiblichen Gruppenmitgliedern. Diesen galt sein ausschließliches Interesse, und, wie wir später erfuhren, bemühte er sich bei zweien von ihnen um Kontakte außerhalb der Gruppe.

Wie erwartet setzte Dave seine Geheimniskrämerei in der Gruppe fort und erhielt sogar noch Unterstützung von einem ebenso verschwiegenen Gruppenmitglied, einer gutaussehenden, stolzen Frau, die wie er Jahrzehnte jünger aussah, als sie tatsächlich war. Bei einem Treffen wurden sie und Dave nach ihrem Alter gefragt. Beide verweigerten die Auskunft mit der originellen Begründung, sie wollten nicht aufgrund ihres Alters beurteilt werden. Früher (als Genitalien noch tabu waren) sprach man in Therapiegruppen nur widerstrebend über Sex. Seit zwei Jahrzehnten hat sich das geändert, nun ist Geld zum Tabuthema geworden. In Tausenden von Gruppen, deren Mitglieder angeblich über alles reden konnten, habe ich noch niemanden erlebt, der über sein Einkommen Auskunft gegeben hätte.

Aber in Daves Gruppe war das Geheimnis, für das man sich am brennendsten interessierte, das Alter. Dave kokettierte und scherzte zwar, weigerte sich aber kategorisch, sein Alter zu verraten: Er wollte sich seine Chancen bei den weiblichen Gruppenmitgliedern nicht verbauen. In einer Sitzung, als eine der Frauen unbedingt wissen wollte, wie alt er war, schlug er ein Tauschgeschäft vor: sein Geheimnis, sprich Alter, gegen ihre Telefonnummer.

Ich machte mir Sorgen über den wachsenden Widerstand in der Gruppe. Abgesehen davon, daß Dave sich nicht ernsthaft an der therapeutischen Arbeit beteiligte, wurde die Diskussion durch sein ständiges Geplänkel und Kokettieren immer oberflächlicher.

Bei einem Treffen jedoch wurde der Ton plötzlich todernst. Eine Frau erzählte, daß ihr Freund vor kurzem erfahren hatte, daß er an Krebs erkrankt sei. Sie war überzeugt, daß er bald sterben würde, obwohl die Ärzte ihm trotz seines geschwächten körperlichen Zustands und seines fortgeschrittenen Alters (er war dreiundsechzig) gute Heilungschancen einräumten.

Ich zuckte im Gedanken an Dave zusammen: Dieser Mann im «fortgeschrittenen» Alter von dreiundsechzig Jahren war immer noch sechs Jahre jünger als er. Aber er blieb völlig ruhig und sprach dann mit erstaunlicher Aufrichtigkeit von sich selbst.

«Vielleicht sollte ich dazu in der Gruppe etwas sagen. Ich habe nämlich eine panische Angst vor Krankheit und Tod. Ich gehe jedem Doktor aus dem Weg – jedem *richtigen* Doktor –», fügte er, an mich gewandt, schelmisch hinzu. «Meine letzte ärztliche Untersuchung liegt über fünfzehn Jahre zurück.»

Ein anderes Gruppenmitglied sagte: «Wie alt Sie auch sein mögen, Dave, Sie scheinen großartig in Form zu sein.»

«Danke. Ich tue auch was dafür. Neben Schwimmen, Tennis und Spaziergängen mache ich täglich noch mindestens zwei Stunden Übungen. Theresa, es tut mir schrecklich leid für Sie und Ihren Freund, aber ich weiß nicht, wie ich Ihnen helfen soll. Ich denke viel übers Altwerden und Sterben nach, aber meine Gedanken sind zu morbid, um darüber zu sprechen. Um ehrlich zu sein, ich sehe kranke Leute am liebsten gar nicht. Der Doc» – wieder mit einem Seitenblick auf mich – «sagt immer, ich sorge für eine lockere Stimmung in der Gruppe – vielleicht ist das der Grund?»

«Ist was der Grund?» fragte ich.

«Nun ja, wenn ich hier anfange, ernst zu werden, dann rede ich ständig von so grauenhaften Dingen wie Alter und Tod. Irgendwann erzähle ich mal von meinen Alpträumen – vielleicht.»

«Sie sind nicht der einzige, der diese Ängste hat, Dave. Vielleicht würde es Ihnen helfen, wenn Sie erkennen, daß wir alle im selben Boot sitzen.»

«Nein, jeder sitzt ganz allein in seinem eigenen Boot. Das ist das Schlimmste am Sterben – daß keiner einem dabei hilft.»

Ein anderes Gruppenmitglied erwiderte: «Sicher, aber wenn man auch allein in seinem Boot sitzt, ist es doch beruhigend, die Lichter der anderen Boote vorbeiziehen zu sehen.»

Nach der Stunde war ich voller Hoffnung. Ich fühlte, daß das der Durchbruch war. Dave hatte über etwas Wichtiges gesprochen, er hatte Gefühle gezeigt, er war wirklich präsent gewesen, und die anderen hatten positiv darauf reagiert.

Beim nächsten Treffen erzählte Dave von einem bemerkenswerten Traum, den er in der Nacht nach der letzten Sitzung gehabt hatte. Die Erzählung lautete, von einem Studenten wörtlich mitgeschrieben:

Ich bin vom Tod umgeben. Ich spüre seinen Geruch. Ich habe ein Paket, in dem ein großer Umschlag steckt, und in dem Umschlag ist etwas, das immun gegen den Tod oder gegen Verwesung oder Verfall ist. Ich verberge es. Ich hebe das Paket auf, befühle es, und plötzlich sehe ich, daß der Umschlag leer ist. Ich bin deshalb beunruhigt und sehe dann, daß er aufgeschlitzt wurde. Später finde ich das, was ich in dem Umschlag vermutete, auf der Straße: Es ist ein schmutziger, alter Schuh, dessen Sohle sich abgelöst hat.

Der Traum warf mich um. Ich hatte oft an seine Liebesbriefe gedacht und mich gefragt, ob sich jemals die Möglichkeit ergeben könnte, ihre Bedeutung gemeinsam mit Dave zu analysieren.

Obwohl ich die Arbeit in der Gruppe gerne mag, hat sie doch einen entscheidenden Nachteil: Sie macht es häufig unmöglich, fundamentale existentielle Fragen eingehender zu untersuchen. Wie oft schon hatte ich sehnsüchtig vor einem prächtigen Pfad, der mich in das Innerste eines Menschen geführt hätte, gestanden, um mich dann mit der praktischen (und hilfreicheren) Aufgabe zu begnügen, zwischenmenschliches Unterholz beiseite zu räumen. Doch diesen Traum konnte ich mir nicht versagen; er war die *via regia* in das Herz des Waldes. Selten habe ich von einem Traum gehört, der die Antwort auf ein Rätsel des Unterbewußtseins so unumwunden preisgab.

Weder Dave noch die Gruppe wußten, was sie mit dem Traum anfangen sollten. Nachdem sie sich eine Zeitlang herumgequält hatten, sprang ich ein, indem ich Dave beiläufig fragte, ob ihm irgendwelche Assoziationen zu dem Traumbild des Umschlags, den er verbergen wollte, einfielen.

Ich wußte, daß ich ein Risiko einging. Es wäre ein Fehler, wahrscheinlich sogar ein fataler Fehler, wenn ich Dave zwingen würde, vorzeitig Informationen preiszugeben, oder wenn ich selbst zum falschen Zeitpunkt über Dinge sprechen würde, die er mir persönlich anvertraut hatte, bevor er in die Gruppe eintrat. Doch schien mir, daß ich mit dieser Frage die Sicherheitsgrenze nicht überschritten hatte: Ich hielt mich an das konkrete Traummaterial, und Dave konnte sich der Frage leicht mit dem Hinweis entziehen, daß ihm nichts Überzeugendes dazu einfalle.

Er antwortete bereitwillig, wenn auch mit seiner üblichen Affektiertheit. Möglicherweise, sagte er, stehe der Traum in Zusammenhang mit einigen Briefen, die er geheimgehalten hatte – Briefe einer «gewissen Beziehung». Die anderen Mitglieder wurden neugierig und stellten ihm Fragen, bis Dave einige Details über seine Liebesaffäre mit Soraya preisgab und über das Problem sprach, einen geeigneten Aufbewahrungsort für die Briefe zu finden. Daß diese Affäre dreißig Jahre zurücklag, erwähnte er ebensowenig wie seine Verhandlungen mit mir und mein Angebot, die Briefe aufzubewahren, wenn er die Gruppe darüber informieren würde.

Die Gruppe setzte sich vor allem mit Daves Heimlichtuerei auseinander – ein Thema, das mich im Augenblick weniger faszinierte, obwohl es für die therapeutische Arbeit zweifellos relevant war. Einige Gruppenmitglieder äußerten Verständnis für seinen Wunsch, die Briefe vor seiner Frau geheimzuhalten, doch niemand verstand seine exzessive Versteckspielerei. Warum zum Beispiel weigerte sich

Dave, seiner Frau zu sagen, daß er in therapeutischer Behandlung war? Niemand nahm ihm seine fadenscheinige Erklärung ab, daß sie sich, wenn sie davon wüßte und sich vorstellte, er würde sich über sie auslassen, bedroht fühlen und ihm das Leben zur Hölle machen würde, indem sie ihn jede Woche über das, was er in der Gruppe gesagt hatte, ausquetschte.

Wenn ihm wirklich am Seelenfrieden seiner Frau gelegen sei, hielt man ihm entgegen, solle er sich doch einmal vorstellen, wie schlimm es erst für sie sein müsse, ihn jede Woche weggehen zu sehen, ohne zu wissen, wohin. Und jede Woche diese fadenscheinigen Entschuldigungen, wenn er das Haus verließ, um zur Therapie zu gehen (er war im Ruhestand und hatte außerhalb des Hauses geschäftlich nichts mehr zu tun). Und die ganze Trickserei, um die monatlichen Therapierechnungen vor ihr zu verbergen. Alles wie aus einem schlechten Krimi! Wozu? Sogar die Versicherungsformulare mußten an sein geheimes Postfach geschickt werden. Die Mitglieder beklagten sich auch über Daves Heimlichtuerei in der Gruppe. Sie fühlten sich durch sein mangelndes Vertrauen auf Distanz gehalten. Warum mußte er zu Beginn der Sitzung von «Briefen einer gewissen Beziehung» sprechen?

Sie fragten ihn ohne Umschweife: «Nun sagen Sie schon, Dave, wieviel zusätzliche Überwindung würde es Sie kosten, einfach von *Liebesbriefen* zu sprechen?»

Die Gruppenmitglieder taten, Gott segne sie, genau das Richtige. Sie konzentrierten sich auf den für die Beziehung zwischen ihnen und Dave relevantesten Teil des Traums – das Thema Heimlichtuerei –, und sie ließen nicht locker. Obwohl Dave leicht beunruhigt schien, war er beherzt bei der Sache – diesmal ganz ohne die üblichen Spielchen.

Aber ich wurde gierig. Der Traum war pures Gold, und ich wollte fündig werden. «Hat irgend jemand eine Ahnung, was der Rest des Traums bedeuten könnte?» fragte ich. «Zum Beispiel der Todesgeruch und die Tatsache, daß der Umschlag etwas enthält, das ‹immun gegen den Tod oder gegen Verwesung oder Verfall ist›?»

Einige Augenblicke herrschte Schweigen, bis Dave sich mir zuwandte und sagte: «Was denken *Sie* darüber, Doc? Würde mich wirklich interessieren.»

Nun saß ich in der Klemme. Ich konnte unmöglich antworten, ohne Material preiszugeben, das Dave mir in unseren Einzelsitzungen anvertraut hatte. Er hatte der Gruppe zum Beispiel nicht erzählt, daß Soraya schon seit dreißig Jahren tot war, daß er neunundsechzig war und sich dem Tod nahe fühlte, daß er mich zum Hüter seiner Briefe machen wollte. Wenn ich diese Dinge enthüllte, würde er sich verraten fühlen und wahrscheinlich die Therapie abbrechen. Marschierte ich geradewegs in eine Falle? Hier half nur bedingungslose Ehrlichkeit.

Ich sagte: «Dave, es ist wirklich schwer für mich, Ihre Frage zu beantworten. Ich kann Ihnen meine Gedanken über den Traum nicht mitteilen, ohne über Dinge zu sprechen, die Sie mir anvertraut haben, bevor Sie in die Gruppe kamen. Ich weiß, wie wichtig Ihnen Ihre Privatsphäre ist, und ich möchte Ihr Vertrauen nicht mißbrauchen. Was also soll ich tun?»

Ich lehnte mich zufrieden zurück. Ausgezeichnete Technik! Genau das, was ich meinen Studenten immer sagte. Wenn du in einem Dilemma steckst oder einem Gefühlskonflikt ausgesetzt bist, gibt es nichts Besseres, als das Dilemma oder die Gefühle dem Patienten mitzuteilen.

Dave sagte: «Schießen Sie los! Erzählen Sie, was Sie wollen. Ich bezahle Sie schließlich für Ihre Meinung. Ich habe nichts zu verbergen. Alles, was ich Ihnen gesagt habe, ist ein offenes Buch. Ich habe unser Gespräch über die Briefe deshalb nicht erwähnt, weil ich Sie nicht kompromittieren wollte. Meine Bitte an Sie und Ihr Gegenangebot waren beide ein bißchen verschroben.»

Jetzt, wo ich Daves Erlaubnis hatte, klärte ich die Gruppe, die inzwischen kaum noch begriff, worum es eigentlich ging, über die wichtigsten Hintergründe auf: die große Bedeutung der Briefe für Dave, Sorayas Tod vor dreißig Jahren, Daves Schwierigkeiten, einen sicheren Ort für die Briefe zu finden, seine Bitte an mich, sie aufzubewahren, und mein Angebot – auf das er bisher nicht eingegangen war –, die Briefe nur dann zu verwahren, wenn er die Gruppe über die gesamte Transaktion informierte. Doch hütete ich mich, sein Alter zu verraten oder sonstige, in diesem Zusammenhang unwichtige Informationen aus seinem Privatleben preiszugeben.

Dann wandte ich mich dem Traum zu. Meiner Meinung nach war

der Traum die Antwort auf die Frage, warum die Briefe für Dave so große Bedeutung hatten. Und natürlich auch, warum meine Briefe für mich so große Bedeutung hatten. Doch meine Briefe erwähnte ich nicht: mein Mut hat Grenzen. Natürlich kann ich dafür rationale Begründungen vorschieben. Schließlich sind die Patienten hier wegen *ihrer* Therapie, nicht wegen meiner. Die Zeit ist kostbar in einer Gruppe – acht Patienten und nur neunzig Minuten –, und es wäre Vergeudung, wenn die Patienten sich auch noch die Probleme des Therapeuten anhören müssen. Patienten müssen sich darauf verlassen können, daß Therapeuten ihre Probleme selbst angehen und lösen.

Aber dies sind in der Tat Rationalisierungen. Das eigentliche Problem ist der fehlende Mut. Ich habe mich fast immer gegen ein Zuviel und für ein Zuwenig an Selbstenthüllung entschieden. Wenn ich aber einmal wirklich viel von mir selbst offenbarte, hat es den Patienten eigentlich noch immer geholfen zu wissen, daß ich mich mit denselben menschlichen Problemen herumschlage wie sie.

Der Traum, fuhr ich fort, war ein Traum über den Tod. Er begann mit: «Ich bin vom Tod umgeben. Ich spüre seinen Geruch.» Und das zentrale Bild war der Umschlag, ein Umschlag, der etwas enthielt, das immun gegen den Tod oder Verwesung machte. Konnte es da noch irgendeine Unklarheit geben? Die Liebesbriefe waren ein Amulett, ein Instrument der Todesverleugnung. Sie schützten Dave vor dem Altern und ließen für seine Leidenschaft die Zeit stillstehen. Wirklich geliebt zu werden, in Erinnerung zu bleiben, mit einem anderen für immer vereint zu sein, das alles bedeutet Unvergänglichkeit und Schutz vor der existentiellen Einsamkeit.

Im weiteren Verlauf des Traums sah Dave, daß der Umschlag aufgeschlitzt und leer war. Warum aufgeschlitzt und leer? Vielleicht glaubte Dave, daß die Briefe ihre Macht verlieren würden, wenn er sie mit anderen teilte? Der Glaube, die Briefe schützten vor Alter und Tod, hatte etwas eindeutig Irrationales – eine dunkle Magie, die einer Prüfung unter dem kalten Licht der Rationalität nicht standhielt.

Ein Gruppenmitglied fragte: «Was ist mit dem schmutzigen, alten Schuh, dessen Sohle sich abgelöst hatte?»

Ich wußte es nicht, doch bevor ich überhaupt eine Antwort geben konnte, sagte ein anderes Mitglied: «Der symbolisiert den Tod. Der

Schuh verliert seine *soul* (zu deutsch ‹Seele›, phonetisch identisch mit sole, Sohle, A. d. Ü.), ich buchstabiere: S-O-U-L.»

Natürlich, das war es – *soul*, nicht *sole*! Großartig! Warum war ich nicht selbst darauf gekommen? Die erste Hälfte hatte ich verstanden: Ich wußte, daß der schmutzige alte Schuh Dave war. Bei mehreren Gelegenheiten (zum Beispiel als er ein vierzig Jahre jüngeres, weibliches Gruppenmitglied nach der Telefonnummer fragte) hatte nicht viel gefehlt, und die Gruppe hätte ihn als «alten Lüstling» bezeichnet. Ich war heilfroh, daß dieses Schimpfwort nie laut ausgesprochen wurde. Aber in dieser Gruppendiskussion nannte sich Dave selbst so.

«Mein Gott, ja! Ein alter Lüstling, der seine ‹soul› verliert. Das bin ich also!» Er kicherte über seine eigene Sprachschöpfung. Selbst ein Liebhaber von Worten (er beherrschte mehrere Sprachen), freute er sich über die Klanggleichheit von *soul* und *sole*.

Daves Späßchen konnten nicht über seine Betroffenheit hinwegtäuschen. Ein Mitglied wollte wissen, wie er sich in der Rolle des alten Lüstlings vorkomme. Ein anderes fragte, was für ein Gefühl es sei, der Gruppe die Existenz der Briefe zu offenbaren. Würde sich dadurch sein Verhältnis zu ihnen ändern? Und schließlich erinnerte man ihn daran, daß jeder sich mit dem Problem von Alter und Tod auseinandersetzen müsse, und drängte ihn, mehr von diesen Gefühlen mitzuteilen.

Aber Dave hatte dichtgemacht. Er hatte für heute genug geleistet. «Heute war ich mein Geld wert. Ich brauche ein bißchen Zeit, um das alles zu verdauen. Ich habe schon fünfundsiebzig Prozent der Sitzung für mich beansprucht, und ich weiß, daß andere heute auch noch zu Wort kommen wollen.»

Widerstrebend ließen wir Daves Problematik fallen und wandten uns anderen Themen zu. Wir wußten damals noch nicht, daß es ein endgültiger Abschied sein sollte. Dave kehrte nie wieder in die Gruppe zurück. (Und wie sich herausstellte, war er ebensowenig bereit, die Einzeltherapie mit mir oder einem anderen Therapeuten fortzusetzen.)

Wir alle, und ich ganz besonders, mußten uns danach einige unangenehme Fragen stellen. Was hatten wir getan, um Dave zu vertreiben? Waren wir zu weit gegangen in unserem Versuch, aus einem törichten alten Mann einen Weisen zu machen? Hatte ich ihn verraten? War ich in eine Falle getappt? Wäre es nicht besser gewesen, wenn wir nicht über die Briefe gesprochen und ihm seinen Traum gelassen hätten? (Anstatt sagen zu müssen: Traumdeutung erfolgreich, Patient tot!)

Vielleicht hätten wir seinen Weggang verhindern können, aber ich bezweifle es. Zu diesem Zeitpunkt war ich mir bereits sicher, daß Daves Verschlossenheit, sein ständiges Lavieren und Leugnen letztlich zum selben Resultat geführt hätten. Ich hatte von Anfang an den starken Verdacht, daß er früher oder später abspringen würde. (Freilich war es wenig tröstlich, daß ich im Prophezeien besser war als im Therapieren.)

Vor allem aber machte ich mir Sorgen. Wie würde es Dave ergehen, wenn er aus seiner Isolation nicht herauskäme, wenn er sich weiterhin an Illusionen klammerte und vergeblich um mehr Mut kämpfte, wenn er sich immer wieder weigerte, den nackten, unerbittlichen Tatsachen des Lebens ins Auge zu sehen?

Und dann verfiel ich in eine Träumerei über meine eigenen Briefe. Was würde passieren, wenn (ich lächelte über mein «wenn») ich sterben würde und man die Briefe entdeckte? Vielleicht sollte ich sie tatsächlich Mort, Jay oder Pete geben. Warum quäle ich mich weiter mit diesen Briefen herum? Warum sich nicht diesen Ärger vom Hals schaffen und sie verbrennen? Warum nicht jetzt? Jetzt gleich! Aber schon der Gedanke schmerzt. Ein Stich mitten in die Brust. Warum nur? Warum solche Qualen wegen ein paar alter, vergilbter Briefe? Ich werde mich noch damit auseinandersetzen müssen – irgendwann.

Zwei Lächeln

Manche Patienten sind unproblematisch. Sie erscheinen in meiner Praxis, fest entschlossen, ihr Leben zu verändern, und die Therapie läuft wie von selbst. Manchmal werde ich so wenig gefordert, daß ich mir irgendeine Frage oder Interpretation ausdenke, nur um mir und dem Patienten das Gefühl zu geben, ich sei eine notwendige Figur in diesem Geschäft.

Marie gehörte nicht zu den Unproblematischen. Jede Sitzung mit ihr bedeutete harte Arbeit. Als sie mich vor drei Jahren zum erstenmal aufsuchte, war ihr Mann bereits vier Jahre tot, doch sie war noch immer in ihrer Trauer wie erstarrt. Ihr Gesichtsausdruck, ihre Phantasie, ihr Körper, ihre Sexualität – ihr ganzer Lebensfluß – waren erstarrt. Auch in der Therapie war sie lange Zeit wie tot geblieben, und ich mußte die Arbeit für zwei machen. Selbst jetzt noch, nachdem sich ihre Depressionen schon lange gelegt hatten, war unsere Arbeit noch von jener Rigidität und unsere Beziehung noch von jener Kälte und Distanz geprägt, gegen die ich nie ein Mittel gefunden hatte.

Heute war Therapiepause. Marie sollte von einem Kollegen, den ich hinzugezogen hatte, interviewt werden, und ich konnte mir den Luxus erlauben, eine Stunde mit Marie zu verbringen und dabei «außer Dienst» zu sein. Seit Wochen hatte ich sie gedrängt, einen Hypnosefachmann zu konsultieren. Obwohl sie sich fast immer gegen neue Erfahrungen sträubte und vor Hypnose besondere Angst hatte, willigte sie schließlich ein, unter der Bedingung, daß ich während der ganzen Sitzung anwesend blieb. Ich hatte nichts dagegen; ich fand sogar Gefallen an der Vorstellung, mich einfach nur zurückzulehnen und meinen Freund und Kollegen Mike C. die Arbeit machen zu lassen.

Außerdem hätte ich als Beobachter Gelegenheit, mein Urteil über Marie zu überdenken. Denn nach drei Jahren mußte ich mich fragen, ob ich nicht zu sehr an meiner einmal gefaßten Meinung über sie festhielt. Vielleicht hatte sie sich doch erheblich verändert, ohne daß ich es gemerkt hatte. Vielleicht beurteilten andere sie ganz anders als ich. Es war Zeit, sie einmal wieder mit ganz neuen Augen zu betrachten.

Marie war spanischer Abstammung und war vor achtzehn Jahren aus Mexico City emigriert. Ihr Mann, den sie als Studentin an der Universität in Mexiko kennengelernt hatte, war Chirurg gewesen und bei einem Autounfall ums Leben gekommen, als er eines Abends zu einem Noteinsatz ins Krankenhaus raste. Marie war eine außergewöhnliche gutaussehende Frau, groß, statuenhaft, mit einer kühn geschnittenen Nase und langem, schwarzem Haar, das sie im Nacken zu einem Knoten gebunden trug. Wie alt sie war? Man würde sie auf fünfundzwanzig schätzen, ohne Make-up vielleicht auf dreißig. Auf keinen Fall aber würde man sie für vierzig halten.

Marie hatte etwas Unnahbares, und die meisten Menschen fühlten sich von ihrer Schönheit und ihrem Hochmut eingeschüchtert. Ich dagegen fühlte mich stark zu ihr hingezogen. Ich war bewegt in ihrer Gegenwart, wollte sie trösten, stellte mir vor, wie ich sie umarmte und wie ihr Körper in meinen Armen seine Starrheit verlor. Ich hatte mich oft gefragt, warum sie eine solche Anziehung auf mich ausübte. Marie erinnerte mich an eine Tante, die ebenso schön war und ihr Haar genauso trug, und die in meinen sexuellen Phantasien als Jugendlicher eine wichtige Rolle gespielt hatte. Vielleicht war es das. Oder vielleicht war ich einfach nur geschmeichelt, daß ich der einzige Vertraute und Beschützer dieser großartigen Frau war.

Sie verbarg ihre Depression gut. Niemand konnte ahnen, daß sie vom Leben nichts mehr erwartete; daß sie schrecklich einsam war; daß sie jede Nacht weinte; daß sie in den sieben Jahren seit dem Tod ihres Mannes nicht eine Beziehung, ja nicht einmal ein persönliches Gespräch mit einem Mann gehabt hatte.

In den ersten vier Jahren ihrer Trauer schottete sich Marie völlig gegen Männer ab. In den letzten zwei Jahren, als ihre Depressionen nachließen, war sie zu der Einsicht gelangt, daß nur eine neue Liebesbeziehung sie retten könnte, aber sie war so stolz und abweisend, daß sich kein Mann in ihre Nähe traute. Monatelang hatte ich versucht, ihre Überzeugung, daß das Leben nur lebenswert sei, wenn man von einem Mann geliebt werde, in Frage zu stellen. Ich hatte ihr geraten, neue Interessen zu entwickeln, ihren Horizont zu erweitern und engere Beziehungen zu Frauen zu knüpfen. Alles vergeblich. Schließlich gab ich auf und versuchte zunächst einmal, ihr zu zeigen, wie man sich Männern nähert, wenn man sie für sich einnehmen will.

Unsere ganze Arbeit jedoch war vor vier Wochen unterbrochen worden, als Marie in San Francisco aus einer Straßenbahn stürzte und sich einen Kieferbruch sowie erhebliche Verletzungen an Gesicht und Hals zuzog. Nachdem sie eine Woche im Krankenhaus gelegen hatte, ging sie zu einem Kieferchirurgen, um ihre Zähne reparieren zu lassen. Marie hatte eine niedrige Schmerzschwelle, besonders bei Zahnschmerzen, und fürchtete sich vor jedem Besuch beim Zahnarzt. Außerdem war bei dem Unfall ein Gesichtsnerv verletzt worden, weshalb sie in einer Gesichtshälfte unablässig starke Schmerzen hatte, die nie nachließen. Nachdem alle Medikamente nichts genützt hatten, hatte ich ihr, in der Hoffnung auf Linderung ihrer Schmerzen, zu einer Hypnosebehandlung geraten.

Schon unter normalen Bedingungen konnte Marie eine schwierige Patientin sein, aber nach ihrem Unfall war sie noch widerspenstiger und sarkastischer, als ich es erwartet hätte.

«Hypnose funktioniert nur bei Dummköpfen oder Leuten mit schwachem Willen. Ist das der Grund, weshalb Sie mir dazu raten?»

«Marie, wie kann ich Ihnen klarmachen, daß Hypnose nichts mit Willensstärke oder Intelligenz zu tun hat? Die Eignung zur Hypnose hat man von Geburt an, oder auch nicht. Was riskieren Sie schon? Sie erzählen mir, daß Ihre Schmerzen unerträglich sind – hier haben Sie eine gute Möglichkeit, sich in einer einstündigen Konsultation Erleichterung zu verschaffen.»

«Vielleicht können Sie das nicht verstehen, aber ich habe keine Lust, mich zum Narren machen zu lassen. Ich habe schon öfters Hypnose im Fernsehen gesehen – die Opfer sehen wie Idioten aus. Sie glauben zum Beispiel, daß sie schwimmen, obwohl sie auf einer trockenen Bühne stehen, oder daß sie ein Boot rudern, obwohl sie in ihrem Sessel sitzen. Eine Frau hatte ihre Zunge rausgestreckt und bekam sie nicht wieder rein.»

«Wenn ich das Gefühl hätte, das man solche Dinge mit mir machen würde, hätte ich genau dieselben Bedenken wie Sie. Aber es gibt wohl keinen größeren Unterschied als den zwischen einer Fernsehhypnose und einer medizinischen Hypnose. Ich habe Ihnen genau gesagt, was Sie erwartet. Das Wichtigste ist, daß niemand versuchen wird, Sie willenlos zu machen. Statt dessen werden Sie lernen, sich in einen Zustand zu versetzen, in dem es Ihnen möglich ist, Ihren Schmerz unter Kontrolle zu bekommen. Ich habe den Eindruck, daß Sie mir und anderen Ärzten immer noch nicht vertrauen.»

«Wenn Ärzte vertrauenswürdig wären, hätten sie damals vielleicht rechtzeitig einen Neurochirurgen gerufen, und mein Mann würde noch leben!»

«Heute können wir uns über mangelnden Diskussionsstoff wirklich nicht beklagen – Ihre Schmerzen, Ihre Bedenken (und falschen Vorstellungen) gegenüber der Hypnose, Ihre Befürchtungen, sich lächerlich zu machen, Ihr Ärger und Mißtrauen gegenüber Ärzten, mich eingeschlossen – ich weiß überhaupt nicht, wo ich anfangen soll. Geht es Ihnen nicht auch so? Womit sollten wir Ihrer Meinung nach heute beginnen?»

«Sie sind der Therapeut, nicht ich.»

Und so war es weitergegangen. Marie war spröde, reizbar und, trotz ihrer erklärten Dankbarkeit mir gegenüber, häufig sarkastisch und provozierend. Sie blieb nie lange bei einem Thema, sondern sprang sofort zum nächsten. Gelegentlich fing sie sich und entschuldigte sich für ihre Gehässigkeit, um kurze Zeit später erneut gereizt zu reagieren und in Wehleidigkeit zu verfallen. Ich wußte, daß es in dieser kritischen Phase wichtiger war als je zuvor, an unserer Beziehung festzuhalten und mich nicht ins Abseits drängen zu lassen. Bis jetzt war mir das auch gelungen, aber meine Geduld hatte Grenzen, und ich war froh, die Last nun mit Mike teilen zu können.

Außerdem brauchte ich kollegiale Unterstützung. Das war mein Hintergedanke bei der Konsultation. Ich wollte, daß es jemanden gab, der bezeugen konnte, was ich mit Marie alles durchgemacht hatte, jemanden, der mir sagte: «Die ist wirklich ein harter Brocken. Dafür hast du verdammt gute Arbeit geleistet.» Dieser hilfsbedürftige Teil meiner selbst handelte nicht in Maries bestem Interesse. Ich wollte nämlich keineswegs, daß Mikes Konsultation glatt und unproblematisch verlief: Ich wollte ihn ackern sehen, wie ich hatte ackern müssen. Ja, ich gebe es zu, ein Teil von mir appellierte insgeheim an Marie, es Mike so schwer wie möglich zu machen: «Komm schon, Marie, zeig's ihm!»

Aber zu meinem Erstaunen verlief die Sitzung ausgezeichnet. Marie erwies sich als gutes Hypnose-Subjekt, und unter Mikes geschickter Anleitung lernte sie, sich in Trance zu versetzen. Dann begann Mike mit der Schmerzbehandlung, indem er eine Scheinanästhesie durchführte. Er sagte, sie solle sich vorstellen, sie sitze in einem Zahnarztstuhl und bekomme eine Betäubungsspritze.

«Ihr Kiefer und Ihre Backe werden immer unempfindlicher. Jetzt ist Ihre Backe ganz taub. Legen Sie Ihre Hand an die Backe, um zu spüren, wie taub sie ist. Stellen Sie sich vor, Ihre Hand ist in der Lage, Taubheit zu speichern. Sie wird taub, wenn sie Ihre taube Backe berührt, und sie kann diese Taubheit auf jeden anderen Teil Ihres Körpers übertragen.»

Von da an war es für Marie ein leichtes, ihre Taubheit auf alle schmerzhaften Stellen an Gesicht und Hals zu übertragen. Ausgezeichnet. Der Ausdruck der Erleichterung in ihrem Gesicht war unübersehbar.

Dann sprach Mike mit ihr über den Schmerz. Zuerst erklärte er ihr die Funktion des Schmerzes: daß er ein Warnsignal sei, um ihr mitzuteilen, wie weit sie ihren Kiefer bewegen und wie stark sie zubeißen könne. Das sei der funktionale, notwendige Schmerz, im Gegensatz zum unnützen Schmerz, der von verletzten Nerven herrühre und zu gar nichts gut sei.

Mike riet Marie, zunächst einmal mehr über ihren Schmerz in Erfahrung zu bringen: zu unterscheiden zwischen funktionalem und unnützem Schmerz. Das beste sei, zunächst die richtigen Fragen zu stellen und mit ihrem Kieferchirurgen eingehend darüber zu sprechen. Er sei derjenige, der am besten über ihre Gesichtsnerven und ihre Zähne Bescheid wisse.

Mike sprach mit bewundernswerter Klarheit und der richtigen Mischung von Professionalismus und väterlicher Fürsorge. Marie und Mike tauschten für einen Augenblick bedeutungsvolle Blicke aus. Dann lächelte sie und nickte. Er wußte, daß sie die Botschaft verstanden hatte.

Mike, offenbar zufrieden mit Maries Reaktion, wandte sich seiner letzten Aufgabe zu. Marie war eine starke Raucherin und hatte nicht zuletzt deshalb in die Konsultation eingewilligt, weil sie hoffte, Mike würde ihr helfen, mit dem Rauchen aufzuhören. Mike, ein Experte auf diesem Gebiet, setzte zu einem häufig erprobten, geschliffenen Vortrag an. Dabei hob er drei wesentliche Punkte hervor: daß sie leben wolle, daß sie ihren Körper brauche, um zu leben, und daß Zigaretten Gift für ihren Körper seien.

Mike verdeutlichte seine Worte mit einem Beispiel: «Denken Sie einmal an Ihren Hund oder, wenn Sie keinen haben, an einen Hund, den Sie sehr gerne mögen. Und jetzt stellen Sie sich Büchsen mit Hundefutter vor, auf denen *Vorsicht! Gift!* steht. Sie würden Ihrem Hund doch kein giftiges Hundefutter geben, oder?»

Wieder blickten Marie und Mike sich vielsagend an, und wieder lächelte Marie und nickte. Obwohl Mike wußte, daß auch diese Botschaft Marie erreicht hatte, fügte er hinzu: «Warum behandeln Sie Ihren Körper dann nicht ebensogut, wie Sie Ihren Hund behandeln würden?»

In der verbleibenden Zeit ging er noch ausführlicher auf die Technik der Selbsthypnose ein, brachte ihr bei, wie sie mit Hilfe von Selbsthypnose dem heftigen Verlangen nach Zigaretten begegnen könnte, und riet ihr, sich im Augenblick der Versuchung immer vor Augen zu halten, daß sie ihren Körper zum Leben brauche und ihn daher nicht vergiften dürfe, wenn sie leben wolle. Es war eine hervorragende Sitzung. Mike hatte großartige Arbeit geleistet: Er hatte einen guten Kontakt zu Marie hergestellt und alle Behandlungsziele erreicht. Als Marie die Praxis verließ, war sie offensichtlich mit ihm und mit dem Ergebnis ihrer Arbeit äußerst zufrieden.

Später dachte ich über unsere gemeinsame Stunde nach. Obwohl sie professionell gesehen ein Erfolg war, blieb mir die persönliche Unterstützung und Anerkennung, die ich gesucht hatte, versagt. Natürlich hatte Mike nicht ahnen können, was ich wirklich von ihm wollte. Ich hätte einem wesentlich jüngeren Kollegen derart unreife Bedürfnisse wohl auch kaum eingestehen können. Außerdem konnte er nicht wissen, was für eine schwierige Patientin Marie gewesen war und welche Herkulesarbeit ich hinter mir hatte – bei ihm hatte sie, wahrscheinlich aus reiner Perversität, die Musterpatientin gespielt.

Natürlich blieben all diese Gefühle Mike und Marie verborgen. Aber von mir einmal abgesehen – was hatte es mit *ihren* unerfüllten Wünschen, ihren geheimen Gedanken und Ansichten über das Geschehene auf sich? Ich stellte mir vor, Mike, Marie und ich würden ein Jahr später unsere Erinnerungen an die gemeinsame Stunde aufschreiben. Wieviel Übereinstimmung würde es geben? Ich vermute, daß keiner von uns die Stunde in den Worten des anderen wiedererkennen würde. Aber warum in einem Jahr? Was wäre, wenn wir unsere Gedanken schon in einer Woche niederschrieben? Oder jetzt, in diesem Augenblick? Wären wir in der Lage, die wirkliche Geschichte dieser Stunde wieder einzufangen und festzuhalten?

Das ist keine triviale Frage. Die meisten Therapeuten glauben, das Leben eines Patienten aufgrund willkürlich ausgewählter Angaben rekonstruieren zu können. Sie glauben, die entscheidenden Ereignisse der frühen Entwicklungsjahre entdecken zu können, die wirkliche Natur der Eltern-Kind-Beziehung, die Beziehungen zwischen den Eltern, den Geschwistern, die Familienstruktur, die mit den Schrecken und Verletzungen der frühen Jahre einhergehenden inneren Erfahrungen, die Freundschaftsbeziehungen im Kindes- und Erwachsenenalter.

Doch wie können Therapeuten oder Historiker oder Biographen ein Leben auch nur annähernd genau rekonstruieren, wenn wir nicht einmal die Realität einer einzigen Stunde wiedergeben können? Vor Jahren führte ich ein Experiment durch, bei dem eine Patientin und ich gemeinsame Therapiestunden jeweils aus unserer Sicht beschrieben. Später, als wir unsere Aufzeichnungen verglichen, fiel es uns mitunter schwer zu glauben, daß wir von derselben Stunde sprachen. Sogar unsere Ansichten über das, was uns weitergebracht hatte, gingen auseinander. Meine eleganten Interpretationen? Sie hatte sie überhaupt nicht mitbekommen. Statt dessen erinnerte sie sich dankbar an meine beiläufigen, persönlichen, ermutigenden Kommentare.

In solchen Augenblicken sehnt man sich nach einem Unparteiischen, der einem die richtige Sicht der Realität vorgibt, oder nach einer Momentaufnahme, die die Stunde gestochen scharf festhält. Wie beunruhigend zu erkennen, daß Realität Illusion ist oder bestenfalls eine auf dem Konsens der Beteiligten basierende, demokratisierte Wahrnehmung.

Wenn ich eine Zusammenfassung der Stunde machen sollte, würde ich zwei besonders «reale» Momente hervorheben: die beiden Male, als Marie und Mike bedeutungsvolle Blicke austauschten und Marie lächelte und nickte. Das erste Lächeln folgte auf Mikes Empfehlung, Marie solle über ihren Schmerz eingehend mit ihrem Kieferchirurgen sprechen; das zweite folgte auf die Frage, ob sie ihrem Hund giftige Nahrung geben würde.

Später hatte ich mit Mike ein langes Gespräch über die Stunde. In professioneller Hinsicht war er mit dem Ergebnis sehr zufrieden. Marie hatte positiv auf die Hypnose reagiert, und er hatte alle Behandlungsziele erreicht. Außerdem war es für ihn persönlich eine gute Erfahrung nach einer schlechten Woche gewesen, in der er zwei Patienten zur stationären Behandlung hatte einweisen müssen und mit einem Abteilungsleiter aneinandergeraten war. Daß ich gesehen hatte, mit welcher Kompetenz und Zielstrebigkeit er seine Aufgabe bewältigte, erfüllte ihn mit Genugtuung. Er war jünger als ich und hatte meine Arbeit immer sehr geschätzt. Auf meine Meinung legte er großen Wert. Welche Ironie, daß letztlich er von mir das bekam, was ich von ihm gewollt hatte.

Ich kam auf das Lächeln zu sprechen. Er erinnerte sich sofort und sah in dem Lächeln einen Beweis, daß es ihm gelungen war, zu ihr vorzudringen und eine enge Verbindung zwischen ihnen herzustellen. Das Lächeln, das jeweils auftauchte, als er besonders überzeugend argumentiert hatte, bedeutete, daß Marie seine Botschaft verstanden und in sich aufgenommen hatte.

Doch aufgrund meiner langjährigen Erfahrung mit Marie interpretierte ich das Lächeln ganz anders. Nehmen wir zum Beispiel das erste Lächeln, als Mike Marie empfahl, sich eingehender mit ihrem Kieferchirurgen zu beraten, mit Dr. Z. Und über die Beziehung zwischen Marie und Dr. Z. war einiges anzumerken!

Sie hatte ihn vor zwanzig Jahren in Mexico City kennengelernt, wo sie dasselbe College besuchten. Damals hatte er ausdauernd aber erfolglos versucht, ihr den Hof zu machen. Sie hatte ihn dann aus den Augen verloren, bis zum Autounfall ihres Mannes. Dr. Z., der ebenfalls in die Vereinigten Staaten eingewandert war, arbeitete an dem Krankenhaus, in das ihr Mann nach dem Unfall eingeliefert wurde, und war für Marie in den beiden Wochen, in denen ihr Mann mit unheilbaren Verletzungen im Koma lag, eine wichtige Informationsquelle und Stütze.

Fast unmittelbar nach dem Tod ihres Mannes versuchte Dr. Z. trotz Frau und fünf Kindern erneut, ihr den Hof zu machen, und scheute auch vor sexuellen Annäherungsversuchen nicht zurück. Marie wies ihn zornig ab, wodurch er sich aber keineswegs einschüchtern ließ. Am Telefon, in der Kirche und sogar im Gerichtssaal (sie verklagte das Krankenhaus, in dem ihr Mann gestorben war, wegen fahrlässiger Tötung) belästigte er sie mit anzüglichen Bemerkungen. Marie fand sein Verhalten abstoßend und reagierte zunehmend schroffer, um ihn abzuwimmeln. Aber Dr. Z. gab erst auf, als sie ihm sagte, daß sie sich vor ihm ekle, daß er der letzte Mann auf der Welt sei, mit dem sie sich einlassen würde, und daß sie seine Frau, die sie sehr schätze, informieren werde, wenn er sie weiter belästige.

Bei dem Sturz aus der Straßenbahn war Marie mit dem Kopf aufgeschlagen und war etwa eine Stunde bewußtlos. Als sie unter großen Schmerzen wieder zu sich kam, fühlte sie sich schrecklich allein: Sie hatte keine engen Freunde, und ihre beiden Töchter machten gerade Urlaub in Europa. Als die Schwester in der Notaufnahme sie nach dem Namen ihres Arztes fragte, stöhnte sie: «Rufen Sie Dr. Z. an.» Er galt allgemein als der talentierteste und erfahrenste Kieferchirurg, und Marie fand, daß zuviel auf dem Spiel stand, um sich auf einen unbekannten Arzt einzulassen.

Während Dr. Z. zu Beginn der (offenbar sehr erfolgreichen) chirurgischen Behandlung seine Gefühle zurückhielt, brachen sie in der postoperativen Phase wieder um so stärker durch. Er war sarkastisch, autoritär und, wie ich glaube, sadistisch. Er unterstellte Marie hysterische Überreaktionen und weigerte sich, ihr geeignete Schmerz- oder Beruhigungsmittel zu verschreiben. Er jagte ihr Angst ein, indem er beiläufige Bemerkungen über gefährliche Komplikationen und bleibende Entstellungen machte, und drohte ihr mit dem Abbruch der Behandlung, wenn sie weiter ständig jammerte. Als ich ihn darauf hinwies, daß Marie schmerzlindernde Mittel benötigte, wurde er aggressiv und betonte, daß er weit mehr von postoperativem Schmerz verstehe als ich. Vielleicht, so meinte er, sei ich meiner Gesprächstherapien überdrüssig und wolle das Fachgebiet wechseln. Mir blieb nichts übrig, als Marie *sub rosa* Beruhigungsmittel zu verschreiben.

Viele Stunden hörte ich zu, in denen Marie über ihren Schmerz und über Dr. Z. klagte (der, davon war sie überzeugt, sie besser behandeln würde, wenn sie seinen sexuellen Forderungen trotz ihrer unbeschreiblichen Schmerzen nachgab). Die Zahnbehandlungen in seiner Praxis waren erniedrigend: Jedesmal, wenn seine Assistentin das Zimmer verließ, machte er anzügliche Bemerkungen, und häufig gelang es ihm, mit der Hand über ihre Brüste zu streichen.

Da ich nicht wußte, wie ich Marie in der Situation mit Dr. Z. helfen sollte, riet ich ihr dringend, den Arzt zu wechseln. Sie solle es wenigstens einmal versuchen, sagte ich, und gab ihr die Namen einiger ausgezeichneter Kieferchirurgen. Trotz ihres Ekels vor Dr. Z. und den Vorfällen in seiner Praxis reagierte sie auf jeden meiner Vorschläge mit einem «Aber» oder «Ja, aber». Sie war eine klassische «Ja, aber»-Sagerin (in der Zunft auch «hilfeverschmähendes Klageweib» genannt) von beträchtlicher Ausdauer. Ihre «Aber» betrafen hauptsächlich die Tatsache, daß Dr. Z. sie von Anfang an behandelt hatte und deshalb der einzige war, der wirklich wußte, was mit ihrem Mund los war. Sie hatte panische Angst vor bleibenden Entstellungen im Gesicht oder am Mund. (Sie hatte schon immer großen Wert auf ihr Aussehen gelegt und tat es jetzt, in der Welt der Singles um so mehr.) Ihre körperliche Genesung und die Wiederherstellung ihrer Schönheit waren ihr so wichtig, daß sie sogar ihre Wut, ihren Stolz und das Herumfummeln an ihren Brüsten hintanstellte.

Und noch etwas Wesentliches galt es zu bedenken. Sie war nur deshalb gestürzt, weil die Straßenbahn so ruckartig angefahren war, und deshalb hatte sie die Stadt San Francisco verklagt. Marie hatte aufgrund ihrer Verletzungen den Job verloren und war dadurch in finanzielle Schwierigkeiten geraten. Sie rechnete mit einer hohen Entschädigungssumme, doch brauchte sie unbedingt die Unterstützung von Dr. Z., dessen Gutachten über das Ausmaß ihrer körperlichen und psychischen Schäden für den Ausgang des Prozesses von entscheidender Bedeutung war.

Und so steckte Marie in einem Teufelskreis, der aus einem verschmähten Chirurgen, einem Prozeß um eine Million Dollar, einem gebrochenen Kiefer, etlichen abgebrochenen Zähnen und unsittlichen Berührungen bestand. Inmitten dieser Verwicklungen hatte also Mike, der von all dem natürlich keine Ahnung hatte, seinen unschuldigen, rationalen Vorschlag gemacht, Marie solle mit Dr. Z. über ihren Schmerz sprechen. Und in dem Augenblick hatte Marie gelächelt.

Das zweite Lächeln folgte auf Mikes ebenso unbefangene Frage: «Würden Sie Ihrem Hund giftiges Hundefutter zu fressen geben?»

Auch für dieses Lächeln gab es eine Erklärung. Vor neun Jahren hatten Marie und Charles die Familie um einen etwas plumpen Dackel namens Elmer erweitert. Obwohl er eigentlich Charles' Hund war, und obwohl Marie Hunde eigentlich nicht leiden konnte, hatte sie ihn mit der Zeit liebgewonnen und ihn jahrelang auf ihrem Bett schlafen lassen.

Elmer wurde alt, arthritisch und kapriziös, und nach Charles' Tod hatte er Marie so sehr beansprucht, daß er ihr möglicherweise sogar einen Dienst erwies – denn erzwungene Geschäftigkeit ist für Trauernde oft sehr hilfreich und sorgt in der ersten, schweren Zeit für willkommene Ablenkung. (In unserer Zivilisation erfüllen Beerdigungsvorbereitungen, Papierkrieg und Erbschaftsangelegenheiten denselben Zweck.)

Etwa ein Jahr nach Beginn der Therapie hatte Marie ihre Depressionen größtenteils überwunden und wandte sich wieder dem Leben zu. Sie war überzeugt, daß sie ihr Glück nur in der Beziehung zu einem Mann finden würde. Alles andere konnte nur ein Vorspiel sein; andere Arten von Freundschaft, andere Erfahrungen dienten nur zur Überbrückung, bis sie ein neues Leben mit einem Mann begann.

Doch Elmer stellte sich, wo immer es ging, ihrem neuen Leben in den Weg. Sie war entschlossen, einen Mann zu finden; doch Elmer war offenbar der Ansicht, daß er Mann genug im Haus sei. Jedesmal, wenn Fremde, vor allem Männer, ins Haus kamen, heulte er los und schnappte nach ihnen. Seine Bösartigkeit äußerte sich noch auf andere Weise: Er weigerte sich, im Garten zu urinieren, sondern wartete, bis er wieder ins Haus gelassen wurde, um dann auf den Wohnzimmerteppich auszuweichen. Alle Erziehungsmaßnahmen und Sanktionen blieben erfolglos. Wenn Marie ihn aussperrte, heulte er so unentwegt, daß die Nachbarn aus der ganzen Umgebung sie anriefen und sie anflehten oder energisch aufforderten, etwas dagegen zu unternehmen. Wenn sie ihn in irgendeiner Weise bestrafte, schlug Elmer zurück, indem er die Teppiche in anderen Zimmern befleckte.

Das ganze Haus roch nach Elmer. Besucher schreckten schon an der Eingangstür zurück, und selbst Unmengen von frischer Luft, Reinigungsmitteln, Geruchskillern oder Parfums halfen nichts. Da sie sich schämte, Gäste in ihr Haus einzuladen, wich sie zunächst auf Restaurants aus, um sich für Einladungen zu revanchieren. Doch allmählich gab sie die Hoffnung auf, jemals wieder ein richtiges gesellschaftliches Leben führen zu können.

Ich bin kein Hundeliebhaber, aber dieser schien mir noch schlimmer als die meisten. Ich lernte Elmer einmal kennen, als Marie ihn mit in die Praxis brachte – eine Kreatur ohne Manieren, die die ganze Stunde geräuschvoll an ihren Genitalien herumleckte. Vielleicht war das der Augenblick, wo ich entschied, daß Elmer verschwinden mußte. Ich war nicht geneigt zuzulassen, daß er Maries Leben ruinierte. Oder meins.

Vorher mußten schwierige Hürden überwunden werden, wenngleich Marie bei anderen Gelegenheiten durchaus Entschlossenheit zeigen konnte. Früher hatte es noch eine weitere Geruchsquelle im Haus gegeben, eine Untermieterin nämlich, die, Marie zufolge, eine Diät auf der Basis von verfaultem Fisch machte. In dieser Situation hatte Marie prompt reagiert. Sie folgte meinem Rat, es auf eine direkte Konfrontation ankommen zu lassen; und als die Untermieterin sich weigerte, ihre Kochgewohnheiten zu ändern, forderte Marie sie ohne Zögern auf auszuziehen.

Aber mit Elmer steckte Marie in einem Dilemma. Immerhin war er Charles' Hund gewesen, und ein Teil von Charles lebte durch ihn weiter. Marie und ich gingen immer wieder alle Möglichkeiten durch. Die eingehende und kostspielige Inkontinenz-Diagnose des Tierarztes war von geringem Wert. Die Besuche bei einem Tierpsychologen und Hundetrainer waren ebenfalls ergebnislos verlaufen. Langsam wurde ihr klar (eine Erkenntnis, bei der ich natürlich etwas nachhalf), daß sie sich von Elmer trennen mußte. Sie rief all ihre Freunde an, um sie zu fragen, ob sie Elmer haben wollten, aber keiner war so verrückt, daß er diesen Hund adoptierte. Sie inserierte in der

Zeitung, aber selbst der Hinweis auf kostenloses Hundefutter verfehlte seine Wirkung.

Die unvermeidbare Entscheidung rückte näher. Ihre Töchter, ihre Freunde, ihr Tierarzt – alle drängten sie, Elmer einschläfern zu lassen. Und natürlich trug auch ich im Hintergrund dazu bei, sie zu diesem Schritt zu bewegen. Schließlich willigte Marie ein und begleitete Elmer an einem grauen Morgen auf seinem letzten Gang zum Tierarzt.

Zur selben Zeit tauchte noch ein weiteres Problem auf. Maries Vater, der in Mexiko lebte, war inzwischen so altersschwach geworden, daß sie mit dem Gedanken spielte, ihn zu sich zu holen. Ich hielt das für keine gute Lösung, denn Marie empfand soviel Angst und Widerwillen ihrem Vater gegenüber, daß sie ihm jahrelang aus dem Weg gegangen war. Der Wunsch, seiner Tyrannei zu entkommen, war sogar ausschlaggebend gewesen, als sie sich vor achtzehn Jahren entschloß, in die Vereinigten Staaten auszuwandern. Der Gedanke, ihn bei sich aufzunehmen, war also eher von Schuldgefühlen diktiert als von Sorge oder Liebe. Ich versuchte Marie das klarzumachen und fragte sie auch, ob es ratsam sei, einen achtzigjährigen Mann, der kein Wort Englisch sprach, aus seiner gewohnten Umgebung zu reißen. Schließlich ließ sie sich überzeugen und brachte ihn in einem Pflegeheim in Mexiko unter.

Maries Ansichten über die Psychiatrie? Sie hatte sich oft mit ihren Freunden über die Zunft lustig gemacht. «Ihr müßt unbedingt mal zum Psychiater gehen. Die sind einfach wunderbar. Erst sagen sie dir, du sollst deinen Untermieter rausschmeißen. Dann veranlassen sie dich, deinen Vater ins Pflegeheim zu stecken. Und schließlich bringst du ihnen zuliebe sogar deinen Hund um!»

Und sie hatte gelächelt, als Mike sich über sie beugte und sie freundlich fragte: «Sie würden Ihrem Hund doch kein giftiges Hundefutter geben, oder?»

Meiner Ansicht nach bedeutete also weder das eine noch das andere Lächeln Übereinstimmung mit Mike, sondern es war beide Male ein ironisches Lächeln, das besagte: «Wenn Sie wüßten...» Als Mike ihr riet, mit ihrem Kieferchirurgen zu sprechen, mußte sie gedacht haben: «Ein ausführliches Gespräch mit Dr. Z.! Wirklich großartig! Und ob ich sprechen werde! Wenn ich wieder gesund bin und mein

Prozeß gelaufen ist, werde ich mit seiner Frau und mit jedem, den ich kenne, sprechen. Ich werde alles so laut rausposaunen, daß es dem Bastard ewig in den Ohren dröhnt.»

Und das Lächeln über das giftige Hundefutter war mit Sicherheit ebenfalls ironisch. Sie hatte sich sicher gedacht: «Natürlich würde ich ihm kein giftiges Hundefutter geben – es sei denn, ich käme zu der Ansicht, daß er langsam doch ein bißchen alt und lästig wird. Dann würde ich ihn aus dem Weg räumen – und zwar schnell!»

Als wir in der nächsten Einzelsitzung über die Stunde mit Mike sprachen, fragte ich sie, warum sie zweimal gelächelt habe. Sie wußte gleich, was ich meinte. «Als Dr. C. mir riet, mit Dr. Z. über meine Schmerzen zu sprechen, habe ich mich plötzlich furchtbar geschämt. Ich fragte mich, ob Sie ihm alles über mich und Dr. Z. erzählt hatten. Ich fand Dr. C. nämlich sehr sympathisch. Er ist sehr attraktiv, genau der Typ von Mann, mit dem ich gerne zusammenleben würde.»

«Und das Lächeln, Marie?»

«Na ja, ich war natürlich verlegen. Dr. C. hätte ja annehmen können, ich sei ein Flittchen. Wenn ich's mir so recht überlege (was ich nicht tue), glaube ich, daß die ganze Geschichte auf einen Tauschhandel hinausläuft – ich halte Dr. Z. bei Laune, lasse ihm seine kleinen, widerlichen Gefühle und bekomme dafür seine Unterstützung in meinem Prozeß.»

«Mit dem Lächeln wollten Sie also sagen...?»

«Damit wollte ich sagen... Warum interessieren Sie sich so für mein Lächeln?»

«Reden Sie weiter.»

«Ich glaube, ich wollte damit sagen, bitte, Dr. C., sprechen Sie von etwas anderem. Stellen Sie mir keine Fragen mehr über Dr. Z. Ich hoffe, Sie wissen nichts über das, was zwischen mir und Dr. Z. vorgefallen ist.»

Und das zweite Lächeln? Auch das hatte einen völlig anderen Hintergrund, als ich angenommen hatte.

«Ich fühlte mich irgendwie unbehaglich, als Dr. C. immer weiter über den Hund und das Gift sprach. Ich wußte, daß Sie ihm nichts von Elmer erzählt hatten, sonst hätte er keinen Hund als Beispiel genommen.»

«Und...?»

«Wissen Sie, es ist nicht einfach darüber zu reden. Aber, obwohl ich es vielleicht nicht zeige – mir kommt ein Dankeschön nun mal nicht so leicht über die Lippen –, das, was Sie in den letzten Monaten für mich getan haben, weiß ich sehr wohl zu schätzen. Ohne Sie hätte ich es nicht geschafft. Ich habe Ihnen doch meinen Witz über Psychiater erzählt (meine Freunde finden ihn herrlich) – zuerst den Mieter, dann den Vater, und dann bringst du ihnen zuliebe sogar deinen Hund um!»

«Und?»

«Na ja, ich glaube, daß Sie Ihre Kompetenzen als Therapeut möglicherweise überschritten haben – ich sagte Ihnen doch, daß es mir schwerfällt, darüber zu reden. Ich dachte, daß Psychiater sich mit direkten Ratschlägen zurückhalten sollen. Vielleicht haben Sie sich zu sehr von Ihren persönlichen Gefühlen Hunden und Vätern gegenüber leiten lassen!»

«Und das Lächeln bedeutete...?»

«Mein Gott, sind Sie hartnäckig! Das Lächeln bedeutete: ‹Ja, Dr. C., ich weiß, was Sie meinen. Lassen Sie uns jetzt bitte schnell das Thema wechseln. Stellen Sie mir keine Fragen mehr über meinen Hund. Ich will Dr. Yalom nicht in Verlegenheit bringen.›»

Ich nahm ihre Antwort mit gemischten Gefühlen auf. Hatte sie recht? Hatte ich mich zu sehr von meinen eigenen Gefühlen leiten lassen? Je mehr ich darüber nachdachte, desto sicherer war ich mir, daß sie unrecht hatte. Ich hatte immer große Sympathie für meinen Vater und hätte ihn gern in mein Haus aufgenommen. Daß mir Elmer zuwider war, konnte ich nicht bestreiten, doch da ich mein Desinteresse an Hunden kannte, hatte ich mich sehr genau kontrolliert. Jeder, der über die Situation Bescheid wußte, hatte ihr geraten, sich von Elmer zu trennen. Ja, ich war sicher, daß ich bei allem nur ihr Bestes gewollt hatte. Deshalb erfüllte mich Maries Engagement für mein berufliches Ansehen mit Unbehagen. Es roch nach Verschwörung – als ob ich insgeheim zugab, daß ich etwas zu verbergen hatte. Doch gleichzeitig war mir bewußt, daß sie ihre Dankbarkeit mir gegenüber zum Ausdruck gebracht hatte, und *das* war ein gutes Gefühl.

Unser Gespräch über Maries Lächeln war so ergiebig, daß ich zunächst nicht weiter darüber nachdachte, wie unterschiedlich sich die Realität aus der Sicht des jeweils Betroffenen darstellte. Statt dessen beschäftigten wir uns mit ihrer Selbstverachtung, weil sie sich ihrem Gefühl nach kompromittiert hatte. Auch ihre Gefühle mir gegenüber – ihre Angst vor Abhängigkeit, ihre Dankbarkeit, ihre Wut – äußerte Marie offener als zuvor.

Die Hypnose half ihr, die Schmerzen zu ertragen, und drei Monate später war ihr Kiefer ausgeheilt, die Zahnbehandlung abgeschlossen und die Schmerzen im Gesicht hatten erheblich nachgelassen. Ihre Depressionen und ihre Wut wurden schwächer; doch trotz dieser positiven Entwicklung war es mir nicht gelungen, Marie so zu verändern, wie ich es mir gewünscht hätte. Sie blieb stolz, voreingenommen und neuen Ideen gegenüber skeptisch. Wir trafen uns zwar noch weiter, doch ging uns allmählich der Gesprächsstoff aus; und schließlich, einige Monate später, entschlossen wir uns, die Therapie zu beenden. In den nächsten vier Jahren kam Marie dann noch gelegentlich zu mir, um irgendwelche kleineren Probleme zu besprechen; und danach kreuzten sich unsere Wege nie mehr.

Der Prozeß zog sich jahrelang hin, bis sie schließlich mit einer geringen Summe abgefunden wurde. Inzwischen war ihre Wut auf Dr. Z. verraucht, und sie vergaß ihren Vorsatz, seine Machenschaften publik zu machen. Später heiratete sie dann einen sympathischen, älteren Mann. Ich weiß nicht, ob sie jemals wieder wirklich glücklich war. Aber sie rührte nie wieder eine Zigarette an.

Epilog

Maries Konsultationsstunde ist ein Beispiel für die Grenzen des Wissens. Obwohl sie, Mike und ich diese Stunde gemeinsam verbrachten, erlebte sie jeder von uns, ohne es vorhersagen zu können, ganz anders. Die Stunde war wie ein Tryptichon, wobei jede Tafel die Perspektive, die Stimmungen, die Befangenheit ihres Schöpfers widerspiegelte. Vielleicht hätte Mikes Tafel mehr Ähnlichkeit mit meiner gehabt, wenn ich ihm mehr über Marie erzählt hätte. Aber worüber hätte ich nach meinen hundert Stunden mit Marie sprechen können? Über meinen Ärger? Meine Ungeduld? Mein Selbstmitleid, weil ich mit Marie nicht weiterkam? Meine Freude über ihre Fortschritte? Meine sexuelle Erregung? Meine intellektuelle Neugier? Meinen Wunsch, Maries Blickwinkel zu verändern, indem ich ihr half, nach innen zu schauen, zu träumen, ihrer Phantasie freien Lauf zu lassen, ihren Horizont zu erweitern?

Doch selbst wenn ich stundenlang mit Mike über diese Dinge gesprochen hätte, hätte ich ihm kein angemessenes Bild meiner Erfahrung vermitteln können. Meine Eindrücke von Marie, meine Freude, meine Ungeduld sind eben ganz spezifische Erfahrungen, die es in dieser Form vorher nie gegeben hat. Ich suche verzweifelt nach den richtigen Worten, Metaphern, Analogien, aber sie treffen nie den Kern; sie sind bestenfalls dürftige Umschreibungen der kraftvollen Bilder, die mir durch den Kopf gingen.

Eine Reihe verzerrender Prismen versperrt uns den Weg zur Erkenntnis des anderen. Vor der Erfindung des Stethoskops hörte ein Arzt das Leben, indem er sein Ohr an den Brustkorb des Patienten preßte. Stellen Sie sich vor, daß Bewußtsein sich an Bewußtsein preßt und daß dabei Vorstellungsbilder direkt ausgetauscht werden, so wie Pantoffeltierchen direkt Zellkerne austauschen können: Das wäre eine Vereinigung ohnegleichen.

Vielleicht wird es eine solche Vereinigung in tausend Jahren einmal geben – das letzte Mittel gegen Isolation, die letzte Geißel der Getrenntheit. Noch aber existieren gewaltige Barrieren auf dem Weg dorthin.

Da ist zunächst die Barriere zwischen Bild und Sprache. Das Bewußtsein denkt in Bildern, muß aber, um sich mitzuteilen, Bilder in Gedanken und diese wiederum in Sprache umsetzen. Dieser Weg vom Bild über den Gedanken zur Sprache ist trügerisch. Ihn beschreiten heißt, Verluste in Kauf nehmen: Der Reichtum, die fließende Qualität des Bildes, seine außerordentliche Formbarkeit und Flexibilität, seine persönlichen, nostalgischen, emotionalen Schattierungen – all das geht verloren, wenn das Bild in Sprache gepreßt wird.

Große Künstler versuchen, Bilder direkt über Suggestion, über Metaphern, über sprachliche Meisterwerke zu vermitteln, in der Hoffnung, beim Leser ähnliche Bilder wachzurufen. Aber letztlich müssen sie erkennen, daß diese Aufgabe ihre Mittel übersteigt. Was könnte dieses Dilemma besser ausdrücken als Flauberts Klage in *Madame Bovary*:

«Die Wahrheit jedoch ist, daß die übervolle Seele sich bisweilen in eine völlig leere Sprache ergießt, denn niemand von uns kann jemals das wirkliche Ausmaß seiner Wünsche, seiner Gedanken oder seiner Leiden ausdrücken; und die menschliche Sprache gleicht einem zersprungenen Kessel, auf den wir krude Rhythmen wie für Tanzbären trommeln, während wir uns danach sehnen, eine Musik zu machen, bei der die Sterne schmelzen.»

Ein weiterer Grund, weshalb wir den anderen nie wirklich kennen können, ist, daß wir immer nur ganz bestimmte Dinge von uns preisgeben. Marie suchte Mikes Hilfe, um mit dem Schmerz fertig zu werden und mit dem Rauchen aufzuhören, nicht aus persönlichen Gründen. Deshalb wollte sie nur wenig von sich offenbaren. So mußte Mike ihr Lächeln zwangsläufig falsch interpretieren. Ich wußte mehr über Marie und über ihr Lächeln. Aber auch ich habe es falsch interpretiert: Was ich über sie wußte, war nur ein Bruchteil dessen, was sie mir oder sich selbst offenbaren wollte und konnte.

Ich arbeitete einmal in einer Gruppe mit einem Patienten, der mich während der zweijährigen Therapie fast nie direkt ansprach. Eines Tages überraschte mich Jay mit dem «Geständnis», wie er es nannte, daß alles, was er jemals in der Gruppe gesagt hatte – seine Reaktionen auf andere, seine Selbstenthüllungen, all seine zornigen wie teilnahmsvollen Worte –, eigentlich an meine Adresse gerichtet war. Jay berichtete in der Gruppe von den Erfahrungen in seiner Familie, wo er sich nach der Liebe seines Vaters gesehnt hatte, ohne je darum zu bitten – darum bitten zu *können*. In der Gruppe hatte er sich an vielen dramatischen Diskussionen beteiligt, aber den Hintergrund bildete immer das, was er von mir erwartete. Obwohl er vorgab, zu anderen Gruppenmitgliedern zu sprechen, sprach er *durch* sie zu mir, da er ständig meine Zustimmung und Unterstützung suchte.

Bei diesem Geständnis brach mein ganzes Bild zusammen. Vor einer Woche, vor einem Monat, vor sechs Monaten hatte ich geglaubt, ihn gut zu kennen. Aber ich hatte nie den wirklichen, den verborgenen Jay gekannt; und nun, nach seinem Geständnis, mußte ich mir ein neues Bild von ihm machen und frühere Erfahrungen neu interpretieren. Aber dieser neue Jay, dieser Wechselbalg, wie lange würde der so bleiben? Wie lange würde es dauern, bis neue Geheimnisse sich auftaten? Bis eine neue Schicht freigelegt wurde? Ich wußte, daß die Zukunft ständig neue Jays für mich bereithalten würde. Niemals würde ich den «richtigen» zu fassen bekommen.

Noch ein drittes Hindernis müssen wir überwinden, wenn wir einen anderen Menschen ganz und gar begreifen wollen. Dieser andere muß nämlich die von uns vollzogene Umsetzung von Bildern in Sprache wieder umkehren und die Sprache in Bilder zurückübersetzen – in das Drehbuch des Bewußtseins. Es ist höchst unwahrscheinlich, daß das Bild des Empfängers mit dem ursprünglichen Bild des Senders übereinstimmt.

Zu den Umsetzungsfehlern gesellt sich unsere Befangenheit hinzu. Wir verzerren die anderen, indem wir ihnen unsere bevorzugten Vorstellungen und Gestalten aufzwingen, ein Prozeß, den Proust wundervoll beschrieben hat:

> «Wir stopfen in die körperlichen Umrisse des Wesens, das wir vor uns sehen, all die Vorstellungen, die wir uns von ihm gemacht haben, und in dem vollständigen Bild, das wir uns im Geiste von ihm zusammensetzen, nehmen diese Vorstellungen mit Sicherheit den größten Raum ein. Am Ende füllen sie die Konturen seiner Wangen so vollständig aus, folgen sie so exakt der Linie seiner Nase, harmonieren sie so perfekt mit dem Klang seiner Stimme, daß diese nicht mehr als eine transparente Hülle zu sein scheinen und wir, so oft wir das Gesicht des anderen sehen oder seine Stimme hören, nichts anderes erkennen und hören als unsere Vorstellungen von ihm.»

«Jedesmal, wenn wir das Gesicht des anderen erblicken ... erkennen wir nur unsere eigenen *Vorstellungen* wieder» – diese Worte liefern den Schlüssel zum Verständnis vieler gescheiterter Beziehungen. In diesem Zusammenhang fällt mir Dan ein, einer meiner Patienten, der eine Meditationsform praktizierte, bei der sich zwei Personen mehrere Minuten lang die Hände halten, sich ansehen, sich in eine tiefe Meditation über den anderen versenken und dann den Prozeß mit anderen Partnern wiederholen. Nach vielen solchen Interaktionen konnte Dan klar zwischen den verschiedenen Partnern unterscheiden: Bei einigen spürte er eine schwache Verbindung, bei anderen war der Kontakt so intensiv, so zwingend, daß er glaubte, es sei zu einer spirituellen Vereinigung mit einer verwandten Seele gekommen. Immer wenn wir über solche Erfahrungen diskutierten, mußte ich meine Skepsis und meinen Rationalismus zügeln: «Spirituelle Vereinigung nennen Sie das? Das ist nichts anderes als eine autistische Beziehung. Sie kennen diese Person nicht. Um es mit Proust zu sagen, Sie haben all die Eigenschaften, die Sie sich wünschen, in dieses Wesen hineingestopft. Sie haben sich in Ihre eigene Schöpfung verliebt.»

Natürlich habe ich diese Gefühle nie so zum Ausdruck gebracht. Ich glaube nicht, daß Dan gerne mit jemandem zusammengearbeitet hätte, der so skeptisch war wie ich. Doch ich bin sicher, daß ich diese Ansichten auf vielerlei Weise habe durchblicken lassen: durch einen spöttischen Blick, durch den Zeitpunkt meiner Kommentare und Fragen, durch meine Begeisterung für bestimmte Themen und Gleichgültigkeit gegenüber anderen.

Dan griff diese versteckten Andeutungen auf und zitierte zu seiner Verteidigung Nietzsche, der irgendwo sagte, daß man schon bei der ersten Begegnung mit einem Menschen alles über ihn weiß; bei späteren Begegnungen läßt man sich von seinem Wissen blenden. Nietzsche bewundere ich sehr, so daß ich erst einmal über dieses Zitat nachdachte. Vielleicht ist man bei der ersten Begegnung *wirklich* noch unbefangen; vielleicht weiß man noch nicht, welche Rolle man spielen will. Vielleicht ist der erste Eindruck *wirklich* treffender als der zweite oder dritte. Aber von dort ist es ein weiter Weg bis zur spirituellen Vereinigung. Außerdem war Nietzsche zwar in vielerlei Hinsicht ein Seher, doch ein Ratgeber für zwischenmenschliche Beziehungen war er sicherlich nicht, denn einen einsameren und isolierteren Menschen als ihn hat es wohl kaum je gegeben.

Hatte Dan recht? Hatte er auf mystischen Kanälen etwas Essentielles und Reales über die andere Person erfahren? Oder hatte er einfach seine eigenen Vorstellungen und Wünsche in ein beliebiges menschliches Antlitz eingepackt – ein Antlitz, das er nur deshalb faszinierend fand, weil es Assoziationen von Geborgenheit, Liebe und Schutz auslöste?

Wir hatten nie Gelegenheit zu testen, was es mit diesen Meditationserfahrungen auf sich hatte, weil in den Meditationszentren das Gesetz des «edlen Schweigens» herrscht: Jede verbale Äußerung ist grundsätzlich verboten. Aber bei gesellschaftlichen Anlässen traf Dan mehrmals eine Frau, mit der es, laut Dan, nach intensivem Blickkontakt zu einer spirituellen Vereinigung kam. Doch erwies diese sich, bis auf wenige Ausnahmen, als Illusion. Die Frau war meistens äußerst verblüfft, wenn nicht erschrocken über seine Annahme, zwischen ihnen bestünde eine tiefe Seelenverwandtschaft. Dan brauchte oft lange, um das zu erkennen. Ich kam mir manchmal richtig grausam vor, wenn ich ihn mit meiner Sicht der Realität konfrontierte.

«Dan, was diese intensive Nähe, die Sie in Gegenwart von Diane verspüren, angeht – es kann ja durchaus sein, daß Diane die Möglichkeit einer Beziehung zu einem späteren Zeitpunkt nicht ausschloß, aber sehen Sie doch einmal den Tatsachen ins Auge. Sie reagiert nicht auf Ihre Anrufe, sie hat bis vor kurzem mit einem Mann zusammengelebt und ist gerade dabei, mit einem neuen Mann zusammenzuziehen. Das hat Sie Ihnen doch gesagt.»

Gelegentlich verspürte die Frau, in deren Augen Dan blickte, dieselbe tiefe, spirituelle Verbindung, und sie fühlten sich in Liebe zueinander hingezogen – aber in einer Liebe, die sehr schnell wieder verging. Manchmal schwand sie einfach unter Schmerzen dahin; manchmal schlug sie um in heftige Eifersuchtsszenen. Oft verfielen Dan, seine Geliebte oder beide in tiefe Depressionen. Wie auch immer das Ende verlief, das Ergebnis war immer dasselbe: Keiner bekam vom anderen, was er gewollt hatte.

Ich bin überzeugt, daß Dan und die Frau sich in diesen ersten schwärmerischen Begegnungen ein falsches Bild voneinander machten. Jeder sah in den Augen des anderen nur seinen eigenen flehenden, verwundeten Blick und hielt ihn für einen Ausdruck von Sehnsucht und Gefühlsüberschwang. Sie waren wie zwei eben flügge gewordene Vögel mit gebrochenen Flügeln, die zu fliegen versuchten, indem sie sich an einem anderen Vogel mit gebrochenen Flügeln festkrallten. Ein Mensch, der innerlich leer ist, wird durch die Verschmelzung mit einem anderen, ebenso unvollkommenen Menschen keine Heilung finden. Im Gegenteil, ein Paar von zwei Vögeln mit gebrochenen Flügeln wird nie fliegen können, auch wenn sie noch so geduldig sind; am Ende müssen sie sich voneinander losreißen, und jede Verletzung muß für sich behandelt werden.

Daß wir den anderen letztlich nie wirklich erkennen können, liegt nicht nur an den von mir aufgezeigten Problemen – am komplizierten Verhältnis von Bild und Sprache, an der bewußten oder unbewußten Entscheidung des einzelnen, sich nicht zu offenbaren, an der selektiven Wahrnehmung des Beobachters –, sondern auch an der ungeheuren Vielschichtigkeit jedes einzelnen Individuums. Wenn auch in umfangreichen wissenschaftlichen Vorhaben versucht wird, die elektrische und biochemische Aktivität des Gehirns zu entziffern, der Erfahrungsfluß des Menschen ist so komplex, daß er sich auch den raffiniertesten Forschungsmethoden entzieht.

Julian Barnes hat in *Flauberts Papagei* die unerschöpfliche Vielfalt eines Menschen auf wunderbare und sehr originelle Weise verdeutlicht. Der Autor wollte den wirklichen Flaubert entdecken, den Menschen aus Fleisch und Blut, der sich hinter dem öffentlichen Bild verbarg. Frustriert von den direkten, traditionellen Methoden der Biographie versuchte Barnes, sich dem Phänomen Flaubert auf indirekte Weise zu nähern, indem er zum Beispiel auf dessen Interesse an Eisenbahnen einging, auf die Tiere, zu denen er eine Affinität verspürte, oder auf die verschiedenen Methoden (und Farben), mit denen er Emma Bovarys Augen beschrieb.

Barnes gelang es natürlich nie, zur Quintessenz des Menschen Flaubert vorzudringen, und er setzte sich schließlich ein bescheideneres Ziel. Bei Besuchen in den beiden Flaubert-Museen – eines befindet sich im Haus seiner Kindheit, das andere in dem Haus, in dem er als Erwachsener lebte – erblickte Barnes in beiden einen ausgestopften Papagei. Nun nahm jedes Museum für sich in Anspruch, den Papagei zu besitzen, den Flaubert als Modell für Lulu, den berühmten Papagei aus «Ein schlichtes Herz», benutzte. Diese Situation weckte Barnes Forscherinstinkt: Wenn er schon nicht die Person Flaubert definieren konnte, so wollte er zumindest herausfinden, welches Tier der richtige Papagei war und welches der Schwindler.

Das Aussehen der beiden Tiere half ihm nicht weiter, da sie einander zu ähnlich waren; und außerdem paßten sie beide auf Flauberts Beschreibung von Lulu. Dann lieferte der alte Wärter des einen

Museums den Beweis dafür, daß sein Papagei der richtige war. Die Sitzstange seines Papageis trug einen Stempel – «Musée de Rouen»; und dann zeigte er Barnes die Fotokopie einer Empfangsbescheinigung, aus der hervorging, daß Flaubert sich vor über hundert Jahren den Papagei des Städtischen Museums von Rouen ausgeliehen (und zurückgegeben) hatte. Hoch erfreut über die in greifbare Nähe gerückte Lösung, eilte der Autor in das andere Museum, nur um zu entdecken, daß der konkurrierende Papagei den gleichen Stempel auf seiner Stange hatte. Später sprach er dann mit dem ältesten lebenden Mitglied der Société des Amis de Flaubert, der ihm die wahre Geschichte über die Papageien erzählte. Als die beiden Museen gebaut wurden (lange nach Flauberts Tod), gingen beide Kuratoren, unabhängig voneinander, mit einer Kopie der Empfangsbescheinigung zum Städtischen Museum, um für ihr jeweiliges Museum Flauberts Papagei zu erwerben. Jeder Kurator wurde in einen Raum mit ausgestopften Tieren geführt, in dem mindestens fünfzig, kaum voneinander zu unterscheidende Papageien ausgestellt waren! «Suchen Sie sich einen aus», sagte man dem einen wie dem anderen.

Nachdem Barnes vergeblich versucht hatte, den authentischen Papagei zu entdecken, gab er seinen Glauben auf, dem «wirklichen» Flaubert oder überhaupt jemandem «wirklich» auf die Spur kommen zu können. Viele Menschen aber begreifen die Sinnlosigkeit eines solchen Unterfangens nie und glauben, daß sie, wenn sie nur genügend Informationen haben, einen Menschen definieren und erklären können. Unter Psychiatern und Psychologen war der Wert von Persönlichkeitsdiagnosen immer äußerst umstritten. Einige glauben an die Vorzüge eines solchen Verfahrens und streben in ihrer Arbeit nach immer größerer Präzision. Andere, und zu denen zähle auch ich mich, wundern sich, daß überhaupt jemand eine Diagnose ernst nimmt und mehr darin sieht als eine bloße Anhäufung von Symptomen und Verhaltensmerkmalen. Dennoch sehen wir uns einem wachsenden Druck (von seiten der Krankenhäuser, Versicherungen und Behörden) ausgesetzt, die Persönlichkeit eines Menschen in eine diagnostische Formel und eine numerische Kategorie zu pressen.

Selbst das liberalste System psychiatrischer Nomenklatur tut dem Wesen des anderen noch Gewalt an. Wenn wir uns einem Menschen nähern, im Glauben, ihn kategorisieren zu können, werden uns wesentliche, jenseits aller Kategorien liegende Teile seiner Persönlichkeit für immer verschlossen bleiben. Voraussetzung für eine fruchtbare Beziehung ist die Erkenntnis, daß wir den anderen nie in seiner ganzen Vielfalt begreifen können. Wenn ich gezwungen wäre, Marie mit einem offiziellen diagnostischen Etikett zu versehen, würde ich die im *DSM-IIIR* (der neuesten Ausgabe des diagnostischen und statistischen Manuals psychischer Störungen) enthaltenen Richtlinien befolgen und zu einer präzisen und offiziell klingenden, sechsseitigen Diagnose gelangen. Doch wüßte ich, daß sie wenig mit der wirklichen Marie zu tun hätte, der Marie, die mich immer aufs neue überraschte, die mir immer wieder entglitt, der Marie, die zweimal gelächelt hatte.

Drei ungeöffnete Briefe

«Der erste kam an einem Montag. Der Tag begann eigentlich ganz normal. Ich arbeitete den ganzen Morgen an einem Manuskript, und gegen Mittag ging ich die Auffahrt runter, um die Post zu holen – ich lese meine Post gewöhnlich beim Mittagessen. Ich weiß nicht, warum, aber irgendwie hatte ich an dem Tag ein seltsames Gefühl. Ich kam an den Briefkasten und... und...»

Weiter kam Saul nicht. Seine Stimme versagte. Er senkte den Kopf und versuchte sich zu fassen. So schlimm hatte er noch nie ausgesehen, seit ich ihn kannte. Sein Gesichtsausdruck war so verzweifelt, daß er wesentlich älter wirkte als dreiundsechzig. Seine Armesünderaugen waren geschwollen und gerötet, seine fleckige Haut glänzte vor Schweiß.

Einige Augenblicke später versuchte er fortzufahren. «Als ich die Post durchging, sah ich, daß er gekommen war... ich kann nicht mehr weiterreden, ich weiß nicht, was ich tun soll...»

In den drei oder vier Minuten, die Saul nun in meiner Praxis war, hatte er sich in eine hochgradige Erregung hineingesteigert. Er atmete hastig, in kurzen, stoßweisen Zügen. Er legte den Kopf zwischen die Knie und hielt den Atem an, aber vergeblich. Dann stand er auf und lief ein paarmal durch meine Praxis, wobei er tief ein- und ausatmete. Ich wußte, daß Saul ohnmächtig würde, wenn er weiter so nach Luft schnappte. Da ich keine Papiertüte, in die er hätte atmen können, zur Hand hatte und deshalb nicht auf dieses altbewährte Mittel (das bei Hyperventilation ebensoviel taugt wie jedes andere) zurückgreifen konnte, versuchte ich, beruhigend auf ihn einzureden.

«Saul, Sie brauchen keine Angst zu haben, daß Ihnen etwas passiert. Ich bin da, um Ihnen zu helfen. Ich bin sicher, daß wir das gemeinsam schaffen. Jetzt tun Sie bitte folgendes: Legen Sie sich erst einmal hier auf die Couch, und konzentrieren Sie sich auf Ihre Atmung. Erst atmen Sie tief und schnell; und dann werden wir allmählich langsamer. Ich möchte, daß Sie sich nur auf eine Sache konzentrieren, sonst nichts. Verstehen Sie mich? Sie werden feststellen, daß die Luft, die Sie durch die Nase einatmen, kälter ist als die Luft, die Sie ausatmen. Achten Sie bitte nur darauf. Wenn Sie dann langsamer atmen, werden Sie merken, daß die Luft, die Sie ausatmen, immer wärmer wird.»

Der Erfolg stellte sich schneller ein, als ich erwartet hatte. Schon nach wenigen Minuten entspannte sich Saul, seine Atmung wurde langsamer, und die Panik wich aus seinem Gesicht.

«Jetzt, wo Sie sich besser fühlen, Saul, lassen Sie uns noch mal beginnen. Ich habe keine Ahnung, worum es eigentlich geht – schließlich habe ich Sie seit drei Jahren nicht gesehen. Also, was ist passiert? Erzählen Sie mir alles, auch die Einzelheiten.»

Einzelheiten sind etwas Wunderbares. Sie sind informativ, sie sind beruhigend und durchbrechen die Angst vor Isolation. Der Patient hat das Gefühl, daß man an seinem Leben teilnimmt, sobald man die Details kennt.

Saul gab mir keinerlei Hintergrundinformationen, sondern fuhr fort mit seiner Beschreibung jüngster Ereignisse, indem er seine Geschichte dort wiederaufnahm, wo er abgebrochen hatte.

«Ich nahm also meine Post und ging ins Haus zurück, wo ich zunächst einmal den üblichen Mist aussortierte – Werbung und Spendenaufrufe für wohltätige Zwecke. Dann sah ich ihn – einen großen, braunen, offiziellen Umschlag vom Forschungsinstitut Stockholm. Endlich war er gekommen. Wochenlang hatte ich mich davor gefürchtet, diesen Brief zu bekommen, und jetzt, wo er endlich da war, hatte ich nicht den Mut, ihn zu öffnen.» Er hielt inne.

«Was passierte dann? Erzählen Sie mir alles.»

«Ich glaube, ich fiel erst einmal auf einen Küchenstuhl. Dann faltete ich den Umschlag, stopfte ihn in die hintere Hosentasche und begann, mir etwas zu essen zu machen.» Wieder eine Pause.

«Und weiter? Lassen Sie nichts aus.»

«Ich kochte mir zwei Eier und machte Eiersalat. So komisch das klingt, aber irgendwie haben Sandwiches mit Eiersalat eine beruhigende Wirkung auf mich. Die esse ich nur, wenn ich aufgeregt bin –

kein Salat, keine Tomaten, kein gehacktes Sellerie, keine Zwiebeln. Nur Eier, Salz, Pfeffer und Mayonnaise und das Ganze auf frischem Weißbrot.»

«Hat's geklappt? Haben die Sandwiches Sie beruhigt?»

«Zuerst kam ich überhaupt nicht zum Essen. Irgendwie störte mich der Umschlag – die ganze Zeit spürte ich die harten Ecken am Hintern. Ich zog den Brief aus der Tasche und begann, damit rumzuspielen. Sie wissen schon – gegen's Licht halten, in der Hand fühlen, wie schwer er ist, um zu raten, wieviel Seiten er haben könnte. Auch wenn das überhaupt nichts änderte. Ich wußte, daß die Mitteilung kurz sein würde – kurz, aber vernichtend.»

Trotz meiner Neugier ließ ich Saul die Geschichte auf seine Weise und ohne Hast weitererzählen.

«Und weiter?»

«Also, ich aß die Sandwiches. Und zwar so, wie ich es als Kind immer getan hatte – indem ich den Eiersalat rauslutschte. Aber es nützte nichts. Ich brauchte etwas Stärkeres. Dieser Brief war vernichtend. Schließlich ließ ich ihn in einer Schublade in meinem Arbeitszimmer verschwinden.»

«Immer noch ungeöffnet?»

«Ja, ungeöffnet. Und bis heute ungeöffnet. Warum sollte ich ihn öffnen? Ich weiß ja, was drinsteht. Wenn ich jedes einzelne Wort lesen müßte, würden die Wunden nur noch weiter aufreißen.»

Ich wußte nicht, wovon Saul sprach. Ich wußte nicht einmal, was er mit einem Stockholmer Forschungsinstitut zu tun hatte. Inzwischen juckte es mich vor Neugier, doch es verschaffte mir ein perverses Vergnügen, nicht zu kratzen. Meine Kinder haben sich immer über die hektische Art, mit der ich mich über Geschenke hermachte, lustig gemacht. Zweifellos war meine Geduld an diesem Tag ein Zeichen dafür, daß ich einen gewissen Grad an Reife erlangt hatte. Wozu die Eile? Saul würde mich noch früh genug einweihen.

«Der zweite Brief kam acht Tage später. Der gleiche Umschlag wie beim ersten. Ich legte ihn, ebenso ungeöffnet, in dieselbe Schreibtischschublade zu dem anderen Brief. Aber es nützte nichts, sie zu verstecken. Ich mußte ständig daran denken, obwohl ich den Gedanken unerträglich fand. Wäre ich bloß niemals an das Stockholmer Institut gegangen!» Er seufzte.

«Erzählen Sie weiter.»

«In den letzten Wochen verbrachte ich die meiste Zeit mit irgendwelchen Tagträumen. Sind Sie sicher, daß Sie das alles hören wollen?»

«Ich bin sicher. Erzählen Sie mir von Ihren Tagträumen.»

«Also, ein paarmal stellte ich mir vor, wie man mir den Prozeß machte. Ich erschien vor den Mitgliedern des Instituts, und alle trugen Roben und Perücken. Ich hatte einen glänzenden Auftritt. Jeder war beeindruckt von der Art wie ich, ohne Rechtsbeistand, zu allen Punkten der Anklage Stellung nahm. Bald wurde klar, daß ich nichts zu verbergen hatte. Auf der Richterbank wurde es unruhig. Dann trat einer nach dem anderen vor, um mir zu gratulieren und mich um Verzeihung zu bitten. Das war der eine Tagtraum. Danach ging es mir erst einmal besser, wenn auch nur für wenige Minuten. Die anderen waren nicht so angenehm – die waren mir zu morbid.»

«Erzählen Sie.»

«Manchmal hatte ich so ein beklemmendes Gefühl in der Brust, und dann dachte ich, ich hätte einen Herzinfarkt gehabt, einen dieser stillen Herzinfarkte. Die Symptome sind ja bekannt: Man hat keine Schmerzen, sondern nur Atembeschwerden und eben diese Beengung in der Brust. Ich versuchte dann immer, meinen Puls zu fühlen, brauchte aber ewig, um das verdammte Ding zu finden. Wenn ich endlich einen Pulsschlag spürte, fragte ich mich, ob ich die Hauptschlagader erwischt hatte oder die winzigen Arterien in den Fingern, mit denen ich auf mein Handgelenk drückte. Ich zählte sechsundzwanzig Schläge in fünfzehn Sekunden. Sechsundzwanzig mal vier sind hundertvier pro Minute. Dann fragte ich mich, ob hundertvier gut oder schlecht war. Ich wußte nicht, ob man bei einem stillen Infarkt einen schnellen oder einen langsamen Puls hat. Björn Borgs Pulsschlag liegt bei fünfzig, habe ich gehört.

Dann stellte ich mir vor, daß ich die Arterie aufschnitt, um den Druck zu verringern und das Blut herauszulassen. Wie lange würde es bei hundertvier Schlägen pro Minute dauern, bis man ohnmächtig würde? Oder ich dachte, daß das Blut schneller flösse, wenn ich meinen Pulsschlag erhöhte. Ich könnte dazu mein Heimfahrrad benutzen! In wenigen Minuten könnte ich dann meinen Puls auf hundertzwanzig bringen.

Manchmal stellte ich mir vor, daß ich das Blut in einem Pappbecher auffing. Ich konnte hören, wie es gegen die gewachsten Wände des Bechers spritzte. Nach hundert Pulsschlägen wäre der Becher vielleicht schon voll – das sind nur fünfzig Sekunden. Ich überlegte dann, womit ich mir die Handgelenke aufschneiden könnte. Mit dem Messer in der Küche? Mit dem kleinen, scharfen mit dem schwarzen Griff? Oder mit einer Rasierklinge? Aber die alten Klingen, mit denen man das hätte machen können, gab es ja nicht mehr – nur noch die Wegwerfklingen. Bis dahin war mir gar nicht aufgefallen, daß die alten Rasierklingen verschwunden waren. So werde ich auch mal verschwinden, dachte ich. Ohne Aufsehen. Vielleicht wird irgend jemand in einem verrückten Augenblick mal an mich denken, so wie ich jetzt an das Ende der alten Rasierklinge denke.

Andererseits ist die Rasierklinge eben doch nicht ganz verschwunden, weil sie ja in meiner Erinnerung weiterlebt. Wissen Sie, von den Erwachsenen meiner Kindheit lebt heute keiner mehr. Das heißt, daß ich als Kind bereits tot bin. Irgendwann, vielleicht in vierzig Jahren, wird es niemanden mehr geben, der mich überhaupt *jemals* gekannt hat. Dann bin ich *wirklich* tot – wenn sich keiner mehr an mich erinnert. Ich habe oft darüber nachgedacht, was es bedeutet, wenn nur noch ein Mensch übrig ist, der sich an eine bestimmte Person oder mehrere Personen erinnert. Wenn der stirbt, sterben alle mit ihm, sie verschwinden aus der Erinnerung der Lebenden. Ich frage mich, wer das wohl in meinem Fall sein mag. Durch wessen Tod werde auch ich endgültig sterben?»

Die letzten Minuten hatte Saul mit geschlossenen Augen gesprochen. Dann riß er sie plötzlich auf und sah mich prüfend an: «Reicht Ihnen das oder wollen Sie noch mehr von diesem morbiden Zeug hören?»

«Alles, Saul. Sie müssen mir alles erzählen, was Sie durchgemacht haben.»

«Das Schlimmste war, daß es niemanden gab, mit dem ich hätte reden, an den ich mich hätte wenden können, keinen Vertrauten, keinen engen Freund, mit dem ich gewagt hätte, über diese Dinge zu sprechen.»

«Und was war mit mir?»

«Ich weiß nicht, ob Sie sich erinnern, aber ich habe fünfzehn Jahre gebraucht, bevor ich mich entschloß, Sie aufzusuchen. Ich konnte die Schmach, jetzt wieder zu Ihnen zu kommen, einfach nicht ertragen. Es kam mir wie eine Niederlage vor, nachdem damals alles so gut gelaufen war.»

Ich verstand Saul nur zu gut. Wir hatten eineinhalb Jahre sehr produktiv miteinander gearbeitet. Am Ende der Therapie, vor drei Jahren, waren Saul und ich sehr stolz auf unsere Fortschritte gewesenm. Unsere letzte Sitzung war ein richtiges Fest – es fehlte nur noch die Marschmusik, um Sauls triumphale Rückkehr in die Welt zu feiern.

«Ich versuchte also, allein damit fertig zu werden. Ich wußte, was diese Briefe bedeuteten: Sie waren mein Todesurteil, meine persönliche Apokalypse. Ich habe das Gefühl, daß ich in den dreiundsechzig Jahren meines Lebens ständig auf der Flucht vor ihnen war. Und jetzt, vielleicht weil ich langsamer geworden bin – durch mein Alter, mein Gewicht, mein Emphysem –, haben sie mich doch eingeholt. Bis dahin war mir immer noch etwas eingefallen, um das Urteil hinauszuzögern. Sie erinnern sich?»

Ich nickte. «Teilweise.»

«Ich lieferte alle möglichen Entschuldigungen, stellte mich selbst bloß oder machte versteckte Andeutungen, daß ich unheilbar an Krebs erkrankt sei (das funktionierte meistens). Und wenn all das nichts nützte, blieb immer noch die Möglichkeit, sich freizukaufen. Ich könnte mir vorstellen, daß fünfzigtausend Dollar diese ganze Katastrophe mit dem Stockholmer Institut ein für allemal beenden würden.»

«Was hat Sie veranlaßt, Ihre Meinung zu ändern? Warum haben Sie sich dann doch entschlossen, mich anzurufen?»

«Es war der dritte Brief. Er kam ungefähr zehn Tage nach dem zweiten. Er setzte allem ein Ende, allen Plänen, allen Hoffnungen und wahrscheinlich auch meinem Stolz. Denn schon wenige Minuten danach rief ich Ihre Sekretärin an.»

Den Rest kannte ich. Meine Sekretärin hatte mich über seinen Anruf informiert: «Wann immer der Doktor Zeit hat. Ich weiß, daß er sehr beschäftigt ist. Ja, Dienstag in einer Woche reicht – es ist nicht so dringend.»

Als mir meine Sekretärin wenige Stunden später von seinem zweiten Anruf erzählte («Es ist mir wirklich sehr unangenehm, aber könnten Sie nicht doch versuchen, mich ein *bißchen* früher dazwischenzuschieben, nur für ein paar Minuten»?), war mir klar, daß das nur der Ruf eines Verzweifelten sein konnte, und ich rief Saul zurück, um ihm mitzuteilen, daß er sofort kommen könne.

Er erzählte mir dann alles, was seit unserem letzten Treffen geschehen war. Kurz nach Beendigung der Therapie vor drei Jahren hatte Saul, ein hervorragender Neurobiologe, eine hohe Auszeichnung erhalten, verbunden mit einem sechsmonatigen Aufenthalt am Forschungsinstitut Stockholm. Die Bedingungen waren sehr großzügig: Er erhielt ein Stipendium von fünfzigtausend Dollar ohne Auflagen, das heißt, er konnte selbst entscheiden, wieviel Zeit er für seine eigene Forschung verwandte und wieviel für Lehre und Teamarbeit.

Bei seiner Ankunft wurde er von Dr. K., einem renommierten Zellbiologen, begrüßt. Dr. K. war eine eindrucksvolle Erscheinung: Er sprach ein makelloses Oxford-Englisch und strafte jeden Lügen, der glaubte, ein fünfundsiebzigjähriger Mann müsse vom Alter gebeugt sein. Er nutzte jeden Zentimeter seiner Einsneunzig, um aller Welt seine Größe vor Augen zu führen. Der arme Saul dagegen mußte sich mächtig recken, um auf ein Meter fünfundsechzig zu kommen. Obwohl andere seinem antiquierten Brooklyn-Slang durchaus etwas abgewinnen konnten, schreckte Saul vor dem Klang seiner eigenen Stimme zurück. Dr. K. hatte zwar nie einen Nobelpreis gewonnen (obwohl er, wie jeder wußte, zweimal nominiert worden war), doch war er zweifellos aus dem Stoff, aus dem man Laureaten macht. Dreißig Jahre lang hatte Saul ihn aus der Ferne bewundert, und jetzt, wo er vor ihm stand, brachte er kaum den Mut auf, ihm in die Augen zu sehen.

Saul hatte im Alter von sieben Jahren seine Eltern durch einen Autounfall verloren und war bei einer Tante und einem Onkel aufgewachsen. Seitdem war sein Leben von der endlosen Suche nach Geborgenheit, nach Liebe und Bestätigung bestimmt. Jeder Fehlschlag hatte tiefe Wunden hinterlassen, die nur langsam heilten und die ihn noch tiefer in Bedeutungslosigkeit und Einsamkeit stürzten; deshalb suchte er den Erfolg, der ihm, zumindest kurzfristig, ein phantastisches Hochgefühl verschaffte.

Aber in dem Augenblick, als Saul in Stockholm ankam, in dem

Augenblick, als er von Dr. K. begrüßt wurde, hatte er das seltsame Gefühl, daß er diesmal seinem Ziel ganz nahe war, daß es endlich Hoffnung auf Frieden gab. In dem Augenblick, als er Dr. K.s mächtige Hand schüttelte, sah er sich im Geist bereits Seite an Seite mit Dr. K. in kollegialer Harmonie – eine erlösende und beglückende Vision.

Innerhalb von Stunden und ohne ausreichende Vorbereitung machte Saul Dr. K. den Vorschlag, gemeinsam alle bisher veröffentlichten Untersuchungen über die Differenzierung von Muskelzellen durchzuarbeiten, dieses Material in einer kreativen Synthese zusammenzufassen und die erfolgversprechendsten Ansätze herauszuarbeiten. Dr. K. hörte zu, willigte vorsichtig ein und erklärte sich bereit, zweimal wöchentlich mit Saul zusammenzutreffen, der die Bibliotheksarbeit übernehmen sollte. Saul stürzte sich voller Begeisterung in das hastig konzipierte Projekt und freute sich jedesmal auf die gemeinsamen Stunden mit Dr. K., in denen sie über Sauls Arbeit sprachen und versuchten, die schier unüberschaubare Grundlagenforschung nach sinnvollen Kategorien zu ordnen.

Die Zusammenarbeit mit Dr. K. machte Saul so glücklich, daß er gar nicht merkte, wie wenig seine Recherchen erbrachten. Folglich war er sehr schockiert, als Dr. K. zwei Monate später seine Enttäuschung über den bisherigen Verlauf der Arbeit zum Ausdruck brachte und Saul empfahl, das Projekt fallenzulassen. Noch nie in seinem Leben hatte Saul eine einmal begonnene Arbeit abgebrochen, er schlug deshalb zunächst vor, alleine weiterzuarbeiten. Dr. K. antwortete: «Ich kann Sie natürlich nicht daran hindern, aber ich halte es für wenig ratsam. Auf jeden Fall möchte ich mich aus dem Projekt zurückziehen.»

Saul kam schnell zu der Überzeugung, daß ihm weniger an einer weiteren Veröffentlichung gelegen war (die seine Bibliographie von 261 auf 262 Einträge hätte anwachsen lassen) als an einer Fortsetzung der Zusammenarbeit mit dem großen Wissenschaftler und unterbreitete Dr. K. einige Tage später ein neues Projekt. Wieder erklärte Saul sich bereit, fünfundneunzig Prozent der Arbeit zu übernehmen. Wieder stimmte Dr. K. vorsichtig zu. In den verbleibenden Monaten am Institut arbeitete Saul wie ein Besessener. Doch ließen ihm seine zahlreichen Lehrverpflichtungen und die Arbeit mit jüngeren Kollegen so wenig Zeit, daß er gezwungen war, nachts zu arbeiten, um sich auf die Sitzungen mit Dr. K. vorzubereiten.

Als seine sechs Monate vorüber waren, war das Projekt immer noch nicht abgeschlossen, aber Saul versicherte Dr. K., daß er es beenden und die Ergebnisse veröffentlichen werde. Saul dachte dabei an jene namhafte Fachzeitschrift, die von einem seiner früheren Studenten herausgegeben wurde und die schon häufig seine Artikel gebracht hatte. Drei Monate später hatte Saul den Beitrag fertiggestellt und schickte ihn mit Dr. K.s Zustimmung an die Zeitschrift, nur um nach elf Monaten zu erfahren, daß der Herausgeber an einer unheilbaren Krankheit leide und der Verlag sich zu seinem großen Bedauern gezwungen sehe, die Herausgabe der Zeitschrift einzustellen.

Saul, inzwischen sehr beunruhigt, bot den Artikel sofort einer anderen Zeitschrift an. Sechs Monate später erhielt er einen ablehnenden Bescheid – den ersten seit fünfundzwanzig Jahren –, in dem man ihm erklärte, weshalb man – bei allem Respekt vor der wissenschaftlichen Qualifikation der Autoren – den Artikel nicht veröffentlichen könne: In den letzten achtzehn Monaten hätten drei namhafte Wissenschaftler bereits Arbeiten über dasselbe Thema veröffentlicht, und außerdem würden die von Saul und Dr. K. gezogenen Schlußfolgerungen durch die in den letzten Monaten veröffentlichten Forschungsberichte nicht gestützt. Man sei jedoch gerne bereit, den Artikel erneut zu prüfen, wenn er überarbeitet würde, andere Schwerpunkte gesetzt und die Schlußfolgerungen und Empfehlungen neu formuliert würden.

Saul wußte nicht, was er tun sollte. Dr. K. jetzt, nach achtzehn Monaten, mitzuteilen, daß der Artikel immer noch nicht veröffentlicht war – diese Schmach konnte und wollte er nicht auf sich nehmen. Er war sicher, daß noch keiner der von Dr. K. verfaßten Artikel unveröffentlicht geblieben war, bevor er, dieser kleine, aufdringliche Schwindler aus New York, aufgetaucht war. Zeitschriftenartikel, das wußte Saul, sind schnell überholt, vor allem auf Gebieten, die sich so rasant entwickeln wie die Zellbiologie. Er hatte auch genug Erfahrung mit Redaktionen, um zu wissen, daß die Herausgeber der Zeitschrift ihre Ablehnung nur höflich formuliert hatten: Der Artikel war nicht zu retten, wenn er und Dr. K. ihn nicht von Grund auf überarbeiteten, was einen ungeheuren Zeitaufwand bedeutete. Außerdem wäre es schwierig, eine solche Revision über Korrespondenz zu bewältigen. Eine direkte Zusammenarbeit wäre unerläßlich. Dr. K. hatte weitaus Wichtigeres zu tun, und Saul war sicher, daß er seine Hände am liebsten in Unschuld waschen würde. Und hier lag für Saul das größte Problem: Über jede Entscheidung, die er traf, mußte er Dr. K. informieren – und genau das brachte Saul einfach nicht über sich. Also tat er, was er in solchen Situationen immer zu tun pflegte, nämlich nichts.

Was die Sache noch schlimmer machte, war die Tatsache, daß er inzwischen einen ausführlichen Artikel über ein verwandtes Thema geschrieben hatte, der sofort zur Veröffentlichung angenommen wurde. In diesem Artikel hatte er darauf verwiesen, daß einige der von ihm vertretenen Thesen auf Dr. K. zurückgingen, und hatte ihren unveröffentlichten Artikel zitiert. Die Zeitschrift informierte Saul, daß es aufgrund ihrer neuen Verlagspolitik nicht mehr zulässig sei, ohne die schriftliche Zustimmung der betreffenden Person ihre Urheberschaft an bestimmten Ideen zu behaupten (um dem Mißbrauch berühmter Namen vorzubeugen). Dasselbe gelte für Zitate aus unveröffentlichten Arbeiten, falls keine schriftliche Zustimmung aller Mitautoren vorliege.

Saul saß in der Klemme. Er konnte Dr. K. nicht schreiben und ihn bitten, seinen Namen nennen zu dürfen, wenn er ihm nicht gleichzeitig berichtete, was aus ihrer gemeinsamen Arbeit geworden war. Wieder zog Saul es vor, untätig zu bleiben.

Sieben Monate später erschien sein Beitrag (ohne Hinweis auf Dr. K. und ihre gemeinsame Arbeit) als Leitartikel in einer renommierten Fachzeitschrift für Neurobiologie.

«Und das», erzählte mir Saul mit einem großen Seufzer, «ist der augenblickliche Stand der Dinge. Ich habe die ganze Zeit Angst vor der Veröffentlichung dieses Artikels gehabt. Ich wußte, daß Dr. K. ihn lesen würde. Ich wußte, wie er über mich denken würde. Ich wußte, daß er und alle Mitarbeiter des Instituts mich für einen Schwindler, für einen Dieb und für noch Schlimmeres halten würden. Ich wartete auf eine Reaktion und erhielt den ersten Brief vier Wochen nach der Veröffentlichung, gerade genug Zeit, um die Zeitschrift in Schweden zu erhalten, den Artikel zu lesen, sich eine Meinung zu bilden, das Urteil zu fällen und einen Brief nach Kalifornien zu schicken.»

Hier hielt Saul inne. Seine Augen flehten mich an: «Ich weiß nicht mehr weiter. Bitte, helfen Sie mir! Befreien Sie mich von dieser Qual!»

Obwohl ich Saul nie so elend gesehen hatte, war ich überzeugt, daß ich ihm schnell helfen könnte. Deshalb wandte ich mich in energisch-geschäftsmäßigem Ton an ihn und fragte, was er nun zu tun gedenke und ob er bereits Schritte unternommen habe. Nach kurzem Zögern sagte er, daß er sich entschieden habe, die fünfzigtausend Dollar aus dem Stipendium an das Institut zurückzuzahlen! Da Saul aus der Vergangenheit wußte, daß ich seine Neigung, sich aus schwierigen Situationen freizukaufen, mißbilligte, ließ er mich erst gar nicht zu Wort kommen, sondern fügte hastig hinzu, daß er sich noch nicht darüber im klaren sei, welcher Weg der beste wäre. Er dachte an einen Brief, in dem er dem Institut mitteilte, daß er das Geld zurückzahle, weil er glaube, seinen Forschungsaufenthalt nicht sinnvoll genutzt zu haben. Eine andere Möglichkeit wäre, dem Institut das Geld in Form einer Schenkung zukommen zu lassen – einer Schenkung, die scheinbar in keinem Zusammenhang mit dem Ganzen stand. Er hielt das für einen geschickten Schachzug – eine Art Versicherungspolice, um jeglicher Kritik an seinem Verhalten zuvorzukommen.

Es war nicht zu übersehen, mit welchem Unbehagen Saul diese Pläne offenbarte. Er wußte, daß ich sie nicht gutheißen würde. Er haßte es, irgend jemandem zu mißfallen, und deshalb war meine Zustimmung für ihn fast genauso wichtig wie die von Dr. K. Immerhin war ich zufrieden, daß er sich mir so offen anvertraut hatte – bis jetzt der einzige Lichtblick in der ganzen Sitzung.

Es folgte ein kurzes Schweigen. Saul hatte sich offenbar völlig verausgabt und lehnte sich erschöpft zurück. Auch ich ließ mich in meinen Sessel sinken und rekapitulierte die Situation. Die ganze Geschichte kam mir vor wie ein komischer Alptraum, in dem Saul sich durch seine soziale Ungeschicklichkeit mit jedem Schritt tiefer in seinem Dilemma verstrickte.

Doch Sauls Erscheinung war alles andere als komisch. Er sah schrecklich aus. Er versuchte, wie immer, seinen Schmerz herunterzuspielen, um mich nur ja nicht damit zu «behelligen». Ich brauchte nur die äußeren Anzeichen von Verzweiflung mit zehn zu multiplizieren, dann hatte ich seinen wahren Zustand deutlich vor Augen: seine Bereitschaft, fünfzigtausend Dollar zu zahlen; seine Selbstmordgedanken (er hatte vor fünf Jahren einen ernsthaften Selbstmordversuch unternommen); seine Appetitlosigkeit; seine Schlafstörungen; der zweite Anruf bei meiner Sekretärin, der wie ein Hilferuf klang. Sein Blutdruck war, wie er mir zuvor erzählt hatte, auf hundertneunzig zu hundertzwanzig gestiegen; und vor sechs Jahren, in einer Zeit besonderer Anspannung, hatte er einen schweren, beinahe tödlichen Herzinfarkt erlitten.

Ich wußte also, daß ich den Ernst der Lage nicht unterschätzen durfte: Saul war *in extremis* und brauchte sofortige Hilfe. Seine überzogenen Reaktionen waren meiner Meinung nach völlig irrational. Gott allein wußte, was in diesen Briefen stand – wahrscheinlich irgendeine belanglose Mitteilung über eine wissenschaftliche Tagung oder eine neue Zeitschrift. Aber in einem Punkt war ich mir sicher: Diese Briefe enthielten *keine* Kritik an Saul, weder von seiten Dr. K.s noch von seiten des Instituts; und sobald er sie gelesen hätte, wäre er von seinen Qualen befreit.

Bevor ich begann, dachte ich noch über einiges nach: War ich zu hastig, zu aktiv? Wie groß war die Gefahr einer Gegenübertragung? Sicherlich war ich ungeduldig mit Saul. «Diese ganze Geschichte ist einfach lächerlich», wollte ein Teil von mir ausrufen. «Gehen Sie endlich nach Hause und lesen Sie diese verdammten Briefe!» Vielleicht war ich verärgert, daß die früheren Therapieresultate Abnutzungserscheinungen zeigten. War meine gekränkte Eitelkeit der Grund für meine Ungeduld gegenüber Saul?

Obwohl ich zugeben muß, daß ich ihn an diesem Tag ziemlich lächerlich fand, war er mir grundsätzlich sehr sympathisch. Ich hatte ihn eigentlich von unserer ersten Begegnung an gemocht. Damals war mir ein Satz von Saul besonders nahegegangen: «Ich werde bald neunundfünfzig, und irgendwann möchte ich einmal einen ganzen Nachmittag über die Union Street bummeln und mir einfach nur die Schaufenster ansehen.»

Ich fühlte mich schon immer zu Patienten hingezogen, die sich mit den gleichen Problemen herumschlagen wie ich. Auch ich sehnte mich danach, wenigstens einmal stundenlang spazierengehen zu können. Wie oft habe ich von dem Luxus eines sorglosen Mittagsbummels durch San Francisco geträumt? Doch habe ich mich ebensowenig wie Saul jemals von meinem Arbeitszwang befreien können und mir ein Pensum auferlegt, das einen solchen Bummel möglich machte. Ich wußte, daß wir beide vom gleichen Teufel geritten wurden.

Je mehr ich in mich hineinhorchte, desto sicherer war ich, daß meine positiven Gefühle für Saul noch unberührt waren. Trotz seines eher unangenehmen Äußeren empfand ich für ihn große Zuneigung. Ich stellte mir vor, wie ich ihn in meinen Armen wiegte, und fand diese Vorstellung angenehm. Ich war sicher, daß ich auch in meiner Ungeduld noch in Sauls Interesse handeln würde.

Ich erkannte auch, daß ein zu energisches Vorgehen gewisse Risiken in sich barg. Der überaktive Therapeut degradiert den Patienten zum Kleinkind: Anstatt dem anderen, wie Martin Buber es ausdrückte, zu helfen, sich frei zu entfalten, zwingt er ihm seine Vorstellungen auf. Dennoch war ich überzeugt, daß ich in ein oder zwei Sitzungen das ganze Problem aus der Welt schaffen konnte. Im Licht dieser Überzeugung schienen die Gefahren eines zu energischen Vorgehens gering.

Außerdem (wie ich erst später erkannte, als ich mehr Distanz zu mir selbst hatte) hatte Saul das Pech, mich in einer Phase meiner beruflichen Entwicklung kennenzulernen, in der ich zu ungeduldig, zu erfolgsorientiert war und darauf bestand, daß sich meine Patienten immer sofort und vorbehaltlos mit all ihren Gefühlen – einschließlich ihrer Todesängste – auseinandersetzten (selbst wenn sie daran krepierten). Saul kam etwa zur selben Zeit zu mir, als ich versuchte, Thelmas Obsession zu knacken (siehe «Die Liebe und ihr Henker»), als ich Marvin zu der Einsicht zwang, in seinen sexuellen Problemen manifestiere sich in Wirklichkeit die umgewandelte Angst vor dem Tod (siehe «Auf der Suche nach dem Träumer»). Und zur selben Zeit setzte ich Dave unklugerweise so lange zu, bis er erkannte, daß seine Weigerung, sich von alten Liebesbriefen zu trennen, ein sinnloser Versuch war, dem physischen Verfall und dem Alter zu entgehen («Der leere Umschlag»).

Und so beschloß ich, ungeachtet der möglichen Konsequenzen,

mich ausschließlich auf die Briefe zu konzentrieren und Saul in einer oder höchstens zwei Sitzungen dazu zu bringen, sie zu öffnen. Ich hatte in jenen Jahren häufig Therapiegruppen mit Patienten geleitet, die für kurze Zeit in stationärer Behandlung waren. Da mir für die Therapie jeweils nur zwei Sitzungen zur Verfügung standen, hatte ich gelernt, wie man Patienten dabei hilft, sich schnell über angemessene und realistische therapeutische Ziele klarzuwerden und sich auf das Erreichen dieser Ziele zu konzentrieren. In meiner Sitzung mit Saul griff ich auf diese Methode zurück.

«Saul, was glauben Sie, wie ich Ihnen heute helfen kann? Was soll ich Ihrer Meinung nach tun?»

«Ich weiß, daß es mir in ein paar Tagen wieder bessergeht. Ich kann einfach nicht klar denken. Ich hätte Dr. K. sofort schreiben sollen. Ich arbeite zur Zeit an einem Brief, in dem ich ihm alles, was geschehen ist, ausführlich erkläre.»

«Haben Sie die Absicht, diesen Brief abzuschicken, bevor Sie die drei Briefe geöffnet haben?» Ich haßte den Gedanken, daß Saul durch eine solch unsinnige Aktion seine Karriere ruinieren könnte. Ich konnte mir Dr. K.s Verblüffung vorstellen, wenn er Sauls langen Brief las, in dem dieser sich gegen Vorwürfe verteidigte, die er, Dr. K., nie erhoben hatte.

«Wenn ich mir überlege, was ich tun soll, höre ich häufig Ihre Stimme, die mir rationale Fragen stellt. Was kann Ihnen der Mann denn schon antun? Glauben Sie wirklich, daß jemand wie Dr. K. in der Lage wäre, sich in einem Brief an die Zeitschrift abschätzig über Sie zu äußern? Dazu würde er sich nie hergeben. Ein solcher Schritt würde ihn genauso diskreditieren wie Sie. Ja, ich kann die Art von Fragen, die Sie mir stellen würden, direkt hören. Aber Sie sollten nicht vergessen, daß ich nun mal nicht immer völlig logisch denke.»

In seinen Worten lag eine versteckte, aber unmißverständliche Kritik. Saul wollte es immer allen recht machen, und in der früheren Therapie hatten wir häufig darüber gesprochen, was dieser Charakterzug bedeutete und wie man ihn korrigieren könnte. Deshalb freute ich mich, daß er in der Lage war, mir gegenüber eine entschiedenere Haltung einzunehmen. Doch war ich auch verärgert, daß er mich daran erinnerte, daß verzweifelte Menschen nicht unbedingt logisch denken.

«O. k., dann erzählen Sie mir eben von Ihrem unlogischen Szenario.»

Verdammt noch mal! Irgendwie war das falsch rausgekommen! Diesen gönnerhaften Ton hatte ich überhaupt nicht beabsichtigt. Aber noch bevor ich Zeit fand, meine Bemerkung zu korrigieren, hatte Saul schon pflichtgetreu geantwortet. Normalerweise hätte ich diese kurze Sequenz noch einmal aufgegriffen und analysiert, aber heute war für solche Subtilitäten die Zeit wirklich zu knapp.

«Vielleicht gebe ich die Wissenschaft auf. Vor einigen Jahren hatte ich oft sehr starke Kopfschmerzen und ging deshalb zu einem Neurologen. Er meinte zwar, daß es sich höchstwahrscheinlich um eine Migräne handle, schickte mich aber trotzdem zum Röntgen, weil er einen Tumor nicht mit allerletzter Sicherheit ausschließen konnte. Das erste, was mir damals durch den Kopf schoß, war, daß meine Tante doch recht hatte: irgend etwas ist mit mir *wirklich* nicht in Ordnung. Als ich ungefähr acht war, hatte ich das Gefühl, daß sie mich abgeschrieben hatte und daß es ihr gleichgültig gewesen wäre, wenn mir etwas zugestoßen wäre.»

Ich wußte aus unserer Arbeit vor drei Jahren, daß diese Tante, bei der er nach dem Tod seiner Mutter aufgewachsen war, eine verbitterte, rachsüchtige Frau war.

«Wenn sie tatsächlich so wenig von Ihnen hielt», fragte ich, «warum wollte sie dann unbedingt, daß Sie ihre Tochter heiraten?»

«Das passierte erst, als ihre Tochter schon dreißig war. Kein Schicksal – nicht einmal ein Schwiegersohn wie ich – konnte für sie schlimmer sein als eine Tochter, die keinen Mann abbekam.»

Wach auf! Was machst du hier eigentlich? Saul tat genau das, was ich von ihm verlangt hatte, und schilderte sein unlogisches Szenario, während ich dumm genug war, mich darin zu verlieren. Bleib bei der Sache!

«Saul, wie sieht Ihr Zeitplan aus? Versetzen Sie sich mal in die Zukunft. Werden Sie in einem Monat die drei Briefe geöffnet haben?»

«Ja, auf jeden Fall, in einem Monat habe ich sie geöffnet.»

Na also, dachte ich, das war doch immerhin *etwas*. Mehr als ich erwartet hatte. Ich bohrte nach.

«Werden Sie die Briefe öffnen, bevor Sie den Brief an Dr. K.

abschicken? Wie Sie ganz richtig sagen, bin ich vernünftig, aber einer von uns beiden muß schließlich vernünftig sein.» Saul verzog keine Miene. Sein Sinn für Humor war völlig verschwunden. Ich mußte aufhören, ihn zu necken, so kam ich nicht mehr weiter. «Ich glaube, es wäre doch vernünftig, sie zuerst zu lesen.»

«Ich weiß nicht. Ich bin mir absolut nicht sicher. Was ich weiß, ist, daß ich in den ganzen sechs Monaten, die ich in Stockholm verbracht habe, nur drei Tage freigenommen habe. Ich habe samstags und sonntags gearbeitet. Mehrmals habe ich Einladungen abgelehnt, sogar eine von Dr. K., weil ich in der Bibliothek bleiben wollte.»

Er versucht abzulenken, dachte ich. Er will mich mit seinen Leckerbissen ködern. Konzentrier dich aufs Thema!

«Was glauben Sie – werden Sie die drei Briefe öffnen, bevor Sie die fünfzigtausend Dollar überweisen?»

«Ich bin mir nicht sicher.»

Es war durchaus möglich, dachte ich, daß er das Geld schon überwiesen hatte, und wenn ja, würde er sich in ein Netz von Lügen verstricken, das unsere Arbeit wirklich ruinieren würde. Ich mußte die Wahrheit herausfinden.

«Saul, ich kann nur arbeiten, wenn es zwischen uns dasselbe Vertrauen gibt wie früher. Bitte sagen Sie mir, haben Sie das Geld schon überwiesen?»

«Noch nicht. Aber ich will ehrlich sein – ich halte es für das Vernünftigste und werde es wahrscheinlich tun. Ich muß erst ein paar Aktien verkaufen, um so viel Geld zusammenzukriegen.»

«Also gut, jetzt sage ich Ihnen, wie ich darüber denke. Ich gehe davon aus, daß Sie mich aufgesucht haben, damit ich Ihnen beim Öffnen der Briefe helfe.» Hier war ich ein bißchen manipulativ – so direkt hatte er das nicht gesagt. «Wir wissen beide, daß Sie sie früher oder später öffnen werden, höchstwahrscheinlich aber schon in einem Monat» – wieder eine Manipulation: Ich wollte, daß Saul sich zeitlich festlegte. «Wir wissen auch beide – und hier appelliere ich an Ihre rationale Seite –, daß es unvernünftig wäre, Fakten zu setzen, bevor Sie sie geöffnet haben. Die eigentliche Frage scheint also zu sein, *wann* – wann öffnen Sie sie – und *wie* – wie kann ich Ihnen dabei helfen?»

«Vielleicht sollte ich es einfach tun. Aber ich weiß nicht. Ich bin mir absolut nicht sicher.»

«Wäre es für Sie leichter, sie hier in meiner Praxis zu öffnen?» Handelte ich in Sauls Interesse oder aus reinem Voyeurismus (wie bei einer Direktübertragung im Fernsehen, wenn vor aller Augen die Gruft von Al Capone oder der Safe der *Titanic* geöffnet wird)?

«Natürlich könnte ich sie hierherbringen, sie mit Ihnen öffnen und mich darauf verlassen, daß Sie mir zur Seite stehen, wenn ich zusammenbreche. Aber ich will das nicht. Ich möchte endlich mal wie ein Erwachsener handeln.»

Touché! Da konnte man schwerlich parieren. Sauls Selbstsicherheit heute war beeindruckend. Soviel Hartnäckigkeit hatte ich nicht erwartet. Schade nur, daß er sie einzig benutzte, um seine verrückte Angst vor den Briefen zu rechtfertigen. Saul verschanzte sich immer mehr, doch obwohl ich begann, an meiner Strategie zu zweifeln, ließ ich nicht locker.

«Oder wäre es Ihnen lieber, wenn ich zu Ihnen nach Hause käme und Ihnen dort helfen würde, sie zu öffnen?» Ich fürchtete, daß ich diesen massiven Druck auf Saul noch bereuen würde, aber ich konnte mich nicht zurückhalten. «Oder gibt es noch eine andere Möglichkeit? Wenn Sie über unsere weitere Arbeit zu entscheiden hätten, was glauben Sie, wie ich Ihnen am besten helfen könnte?»

Saul zeigte keine Regung. «Ich weiß es wirklich nicht.»

Da wir die Stunde schon um fünfzehn Minuten überzogen hatten und auf mich ein weiterer Patient wartete, dem es nicht viel besser ging, brach ich die Sitzung schweren Herzens ab. Ich machte mir solche Sorgen wegen Saul (und wegen der Wahl meiner Strategie), daß ich ihn am liebsten gleich am nächsten Tag wiedergesehen hätte. Da jedoch mein Terminplan voll war, einigten wir uns auf eine Sitzung in zwei Tagen.

In der Stunde mit meinem nächsten Patienten fiel es mir schwer, nicht an Saul zu denken. Ich war erstaunt über seine Unnachgiebigkeit. Immer wieder war ich an eine Mauer gestoßen. Das war ganz und gar nicht der Saul, den ich gekannt hatte und dessen pathologisches Bedürfnis, es jedem recht zu machen, dazu geführt hatte, daß er von vielen ausgenutzt wurde. Seine beiden Ex-Frauen hatten bei der Scheidung enorme Abfindungssummen verlangt, die er anstandslos akzeptiert hatte. (Er fühlte sich so hilflos, wenn andere Forderungen an ihn stellten, daß er sich nach seiner letzten Scheidung entschlossen hatte, allein zu bleiben.) Seine Studenten machten sich einen Spaß daraus, von ihm die unmöglichsten Gefälligkeiten zu verlangen. Für seine wissenschaftliche Beratertätigkeit berechnete er meistens zu niedrige Honorare.

In gewisser Weise hatte auch ich diese Schwäche ausgenutzt (wenn auch zu seinem Besten, beruhigte ich mich): Er hatte mir zuliebe begonnen, für seine Arbeit ein angemessenes Honorar zu verlangen und viele Aufträge, die er nicht erfüllen wollte, abzulehnen. Diese Änderung in seinem Verhalten (selbst wenn sie dem neurotischen Wunsch entsprang, meine Zuneigung zu gewinnen oder nicht zu verlieren) löste eine Kettenreaktion aus und führte zu zahlreichen anderen, heilsamen Veränderungen. Ich versuchte es bei den Briefen mit derselben Strategie, in der Annahme, Saul würde sie sofort öffnen, wenn ich ihn darum bat. Aber offenbar hatte ich mich verrechnet. Irgendwie hatte Saul die Kraft gefunden, sich mir gegenüber zu behaupten. Ich hätte mich über seine neugewonnene Stärke gefreut, wenn sie nicht einem so selbstzerstörerischen Zweck gedient hätte.

Saul erschien nicht zu unserer nächsten Sitzung. Eine halbe Stunde vor dem Termin rief er meine Sekretärin an, um mir mitteilen zu lassen, daß er sich den Rücken verrenkt habe und nicht in der Lage sei aufzustehen. Ich rief sofort zurück, hörte aber nur den Anrufbeantworter. Ich hinterließ eine Nachricht mit der Bitte, mich anzurufen, aber es vergingen mehrere Stunden, ohne daß er sich meldete. Ich rief noch einmal an und hinterließ diesmal eine Nachricht, auf die Patienten immer reagieren: Er möchte mich anrufen, weil ich ihm etwas sehr Wichtiges mitzuteilen hätte.

Als Saul mich später am Abend anrief, war ich vom düsteren und abweisenden Klang seiner Stimme beunruhigt. Ich wußte, daß er keine Rückenbeschwerden hatte (er simulierte häufig, um unangenehmen Konfrontationen aus dem Wege zu gehen), und er wußte, daß ich es wußte; aber der harsche Ton seiner Stimme signalisierte unmißverständlich, daß ich kein Recht mehr hatte, mich darüber auszulassen. Was tun? Ich machte mir Sorgen um Saul. Ich hatte Angst, er könne sich zu irgendwelchen Unbesonnenheiten hinreißen lassen oder gar Selbstmordgedanken hegen. Nein, ich würde es nicht zulassen, daß er sich umbrachte. Ich mußte ihn in eine Falle locken, um ihn zu sehen. Ich haßte es, zu solchen Mitteln zu greifen, aber ich sah keine andere Möglichkeit.

«Saul, ich glaube, ich habe Ihren Kummer nicht ernst genug genommen und Sie zu sehr bedrängt, die Briefe zu öffnen. Ich habe eine bessere Idee, wie wir weiterarbeiten könnten. Aber Sie sollten wirklich einsehen, daß das jetzt ein denkbar ungünstiger Zeitpunkt ist, um Stunden ausfallen zu lassen. Ich schlage Ihnen deshalb vor, daß ich Sie, solange es Ihnen nicht gutgeht, zu Hause besuche.»

Saul erhob natürlich alle möglichen Einwände – Einwände, mit denen ich gerechnet hatte: Er sei schließlich nicht mein einziger Patient, ich sei viel zu beschäftigt, er fühle sich schon wohler, es sei nicht so dringend, er müsse eigentlich bald wieder in der Lage sein, in meine Praxis zu kommen. Aber ich war ebenso hartnäckig wie er und ließ mich von meinem Vorhaben nicht abbringen. Schließlich erklärte er sich zu einem Treffen am nächsten Morgen bereit.

Am nächsten Tag fuhr ich gutgelaunt zu Saul. Ich war in eine beinahe vergessene Zeit zurückgekehrt, eine Zeit, in der Hausbesuche für mich noch etwas ganz Normales waren. Ich dachte an die Tage als Medizinstudent, an meine Hausbesuche im südlichen Boston, an die Gesichter von Patienten, die schon lange tot waren, an den Geruch des irischen Viertels – die Gerüche von Kohl, von abgestandenem Bier, von Bettschüsseln und alternden Körpern. Ich dachte an einen Patienten, den ich auf meiner Runde regelmäßig besuchte, einen Diabetiker, der beide Beine verloren hatte. Er fragte mich gerne aus, wenn er auf irgendeine interessante Information in der Morgenzeitung gestoßen war: «Welches Gemüse hat den höchsten Zuckergehalt? Zwiebeln! Wußten Sie das nicht? Was bringt man euch Medizinern heutzutage eigentlich bei?»

Ich zerbrach mir noch den Kopf darüber, ob Zwiebeln wirklich soviel Zucker enthielten, als ich vor Sauls Haus ankam. Die Eingangstür stand halb offen, wie er mir vorher gesagt hatte. Ich hatte ihn nicht gefragt, wer denn die Tür für mich öffnete, wenn er ans Bett gefesselt sei. Da ich Saul große Lügengeschichten ersparen wollte, hatte ich mich nur kurz nach seinem Rücken erkundigt und gefragt, ob er gut versorgt sei. Ich wußte, daß er eine verheiratete Tochter hatte, die in der Nähe wohnte, und sagte deshalb beiläufig, daß sie wohl nach dem Rechten sehe.

Sauls Schlafzimmer war spartanisch eingerichtet – nackte Stuckwände, Holzfußboden, keine persönliche Note, keine Familienfotos, keine Spur von Ästhetik (oder von der Anwesenheit einer Frau). Er lag flach auf dem Rücken, ohne sich zu rühren, und zeigte wenig Interesse an dem neuen Behandlungsplan, den ich am Telefon erwähnt hatte. Er war so distanziert, daß ich zunächst einmal Kontakt zu ihm herstellen mußte.

«Saul, als wir am Dienstag über die Briefe sprachen, kam ich mir vor wie ein Chirurg, der einen Patienten mit einem großen, gefährlichen Abszeß hat.» Saul war in der Vergangenheit für chirurgische Analogien immer empfänglich gewesen, da er sich auf dem Gebiet auskannte (bevor er sich für die Forschung entschied, hatte er Medizin studiert); außerdem war sein Sohn Chirurg.

«Ich war überzeugt, daß der Abszeß aufgeschnitten werden müßte, um den Eiter abfließen zu lassen, und ich wollte Sie überreden, mir Ihre Zustimmung für den Eingriff zu geben. Vielleicht war ich zu schnell mit dem Messer bei der Hand, vielleicht war der Abszeß noch nicht reif genug. Wenn es ein psychiatrisches Äquivalent für Wärmebestrahlung und Breitbandantibiotika gibt, könnten wir das versuchen. Auf jeden Fall sollten wir vorläufig die Briefe aus unserer Diskussion herauslassen und davon ausgehen, daß Sie sie erst dann öffnen, wenn Sie dazu bereit sind.» Ich widerstand der Versuchung, den Zeitrahmen von einem Monat zu erwähnen und so zu tun, als ob Saul eine formelle Verpflichtung eingegangen wäre; das war nicht der geeignete Zeitpunkt für Manipulationen – Saul würde jeden Trick durchschauen.

Anstatt mir zu antworten, lag Saul nur still da und starrte ins Leere.

«Einverstanden?» half ich nach.

Ein mechanisches Nicken.

Ich fuhr fort: «Ich habe in den letzten Tagen viel an Sie gedacht.» Ein bewährtes Mittel, um jemanden aus der Reserve zu locken. Die Bemerkung, daß der Therapeut außerhalb der offiziellen Therapiestunden an den Patienten denkt, hat meiner Erfahrung nach noch nie ihre Wirkung verfehlt.

Aber kein Funke von Interesse in Sauls Augen. Jetzt war ich wirklich beunruhigt, beschloß aber, noch nicht auf seinen Rückzug einzugehen. Statt dessen suchte ich nach einer neuen Möglichkeit, um an ihn heranzukommen.

«Wir sind uns darin einig, daß Ihre Reaktion auf Dr. K. unangemessen war. Ich erinnere mich, daß Sie häufig über das Gefühl, nirgendwohin zu gehören, gesprochen haben. Ich denke auch an Ihre Tante, die Ihnen immer wieder gesagt hat, wie froh Sie sein können, daß sie sich um Sie kümmert und Sie nicht in ein Waisenhaus steckt.»

«Habe ich Ihnen jemals erzählt, daß sie mich nie adoptiert hat?» Plötzlich war Saul wieder bei mir. Nein, nicht wirklich – wir sprachen nicht miteinander, sondern nebeneinander.

«Wenn ihre beiden Töchter krank waren, ließ sie immer unseren Hausarzt kommen. Wenn ich krank war, schleppte sie mich ins nächste Krankenhaus und rief: ‹Kümmern Sie sich um dieses Waisenkind!›»

Ich fragte mich, ob Saul merkte, daß er im Alter von dreiundsechzig Jahren endlich einen Hausbesuch bekommen hatte.

«Sie hatten also immer das Gefühl, nirgendwohin zu gehören und kein richtiges Zuhause zu haben. Ich erinnere mich daran, was Sie mir über Ihr Bett im Haus Ihrer Tante erzählt haben – dieses Klappbett, das Sie jede Nacht im Wohnzimmer aufstellen mußten.»

«Abends war ich der letzte, der zu Bett ging, und morgens der erste, der aufstand. Ich konnte ja mein Bett abends nicht aufklappen, bevor nicht alle aus dem Wohnzimmer waren, und morgens mußte ich als erster aufstehen und mein Bett wegräumen, bevor die anderen auftauchten.»

Jetzt fiel mir noch stärker auf, wie kahl sein Schlafzimmr war, wie ein zweitklassiges mexikanisches Hotelzimmer, und eine Beschreibung von Wittgensteins kahler, weißgetünchter Zelle in Cambridge fiel mir ein. Es kam mir so vor, als ob Saul immer noch kein Schlafzimmer hätte, kein Zimmer, in dem er sich wirklich wohl fühlte, das wirklich ihm gehörte.

«Ich frage mich, ob Dr. K. und das Institut in Stockholm für Sie nicht so etwas wie ein Zufluchtsort sind. Sie haben endlich einen Ort gefunden, wo Sie hingehören, ein Zuhause, und vielleicht auch den Vater, nach dem Sie immer gesucht haben.»

«Vielleicht haben Sie recht, Doktor.» Es spielte keine Rolle, ob ich recht hatte oder nicht. Und ebensowenig, daß Saul ehrerbietig war. Was zählte, war allein, daß wir miteinander sprachen. Ich wurde ruhiger, wir kreuzten in vertrauten Gewässern.

Saul fuhr fort: «Vor einigen Wochen sah ich in einer Buchhandlung ein Buch über den ‹Hochstapler-Komplex›. Das paßt genau auf mich. Ich habe immer ein falsches Bild von mir verbreitet, ich kam mir vor wie ein Betrüger und hatte immer Angst vor meiner Entlarvung.»

Diese Geschichten kannte ich zur Genüge. Wir hatten oft darüber gesprochen, und ich wollte mich nicht schon wieder mit seinen Selbstzweifeln befassen. Es wäre ohnehin sinnlos gewesen. Wann immer ich es in der Vergangenheit versucht hatte, er war um eine Antwort nie verlegen gewesen.

Statt dessen sagte ich (und da es mir genauso ging, fehlte es meinen Worten nicht an Überzeugungskraft): «Das war es, was Sie gemeint haben, als Sie sagten, daß diese Briefe Sie schon Ihr ganzes Leben lang verfolgt hätten. Auch wenn Sie eine Menge erreicht haben, auch wenn Sie für drei gearbeitet haben, Sie haben immer Angst vor Bloßstellung und dem vernichtenden Urteil der anderen. Wie kann ich Ihnen helfen, diesen Teufelskreis zu durchbrechen? Wie kann ich Ihnen verständlich machen, daß dieser Schuld kein Verbrechen zugrunde liegt?»

«Mein Verbrechen ist Vorspiegelung falscher Tatsachen, ich habe nichts wirklich Substantielles auf meinem Gebiet geleistet. Ich weiß das, und Dr. K. weiß es jetzt auch, und wenn Sie etwas von Neurobiologie verstehen würden, wüßten Sie es auch. Keiner kann meine Arbeit besser beurteilen wie ich selbst.»

Das erste, was mir einfiel, war, daß es nicht «*wie* ich selbst» heißen mußte, sondern «*als* ich selbst». Sein einziges wirkliches Verbrechen war, daß er die Grammatik nicht beherrschte.

Plötzlich merkte ich, wie kritisch ich wurde, sobald Saul lebhafter erzählte. Glücklicherweise behielt ich all das für mich – was ich mit meiner nächsten Bemerkung auch besser getan hätte.

«Saul, wenn Sie sich wirklich für so schlecht halten, wenn Ihnen, wie Sie immer wieder sagen, alle Tugenden und herausragenden geistigen Fähigkeiten fehlen, warum glauben Sie dann, daß Ihr Urteil, besonders in bezug auf sich selbst, unfehlbar ist?»

Keine Antwort. Früher hätte Saul gelächelt und mich angesehen, aber heute hatte er für rhetorische Spielereien offenbar nichts übrig. Am Ende der Sitzung schloß ich mit Saul einen Vertrag. Ich versprach, alles zu tun, um ihm zu helfen, ihm in dieser kritischen Phase zur Seite zu stehen und ihn, solange notwendig, zu Hause aufzusuchen. Im Gegenzug verlangte ich, daß er sich verpflichtete, keine unwiderruflichen Entscheidungen zu treffen. Insbesondere mußte er mir versprechen, sich keine Gewalt anzutun, nicht an Dr. K. zu schreiben (ohne mich vorher zu konsultieren) und kein Geld an das Institut in Stockholm zu überweisen.

Ein Vertrag über den Verzicht auf Selbstmord – der Patient verspricht dabei mündlich oder schriftlich, den Therapeuten anzurufen, wenn er das Gefühl hat, ernsthaft suizidgefährdet zu sein, und der Therapeut «gelobt», die Therapie abzubrechen, wenn der Patient den Vertrag durch einen Selbstmordversuch verletzt – war mir immer grotesk vorgekommen («Wenn Sie sich umbringen, werde ich Sie nie wieder behandeln»). Doch hat er sich schon oft erstaunlich gut bewährt, und es war ein äußerst beruhigendes Gefühl für mich, ihn mit Saul abgeschlossen zu haben. Auch die Hausbesuche hatten ihren Sinn: Saul würde dadurch in meiner Schuld stehen und sich noch stärker an die vertraglichen Abmachungen gebunden fühlen.

Die nächste Sitzung, zwei Tage später, verlief ähnlich wie die vorangegangene. Saul war stark versucht, die fünfzigtausend Dollar als Schenkung zu überweisen, und ich widersetzte mich diesem Plan mit derselben Hartnäckigkeit. Dann sprachen wir darüber, wie sich dieser fatale Hang, Probleme mit Geld lösen zu wollen, entwickelt hatte.

Er schilderte mir in drastischen Farben, wie er zum erstenmal mit Geld in Berührung gekommen war. Im Alter von zehn Jahren begann er, Zeitungen in Brooklyn zu verkaufen, und machte das, bis er siebzehn war. Sein Onkel, ein ungehobelter, schroffer Mann, den Saul selten erwähnt hatte, besorgte ihm einen Platz bei einer U-Bahn-Station, brachte ihn jeden Morgen um halb sechs dorthin und holte ihn drei Stunden später wieder ab, um ihn in die Schule zu bringen – es war ihm egal, daß Saul immer zehn bis fünfzehn Minuten zu spät kam und jeden Schultag mit einer Rüge begann. Obwohl Saul sieben Jahre lang jeden Penny, den er verdiente, seiner Tante gab, hatte er das Gefühl, daß er nicht genug Geld heimbrachte, und begann sich unerreichbare Ziele zu stecken, wieviel er jeden Tag verdienen mußte. Wenn er diese Ziele nicht erreichte, bestrafte er sich, indem er teilweise oder ganz auf sein Abendessen verzichtete. Zu diesem Zweck lernte er, langsam zu kauen, sein Essen in den Backentaschen zu verbergen oder es auf dem Teller so umzuverteilen, als sei es weniger geworden. Gezwungen, es unter den Blicken seiner Tante oder seines Onkels herunterzuschlucken (nicht daß er glaubte, ihnen läge etwas an seiner Ernährung), wartete er bis zum Ende der Mahlzeit, um dann in der Toilette heimlich zu erbrechen. Und so wie er früher versucht hatte, sich die Aufnahme in seine Familie zu erkaufen, versuchte er nun, sich mit Geld einen Platz am Tisch des Dr. K. und des Stockholmer Instituts zu sichern.

«Meine Kinder brauchen kein Geld. Mein Sohn verdient an jeder Bypass-Operation zweitausend Dollar, und oft macht er zwei Eingriffe am Tag. Und der Mann meiner Tochter hat ein sechsstelliges Jahresgehalt. Ich gebe es lieber jetzt dem Institut, als es später einer von meinen Ex-Frauen in den Rachen zu werfen. Ich habe mich zu der Schenkung entschlossen. Warum nicht? Ich kann es mir leisten. Ich bekomme aus meiner Sozialversicherung und der Pensionskasse für Hochschullehrer weit mehr, als ich zum Leben brauche. Ich werde es anonym machen. Ich kann den Überweisungsbeleg ja behalten und schlimmstenfalls jederzeit beweisen, daß ich das Geld zurückgezahlt habe. Vielleicht ist das alles nicht nötig, aber in Ordnung ist es sicher. Das Geld dient in jedem Fall einem guten Zweck – dem besten, den ich mir vorstellen kann.»

«Es ist nicht die Entscheidung selbst, die wichtig ist, sondern das Wie und Wann. Es ist ein Unterschied, ob man etwas tun *will* oder ob man etwas tun *muß* (um einer Gefahr zu entgehen). Ich glaube, daß Ihr Tun im Augenblick vom *Müssen* bestimmt wird. Wenn eine Schenkung von fünfzigtausend Dollar eine gute Sache ist, dann ist sie das in einem Monat auch noch. Sie können mir glauben, Saul, es ist besser, keine endgültigen Entscheidungen zu treffen, wenn Sie unter so großem Druck stehen und nicht in der Lage sind, sich von der Vernunft leiten zu lassen (wie Sie selbst gesagt haben). Ich bitte Sie nur um Zeit, Saul. Sie sollen die Schenkung nur so lange aufschieben, bis Sie Ihre Krise überwunden haben, bis die Briefe geöffnet sind.»

Wieder nickte er zustimmend. Und wieder hatte ich den Verdacht, daß er die fünfzigtausend Dollar schon abgeschickt hatte, ohne mich zu informieren. Das sähe ihm ähnlich. In der Vergangenheit war es ihm so schwergefallen, mir peinliche Dinge anzuvertrauen, daß ich mich entschloß, die letzten fünfzehn Minuten jeder Stunde ausschließlich für «Geheimnisse» zu reservieren. Ich forderte Saul dann explizit dazu auf, sich ein Herz zu nehmen und mir die Geheimnisse zu verraten, die er mir im zurückliegenden Teil der Stunde vorenthalten hatte.

Die folgenden Sitzungen verliefen wie die ersten. Ich kam früh morgens bei ihm zu Hause an, ging durch die von unbekannter Hand geöffnete Tür und weiter ins Schlafzimmer, wo Saul mich erwartete, niedergestreckt von einem Leiden, von dem wir beide wußten, daß es nicht existierte. Doch anscheinend kamen wir gut voran. Obwohl ich weniger engagiert war als in der Vergangenheit, erfüllte ich durchaus die Erwartungen, die normalerweise an einen Therapeuten gestellt werden: Ich zeigte Strukturen auf und lieferte Erklärungen. Ich vermittelte Saul, warum die Briefe für ihn etwas so Verhängnisvolles hatten und daß sie nicht nur für sein derzeitiges berufliches Mißgeschick standen, sondern die lebenslange Suche nach Geborgenheit und Anerkennung symbolisierten. Seine Suche war so verzweifelt, sein Bedürfnis so dringend, daß eine Realisierung unweigerlich scheitern mußte. Wäre er in diesem Fall zum Beispiel nicht so völlig abhängig von Dr. K.s Zustimmung gewesen, hätte er das getan, was jeder andere in einer vergleichbaren Situation auch getan hätte: Er hätte seinen Mitautor über alle Entwicklungen ihrer gemeinsamen Arbeit auf dem laufenden gehalten.

Wir gingen den Vorläufern dieser Struktur nach. Bestimmte Szenen (das Kind, das immer zuletzt schlafen ging und zuerst aufstand; der Junge, der sein Essen nicht herunterschlucken wollte, wenn er nicht genug Zeitungen verkauft hatte; die Tante, die rief: «Kümmern Sie sich um dieses Waisenkind!») waren Bilder von großer Dichte – *épisthèmes*, wie Foucault sie nannte –, die in kristalliner Form die Strukturen eines ganzen Lebens repräsentierten.

Da aber Saul auf konventionelle Formen der Therapie offenbar nicht mehr reagierte, verfiel er von Stunde zu Stunde in tiefere Verzweiflung. Seine Gefühlsregungen verflachten, sein Gesicht erstarrte, seine Informationen flossen immer spärlicher, und er verlor jeglichen Sinn für Humor und das rechte Maß. Seine Selbstunterschätzung nahm ungeheure Ausmaße an. Als ich ihn zum Beispiel in einer Sitzung daran erinnerte, mit welchem Engagement er die Studenten am Stockholmer Institut und vor allem die Erstsemester an der naturwissenschaftlichen Fakultät unterrichtet hatte, behauptete er, daß die Wissenschaft um zwanzig Jahre zurückgeworfen worden sei durch das, was er diesen intelligenten jungen Studenten angetan habe! Ich hatte meine Fingernägel betrachtet, während er sprach, und blickte lächelnd auf in der Erwartung, einen ironischen, scherzhaften Ausdruck in seinem Gesicht zu entdecken. Aber ich sah mit Entsetzen, daß dem nicht so war: Saul war todernst.

Immer häufiger lamentierte er jetzt darüber, daß er einen Großteil seiner wissenschaftlichen Ideen gestohlen, Menschen ruiniert und Ehen zerstört habe und daß er gegenüber vielen seiner Studenten ungerecht gewesen sei. Das ungeheure Ausmaß seiner Schlechtigkeit war natürlich der Beweis seiner unheilbringenden Grandiosität, die ihrerseits ein tief verwurzeltes Gefühl von Minderwertigkeit und Bedeutungslosigkeit überlagerte. Während dieser Diskussion erinnerte ich mich an einen der ersten Patienten, den man mir während meiner Assistenzzeit zugewiesen hatte – einen Farmer mit rosigem Gesicht und rotblonden Haaren, der überzeugt war, daß er den Dritten Weltkrieg begonnen hatte. Ich hatte über dreißig Jahre nicht mehr an diesen Farmer – seinen Namen habe ich vergessen – gedacht. Daß Sauls Verhalten ihn mir in Erinnerung rief, war an sich schon ein schlechtes diagnostisches Zeichen.

Saul litt unter Appetitlosigkeit; er wurde immer magerer, schlief immer schlechter, und seine selbstzerstörerischen Phantasien beherrschten sein ganzes Denken. Er überschritt in dieser Phase die entscheidende Grenze zwischen einem verirrten, leidenden, ängstlichen Menschen und einem Psychotiker. Unsere Beziehung verschlechterte sich rapide: Sie verlor ihre zwischenmenschliche Qualität, Saul und ich verhielten uns nicht mehr wie Freunde oder Verbündete; es gab kein Lächeln mehr zwischen uns, keinen geistigen oder körperlichen Kontakt mehr.

Ich begann ihn als Objekt zu sehen: Saul war nicht mehr nur ein Mensch, der unter depressiven Stimmungen litt, sondern er war ein

Fall von Depression – genauer gesagt, in der Terminologie des *Diagnostic and Statistical Manual of Mental Disorders*, einer schweren Depression des rekurrierend melancholischen Typs, mit den Symptomen von Apathie, psychomotorischer Retardation, Antriebslosigkeit, Appetit- und Schlafstörungen, Beobachtungswahn und paranoiden, suizidalen Vorstellungen *(DSM-III, Ziffer 296.33)*. Ich fragte mich, welche Medikamente ich ihm verordnen und in welches Krankenhaus ich ihn einweisen sollte.

Ich habe nie gerne mit Patienten gearbeitet, die die Grenze zur Psychose überschreiten. Oberstes Gebot im therapeutischen Prozeß waren für mich immer Präsenz und Offenheit gegenüber dem Patienten gewesen, aber jetzt sah ich, daß die Beziehung zwischen Saul und mir voll von Heuchelei war – was ebenso an mir lag wie an ihm. Durch mein stillschweigendes Einverständnis ermöglichte ich ihm, die Fiktion seines Rückenleidens aufrechtzuerhalten. Wenn er wirklich ans Bett gefesselt wäre, wer half ihm dann? Wer kochte für ihn? Aber ich stellte keine Fragen, weil ich wußte, daß ihn Erkundigungen dieser Art nur noch weiter von mir entfernt hätten. Ich hielt es für das beste, seine Kinder über seinen Zustand zu informieren, ohne daß er etwas davon wußte. Ich fragte mich, wie ich mich in der Angelegenheit der fünfzigtausend Dollar verhalten sollte. Sollte ich, falls Saul das Geld schon abgeschickt hatte, das Stockholmer Institut bitten, die Annahme zu verweigern? Oder zumindest, das Geld vorübergehend zu blockieren? Hatte ich das Recht dazu? Oder war ich gar dazu verpflichtet? Wäre es ein Behandlungsfehler, es *nicht* zu tun?

Ich dachte immer noch oft über die Briefe nach (obwohl sich Sauls Zustand so verschlimmert hatte, daß ich nicht mehr von meinem Bild eines Abszesses, den man aufschneiden mußte, damit der Eiter abfließen konnte, überzeugt war). Wenn ich auf dem Weg zu Sauls Schlafzimmer durch sein Haus ging, sah ich mich um und versuchte herauszufinden, wo der Schreibtisch stand, in dem er die Briefe aufbewahrte. Sollte ich meine Schuhe ausziehen und auf Zehenspitzen laufen – alle Psychiater spielen gerne Detektiv –, bis ich sie fand, sie aufreißen und Saul mit Hilfe ihres Inhalts zur Wiedererlangung seiner geistigen Gesundheit verhelfen?

Ich dachte daran, wie sich, als ich acht oder neun war, an meinem Handgelenk eine große Zyste gebildet hatte. Unser sympathischer

Hausarzt nahm behutsam meine Hand, um sie zu untersuchen, und plötzlich schlug er mit einem Buch, das er heimlich in der anderen Hand hielt, auf mein Handgelenk, so daß die Zyste aufplatzte. Ein kurzer Augenblick rasenden Schmerzes, dann war die Sache ausgestanden und eine langwierige chirurgische Prozedur erübrigte sich. Wird es in der Psychiatrie je einen Platz für diese Art des Despotismus in bester Absicht geben? Das Ergebnis war ausgezeichnet und meine Zyste geheilt. Aber es hat viele Jahre gedauert, bis ich wieder einem Arzt die Hand gab!

Mein früherer Lehrer, John Whitehorn, sagte mir, daß man eine Psychose an der Qualität der therapeutischen Beziehung diagnostizieren könne: Seiner Ansicht nach muß man einen Patienten dann als «psychotisch» betrachten, wenn der Therapeut nicht mehr das Gefühl habe, daß er und der Patient Verbündete seien, die gemeinsam an der Wiederherstellung der psychischen Gesundheit des Patienten arbeiten. Wenn man dieses Kriterium zugrunde legte, war Saul psychotisch. Meine Aufgabe bestand nicht mehr darin, ihm beim Öffnen der drei Briefe zu helfen, sein Selbstbewußtsein zu stärken oder ihm endlich den lang ersehnten Schaufensterbummel durch San Francisco zu verschaffen: Es galt nur noch, ihn vor der Einlieferung in eine Klinik und vor der Selbstzerstörung zu bewahren.

In diesem Dilemma steckte ich, als etwas Unerwartetes geschah. Am Abend vor einem meiner Besuche erhielt ich eine Nachricht von Saul, daß es seinem Rücken bessergehe, daß er jetzt wieder laufen könne und zu unserem nächsten Termin in meine Praxis kommen würde. Als er erschien, sah ich innerhalb von Sekunden und noch bevor er ein Wort sagte, daß er völlig verändert war: Plötzlich stand mein alter Saul wieder vor mir. Keine Spur mehr von der tiefen Verzweiflung eines Mannes, der seine ganze Menschlichkeit, sein Lachen und sein Selbstbewußtsein verloren hatte. Wochenlang war er der Gefangene einer Psychose gewesen, an deren Fenster und Mauern ich ebenso verzweifelt wie vergeblich geschlagen hatte. Jetzt war er unerwartet ausgebrochen und tauchte wieder auf, als ob nichts geschehen sei.

Es konnte nur eine Erklärung dafür geben, dachte ich. Die Briefe!

Saul spannte mich nicht lange auf die Folter. Am Tag zuvor hatte er einen Anruf von einem Kollegen bekommen, der ihn bat, einen

Stipendienantrag zu begutachten. Während der Unterhaltung fragte der Freund, *en passant*, ob er schon von der Sache mit Dr. K. gehört habe. Alarmiert antwortete Saul, daß er krank gewesen sei und in den letzten Wochen mit niemandem Kontakt gehabt habe. Sein Kollege fuhr fort, daß Dr. K. plötzlich an einer Lungenembolie gestorben sei, und begann, die genaueren Todesumstände zu schildern. Saul konnte es sich nur mit Mühe verkneifen, ihn zu unterbrechen und auszurufen: «Mir ist es völlig gleich, wer bei ihm war, wie er gestorben ist, wo er beerdigt wurde, wer die Trauerrede hielt! All das interessiert mich nicht im geringsten! Sag mir bloß, *wann* er gestorben ist!» Schließlich erfuhr Saul das genaue Todesdatum und rechnete schnell nach, daß Dr. K. gestorben sein mußte, bevor ihn die Zeitschrift erreicht hatte und er Sauls Artikel zu lesen bekam. Man war ihm also nicht auf die Schliche gekommen! Nun, da die Briefe plötzlich ihren ganzen Schrecken verloren hatten, holte er sie aus dem Schreibtisch und öffnete sie.

Der erste Brief war von einem frischpromovierten Mitarbeiter des Stockholmer Instituts, der sich um einen Lehrauftrag an einer amerikanischen Universität bewerben wollte und Saul um ein Empfehlungsschreiben bat.

Der zweite Brief enthielt die Todesanzeige und Angaben über die Trauerfeierlichkeiten. Er war an alle ehemaligen und gegenwärtigen Institutsmitarbeiter geschickt worden.

Der dritte Brief war eine kurze Nachricht von Dr. K.s Witwe. Sie nehme an, schrieb sie, daß er vom Tod ihres Mannes erfahren habe. Dr. K. habe immer sehr viel von Saul gehalten, und sie wisse, daß es im Sinne ihres Mannes gewesen wäre, daß sie ihm den unvollendeten Brief schickte, den sie auf seinem Schreibtisch gefunden habe. Saul reichte mir die kurze, handgeschriebene Nachricht des verstorbenen Dr. K.:

Lieber Professor C.,

ich plane eine Reise in die Vereinigten Staaten, meine erste seit zwölf Jahren. Bei der Gelegenheit möchte ich auch nach Kalifornien kommen und Sie besuchen, wenn es Ihnen recht ist. Ich habe unsere Gespräche sehr vermißt. Ich fühle mich hier isoliert – an

unserem Institut gibt es selten freundschaftliche Beziehungen unter Kollegen. Wir wissen beide, daß unser gemeinsames Projekt möglicherweise nicht zu unseren Glanzstücken gehörte. Aber für mich war es viel wichtiger, daß ich auf diese Weise Gelegenheit hatte, Sie persönlich kennenzulernen, nachdem ich dreißig Jahre lang Ihre Arbeit verfolgt und geschätzt habe.
Worum ich Sie außerdem bitten wollte...

An der Stelle brach der Brief ab. Vielleicht täuschte ich mich, aber irgendwie hatte ich das Gefühl, daß Dr. K. bei Saul etwas suchte, das für ihn ebenso wichtig war wie die Bestätigung, die Saul von ihm erhoffte. Aber abgesehen von dieser Mutmaßung war eines sicher: keine von Sauls apokalyptischen Prophezeiungen hatte sich erfüllt; der Ton des Briefes war eindeutig positiv, ja sogar herzlich und respektvoll.
Saul war dies nicht entgangen, und die heilsame Wirkung des Briefes war ebenso unmittelbar wie tiefgreifend. Seine Depressionen mit all ihren ominösen «biologischen» Symptomen verschwanden innerhalb von Minuten, und jetzt wurde ihm klar, wie ichfremd und grotesk sein Denken und sein Verhalten in den letzten Wochen gewesen waren. Außerdem stellte er schnell unsere alte Beziehung wieder her: Er schenkte mir wieder seine Zuneigung, dankte mir, daß ich zu ihm gehalten hatte, und bedauerte, daß er mir in den letzten Wochen soviel zugemutet hatte.
Saul war inzwischen so weit wiederhergestellt, daß eine Fortsetzung der Therapie nicht nötig gewesen wäre. Trotzdem war er mit zwei weiteren Treffen einverstanden – eins in der folgenden Woche, das zweite einen Monat danach. In diesen Sitzungen gingen wir noch einmal die vergangenen Ereignisse durch und entwickelten Strategien für den Fall, daß erneut Belastungen auf ihn zukommen sollten. Ich untersuchte alle Aspekte seines Leidens, die mir Sorge bereitet hatten: seine Suizidneigung, seine Minderwertigkeitsgefühle, seine Schlaf- und Appetitlosigkeit. Seine Genesung erwies sich als außerordentlich stabil. Danach schien es nichts mehr zu geben, was wir noch hätten tun können, und wir trennten uns.
Später fragte ich mich, ob Saul, wenn er sich in Dr. K. so sehr getäuscht hatte, meine Gefühle nicht auch falsch interpretierte. War

ihm je klar gewesen, wie sehr ich mit ihm gelitten hatte, wie sehr ich ihm gewünscht hatte, er könnte von Zeit zu Zeit seine Arbeit ruhen lassen, um in Muße einen Bummel über die Union Street zu genießen? Hatte er je geahnt, wie gerne ich mit ihm gegangen wäre, und wenn es nur zu einem schnellen Cappuccino gereicht hätte?

Aber bedauerlicherweise hatte ich Saul all das nie gesagt. Ich sollte ihn nie mehr wiedersehen; und drei Jahre später erfuhr ich, daß er gestorben war. Kurz danach lernte ich auf einer Party einen jungen Mann kennen, der gerade vom Forschungsinstitut Stockholm zurückgekehrt war. Während einer langen Unterhaltung über seinen einjährigen Forschungsaufenthalt erwähnte ich, daß ich einmal einen Freund namens Saul hatte, der auch dort gewesen sei. Ja, er habe Saul gekannt. Seltsamerweise habe er sein Forschungsstipendium sogar zum Teil Saul zu verdanken, der «sich in besonderem Maß um die Beziehungen zwischen unserer Universität und dem Institut in Stockholm verdient gemacht hatte». Hatte ich schon gehört, daß Saul dem Institut in seinem Testament fünfzigtausend Dollar vermacht hatte?

Therapeutische Monogamie

«Ich bin ein Nichts. Ein Dreck. Eine widerliche Kreatur. Eine Null. Ich vegetiere auf dem Abfallhaufen der Menschheit vor mich hin. Verdammt, wenn ich bloß tot wäre! Irgendwo plattgewalzt auf dem Parkplatz vor dem Supermarkt, und dann der große Feuerwehrschlauch, bis alles weggespült ist. Alles. Sogar die mit Kreide auf den Bürgersteig geschriebenen Worte: ‹Hier war der Klecks, der einmal Marge White hieß.›»

Wieder einer von Marges nächtlichen Anrufen! Gott, wie ich die haßte! Nicht, weil sie damit in mein Leben eindrang – das war zu erwarten gewesen: Die Grenze zwischen Therapie und Privatsphäre war fließend. Vor einem Jahr, als ich Marge als Patientin annahm, war klar, daß es Anrufe geben würde; schon als ich sie zum erstenmal sah, spürte ich, was auf mich zukam. Es bedurfte keiner großen Erfahrung, um zu erkennen, wie verzweifelt sie war. Ihr gesenkter Kopf und ihre hängenden Schultern sagten «Depression»; ihre aufgerissenen Augen und ihre ruhelosen Hände und Füße sagten «Angst». Alles andere – mehrere Selbstmordversuche, Eßstörungen, sexueller Mißbrauch im Kindesalter durch ihren Vater, Wahnvorstellungen, dreiundzwanzig Jahre Therapie – schrie «Borderline», ein Wort, das bei ruhebedürftigen Psychiatern mittleren Alters Entsetzen auslöst.

Sie hatte mir erzählt, daß sie fünfunddreißig war und von Beruf Laborantin; daß sie zehn Jahre lang bei einem Psychiater in Behandlung gewesen war, der sich vor kurzem in einer anderen Stadt niedergelassen hatte; daß sie schrecklich einsam war; daß sie sich früher oder später, es war nur eine Frage der Zeit, umbringen werde.

Sie rauchte während der Sitzung eine nach der anderen, machte häufig nur zwei oder drei Züge, bevor sie die Zigarette ärgerlich wieder ausdrückte, um sich kurze Zeit später eine neue anzuzünden.

Sie konnte nie ruhig sitzenbleiben, sondern stand immer wieder auf und lief hin und her. Einmal setzte sie sich in einer Ecke meiner Praxis auf den Fußboden und rollte sich wie eine Feiffersche Comicfigur zusammen.

Mein erster Impuls war, das Weite zu suchen, ihr ein für allemal adieu zu sagen. Denk dir irgendwas aus, irgendeine Begründung: völlig ausgebucht, mehrjähriger Auslandsaufenthalt, Aufgabe der Praxis zugunsten wissenschaftlicher Arbeit. Doch kurz darauf hörte ich, wie meine Stimme ihr einen weiteren Termin anbot.

Vielleicht war ich fasziniert von ihrer Schönheit, von ihren schwarzen Haaren, ihrer unglaublich weißen Haut, ihrem perfekt geschnittenen Gesicht. Oder war es mein pädagogisches Pflichtgefühl? In letzter Zeit hatte ich mich immer wieder gefragt, wie ich meine Studenten zu guten Psychotherapeuten ausbilden wollte, wenn ich selbst mich weigerte, schwierige Patienten zu behandeln. Ich glaube, es gab mehrere Gründe, weshalb ich Marge als Patientin annahm; der Hauptgrund aber war, daß ich mich wegen meiner Neigung schämte, Schwierigkeiten aus dem Weg zu gehen und mich ausgerechnet den Patienten zu verweigern, die mich am meisten brauchten.

Ich hatte also mit Hilferufen wie diesem gerechnet. Ich hatte auch damit gerechnet, daß eine Krise nach der anderen kommen würde. Ich war sogar darauf gefaßt, daß ich sie irgendwann in eine Klinik würde einweisen müssen. Gott sei Dank hatte ich das bisher verhindern können: die täglichen Besprechungen mit dem Stationspersonal in aller Herrgottsfrüh, den ganzen Papierkram, das öffentliche Eingeständnis meiner Unfähigkeit, das ständige Pendeln zwischen Praxis und Klinik. Ein wahnsinniger Zeitaufwand.

Nein, es waren nicht die Anrufe als solche, die mich störten, sondern die Art, *wie* wir miteinander sprachen. Zum einen stotterte Marge bei jedem Wort. Sie stotterte immer, wenn sie außer sich war – sie stotterte und verzerrte dabei ihr hübsches Gesicht. Ich sah ihr von Grimassen und Krämpfen entstelltes Gesicht direkt vor mir. In ruhigeren Phasen sprachen Marge und ich über diese Gesichtszuckungen und kamen zu dem Schluß, daß sie dadurch versuchte, sich häßlich zu machen. Die Krämpfe dienten offensichtlich der Abwehr sexueller Regungen, denn sie traten immer dann auf, wenn sie sich einer äußeren oder inneren sexuellen Bedrohung ausgesetzt sah. Aber all diese schönen Erklärungen bewirkten etwa soviel, wie wenn man ein Nashorn mit Kieselsteinen bewirft: Schon die Erwähnung des Wortes *Sex* genügte, um Zuckungen auszulösen.

Ihr Stottern hatte mich immer geärgert. Obwohl ich wußte, wie schlecht es ihr ging, war ich häufig versucht zu sagen: «Also los, Marge! Nun mach schon! Wie soll denn das nächste Wort heißen?»

Aber das Schlimmste an den Telefongesprächen war meine eigene Unfähigkeit. Marge stellte mich auf die Probe, und ich versagte jedesmal. Im vergangenen Jahr hatte sie mich bestimmt zwanzigmal angerufen, aber nie war es mir gelungen, ihr wirklich zu helfen.

Das Problem an dem Abend war, daß sie im *Stanford Daily* einen groß aufgemachten Artikel über meine Frau gelesen hatte. Meine Frau hatte nach zehnjähriger Tätigkeit als Verwaltungschefin des *Stanford Center for Research on Women* ihre Stellung aufgegeben, und die Universitätszeitung hatte sie aus diesem Anlaß mit Lobeshymnen überschüttet. Was die Sache noch verschlimmerte, war, daß Marge am selben Abend einen brillanten Vortrag einer äußerst attraktiven Philosophieprofessorin gehört hatte.

Ich habe wenige Menschen gekannt, die mit so viel Haß auf sich selbst erfüllt waren. Selbst wenn es ihr besserging, waren diese Gefühle unterschwellig immer vorhanden und warteten nur auf eine günstige Gelegenheit, um sich erneut zu manifestieren. Und die beste Gelegenheit war der öffentliche Erfolg einer anderen Frau in ihrem Alter. In solchen Situationen wurde Marge von ihrem Selbsthaß überwältigt, und sie dachte noch ernsthafter als gewöhnlich an Selbstmord.

Ich suchte nach tröstlichen Worten. «Marge, warum tun Sie sich das an? Sie sagen, daß Sie nichts geleistet und nichts erreicht haben, daß Sie lebensunfähig sind, aber wir beide wissen doch, daß diese Gedanken nur Ausdruck Ihres augenblicklichen Gemütszustandes sind. Sie haben nichts mit der Realität zu tun! Denken Sie daran, wie großartig Sie sich noch vor zwei Wochen gefühlt haben! Seitdem hat sich doch überhaupt nichts in Ihrem Leben verändert. Sie sind noch genau dieselbe Person wie damals.»

Ich war auf dem richtigen Weg. Ich spürte, daß sie mir aufmerksam zuhörte, und fuhr fort.

«Ihre Art, immer nur für Sie ungünstige Vergleiche anzustellen, hat etwas Selbstzerstörerisches. Denken Sie doch einmal darüber nach. Warum müssen Sie sich ausgerechnet mit der wahrscheinlich brillantesten Professorin in Stanford vergleichen? Warum müssen Sie sich mit meiner Frau genau dann vergleichen, wenn man sie feiert? Wenn man sich unbedingt quälen will, findet man immer jemanden, neben dem man schlecht aussieht. Ich kenne das, weil ich das gleiche getan habe.

Schauen Sie, warum suchen Sie sich nicht zur Abwechslung mal jemanden heraus, der im Vergleich mit Ihren Qualitäten schlecht abschneidet? Sie haben sich zum Beispiel immer sehr für andere Menschen engagiert. Ich denke da an Ihre Arbeit mit Obdachlosen. Vergleichen Sie sich mit jemandem, der sich einen Dreck um andere kümmert. Oder warum vergleichen Sie sich nicht mit einem dieser Obdachlosen, denen Sie geholfen haben? Diese Leute vergleichen sich bestimmt auch mit Ihnen und finden, daß sie schlecht dabei abschneiden.»

Das Klicken des Telefons, mit dem das Gespräch unterbrochen wurde, bestätigte, was mir sofort bewußt wurde: Ich hatte einen kolossalen Fehler gemacht. Ich kannte Marge gut genug, um zu wissen, wie sie meinen Fauxpas aufnehmen würde: Sie würde sich sagen, daß ich endlich meine wahren Gefühle gezeigt hätte und sie so gering einschätzte, daß sie nur einem Vergleich mit den armseligsten Geschöpfen dieser Erde standhielt.

Sie ließ sich die Gelegenheit nicht entgehen und brachte ihre Gefühle gleich zu Beginn unserer nächsten Sitzung, die glücklicherweise am folgenden Tag stattfand, aufs Tapet. Anschließend zählte sie mit frostiger, abgehackter Stimme die «wahren Tatsachen» ihres Lebens auf.

«Ich bin fünfunddreißig Jahre alt. Ich war mein ganzes Leben psychisch krank. Seit meinem zwölften Lebensjahr bin ich ständig in psychiatrischer Behandlung, weil ich sonst überhaupt nicht lebensfähig wäre. Ich werde für den Rest meines Lebens immer auf Medikamente angewiesen sein. Meine einzige Hoffnung ist, daß mir die Einlieferung in eine psychiatrische Klinik erspart bleibt. Ich bin nie geliebt worden. Ich werde niemals Kinder haben. Ich habe nie eine längere Beziehung zu einem Mann gehabt und glaube auch nicht, daß sich das je ändern wird. Ich bin unfähig, Freundschaften zu schließen.

An meinem Geburtstag ruft mich niemand an. Mein Vater, der mich als Kind sexuell mißbraucht hat, ist tot. Meine Mutter ist eine verrückte, verbitterte Frau, und ich werde ihr von Tag zu Tag ähnlicher. Mein Bruder hat einen Großteil seines Lebens in psychiatrischen Anstalten verbracht. Ich habe weder Talente noch besondere Fähigkeiten. Ich werde beruflich immer in untergeordneter Stellung tätig sein. Ich werde immer arm sein und das meiste Geld für psychiatrische Behandlung ausgeben.»

Sie hielt inne. Ich war mir nicht sicher, ob sie ihre Aufzählung beendet hatte, denn sie sprach wie ein lebloses Phantom, das nur seine Lippen bewegte, kaum zu atmen schien und dessen Hände, Augen und Gesicht keinerlei Regung zeigten.

Plötzlich fuhr sie fort, wie eine Aufziehpuppe, die in den letzten Zügen liegt: «Sie erzählen mir, ich soll geduldig sein. Sie erzählen mir, daß ich noch nicht weit genug bin, um die Therapie zu beenden, nicht weit genug, um zu heiraten, nicht weit genug, um ein Kind zu adoptieren, nicht weit genug, um mit dem Rauchen aufzuhören. Ich habe immer nur gewartet. Ich habe mein Leben lang gewartet. Jetzt ist es zu spät. Zu spät zum Leben.»

Ich hörte mir die Litanei ruhig an und schämte mich einen Augenblick, weil sie mich ungerührt ließ. Aber es war keine Gefühllosigkeit. Ich kannte sie schon von früher und erinnerte mich, wie erschüttert ich war, als ich sie zum erstenmal gehört hatte. Damals hatte ich mich so sehr in sie hineinversetzt und mit ihr gelitten, daß ich zu dem wurde, was Hemingway einmal die «tränenreichen jüdischen Psychiater» nannte.

Viel schlimmer aber war (und das zuzugeben, fiel mir nicht leicht), *daß ich ihre Ansicht teilte.* Sie schilderte ihre «authentische Fallgeschichte» so überzeugend, daß niemand daran zweifeln konnte. Sie hatte schlechte Karten. Sie würde wahrscheinlich *nie* heiraten. Sie *war* eine Außenseiterin der Gesellschaft. Sie *war* unfähig zu engen menschlichen Bindungen. Sie würde wahrscheinlich *wirklich* noch jahrelang, wenn nicht für den Rest ihres Lebens, auf therapeutische Hilfe angewiesen sein. Ihre Verzweiflung und ihre Hoffnungslosigkeit gingen mir so nahe, daß ich nur allzugut verstand, weshalb Selbstmord ihr als Erlösung erschien. Ich fand kaum ein tröstendes Wort.

Ich brauchte die ganze Woche bis zu unserer nächsten Sitzung, um zu erkennen, daß ihre Litanei nichts anderes als depressionsbedingte Propaganda war. Es waren ihre Depressionen, die sich zu Wort gemeldet hatten, und ich war dumm genug gewesen, darauf hereinzufallen. Das Bild, das sie mir vermittelt hatte, war völlig verzerrt, weil sie alles Positive *weggelassen* hatte. Sie war eine außergewöhnlich intelligente, kreative und attraktive Frau (wenn sie keine Grimassen schnitt). Ich fand es bewundernswert, daß sie sich trotz ihres eigenen Leids immer für andere eingesetzt und in ihrem sozialen Engagement nie nachgelassen hatte.

Als ich nun die Litanei wieder hörte, zerbrach ich mir den Kopf, wie ich ihr aus dieser Misere heraushelfen konnte. Früher war sie bei ähnlichen Gelegenheiten so sehr in Depressionen verfallen, daß sie wochenlang nicht ansprechbar war. Ich wußte, daß ich ihr viel Leid ersparen konnte, wenn ich schnell handelte.

«Jetzt spricht Ihre Depression aus Ihnen, Marge, nicht Sie selber. Und Sie wissen auch, daß Sie bis jetzt noch aus jeder Depression wieder herausgekommen sind. Das Gute, das *einzig* Gute an einer Depression ist, daß sie ein Ende hat.»

Ich ging zu meinem Schreibtisch, öffnete ihre Akte und las ihr Teile aus einem Brief vor, den sie mir vor drei Wochen geschrieben hatte, als sie noch voller Lebensfreude war:

«Es war ein phantastischer Tag. Jane und ich bummelten über die Telegraph Avenue. Wir probierten in Second-Hand-Läden Abendkleider aus den vierziger Jahren an. Wir joggten über die Golden-Gate-Bridge und gingen zum Brunch in *Greens Restaurant*. Irgendwie ist das Leben doch schön in San Francisco. Sie hören mich immer nur jammern, deshalb dachte ich mir, daß ich Ihnen zur Abwechslung auch mal etwas Erfreuliches berichten könnte. Bis Donnerstag...»

Doch obwohl ein warmer Frühlingswind durch das offene Fenster wehte, war in meine Praxis der Winter eingezogen. Marges Gesicht zeigte keinerlei Regung. Sie starrte auf die Wand und schien mich kaum zu hören. Ihre Antwort war eisig: «Sie halten mich für ein Nichts. Ihre Aufforderung, mich mit Obdachlosen zu vergleichen, zeigt deutlich genug, was Sie von mir halten.»

«Marge, dafür bitte ich Sie um Entschuldigung. Ich weiß, daß ich am Telefon nicht gerade brillant bin. Ich habe mich ungeschickt ausgedrückt. Aber, glauben Sie mir, ich wollte Ihnen nur helfen. Ich hatte kaum zu Ende gesprochen, da wußte ich, daß ich etwas Falsches gesagt hatte.»

Das schien zu helfen. Ich hörte, wie sie ausatmete. Körper und Gesicht entspannten sich, und sie drehte ihren Kopf fast unmerklich wieder in meine Richtung.

Auch ich rückte ein wenig näher. «Marge, wir haben schon so manche Krise gemeinsam bewältigt, und da ging es Ihnen jedesmal genauso dreckig wie jetzt. Was hat Ihnen denn eigentlich in der Vergangenheit immer geholfen? Ich erinnere mich an Zeiten, wo es Ihnen am Ende einer Sitzung wesentlich besserging als am Anfang. Was ist da passiert? Was haben Sie getan? Was habe ich getan? Lassen Sie uns mal darüber nachdenken.»

Marge konnte die Frage zwar zunächst nicht beantworten, zeigte sich aber interessiert. Es gab weitere Anzeichen der Entspannung: Sie warf mit einer schwungvollen Bewegung ihre langen, schwarzen Haare zurück und strich sie mit den Fingern glatt. Ich setzte ihr noch ein paarmal mit derselben Frage zu, und schließlich hatte ich sie soweit, daß sie mit mir zusammen nach der Antwort suchte.

Sie sagte, wie wichtig es für sie sei, daß ihr jemand zuhöre, und daß sie niemanden außer mir und keinen anderen Ort außer meiner Praxis habe, um über ihr Leid zu sprechen. Und es helfe ihr auch, wenn wir uns mit den Ereignissen beschäftigten, die ihre Depression heraufbeschworen.

Daraufhin sprachen wir ausführlich über die Geschehnisse der vergangenen Woche. Neben den Vorfällen, die sie am Telefon erwähnt hatte, hatte es noch andere Belastungen gegeben. So war sie bei einer Besprechung im Universitätsinstitut, in dem sie arbeitete, von sämtlichen Akademikern völlig ignoriert worden. Ich konnte ihre Gefühle gut verstehen und sagte, daß sie nicht die einzige sei und daß sich schon viele über eine ähnliche Behandlung bei mir beklagt hätten. Ich vertraute ihr an, daß meine Frau sich ständig über die in Stanford übliche Diskriminierung und Geringschätzung nichtakademischer Mitarbeiter geärgert habe.

Dann sprach Marge wieder über ihre Erfolglosigkeit im Beruf und erwähnte ihren Chef, der erst dreißig sei und es schon so weit gebracht habe.

«Warum», sagte ich nachdenklich, «müssen wir diese ungünstigen Vergleiche fortsetzen? Das ist so masochistisch, so pervers – als ob man an einem schmerzenden Zahn herumsäbelt.» Auch ich, erzählte ich ihr, neigte dazu, Vergleiche mit Leuten anzustellen, bei denen ich schlecht abschnitt. Ich ging nicht auf Einzelheiten ein. Vielleicht hätte ich das tun sollen. Dann hätte ich sie wirklich als ebenbürtig behandelt.

Ich benutzte das Bild eines Thermostats zur Regulierung von Selbstachtung. Ihr Thermostat funktionierte nicht richtig: Er war zu nahe an ihrem Körper angebracht. Er hielt ihre Selbstachtung nicht konstant, sondern reagierte mit heftigen Ausschlägen auf alle äußeren Ereignisse. Geschah etwas Erfreuliches, fühlte sie sich großartig; übte jemand auch nur die leiseste Kritik an ihr, war sie tagelang deprimiert. Es war, als ob man versuchte, die Zimmertemperatur in seinem Haus mit einem Thermostat zu regulieren, der zu nahe am Fenster angebracht war.

Als die Stunde beendet war, brauchte sie mir nicht zu sagen, daß sie sich viel besser fühlte: Ich sah es an der Art, wie sie atmete, wie sie ging und wie sie lächelte, als sie meine Praxis verließ.

Die positive Entwicklung hielt an. Die ganze Woche über fühlte sie sich ausgezeichnet, und die mitternächtlichen Krisenanrufe blieben aus. Als ich sie eine Woche später sah, wirkte sie beinahe überschwenglich. Ich war immer der Ansicht, daß es auch wichtig ist herauszufinden, warum es einem gutgeht. Deshalb fragte ich sie, was passiert sei.

«Irgendwie», sagte Marge, «hat unsere letzte Stunde alles verändert. Es ist fast ein Wunder, wie Sie mich in so kurzer Zeit aus meiner Misere herausgeholt haben. Ich bin wirklich froh, daß ich Sie als Psychiater habe.»

Obwohl ich mich über dieses aufrichtige Kompliment sehr freute, machten mich ihre Worte nicht so recht glücklich. Was mich störte, war dieses «irgendwie» und die Vorstellung von mir als Wunderheiler. Solange Marge in solchen Kategorien dachte, würde sie nicht gesund werden, weil sie Hilfe nur als Einwirkung von außen erlebte und nicht verstand, warum es ihr besserging. Meine Aufgabe als Therapeut (vergleichbar mit der von Eltern) ist es, überflüssig zu werden und dem Patienten zu helfen, seine eigene Mutter oder sein eigener Vater zu werden. Ich wollte sie nicht heilen. Ich wollte ihr nur helfen, den Heilungsprozeß in die eigene Verantwortung zu übernehmen. Deshalb hatte ich bei ihrem «irgendwie» kein gutes Gefühl und kam mit meiner nächsten Frage darauf zu sprechen.

«Aber was war es denn genau, was Ihnen in unserer letzten Stunde geholfen hat? Von welchem Augenblick an fühlten Sie sich besser? Lassen Sie uns das mal gemeinsam zurückverfolgen.»

«Also gut, das war einmal die Art, wie Sie reagierten, als ich wegen des Vergleichs mit den Obdachlosen sauer war. Ich hätte Sie ja auch weiter dafür bestrafen können – das habe ich in der Vergangenheit schon oft mit meinen Psychiatern gemacht. Aber als Sie mir dann ganz sachlich erklärten, daß Sie das nicht absichtlich getan hätten und daß es ziemlich ungeschickt von Ihnen gewesen sei, da spürte ich, daß ich deswegen keinen Wutanfall inszenieren konnte.»

«Das klingt so, als ob meine Erklärung es Ihnen ermöglichte, die Verbindung mit mir aufrechtzuerhalten. Seit ich Sie kenne, waren Ihre Depressionen immer dann am stärksten, wenn Sie alle Kontakte zu anderen Menschen abgebrochen hatten und sich völlig isolierten. Diese Erfahrung enthält eine wichtige Botschaft, nämlich die, daß Sie nicht ohne andere Menschen leben können.» Ich fragte sie, was ihr in der Stunde noch geholfen habe.

«Der entscheidende Augenblick war, als Sie mir erzählten, daß Ihre Frau und ich ähnliche Probleme bei der Arbeit hätten. Ich fand mich immer so wertlos, so erbärmlich und Ihre Frau so göttergleich, daß ich mir nicht vorstellen konnte, daß man uns in einem Atemzug nennt. *Beweis*, daß Sie mich wirklich achten.»

Ich wollte schon protestieren und sagen, daß ich sie immer geachtet hätte, aber sie kam mir zuvor. «Ich weiß, ich weiß – Sie haben mir oft *erzählt*, daß Sie mich achten, und mir *erzählt*, daß Sie mich mögen, aber das waren nur Worte. Ich habe es nie wirklich geglaubt. Diesmal war es anders, diesmal sind Sie über Worte hinausgegangen.»

Marge hatte etwas sehr Wesentliches gesagt. «Über Worte hinausgehen», *das* war es, was zählte. Entscheidend war das, was ich *tat*, nicht das, was ich sagte. Etwas für den Patienten *tun*, darauf kam es an. Indem ich von meiner Frau gesprochen hatte, hatte ich etwas für Marge getan, hatte ich ihr ein Geschenk gemacht. *Der therapeutische Akt, nicht das therapeutische Wort zählte!*

Ich war ganz fasziniert von diesem Gedanken und hoffte, daß die Stunde möglichst schnell zu Ende ging, damit ich ihn weiterspinnen konnte. Aber zunächst konzentrierte ich mich wieder auf Marge. Sie hatte mir noch mehr zu erzählen.

«Was mir auch sehr geholfen hat, war, daß Sie mich immer wieder gefragt haben, was mir in der Vergangenheit geholfen hat. Sie haben mich gezwungen, selbst Verantwortung zu übernehmen und mich aktiv an der Lösung meiner Probleme zu beteiligen. Normalerweise suhle ich mich wochenlang in Depressionen, aber Sie haben mich binnen Minuten dazu gebracht, zu überlegen, was passiert war.

Eigentlich hat mich schon die Frage: ‹Was hat Ihnen in der Vergangenheit geholfen?› weitergebracht, denn dadurch wußte ich, daß es einen Weg aus meinen Depressionen geben mußte. Außerdem war es gut, daß Sie nicht den Hexenmeister gespielt haben, der mir nur Fragen stellt, deren Antworten er schon kennt. Mir hat die Art gefallen, wie Sie zugaben, daß Sie selbst nicht weiter wußten, und wie Sie mich aufforderten, die Dinge gemeinsam anzugehen.»

Das war Musik für meine Ohren! Während des ganzen Jahres mit Marge hatte ich immer nur eine Maxime bei meiner Arbeit befolgt – sie als ebenbürtig zu behandeln. Ich hatte versucht, sie nicht als Fall zu betrachten, sie nicht zu bemitleiden oder irgend etwas zu tun, was zwischen uns eine Kluft der Ungleichheit hätte entstehen lassen. Ich befolgte diese Maxime, so gut ich konnte, und es tat mir gut, jetzt zu hören, daß dieser Weg richtig gewesen war.

Das Konstrukt der psychotherapeutischen «Behandlung» steckt voller innerer Widersprüche. Wenn eine Person, der Therapeut, eine andere, den Patienten, «behandelt», ist von vorneherein klar, daß die beiden Personen, die ein therapeutisches Bündnis eingegangen sind, keine ebenbürtigen Partner, keine wirklichen Verbündeten sind; einer leidet und ist häufig zudem verwirrt, während der andere seine beruflichen Fähigkeiten einsetzen soll, um die hinter diesem Leiden und dieser Verwirrung liegenden Probleme zu erkennen und objektiv zu untersuchen. Außerdem bezahlt der Patient den, der behandelt. Schon das Wort *behandeln* impliziert eine Ungleichheit. Jemanden als ebenbürtig zu «behandeln» impliziert eine Ungleichheit, die der Therapeut überwinden oder verbergen muß, indem er sich so verhält, als ob der andere tatsächlich ebenbürtig sei.

Ich mußte mich also fragen, ob ich Marge (und mir) nicht nur vorspielte, daß wir uns auf gleicher Ebene befanden. Vielleicht ist es richtiger zu sagen, daß es in der Therapie darum geht, den Patienten als Erwachsenen zu behandeln. Das mag scholastische Haarspalterei sein, und doch passierte in Marges Therapie etwas, das mich zwang, sehr genau zu überlegen, wie die Beziehung zu Marge – und damit auch zu allen späteren Patienten – aussehen sollte.

Etwa drei Wochen später, drei Wochen, nachdem ich die Bedeutung des therapeutischen Akts entdeckt hatte, geschah etwas Außergewöhnliches. Marge und ich waren mitten in einer ganz normalen Sitzung. Sie hatte eine schreckliche Woche hinter sich und berichtete. Sie schien phlegmatisch, ihr Rock war völlig zerknittert, ihr Haar ungekämmt, und ihr Gesicht wirkte müde und deprimiert.

Mitten in ihrem Klagelied schloß sie plötzlich die Augen – an sich nichts Ungewöhnliches, denn sie versetzte sich während der Sitzungen häufig in einen hypnotischen Zustand. Ich hatte diesen Köder schon immer verweigert – ich wollte mich nicht auf diesen hypnotischen Zustand einlassen –, und sie immer wieder zurückgerufen. Ich sagte gerade: «Marge» und wollte schon fortfahren mit: «Würden Sie bitte zurückkommen!», als ich eine seltsame, kräftige Stimme hörte: «Sie kennen mich nicht.»

Sie hatte recht. Ich kannte die Person, deren Stimme ich hörte, nicht. Die Stimme war so anders, so kraftvoll, so selbstbewußt, daß ich einen Augenblick glaubte, es sei jemand in meine Praxis gekommen.

«Wer sind Sie?» fragte ich.

«Ich bin ich! Ich!» Und dann sprang die verwandelte Marge auf und begann in meiner Praxis herumzuspazieren, meine Bücherregale zu mustern, Bilder gerade zu hängen, meine Möbel zu inspizieren. War es Marge, oder war sie es nicht? Alles außer ihrer Kleidung war anders – ihre Körperhaltung, ihr Gesicht, ihr Auftreten, ihr Gang.

Diese neue Marge war lebhaft und unverschämt verführerisch, aber auf reizvolle Weise. Die fremde, volle Altstimme sagte: «Wenn Sie ein jüdischer Intellektueller sein wollen, könnten Sie Ihre Praxis mal entsprechend einrichten. Die Sofadecke können Sie der Caritas vermachen – wenn die sie überhaupt nimmt –, und der Wandbehang macht's auch nicht mehr lange – Gott sei Dank! Und diese Fotos von der kalifornischen Küste, die hängen wirklich in jeder Psychiaterpraxis.»

Sie war spritzig, selbstbewußt und sehr sexy. Welche Erleichterung, einmal nicht Marges monotone Stimme und das ewige Gejammere hören zu müssen. Aber langsam fühlte ich mich doch unbehaglich; mir gefiel diese Frau zu gut. Ich dachte an die Legende von der Lorelei, denn obwohl ich wußte, daß es gefährlich war zu verweilen, konnte ich mich nicht von ihr losreißen.

«Warum sind Sie gekommen?» fragte ich. «Warum gerade heute?»

«Um meinen Sieg zu feiern. Ich habe nämlich gewonnen, wissen Sie.»

«Was gewonnen?»

«Hören Sie auf, mich für dumm zu verkaufen. Ich bin nicht sie. Nicht alles, was Sie sagen, ist wuuuuuunderbar. Sie glauben, daß Sie Marge helfen könnten!» Ihr Gesicht war voller Leben, und sie begleitete ihre Worte mit dem breiten Grinsen des Schurken in viktorianischen Melodramen.

Sie fuhr fort in ihrer spöttischen, boshaften Art: «Und wenn Sie sie dreißig Jahre lang therapieren würden, würde ich am Ende immer noch gewinnen. Ich kann die Arbeit eines ganzen Jahres in einem Tag zunichte machen. Wenn ich wollte, könnte ich sie vom Bordstein in einen fahrenden Lastwagen rennen lassen.»

«Aber warum? Was bringt Ihnen das? Wenn sie verliert, verlieren Sie auch.» Vielleicht ließ ich mich länger auf sie ein, als gut war. Es war falsch, mit ihr über Marge zu sprechen. Es war unfair Marge gegenüber. Aber diese Frau hatte eine starke, fast unwiderstehliche Ausstrahlung. Für einen kurzen Augenblick überkam mich ein gespenstisches Unbehagen, als ob ich durch einen Riß im Gefüge der Realität auf etwas Verbotenes blickte, auf die rohen Bestandteile, die Klüfte und Furchen, die embryonalen Zellen und Blasenkeime, auf all das, was in der natürlichen Ordnung der Dinge, hinter der fertigen menschlichen Kreatur verborgen liegt und nicht für das Auge bestimmt ist. Ich konnte mich nicht von ihr losreißen.

«Marge ist ein widerliches Geschöpf, das wissen Sie so gut wie ich. Wie halten Sie es bloß mit ihr aus? Sie ist widerlich! Widerlich!» Und dann bot sie mir ein Meisterstück der Schauspielkunst, indem sie Marge imitierte. Alle Grimassen, alle Vorkommnisse liefen in chronologischer Reihenfolge vor mir ab. Ich erlebte die schüchterne Marge bei unserer ersten Begegnung. Die Marge, die zusammengekauert in einer Ecke meiner Praxis saß. Und die, die mich mit großen, entsetzten Augen anflehte, sie nicht fallenzulassen. Und da war die Marge, die sich mit geschlossenen Augen in Hypnose versetzte und hinter deren zuckenden Lidern heftige REM-Aktivitäten im Gange waren. Und nun jenes fürchterliche, von spastischen Zuckungen entstellte Quasimodo-Gesicht, dessen Mund kaum ein Wort herausbrachte. Und jetzt verkroch sie sich hinter ihren Sessel, wie es Marge zu tun pflegte, wenn sie Angst hatte. Und dann jammerte sie melodramatisch und spöttisch über stechende Schmerzen in Brust und Bauch. Dann machte sie sich über Marges Stottern und einige ihrer beliebtesten Kommentare lustig. «Ich bin soooooooo f-f-f-froh, daß ich Sie als Psychiater habe!» Auf Knien: «M-m-m-ö-ö-ö-gen Sie mich, D-D-D-Doktor Yalom? V-v-v-erlassen Sie m-m-m-mich nicht, ich w-w-würde zugrunde gehen, wenn ich Sie nicht hätte.»

Die Vorstellung war wahrlich außergewöhnlich: als ob eine Schauspielerin, die an einem Abend mehrere Rollen gespielt hat, nach dem Fallen des Vorhangs an die Rampe tritt und das Publikum erheitert, indem sie noch einmal kurz, vielleicht nur für ein paar Sekunden, in jede einzelne Rolle hineinschlüpft. (Ich vergaß einen Augenblick, daß in diesem Theater die Schauspielerin nicht wirklich die Schauspielerin war, sondern nur eine der Rollen. Die wirkliche Schauspielerin, das verantwortliche Bewußtsein, blieb in den Kulissen verborgen.)

Es war eine virtuose Vorstellung. Aber auch eine unglaublich grausame. Ihre Augen glühten, als sie fortfuhr, Marge in den Schmutz zu ziehen, die, wie sie sagte, unheilbar krank, hoffnungslos, erbärmlich sei. Marge, sagte sie, solle ihre Autobiographie schreiben und ihr den Titel (hier begann sie zu kichern) «Zum Klageweib geboren» geben.

«Zum Klageweib geboren». Ich konnte mir ein Lächeln nicht verkneifen.

Diese *Belle Dame sans Merci* war eine eindrucksvolle Frau. Ich hatte das Gefühl, Marge gegenüber unloyal zu sein, weil ich ihre Rivalin so attraktiv fand und meine Freude hatte an der Art, wie sie Marge persiflierte.

Plötzlich – presto! – war alles vorbei. «Die Andere» schloß für eine oder zwei Minuten die Augen, und als sie sie wieder öffnete, hatte sie sich aufgelöst und einer weinenden, verschreckten Marge Platz gemacht. Marge legte den Kopf auf die Knie, atmete tief durch und gewann allmählich ihre Fassung wieder. Sie seufzte noch eine Weile und begann schließlich über das, was passiert war, zu sprechen. Sie erinnerte sich sehr gut an alles. Sie hatte noch nie eine solche Spaltung erlebt – o doch, einmal war sie eine gewisse Ruth Anne gewesen –, aber die Frau von heute war noch nie aufgetaucht.

Ich stand ratlos vor dem Geschehen. Meine oberste Maxime – «Behandle Marge von gleich zu gleich» – reichte nicht mehr aus. Welche Marge? Die wimmernde Marge, die vor mir saß, oder die verführerische, unbekümmerte Marge? Mir schien es wichtig, zu der ursprünglichen Beziehung zwischen mir und meiner Patientin – und die hieß Marge – zurückzukehren. Wenn ich diese Beziehung aufs Spiel setzte, wäre jede Hoffnung auf eine erfolgreiche Therapie vergebens. Es galt, meine oberste Maxime – «Behandle den Patienten wie einen Ebenbürtigen» – in die Maxime – «Bleib deinem Patienten treu» – abzuwandeln. Ich durfte auf keinen Fall der Versuchung durch jene andere Marge erliegen.

Ein Patient kann die Untreue des Therapeuten nur außerhalb der eigenen Stunde tolerieren. Obwohl jeder Patient weiß, daß es zwischen ihm und dem Therapeuten keine exklusive Beziehung gibt, daß der nächste Patient schon auf das Ende der Stunde wartet, gibt es zwischen Therapeut und Patient häufig ein stillschweigendes Einverständnis, diese Tatsache während der Therapie zu ignorieren. Therapeut und Patient werden zu Komplizen, die so tun, als ob es zwischen ihnen eine monogame Beziehung gäbe. Dabei hoffen beide insgeheim, daß sich die Patienten, die die Praxis verlassen, und die, die hereinkommen, nicht begegnen. Zu diesem Zweck haben einige Therapeuten in ihrer Praxis sogar Ein- und Ausgang getrennt.

Doch *während* der Stunde hat der Patient ein Recht auf Treue. Meine stillschweigende Übereinkunft mit Marge (wie mit all meinen Patienten) implizierte, daß ich mich in der Zeit, die ich mit ihr verbrachte, nur ihr widmete, und zwar uneingeschränkt und aus vollem Herzen. Marge machte eine weitere Dimension dieser Übereinkunft deutlich: daß ich ihrem eigentlichen Selbst treu bleiben mußte. Ihr Vater hatte, als er sie mißbrauchte, dieses ganzheitliche Selbst negiert und damit zur Entwicklung eines falschen, sexuellen Selbst beigetragen. Diesen Fehler durfte ich nicht auch machen.

Es war nicht leicht. Um ehrlich zu sein, ich wollte die andere Marge wiedersehen. Obwohl ich nicht einmal eine Stunde mit ihr zusammen war, hatte sie mich verzaubert. Vor dem grauen Hintergrund zahlloser Stunden, die ich mit Marge verbracht hatte, erschien dieses faszinierende Phantom in strahlendem Glanz. Solche Erscheinungen begegnen einem nicht alle Tage.

Ich kannte ihren Namen nicht, und sie hatte nur einen beschränkten Handlungsspielraum, aber wir wußten beide, wie wir einander finden konnten. In der nächsten Stunde versuchte sie mehrmals, wieder zu mir zu kommen. Ich sah, wie Marges Augenlider zu flattern begannen und sich dann schlossen. Noch ein oder zwei Minuten, und wir wären wieder zusammen gewesen. Ich kam mir albern vor in meiner Erregung. Sanfte Erinnerungen an längst vergangene Zeiten tauchten auf. Ich dachte daran, wie ich damals auf einem palmenumsäumten karibischen Flughafen auf meine Geliebte wartete.

Diese Frau, diese Andere, sie verstand mich. Sie wußte, daß ich genug hatte, genug von der wimmernden, stotternden Marge, genug von ihren Panikanfällen, genug davon, daß sie sich in Ecken oder unter Tischen verkroch, und genug von der dünnen Kinderstimme. Sie wußte, daß ich eine richtige Frau haben wollte. Sie wußte, daß ich nur vorgab, Marge als ebenbürtig zu behandeln. Sie wußte, daß wir nicht ebenbürtig waren. Wie konnten wir auch, wenn Marge sich so verrückt verhielt, und ich sie noch darin unterstützte, indem ich ihre Verrücktheit tolerierte?

Die theatralische Darbietung, in der die Andere all diese Verhaltensweisen wiedergegeben hatte, überzeugte mich, daß sowohl sie als auch ich (und *nur* sie und ich) verstanden, was ich mit Marge durchgemacht hatte. Sie war die brillante, schöne Regisseurin, die diesen Film gedreht hatte. Obwohl ich einen nüchternen Artikel über Marge verfassen und meinen Kollegen über den Verlauf der Therapie berichten könnte, wäre ich nie in der Lage, die Essenz dieser gemeinsamen Erfahrung mit ihr zu vermitteln. Sie ließ sich nicht vermitteln. Aber die Andere verstand. Wenn sie all diese Rollen spielen konnte, mußte sie die treibende Kraft sein, die sich dahinter verbarg. Wir teilten eine Erfahrung, die jenseits von Worten lag.

Doch was war mit der Treue? Treue! Ich hatte mich Marge versprochen. Wenn ich mit der Anderen paktierte, wäre das für Marge katastrophal: Sie würde zu einem Lückenbüßer, einer austauschbaren Randfigur. Und das war natürlich genau das, was die Andere wollte. Die Andere war eine Lorelei, schön und faszinierend, aber auch todbringend – denn sie verkörperte Marges ganze Wut, ihren ganzen Selbsthaß.

Ich blieb also treu, und wenn ich spürte, daß die Andere sich näherte – zum Beispiel, wenn Marge die Augen schloß und sich in Trance versetzte –, weckte ich sie schnell auf, indem ich «Marge, kommen Sie zurück!» rief.

Nachdem dies ein paarmal passiert war, wurde mir bewußt, daß mir die letzte Prüfung noch bevorstand: Die Andere sammelte unaufhaltsam neue Kräfte und versuchte verzweifelt, zu mir zurückzukehren. Der Augenblick der Entscheidung war gekommen, und ich beschloß, zu Marge zu halten. Ich würde ihr die Rivalin opfern, ihr die Federn rupfen, sie zerreißen und sie Stück für Stück an Marge verfüttern. Die Fütterungstechnik bestand in der dauernden Wiederholung der Standardfrage: «Marge, was würde *sie* sagen, wenn sie hier wäre?»

Einige von Marges Antworten waren überraschend, andere kannte ich. Als ich eines Tages sah, wie sie schüchtern die Einrichtung meiner Praxis musterte, sagte ich: «Nur zu, Marge, sprechen Sie. Sprechen Sie an ihrer Stelle.»

Marge atmete tief durch und hob ihre Stimme. «Wenn Sie ein jüdischer Intellektueller sein wollen, warum richten Sie dann Ihre Praxis nicht entsprechend ein?»

Marge sagte das, als ob ihr es zum erstenmal einfiel. Sie erinnerte sich offenbar nicht an *alles*, was die Andere gesagt hatte. Ich mußte lächeln: Ich freute mich, daß die Andere und ich ein Geheimnis miteinander hatten.

«Ich bin für jeden Vorschlag dankbar, Marge.»

Und zu meiner Überraschung kamen einige gute Anregungen. «Sie sollten Ihren chaotischen Schreibtisch vom Rest des Raums durch hängende Pflanzen oder Stellwände abtrennen. Besorgen Sie sich einen dunkelbraunen Rahmen für dieses Strandfoto – wenn Sie schon nicht darauf verzichten wollen –, und vor allem muß dieser schäbige Wandbehang raus. Der ist so unruhig, daß ich jedesmal Kopfschmerzen kriege, wenn ich hinsehe. Ich habe ihn immer benutzt, um mich in Trance zu versetzen.»

«Keine schlechten Vorschläge, Marge, nur mit dem Wandbehang gehen Sie zu hart ins Gericht. Das ist ein ganz alter Freund. Ich habe ihn vor dreißig Jahren aus Samoa mitgebracht.»

«Alte Freunde fühlen sich möglicherweise in Ihrer Wohnung viel wohler als hier in der Praxis.»

Ich starrte sie an. Sie war unglaublich schlagfertig. Sprach ich wirklich mit Marge?

Da ich hoffte, daß sich die beiden Marges verbünden oder miteinander verschmelzen würden, mußte ich mich beiden gegenüber positiv verhalten. Wenn ich gegen die Andere in irgendeiner Weise opponierte, würde sie sich sofort an Marge rächen. So sagte ich zum Beispiel zu Marge (ich nahm an, daß die Andere alles hörte), wie sehr mir die Unbeschwertheit, die Vitalität und die Frechheit der anderen Marge gefielen.

Aber ich steuerte einen schwierigen Kurs. War ich zu ehrlich, würde Marge merken, wie sehr ich die andere Marge bevorzugte. Wahrscheinlich hatte die Andere das Marge schon spüren lassen, aber es gab keinen Anhaltspunkt dafür. Ich war sicher, daß die andere Marge in mich verliebt war. Vielleicht würde sie sich mir zuliebe ändern. Sie wußte bestimmt, daß mich ihr destruktives Verhalten nur abschrecken würde.

Hier tat sich ein therapeutisches Vorgehen auf, über das uns während der Ausbildung niemand etwas erzählt hatte: Man lasse sich auf eine Romanze mit der schlimmsten Widersacherin der Patientin ein, und wenn man sicher ist, daß die Widersacherin sich in einen verliebt hat, benutze man diese Liebe, um ihre Attacken gegen die Patientin zu neutralisieren.

In den nächsten Monaten blieb ich Marge weiterhin treu. Manchmal versuchte sie, mir von jener Ruth Anne, in die sie auch schon hineingeschlüpft war, zu erzählen oder sich durch Selbsthypnose in ein früheres Alter zurückzuversetzen, aber ich widerstand allen Verlockungen. Ich war fest entschlossen, bei Marge zu bleiben, und rief sie sofort zurück, wenn sie versuchte, sich mir zu entziehen, indem sie in ein anderes Alter oder in eine andere Rolle wechselte.

Am Anfang meiner Laufbahn war ich naiv genug zu glauben, daß die Vergangenheit eines Menschen etwas ein für allemal Feststehendes sei, das man sich durch Fragen aneignen könne; daß ich mit dem entsprechenden Scharfblick entdecken könnte, wo es zu ersten Fehlentwicklungen gekommen war, wo der verhängnisvolle Weg begann, der zu einem gescheiterten Leben führte. Damals hätte ich ihre Selbsthypnose und ihre Regression gefördert, hätte sie veranlaßt, frühe traumatische Erlebnisse zu erforschen – zum Beispiel den sexuellen Mißbrauch durch ihren Vater –, und sie gedrängt, alle damit verbundenen Gefühle – die Angst, die Erregung, die Wut, die Erniedrigung – noch einmal zu durchleben.

Aber mit den Jahren habe ich gelernt, daß die Aufgabe des Therapeuten nicht darin bestehen kann, den Patienten zu gemeinsamen archäologischen Ausgrabungen zu motivieren. Wenn es jemals Patienten gab, denen auf diese Weise geholfen wurde, dann nicht, weil man jenen falschen Weg gesucht und gefunden hat (ein Leben scheitert nicht deshalb, weil es hier und da Fehlentwicklungen gegeben hat; es scheitert, weil die Grundrichtung falsch ist). Nein, ein Therapeut hilft seinem Patienten nicht, indem er in dessen Vergangenheit herumstöbert, sondern indem er am Hier und Jetzt dieses Menschen Anteil nimmt, sein Vertrauen gewinnt und ihm echtes Interesse entgegenbringt; und indem er darauf vertraut, daß der Patient durch die gemeinsame Arbeit schließlich erlöst und geheilt wird. Das Drama der Regression und der Rekapitulation des Inzests (und eigentlich jede in der Therapie verfolgte kathartische oder intellektuelle Zielsetzung) hat nur deshalb eine heilsame Wirkung, weil sie Therapeuten und Patienten eine interessante gemeinsame Beschäftigung ermöglicht, während die eigentliche therapeutische Kraft – die Beziehung – erst heranreift.

So konzentrierte ich mich auf das Hier und Jetzt und hielt Marge die Treue. Nach wie vor versuchten wir, die andere Marge zu integrieren. Immer wieder dachte ich laut nach: «Was hätte sie in dieser Situation gesagt? Wie hätte sie sich angezogen oder sich bewegt? Versetzen Sie sich einmal für eine oder zwei Minuten in ihre Lage, Marge.»

So vergingen die Monate, und Marge wurde rundlich auf Kosten der anderen Marge. Ihr Gesicht wurde voller, ihre Brüste üppiger. Sie sah besser aus und kleidete sich besser; sie saß aufrecht; sie trug Strümpfe mit Mustern; sie ließ sich über meine abgenutzten Schuhe aus.

Manchmal kam mir unsere Arbeit wie der reinste Kannibalismus vor. Es war, als ob wir die andere Marge als Spenderin für eine psychologische Organbank benutzten. Wann immer die Empfängerin für eine Transplantation bereit war, lieferte ihr die andere Marge die entsprechenden Teile. Marge begann mich als gleichwertig zu behandeln, sie stellte mir Fragen und kokettierte ein wenig. «Wie werden Sie ohne mich zurechtkommen, wenn die Therapie vorbei ist? Ich bin sicher, daß Sie meine mitternächtlichen Anrufe vermissen werden.»

Zum erstenmal stellte sie mir persönliche Fragen. «Wie sind Sie eigentlich zur Psychotherapie gekommen? Haben Sie es je bereut? Langweilen Sie sich manchmal? Zum Beispiel mit mir? Wie kommen Sie mit *Ihren* Problemen zurecht?» Da Marge sich meinen Rat zu Herzen genommen und sich die Kühnheit der anderen Marge zu eigen gemacht hatte, war es wichtig, allen Fragen gegenüber offen zu sein und sie ernst zu nehmen. Ich beantwortete jede so ausführlich und ehrlich wie möglich. Meine Antworten rührten sie, und Marge wurde im Gespräch mit mir mutiger und gleichzeitig sanfter.

Und die andere Marge? Ich fragte mich, was von ihr jetzt noch übrig war. Ein Paar Schuhe mit Pfennigabsätzen? Ein verführerischer, frecher Blick, den Marge noch nicht zu übernehmen gewagt hatte? Ein gespenstisches, katzenhaftes Lächeln? Wo war die brillante Schauspielerin, die Marges Rolle spielte? Sie war sicher verschwunden: Diese Schauspielerei hatte viel Kraft gekostet, und mittlerweile hatten Marge und ich ihr allen Lebenssaft ausgesaugt. Obwohl viele Monate seit dem ersten Auftreten der anderen Marge vergangen waren, und obwohl Marge und ich schließlich aufhörten, über sie zu sprechen, habe ich sie nie vergessen: Sie taucht immer wieder unvermutet in meinen Gedanken auf.

Vor dem Beginn der Therapie hatte ich Marge mitgeteilt, daß unsere Zeit auf achtzehn Monate begrenzt sein würde, weil ich danach zwei Urlaubssemester hatte. Jetzt war die Zeit vorbei, und unsere Arbeit ging zu Ende. Marge hatte sich verändert. Ihre panischen Anfälle traten nur noch selten auf; die mitternächtlichen Anrufe gehörten der Vergangenheit an; sie hatte begonnen, sich ein soziales Leben aufzubauen, und zwei enge Freundschaften geschlossen. Sie war immer eine begabte Fotografin gewesen und hatte jetzt, zum erstenmal seit Jahren, wieder ihre Kamera in die Hand genommen und voller Begeisterung ihre kreative Arbeit fortgesetzt.

Ich war zufrieden mit dem Ergebnis unserer Arbeit, gab mich aber weder der Illusion hin zu glauben, daß sie keine therapeutische Hilfe mehr benötigte, noch war ich überrascht, daß ihre alten Symptome wieder auftauchten, als wir uns der letzten Sitzung näherten. Sie blieb ganze Wochenenden im Bett; sie weinte viel; sie hegte plötzlich wieder Selbstmordgedanken. Kurz nach unserer letzten Stunde bekam ich von ihr einen traurigen Brief, der unter anderem folgende Zeilen enthielt:

«Ich habe mir immer vorgestellt, daß Sie irgendwann etwas über mich schreiben würden. Ich wollte eine Spur in Ihrem Leben hinterlassen. Ich wollte etwas Besonderes sein. Ich will irgend etwas darstellen, egal was. Ich fühle mich wie ein Nichts, wie ein Niemand. Wenn ich eine Spur in Ihrem Leben hinterlassen würde, dann wäre ich jemand – jemand, den Sie nicht vergessen würden. Dann würde ich wirklich existieren.»

Marge, Sie dürfen nicht glauben, daß ich eine Geschichte über Sie geschrieben habe, damit Sie existieren können. Sie existieren, auch ohne daß ich an Sie denke oder über Sie schreibe, genauso wie ich existiere, wenn Sie nicht an mich denken.

Und doch geht es in dieser Geschichte um eine Existenz – aber sie wurde für die andere Marge geschrieben, für die, die jetzt nicht mehr existiert. Ich war bereit, ihr Henker zu sein, bereit, sie für Sie zu opfern. Aber ich habe sie nicht vergessen: Sie rächte sich, indem sie ihr Bild in meine Erinnerung einbrannte.

Auf der Suche nach dem Träumer

«Alle Probleme haben ihre Wurzel in der Sexualität. Das ist es doch, was ihr Jungs immer sagt, oder? Also in meinem Fall könntet ihr wirklich recht haben. Sehen Sie sich das hier an. Da gibt es ein paar interessante Verbindungen zwischen meiner Migräne und meinem Sexualleben.»

Marvin zog eine dicke Papierrolle aus seiner Aktentasche, bat mich das eine Ende zu halten und entrollte eine etwa einen Meter lange graphische Darstellung, die genaue Auskunft über seine Migräneanfälle und sein Sexualleben während der letzten vier Monate gab. Ein Blick offenbarte die ganze Komplexität des Diagramms. Jeder seiner Migräneanfälle, ihre Intensität, Dauer und Behandlung war in Blau eingezeichnet. Jeder Geschlechtsverkehr in Rot, wobei eine Fünf-Punkte-Skala Marvins sexuelle Leistung widerspiegelte: vorzeitige Ejakulation wie Impotenz waren extra gekennzeichnet – mit einer Unterscheidung zwischen nicht anhaltender und völlig ausbleibender Erektion.

Es war zuviel, um alles mit einem Blick zu erfassen. «Ein schönes Stück Arbeit», sagte ich. «Da haben Sie bestimmt tagelang dran gesessen.»

«Hat mir Spaß gemacht. Da hab' ich ein Händchen für. Die meisten Leute können sich gar nicht vorstellen, daß wir Steuerberater auch zeichnerisches Talent haben, weil wir das in unserer Arbeit leider nie nutzen. Hier, sehen Sie sich den Monat Juli an: vier Migräneanfälle und jedesmal nach sexuellem Versagen oder schwachen sexuellen Leistungen.»

Ich beobachtete, wie Marvin mit dem Finger über die Migräne- und Impotenzkurve fuhr. Er hatte recht: Der Zusammenhang schien eindeutig zu sein, aber ich wurde zunehmend gereizt. Mein Zeitplan war bereits jetzt durcheinandergeraten. Wir hatten gerade mit der ersten Sitzung begonnen, und es gab eine Menge Dinge, die ich wissen wollte, bevor ich bereit wäre, mir Marvins Diagramm anzusehen. Aber er drängte es mir mit einer solchen Beharrlichkeit auf, daß mir nichts anderes übrigblieb als zuzusehen, wie er mit seinen Wurstfingern auf die Liebesausfälle im Monat Juli deutete.

Marvin war vor sechs Monaten, im Alter von vierundsechzig Jahren, zum erstenmal in seinem Leben von einer schweren Migräne heimgesucht worden. Er hatte darauf einen Neurologen konsultiert, der ihm nicht helfen konnte und ihn dann an mich überwies.

Ich hatte Marvin vor wenigen Minuten zum erstenmal gesehen, als ich ins Wartezimmer ging, um ihn hereinzubitten. Er saß geduldig auf seinem Stuhl – ein kleiner, rundlicher Mann mit kahlem, glänzendem Schädel und Eulenaugen, die mich unbeweglich durch eine große, funkelnde Nickelbrille anstarrten.

Ich sollte bald erfahren, daß Marvin ein besonderes Interesse an Brillen hatte. Nachdem wir uns begrüßt hatten, machte er mir schon auf dem Weg ins Behandlungszimmer Komplimente wegen meiner Brille und fragte mich nach der Marke. Ich glaube, ich fiel zum erstenmal in Ungnade, als ich gestand, daß ich den Namen des Herstellers nicht kannte. Noch peinlicher wurde das Ganze, als ich die Brille abnahm, um zu sehen, ob irgendwo der Name des Fabrikats stand, um dann festzustellen, daß ich ohne Brille nichts sehen konnte. Da ich meine zweite Brille zu Hause hatte, konnte ich Marvin diese triviale Auskunft nicht geben, und hielt ihm deshalb meine Brille hin mit der Aufforderung, selbst nachzusehen, um welche Marke es sich handelte. Dummerweise war auch er kurzsichtig, und so ging noch mehr kostbare Zeit verloren, bis er seine Lesebrille gefunden und aufgesetzt hatte.

Und jetzt, wenige Minuten später, sah ich mich mit Marvins sorgfältig ausgearbeitetem, rot-blauem Diagramm konfrontiert, ohne daß ich ihm die üblichen einleitenden Fragen hätte stellen können. Nein, das war kein guter Start. Hinzu kam noch, daß ich gerade aus einer hochinteressanten, aber sehr anstrengenden Sitzung mit einer älteren, verzweifelten Witwe kam, der man kurz zuvor die Handtasche gestohlen hatte. Ein Teil meiner Gedanken war noch bei ihr, und es fiel mir nicht leicht, mich auf Marvin zu konzentrieren.

Da ich von dem Neurologen nur eine kurze Notiz zur Überweisung erhalten hatte, wußte ich praktisch nichts über Marvin und begann die Stunde, nachdem wir das Eröffnungsritual in Sachen Brille hinter uns gebracht hatten, mit der Frage: «Wo tut's weh?» Das war der Augenblick, wo er mit seinem «Ihr Jungs sagt doch immer, daß alle Probleme ihre Wurzel in der Sexualität haben» einsetzte.

Ich rollte das Diagramm zusammen, sagte Marvin, daß ich es mir später genauer ansehen werde, und versuchte die Sitzung wieder unter Kontrolle zu bekommen, indem ich ihn bat, die Geschichte seiner Krankheit von Anfang an zu erzählen.

Er berichtete, daß er vor etwa sechs Monaten zum erstenmal in seinem Leben unter Kopfschmerzen gelitten hatte. Die Symptome waren die einer klassischen Migräne: Beeinträchtigung des Sehvermögens (durch Flimmern vor den Augen) und halbseitig auftretende, unerträgliche Kopfschmerzen, die ihn stundenlang außer Gefecht setzten und häufig Bettruhe in einem verdunkelten Raum erforderten.

«Und Sie sagen, daß alles darauf hindeutet, daß Ihre Migräneanfälle durch mangelnde sexuelle Leistung ausgelöst werden?»

«Vielleicht kommt Ihnen das etwas seltsam vor – bei einem Mann in meinem Alter und meiner Position –, aber die Tatsachen lassen sich nun mal nicht bestreiten. Das ist der Beweis!» Er zeigte auf das aufgerollte Diagramm, das jetzt unberührt auf meinem Schreibtisch lag.

«In den letzten vier Monaten folgte auf jedes sexuelle Versagen innerhalb von vierundzwanzig Stunden ein Migräneanfall.»

Marvin wählte seine Worte mit Bedacht. Offenbar hatte er diese Sätze vorher einstudiert.

«Seit einem Jahr leide ich unter extremen Stimmungsschwankungen. Von einem Augenblick zum anderen habe ich das Gefühl, daß der Untergang der Welt bevorsteht. Aber ziehen Sie jetzt bitte keine vorschnellen Schlüsse.» Mit erhobenem Zeigefinger verlieh er seinen Worten Nachdruck. «Wenn ich sage, daß es mir gutgeht, meine ich *nicht*, daß ich manisch bin – das habe ich den Neurologen immer klarzumachen versucht, als sie mir wegen manisch-depressivem Irresein eine Lithiumbehandlung verordnen wollten. Alles, was sie erreichten, war, daß meine Nieren danach ruiniert waren. Ich verstehe schon, warum Ärzte andauernd verklagt werden. Haben *Sie* schon mal gehört, daß jemand mit vierundsechzig noch manisch-depressiv wird? Glauben *Sie*, daß es richtig war, mir Lithium zu geben?»

Seine Fragen beunruhigten mich. Sie brachten uns vom Thema ab, und ich wußte nicht, wie ich sie beantworten sollte. War es möglich, daß er seinen Neurologen verklagt hatte? Ich wollte damit nichts zu tun haben. Das war einfach zuviel auf einmal. Ich forderte ihn auf, beim Thema zu bleiben.

«Ich komme später gerne auf diese Fragen zurück, aber ich glaube, daß wir unsere Zeit heute am besten nutzen, wenn wir uns erst einmal Ihre Krankengeschichte bis zum Ende anhören.»

«Sie haben vollkommen recht! Bleiben wir bei der Sache. Also, wie ich schon sagte, habe ich diese extremen Stimmungsschwankungen. Mal geht es mir gut, mal bin ich ängstlich und depressiv – beides zusammen –, und die Kopfschmerzen treten *immer* in den depressiven Phasen auf. Aber erst seit sechs Monaten, vorher kannte ich solche Beschwerden überhaupt nicht.»

«Und der Zusammenhang zwischen Ihrem Sexualleben und den Depressionen?»

«Darauf wollte ich gerade kommen..»

Vorsicht, dachte ich. Meine Ungeduld bricht schon wieder durch. Es ist klar, daß er die Geschichte auf seine Weise erzählen will, nicht auf meine. Hör um Gottes willen auf, ihn zu drängeln!

«Also, so unglaublich das für Sie klingen mag, aber in den letzten zwölf Monaten waren meine Stimmungen völlig abhängig von meinem Sexualleben. Wenn es mit meiner Frau klappte, war die Welt in Ordnung. Wenn nicht, zack! Depressionen und Kopfschmerzen!»

«Erzählen Sie mir über Ihre Depressionen. Wie sehen die aus?»

«Wie ganz normale Depressionen. Mir geht's einfach dreckig.»

«Wie genau?»

«Ja, was soll ich sagen? Ich sehe alles schwarz.»

«Woran denken Sie, wenn Sie Depressionen haben?»

«An nichts. Das ist ja das Problem. Ist das nicht immer so bei Depressionen?»

«Manchen Leuten gehen bei Depressionen immer wieder dieselben Gedanken durch den Kopf.»

«Na ja, irgendwie quäle ich mich ständig selber.»
«Inwiefern?»
«Zuerst habe ich das Gefühl, das ich von nun an immer beim Sex versage, daß mein Leben als Mann endgültig vorbei ist. Wenn die Depressionen erst einmal da sind, habe ich mit Sicherheit innerhalb von vierundzwanzig Stunden einen Migräneanfall. Einige Ärzte haben gesagt, daß ich in einem Teufelskreis stecke. Warten Sie mal, wie war das gleich? Wenn ich Depressionen habe, werde ich impotent, und weil ich impotent bin, werden meine Depressionen noch stärker. Aber dieses Wissen hilft mir nicht, den Teufelskreis zu durchbrechen.»
«Was könnte Ihnen helfen?»
«Sie glauben wahrscheinlich, daß man das nach sechs Monaten langsam wissen müßte. Ich bin ein ziemlich guter Beobachter, war ich schon immer. Dafür werden gute Steuerberater schließlich bezahlt. Aber in dem Fall tappe ich völlig im dunkeln. Einmal klappt's dann im Bett, und die Welt ist wieder in Ordnung. Warum gerade an dem Tag und nicht an einem anderen? Ich habe nicht die leiseste Ahnung.»

Und so verging die Stunde. Marvins Schilderung war knapp und präzise, etwas schroff und voller Klischees, Fragen und Zitate anderer Ärzte. Er blieb erstaunlich sachlich. Obwohl er Einzelheiten aus seinem Sexualleben erwähnte, zeigte er weder Verlegenheit, Unsicherheit noch irgendwelche anderen tieferen Gefühle.

An einem Punkt versuchte ich seine aufgesetzte Jovialität zu durchbrechen.

«Marvin, es ist sicher nicht leicht für Sie, über so intime Aspekte Ihres Lebens mit einem Fremden zu reden. Sie erwähnten, daß Sie vorher noch nie mit einem Psychiater darüber gesprochen haben.»

«Das hat weniger damit zu tun, daß man über intime Dinge reden muß, sondern mehr mit der Psychiatrie selbst – ich glaube nämlich nicht an Psychiater.»

«Sie glauben nicht an die Existenz von Psychiatern?» Ein dummer Scherz, aber Marvin schien meine Ironie nicht zu bemerken.

«Nein, das ist es nicht. Ich habe einfach kein Vertrauen zu ihnen. Phyllis, meine Frau, übrigens auch nicht. Wir kannten einmal zwei Paare, die beide wegen ihrer Eheprobleme zum Psychiater gegangen sind, und am Ende landeten sie vor dem Scheidungsrichter. Sie können mir wohl kaum verdenken, daß ich da auf der Hut bin, oder?»

Am Ende der Stunde war ich noch nicht imstande, einen Behandlungsvorschlag zu machen, und vereinbarte deshalb einen weiteren Termin. Wir gaben uns zum Abschied die Hand, und als Marvin meine Praxis verließ, merkte ich, wie ich erleichtert war. Ich bedauerte, daß es kein endgültiger Abschied war.

Marvin war mir auf die Nerven gegangen. Aber warum? War es seine Oberflächlichkeit, seine Sticheleien, die penetrante Art, wie er mit dem Finger vor meiner Nase herumtanzte, sein plump vertrauliches «Ihr Jungs»? Waren es seine versteckten Anspielungen, daß er möglicherweise seinen Neurologen verklagen werde – und mich da reinziehen wollte? War es, weil er versucht hatte, die Kontrolle über die Stunde an sich zu reißen? Zuerst mit dieser dämlichen Geschichte um meine Brille und dann, als er mir gegen meinen Willen dieses Diagramm in die Hand drückte. Ich stellte mir vor, wie ich das Diagramm in Stücke riß und jeden Augenblick dieser Aktion genoß.

Aber so viele Aggressionen? Na gut, Marvin hatte mein Konzept durcheinandergebracht. Und wenn schon. Er war offen und erzählte mir, so gut er konnte, alles, was ihn bedrückte. Seiner Vorstellung von Psychiatrie entsprechend hatte er sich wirklich Mühe gegeben. Und sein Diagramm war schließlich auch nützlich. Wenn es meine Idee gewesen wäre, hätte ich mich bestimmt darüber gefreut. Vielleicht war das mehr mein Problem als seins. War ich so schwerfällig, so alt geworden? War ich so rigide und dogmatisch, daß ich wütend wurde und mit den Füßen stampfte, wenn die erste Stunde nicht genauso verlief, wie ich es mir gewünscht hätte?

Auf der Heimfahrt an diesem Abend dachte ich weiter über ihn nach, oder genauer, über die beiden Marvins – den Menschen Marvin und den Fall Marvin. Es war der Marvin aus Fleisch und Blut, den ich so irritierend und uninteressant fand. Der Fall Marvin dagegen war hochinteressant und außergewöhnlich: Zum erstenmal in seinem Leben reagiert ein bis dahin ausgeglichener, eher nüchterner, gesunder, vierundsechzigjähriger Mann, der einundvierzig Jahre immer mit derselben Frau geschlafen hat, plötzlich äußerst sensibel auf seine sexuelle Leistungsfähigkeit. Sein ganzes Wohlbefinden wird bald zum Sklaven seines sexuellen Funktionierens. Dieser Wandel ist *besorgniserregend* (seine Migräneanfälle setzen ihn vollkommen außer Gefecht); er kommt völlig *unerwartet* (er hatte früher nie besondere sexuelle Probleme); und er setzt *unvermittelt* ein (er trat vor genau sechs Monaten zum erstenmal auf).

Vor sechs Monaten! Da lag offenbar der Schlüssel, und ich begann in der zweiten Sitzung die Ereignisse in Augenschein zu nehmen. Welche Veränderungen hatte es damals in seinem Leben gegeben?

«Nichts von Bedeutung», sagte Marvin.

«Unmöglich», entgegnete ich und stellte ihm dieselbe Frage immer wieder auf verschiedene Weise. Schließlich erfuhr ich, daß er vor sechs Monaten den Entschluß gefaßt hatte, sich zur Ruhe zu setzen und seine Steuerberatungsfirma zu verkaufen. Es war nicht leicht, diese Information aus ihm herauszuholen, nicht etwa, weil er darüber nicht sprechen wollte, sondern weil er dem Ereignis kaum Bedeutung beimaß.

Ich war anderer Meinung. Lebenseinschnitte sind *immer* bedeutsam, und der Eintritt in den Ruhestand besonders. Es ist unvorstellbar, daß der Eintritt in den Ruhestand nicht zu einem intensiven Nachdenken über die Vergänglichkeit des Lebens und die Bedeutung der eigenen Lebensgestaltung führt. Für diejenigen, die nach innen schauen, ist der Ruhestand eine Zeit der Rückbesinnung, eine Zeit, in der es Bilanz zu ziehen gilt, eine Zeit, in der die Endlichkeit des Seins deutlicher als je zuvor ins Bewußtsein rückt.

Nicht so für Marvin.

«Probleme mit dem Ruhestand? Ich glaube, Sie machen Scherze. Ich habe nur darauf hingearbeitet, daß ich mich eines Tages endlich zur Ruhe setzen kann.»

«Und Sie glauben, daß es nichts gibt, was Sie an Ihrer Arbeit vermissen werden?»

«Nur die Kopfschmerzen. Und ich glaube, man kann sagen, daß es mir gelungen ist, die mitzunehmen, wenn ich an meine Migräne denke.» Marvin grinste, offenbar zufrieden, daß er über einen Scherz gestolpert war. «Nein, im Ernst, seit Jahren empfinde ich bei meiner Arbeit nur noch Überdruß und Langeweile. Was sollte ich da vermissen – die neuen Steuerformulare?»

«Gerade weil der Ruhestand ein so tiefer Einschnitt im Leben ist, bringt er manchmal wichtige Gefühle an die Oberfläche. Er erinnert uns daran, daß das Leben aus vielen Phasen besteht. Wie lange haben Sie gearbeitet? Fünfundvierzig Jahre? Und jetzt hören Sie plötzlich auf, ein neuer Abschnitt beginnt. Wenn ich mich zur Ruhe setze, wird mir das deutlicher als alles andere zum Bewußtsein bringen, daß das Leben einen Anfang und ein Ende hat, daß ich langsam von einem Punkt zum anderen gelangt bin und daß ich mich jetzt dem Ende nähere.»

«Bei meiner Arbeit hat sich alles ums Geld gedreht, Geld hieß das ganze Spiel. Für mich bedeutet ‹Ruhestand›, daß ich soviel Geld verdient habe, daß ich nicht mehr schuften muß. Warum sollte ich weiterarbeiten? Ich kann bequem von den Zinsen leben.»

«Aber Marvin, was *bedeutet* es für Sie, daß Sie nicht mehr arbeiten? Sie haben Ihr ganzes Leben gearbeitet. Sie müssen doch irgendeinen Sinn darin gesehen haben. Ich kann mir einfach nicht vorstellen, daß man so ohne weiteres von heute auf morgen seine Arbeit aufgibt.»

«Aber wieso nicht? Schauen Sie, ich brauche nur an einige meiner Partner zu denken: Die bringen sich um, nur um soviel Geld zusammenzuscheffeln, daß sie von den *Zinseszinsen* leben können. Das nenne ich verrückt – denen sollte man raten, zum Psychiater zu gehen.»

So redeten wir ständig aneinander vorbei. Immer wieder forderte ich Marvin auf, in sich hineinzuhorchen und sich wenigstens für einen Augenblick eine umfassende Sichtweise zu eigen zu machen, sich mit den Grundfragen der Existenz, mit seinen Gefühlen über die Endlichkeit des Lebens, über Alter und Verfall, mit seinen Todesängsten und der Frage nach dem Sinn des Lebens auseinanderzusetzen. Aber wir redeten weiter aneinander vorbei. Er ignorierte mich oder verstand nicht, was ich sagen wollte. Er schien an der Oberfläche der Dinge zu kleben.

Nachdem ich es leid war, allein diese kleinen Ausflüge ins Unbewußte zu unternehmen, beschloß ich, mich mehr an Marvins unmittelbare Probleme zu halten. Wir sprachen über Arbeit und Beruf. Ich erfuhr, daß seine Eltern und seine Lehrer ihn für ein mathematisches Wunderkind gehalten hatten; im Alter von acht Jahren hatte er an einer Vorentscheidung für eine Kinderquizsendung im Radio teilgenommen, war aber gescheitert. Er konnte die in ihn gesetzten Hoffnungen nie erfüllen.

Ich glaubte, ihn seufzen zu hören, als er das erzählte, und sagte:

«Das muß ein schwerer Schlag für Sie gewesen sein. Wie sind Sie darüber hinweggekommen?»

Er meinte, daß ich wahrscheinlich zu jung sei, um zu wissen, wie viele achtjährige Jungen sich damals vergeblich bemüht hatten, an dieser Quizsendung teilzunehmen.

«Gefühle folgen nicht immer rationalen Gesetzen. Sie tun es sogar höchst selten.»

«Wenn ich jedesmal, wenn ich verletzt wurde, meinen Gefühlen nachgegeben hätte, hätte ich es nie zu etwas gebracht.»

«Mir fällt auf, daß es Ihnen schwerfällt, über Verletzungen zu sprechen.»

«Aber ich war einer von Hunderten. Das war wirklich nichts Besonderes.»

«Und mir fällt auch auf, daß Sie mich jedesmal, wenn ich versuche, Ihnen näherzukommen, wissen lassen, daß Sie nichts brauchen.»

«Ich bin hier, weil ich Hilfe brauche. Ich werde all Ihre Fragen beantworten.»

Mir war klar, daß ein direkter Appell nichts nutzen würde. Marvin würde noch lange brauchen, bis er sich zu seiner Verletzbarkeit bekannte. Ich kehrte zurück zu den Fakten. Marvin wuchs als einziges Kind armer jüdischer Einwanderer der ersten Generation in New York auf. Er studierte an einem kleinen städtischen College Mathematik im Hauptfach und dachte nach dem ersten Examen eine Zeitlang daran, weiterzustudieren. Aber er wollte unbedingt heiraten – er war mit Phyllis seit seinem fünfzehnten Lebensjahr befreundet –, und da er kein Geld hatte, entschloß er sich, Lehrer an einer High School zu werden.

Nach sechs Jahren Trigonometrieunterricht hatte er das Gefühl, daß es so nicht weitergehen konnte. Er kam zu der Überzeugung, daß es im Leben nur ein Ziel geben könne, nämlich reich zu werden. Die Vorstellung, sich noch fünfunddreißig Jahre mit einem mageren Lehrergehalt zufriedengeben zu müssen, war unerträglich. Er war sicher, daß seine Entscheidung, Lehrer zu werden, ein schwerer Fehler gewesen war, und entschloß sich mit dreißig, ihn zu korrigieren. Nachdem er einen Schnellkurs in Steuerwesen absolviert hatte, verabschiedete er sich von seinen Schülern und Kollegen und ließ sich als Steuerberater nieder, eine Tätigkeit, die sich als äußerst lukrativ erwies. Kluge Investitionen in kalifornische Immobilien hatten ihn zu einem reichen Mann gemacht.

«Und das bringt uns dahin, wo Sie heute stehen, Marvin. Wie geht es jetzt weiter mit Ihrem Leben?»

«Na ja, wie ich schon sagte, es ist sinnlos, noch mehr Geld anzuhäufen. Ich habe keine Kinder» – hier wurde seine Stimme traurig –, «keine armen Verwandten und kein Bedürfnis, mein Geld für mildtätige Zwecke zu spenden.»

«Das klang ein bißchen traurig, als Sie sagten, daß Sie keine Kinder haben.»

«Das ist Vergangenheit. Damals war ich enttäuscht, aber das ist lange her, fünfunddreißig Jahre. Heute bin ich voller Pläne. Ich will reisen. Ich will mich um meine Sammlungen kümmern – vielleicht sind die ein Ersatz für Kinder –, um meine Briefmarken, meine Polit-Buttons, meine Baseball-Uniformen und meine *Reader's Digest*-Hefte.»

Dann wandten wir uns Marvins Beziehung zu seiner Frau zu, von der er behauptete, daß sie äußerst harmonisch sei. «Nach einundvierzig Jahren habe ich immer noch das Gefühl, daß Phyllis eine großartige Frau ist. Ich bin nicht gerne von zu Hause fort, nicht einmal für eine Nacht. Wenn ich sie am Ende des Tages sehe, wird mir warm ums Herz. In ihrer Gegenwart fällt der ganze Streß des Tages von mir ab. Sie ist so eine Art Valium für mich.»

Ihre sexuelle Beziehung, sagte Marvin, sei bis vor sechs Monaten immer ausgezeichnet gewesen: Trotz der einundvierzig Jahre schien sie nichts von ihrem Glanz und ihrer Leidenschaft verloren zu haben. Als Marvins Potenzprobleme begannen, hatte Phyllis zunächst großes Verständnis und viel Geduld gezeigt, war aber in den letzten Monaten zunehmend reizbar geworden. Erst vor wenigen Wochen hatte sie sich beschwert, daß sie es leid sei, «zum Narren gehalten» zu werden – das heißt, sexuell erregt zu werden, ohne zum Orgasmus zu kommen.

Marvin nahm Phyllis' Gefühle sehr ernst und war jedesmal zutiefst deprimiert, wenn er glaubte, sie nicht befriedigt zu haben. Dann brütete er tagelang vor sich hin, und es hing ausschließlich von Phyllis ab, ob er sein Gleichgewicht wiederfand oder nicht: Manchmal genügte die einfache Versicherung, daß sie ihn immer noch sehr männlich fand, aber meistens bedurfte es irgendeiner körperlichen Zuwendung. Sie seifte ihn beim Duschen ein, rasierte ihn, gab ihm Massagen, nahm seinen schlaffen Penis zärtlich in den Mund und behielt ihn dort so lange, bis er sich wieder regte.

Was mich in der ersten wie in der zweiten Sitzung mit Marvin erstaunte, war sein mangelndes Interesse an seiner eigenen Geschichte. War er denn gar nicht neugierig zu erfahren, warum sich sein Leben so dramatisch verändert hatte und warum seine Orientierung, sein Glück und sogar sein Lebenswille jetzt völlig davon abhingen, ob sein Penis steif blieb oder nicht?

Mittlerweile war es an der Zeit, mit Marvin über die weitere Behandlung zu sprechen. Meiner Ansicht nach eignete er sich nicht für eine tiefschürfende Therapie, die vor allem darauf abzielte, unbewußte Vorgänge aufzudecken. Es gab mehrere Gründe, die dagegen sprachen. Ich fand es schon immer schwierig, Patienten zu behandeln, die so wenig Neugier zeigten. Obwohl es möglich ist, diese Neugier im Verlauf der Therapie zu wecken, wäre ein solch subtiler und langwieriger Prozeß nicht im Sinne von Marvin gewesen, der sich eine kurze, wirkungsvolle Behandlung gewünscht hatte. Außerdem hatte er sich in den beiden Sitzungen jedesmal, wenn ich ihn dazu aufforderte, geweigert, seine Gefühle genauer zu erforschen. Er schien nicht zu verstehen, worum es ging, wir redeten aneinander vorbei, er hatte kein Interesse an der tieferen Bedeutung von Ereignissen. Er widerstand auch all meinen Versuchen, ihn persönlicher und direkter anzusprechen: zum Beispiel, als ich ihn fragte, wie er mit seiner Enttäuschung über den Mißerfolg bei dem Kinderquiz fertiggeworden sei, oder als ich ihn darauf hinwies, daß er sich ständig weigere, Hilfe von mir anzunehmen.

Ich wollte ihm gerade eine Verhaltenstherapie vorschlagen (eine Methode, die darin besteht, konkrete Verhaltensweisen zu ändern, vor allem im Bereich der Kommunikation und des Sexualverhaltens zwischen Ehepartnern), als Marvin beiläufig erwähnte, daß er in der vergangenen Woche mehrere Träume gehabt habe.

Ich hatte ihn schon in der ersten Stunde nach seinen Träumen gefragt; und wie viele andere Patienten antwortete er, daß er zwar jede Nacht träume, sich aber an keinen einzigen Traum erinnern könne. Ich hatte ihm vorgeschlagen, einen Notizblock neben sein Bett zu legen und die Träume aufzuschreiben, aber er schien so wenig nach innen zu hören, daß ich nicht glaubte, er würde meinem Rat folgen. So hatte ich ihn in der zweiten Sitzung erst gar nicht danach gefragt.

Jetzt nahm er seinen Notizblock und las mir eine Reihe von Träumen vor:

Phyllis machte sich Vorwürfe, weil sie mich schlecht behandelt hatte. Sie brach auf, um nach Hause zu gehen. Doch als ich dort ankam, war sie weg. Ich hatte Angst, daß ich sie in dieser großen, auf einem hohen Berg gelegenen Burg tot auffinden würde. Als nächstes versuchte ich durch ein Fenster in einen Raum zu gelangen, wo ich ihre Leiche vermutete. Ich stand auf einem hohen, engen Sims. Ich konnte nicht mehr weitergehen, konnte mich aber, weil der Sims so eng war, auch nicht mehr umdrehen und zurückkehren. Zuerst hatte ich Angst, daß ich in die Tiefe stürzen könnte, und dann, daß ich hinunterspringen und Selbstmord begehen würde.

Phyllis und ich zogen uns aus, um miteinander zu schlafen. Wentworth, einer meiner Partner, der zweihundertfünfzig Pfund wog, war ebenfalls im Zimmer. Seine Mutter war draußen. Wir mußten ihm die Augen verbinden, damit wir weitermachen konnten. Als ich das Zimmer verließ, wußte ich nicht, wie ich seiner Mutter erklären sollte, warum wir ihm die Augen verbunden hatten.

Im Empfangsraum meines Büros bauten Zigeuner ein Lager auf. Alle waren fürchterlich schmutzig – ihre Hände, ihre Kleider und ihre Tragesäcke. Ich hörte, wie die Männer verschwörerisch und bedrohlich miteinander flüsterten. Ich fragte mich, warum die Behörden ihnen erlaubten, an jedem x-beliebigen Ort ihr Lager aufzuschlagen.

Der Grund unter meinem Haus löste sich auf. Ich hatte einen riesigen Bohrer und wußte, daß ich bis auf fünfundsechzig Fuß Tiefe bohren mußte, um das Haus zu retten. Ich stieß auf eine harte Felsschicht und wurde von den Vibrationen wach.

Bemerkenswerte Träume! Woher kamen sie? War es tatsächlich Marvin, der sie geträumt hatte? Ich sah auf, fast mit der Erwartung, jemand anderen vor mir zu finden. Aber er saß immer noch da, starrte ausdruckslos durch seine funkelnde Nickelbrille und wartete geduldig auf meine nächste Frage.

Uns blieben nur noch wenige Minuten. Ich fragte Marvin, ob ihm zu irgendeinem Aspekt dieser Träume bestimmte Assoziationen einfielen. Er reagierte bloß mit einem Achselzucken. Die Träume waren für ihn ein Mysterium. Ich hatte ihn nach seinen Träumen gefragt, und er hatte sie mir geliefert. Aber das war's dann auch.

Ungeachtet der Träume empfahl ich ihm eine Partnertherapie mit etwa acht bis zwölf Sitzungen. Ich schlug mehrere Möglichkeiten vor: Ich konnte die beiden selbst therapieren; ich konnte sie an jemand anderen überweisen; oder ich konnte Phyllis für ein paar Sitzungen an eine Therapeutin überweisen und im Anschluß daran noch einige gemeinsame Sitzungen zu viert – Marvin, Phyllis, ihre Therapeutin und ich – durchführen.

Marvin hörte mir aufmerksam zu, aber sein Gesichtsausdruck war so erstarrt, daß ich nicht die geringste Ahnung hatte, was er dachte. Als ich ihn nach seiner Meinung fragte, wurde er ungewöhnlich förmlich und sagte: «Ich werde Ihre Vorschläge überdenken und Ihnen dann meine Entscheidung mitteilen.»

War er enttäuscht? Fühlte er sich zurückgewiesen? Ich war mir nicht sicher. Damals schien mir, daß mein Behandlungsvorschlag richtig war. Ich hielt eine kurze, kognitiv orientierte verhaltenstherapeutische Behandlung für das geeignetste Mittel gegen seine akuten Funktionsstörungen. Außerdem war ich überzeugt, daß ihn eine Einzeltherapie nicht weiterbringen würde. Alles sprach dagegen: Er leistete zuviel Widerstand; oder, wie man in der Zunft sagt, ihm fehlte es einfach an der «Empfänglichkeit für psychische Vorgänge».

Trotzdem bedauerte ich, daß ich die Gelegenheit, in tiefere Bereiche vorzustoßen, nicht wahrnehmen konnte: Die Dynamik seiner Situation faszinierte mich. Ich war sicher, daß mein erster Eindruck richtig war: daß der Gedanke an den bevorstehenden Ruhestand fundamentale Ängste vor Alter und Tod ausgelöst hatte und daß er versuchte, durch sexuelle Leistung mit diesen Ängsten fertig zu werden. Der Geschlechtsakt erlangte für ihn so große Bedeutung, daß er sich überforderte und schließlich sexuell versagte.

Ich glaubte, daß Marvin unrecht hatte, als er sagte, daß die Wurzeln seiner Probleme im sexuellen Bereich lägen; im Gegenteil, Sex war nur ein erfolgloser Versuch, Ängste zu kanalisieren, deren Ursachen viel tiefer lagen. Manchmal werden, wie Freud zeigte, sexuell motivierte Ängste auf ganz andere, höchst unterschiedliche Bereiche verschoben. Doch der umgekehrte Fall tritt wahrscheinlich genauso häufig ein: *Andere Ängste maskieren sich als sexuelle Ängste.* Der Traum von dem riesigen Bohrer hätte nicht eindeutiger sein können: Der Grund unter Marvins Füßen löste sich auf (ein anschauliches Bild für den Verlust der Fundamente seines Lebens), und er versuchte dagegen anzukämpfen, indem er mit seinem Penis fünfundsechzig Fuß (ein Symbol für seine fünfundsechzig Jahre) in die Erde bohrte!

Die anderen Träume machten deutlich, welche Brutalität sich hinter Marvins gefälliger Erscheinung verbarg: Tod, Mord, Selbstmord, Haß gegen Phyllis und die Angst vor widerlichen, bösen Phantomen, die aus ihm selbst hervorbrachen. Der Mann mit den verbundenen Augen in dem Zimmer, in dem er und Phyllis miteinander schlafen wollten, war besonders bezeichnend. Wenn man mit sexuellen Problemen zu tun hat, ist es immer wichtig zu fragen, ob beim Geschlechtsverkehr mehr als zwei Personen anwesend sind. Die Gegenwart von anderen – Phantomen von Eltern, Rivalen, anderen Liebhabern – stellt für den sexuellen Akt eine erhebliche Belastung dar.

Nein, eine Verhaltenstherapie war die geeignetste Methode. Die Tür zu dieser Unterwelt hielt man am besten geschlossen. Je mehr ich darüber nachdachte, desto glücklicher war ich, daß ich meine Neugier gezügelt und selbstlos und konsequent im Interesse des Patienten gehandelt hatte.

Aber Rationalität und Gewissenhaftigkeit in der Psychotherapie werden selten belohnt. Einige Tage später rief Marvin an und bat mich um einen weiteren Termin. Ich hatte erwartet, daß Phyllis ihn begleiten würde, aber er kam allein und sah bekümmert und abgespannt aus. Er verzichtete auf jegliches Eröffnungsritual und kam sofort zur Sache.

«Heute ist ein schlimmer Tag. Ich fühle mich miserabel. Aber zuerst möchte ich Ihnen sagen, daß ich Ihren Vorschlag von letzter Woche gut finde. Um ehrlich zu sein, ich hatte erwartet, daß Sie mir zu drei bis vier Sitzungen pro Woche für die nächsten drei bis vier Jahre raten würden. Man hatte mich gewarnt, daß ihr Psychiater das meistens macht, ganz gleich, um welches Problem es sich handelt. Nicht, daß ich das nicht verstehen könnte – schließlich macht ihr Jungs einen Job wie jeder andere und müßt sehen, daß was reinkommt.

Diese Partnertherapie, von der Sie sprachen, erscheint mir sehr sinnvoll. Phyllis und ich haben nämlich mehr Beziehungsprobleme, als ich letztes Mal erzählt habe. Ich habe die ganze Geschichte etwas verharmlost. Ich hatte in den letzten zwanzig Jahren auch schon gewisse sexuelle Schwierigkeiten – wenn auch nicht so schlimm wie jetzt – und auch diese Stimmungsschwankungen. Deshalb habe ich mich entschlossen, Ihrem Rat zu folgen, aber Phyllis will nicht mitmachen. Sie weigert sich kategorisch, einen Psychiater, Ehetherapeuten oder Sexualtherapeuten aufzusuchen. Ich bat sie, wenigstens heute einmal mitzukommen und mit Ihnen zu sprechen, aber sie blieb eisern.»

«Und wieso?»

«Darauf komme ich noch. Zuerst möchte ich noch über zwei andere Sachen sprechen.» Marvin hielt inne. Zunächst dachte ich, er wollte nur Luft holen, weil er seine Sätze ohne Pause heruntergerasselt hatte. Aber er rang offenbar um Fassung. Er wandte sich ab, schneuzte sich und wischte sich verstohlen die Augen.

Dann fuhr er fort. «Mir geht's ziemlich dreckig. Ich hatte diese Woche eine Migräne, die schlimmer war als jede andere zuvor, und mußte vorletzte Nacht zum Notarzt, um mir eine Spritze geben zu lassen.»

«Sie sehen wirklich sehr mitgenommen aus.»

«Die Kopfschmerzen bringen mich um. Und was die Sache noch schlimmer macht, ist, daß ich nicht schlafen kann. Letzte Nacht hatte ich einen Alptraum, der mich um zwei Uhr morgens aufwachen ließ, und dann lief er den Rest der Nacht immer wieder vor meinen Augen ab. Er geht mir immer noch nicht aus dem Kopf.»

«Und was haben Sie geträumt?»

Marvin begann den Traum so mechanisch herunterzulesen, daß ich ihn unterbrach und ihn in Anlehnung an einen Rat von Fritz Perls aufforderte, noch einmal von vorne zu beginnen und den Traum im Präsens zu erzählen, so, als ob er ihn in diesem Augenblick durchlebte. Marvin legte seinen Notizblock zur Seite und erzählte aus dem Gedächtnis:

Die beiden Männer sind groß, bleich und hager. Sie schreiten schweigend über eine dunkle Wiese. Sie sind ganz in Schwarz gekleidet. Mit ihren hohen, schwarzen Zylinderhüten, ihren Fräcken, ihren schwarzen Gamaschen und Schuhen sehen sie aus wie viktorianische Leichenbestatter oder Temperenzler. Plötzlich stoßen sie auf einen pechschwarzen Kinderwagen, in dem ein in einen schwarzen Schleier gewickeltes Baby liegt, ein Mädchen. Wortlos beginnt einer der Männer den Wagen zu schieben. Nach einem kurzen Stück hält er an, läuft um den Wagen zur Vorderseite und lehnt sich mit seinem schwarzen Spazierstock, der jetzt eine weißglühende Spitze hat, vor, öffnet den Schleier und führt die weiße Spitze mit rhythmischen Bewegungen in die Vagina des Babys ein.

Ich war von dem Traum wie gelähmt. Die kruden Bilder nahmen in meiner Vorstellung sofort Gestalt an. Ich sah erstaunt zu Marvin auf, der keine Regung zeigte und keinen Sinn für die Kraft seiner eigenen Schöpfung zu haben schien, und sagte mir, daß das nicht *sein* Traum war, nicht *sein* Traum sein konnte. Ein Traum wie dieser konnte nicht *sein* Werk sein: Er war nur das Medium, durch dessen Lippen er zum Ausdruck kam. Wie konnte ich, so fragte ich mich, den Träumer finden?

Und Marvin bestärkte mich noch in diesem Eindruck. Er hatte keine Beziehung zu seinem Traum und schilderte ihn so, als ob es sich um einen fremden Text handelte. Trotzdem schien er Angst zu haben, denn er schüttelte beim Erzählen immer wieder den Kopf, als wolle er den schlechten Geschmack loswerden, den der Traum in seinem Mund hinterlassen hatte.

Ich konzentrierte mich auf die Angst. «Warum war der Traum ein Alptraum? Was war das Schreckliche daran?»

«Wenn ich *jetzt* darüber nachdenke, muß ich sagen, daß der letzte Teil – der Spazierstock in der Vagina des Babys – das Schrecklichste ist. Aber *nicht, als ich den Traum hatte*. Da waren es all die anderen Dinge, die mir Angst machten: die geräuschlosen Schritte, die schwarze Kleidung, die bedrohliche Atmosphäre. Der ganze Traum war voller Angst.»

«Was haben Sie *während* des Traums empfunden, als der Stock in die Vagina des Babys eingeführt wurde?»

«Das war das einzige, was irgendwie besänftigend wirkte, was den Schrecken des Traums irgendwie milderte – zumindest war es ein Versuch. Aber es nutzte nichts. Für mich ergibt das alles keinen Sinn. Ich habe sowieso nie an Träume geglaubt.»

Ich mußte mich von dem Traum losreißen, weil andere Dinge im Augenblick wichtiger waren. Die Tatsache, daß Phyllis nicht bereit war, mit mir auch nur ein einziges Mal zu sprechen, um ihrem Mann zu helfen, der jetzt *in extremis* war, paßte nicht zu Marvins Schilderung einer idyllischen, harmonischen Ehe. Ich mußte hier sehr behutsam vorgehen, um nicht seiner Befürchtung (die Phyllis offenbar teilte) Vorschub zu leisten, daß Therapeuten in Eheproblemen herumschnüffeln und sie auf die Spitze treiben, aber ich mußte mich vergewissern, ob sie eine Partnertherapie wirklich, das heißt kategorisch ablehnte. Letzte Woche hatte ich mich gefragt, ob Marvin sich nicht von mir zurückgewiesen fühlte. Vielleicht wollte er mich nur manipulieren, um doch noch eine Einzeltherapie zu bekommen. Wieviel hatte Marvin wirklich unternommen, um Phyllis von der Notwendigkeit einer gemeinsamen Behandlung zu überzeugen?

Marvin sagte, daß Phyllis immer äußerst konsequent an ihren Überzeugungen festhalte.

«Ich habe Ihnen ja schon erzählt, daß sie nichts von Psychiatrie hält, aber das ist noch lange nicht alles. Sie geht auch zu keinem anderen Arzt, seit fünfzehn Jahren war sie kein einziges Mal mehr bei einem Gynäkologen. Und zum Zahnarzt bringe ich sie erst, wenn sie es vor Schmerzen nicht mehr aushält.»

Dann, als ich nach weiteren Beispielen für Phyllis' Hartnäckigkeit fragte, kamen ein paar unerwartete Dinge zum Vorschein.

«Also gut, wenn wir schon dabei sind, kann ich Ihnen auch die Wahrheit sagen. Es hat ja keinen Zweck, Geld auszugeben, nur damit ich hier rumsitze und Sie anlüge. Phyllis hat nämlich auch so ihre Probleme. Das größte ist, daß sie Angst hat, das Haus zu verlassen. Dafür gibt es einen Ausdruck, den ich vergessen habe.»

«Agoraphobie?»

«Genau. Das hat sie schon seit Jahren. Es gibt kaum einen Grund, weshalb sie aus dem Haus gehen würde, es sei denn» – hier senkte Marvins Stimme sich zu einem verschwörerischen Flüstern –, «um einer anderen Angst zu entgehen.»

«Was für einer anderen Angst?»

«Der Angst vor Besuchern.»

Er erklärte, daß sie schon seit Jahren – oder besser, seit Jahrzehnten – keine Menschenseele mehr zu Hause empfangen hätten. Wenn es nicht anders ginge – zum Beispiel wenn Verwandte von auswärts kamen –, wich Phyllis auf Restaurants aus, «natürlich nur billige Restaurants, denn Phyllis haßt es, Geld auszugeben.» Das Geld sei ein weiterer Grund, fügte Marvin hinzu, weshalb sie gegen eine Psychotherapie sei.

Auch Marvin durfte zu Hause niemanden empfangen. Vor einigen Wochen zum Beispiel hatten einige Gäste von auswärts telefonisch angefragt, ob sie sich seine Polit-Buttons ansehen könnten. Er sagte, daß er Phyllis erst gar nicht gefragt habe: Er wußte, daß sie ihm die Hölle heiß gemacht hätte. Wenn er insistiert hätte, sagte er, wären die Sonntage eines Monats vergangen, bis sie ihn wieder «rangelassen» hätte. Folglich hatte er wie schon so oft zuvor einen halben Tag lang seine ganze Sammlung zusammengepackt, um sie in seinem Büro zu präsentieren.

Durch diese neue Information wurde noch unübersehbarer, daß Marvin und Phyllis dringend eine Partnertherapie benötigten. Aber jetzt kam noch ein anderer Aspekt hinzu. Marvins erste Träume waren so überfrachtet mit primitiver Ikonographie, daß ich die Woche zuvor gefürchtet hatte, eine Einzeltherapie könnte das Siegel seines brodelnden Unterbewußtseins aufbrechen lassen, und dachte, eine Partnertherapie sei ungefährlicher. Jetzt aber, da sich gezeigt hatte, wie stark auch ihre Beziehung gestört war, fragte ich mich, ob die Partnertherapie nicht ebenso viele Dämonen entfesseln würde.

Ich wiederholte, daß ich alles in allem eine verhaltensorientierte Partnertherapie immer noch für das beste hielt. Aber für eine Partnertherapie braucht man ein Paar, und wenn Phyllis sich dazu noch nicht entschließen könne (was er sofort wieder behauptete), wäre ich bereit, versuchsweise mit einer Einzeltherapie zu beginnen.

«Aber eins sage ich Ihnen gleich: Eine Einzeltherapie dauert wahrscheinlich Monate, wenn nicht Jahre, und sie ist kein Zuckerschlecken. Es ist möglich, daß Sie mit äußerst schmerzlichen Gedanken oder Erinnerungen konfrontiert werden und sich zeitweise noch elender fühlen als jetzt.»

Marvin antwortete, daß er in den letzten Tagen gründlich darüber nachgedacht habe und sofort beginnen wolle. Wir vereinbarten zwei Stunden pro Woche.

Es war offensichtlich, daß sowohl er als auch ich Bedenken hatten. Marvin stand einer Psychotherapie nach wie vor skeptisch gegenüber und zeigte wenig Interesse an einer Reise in sein Inneres. Er war nur deshalb mit der Therapie einverstanden, weil seine Migräne ihn in die Knie gezwungen hatte und weil er keine andere Lösung mehr sah. Ich für meinen Teil hatte Bedenken, weil ich in Hinblick auf die Behandlung sehr pessimistisch war: Ich war nur deshalb bereit, mit ihm zu arbeiten, weil ich keine andere therapeutische Möglichkeit sah.

Ich hätte ihn natürlich auch an jemand anders überweisen können. Doch es gab noch einen anderen Grund – diese Stimme, die Stimme jenes Wesens, das diese erstaunlichen Träume hervorgebracht hatte. Irgendwo verbarg sich hinter Marvins Mauern ein Träumer, der mit einer wichtigen existentiellen Botschaft nach außen zu dringen versuchte. Ich kehrte zurück in die Landschaft des Traums, zurück in die geräuschlose, dunkle Welt der beiden hageren Männer, die schwarze Wiese und das in einen schwarzen Schleier gehüllte Baby. Ich dachte an die weißglühende Spitze des Spazierstocks und den sexuellen Akt, der eigentlich nichts mit Sex zu tun hatte, sondern nur einen vergeblichen Versuch darstellte, die Angst zu durchbrechen.

Ich fragte mich, was der Träumer sagen würde, wenn er ganz offen – ohne Maske und ohne Tricks – mit mir sprechen könnte.

«Ich bin alt. Ich bin am Ende meines Lebenswerks angelangt. Ich habe keine Kinder und gehe voller Angst dem Tod entgegen. Ich ersticke an der Dunkelheit. Ich ersticke an der tödlichen Stille. Ich glaube, ich weiß einen Ausweg. Ich versuche das Dunkel mit meinem sexuellen Talisman zu durchstoßen. Aber es ist nicht genug.»

Aber das waren meine Gedanken, nicht Marvins. Ich bat ihn, über den Traum nachzudenken, frei zu assoziieren und alles zu erzählen, was ihm in den Sinn kam. Nichts. Er schüttelte nur mit dem Kopf.
«Sie schütteln sofort mit dem Kopf. Versuchen Sie es doch einmal. Geben Sie sich eine Chance. Nehmen Sie irgendeinen Teil des Traums und lassen Sie Ihre Gedanken schweifen.»
Absolut nichts.
«Wie erklären Sie sich den Spazierstock mit der weißen Spitze?»
Marvin grinste: «Ich habe mich schon die ganze Zeit gefragt, wann Sie endlich darauf kommen! Habe ich nicht gleich am Anfang gesagt, daß ihr Jungs immer behauptet, Sex sei die Ursache aller Probleme?»
Sein Vorwurf schien besonders absurd, denn das einzige, was ich sicher wußte, war die Tatsache, daß Sex eben *nicht* die Ursache seiner Probleme war.
«Aber es ist *Ihr* Traum, Marvin. Und Ihr Spazierstock. Das alles entspringt Ihrer Phantasie, was machen Sie also damit? Was machen Sie mit all den Todessymbolen – Leichenbestatter, Stille, Dunkelheit, diese ganze Atmosphäre von Angst und drohendem Unheil?»
Vor die Wahl gestellt, den sexuellen oder den Todesaspekt des Traums zu diskutieren, entschied sich Marvin schnell für ersteres.
«Nun, vielleicht interessiert es Sie, was mir gestern nachmittag, also ungefähr zehn Stunden vor dem Traum, passiert ist. Ich lag im Bett und hatte mich immer noch nicht ganz von meiner Migräne erholt. Dann kam Phyllis zu mir und massierte mir Kopf und Nacken. Anschließend massierte sie meinen Rücken, meine Beine und dann meinen Penis. Sie zog mich aus und legte dann selbst ihre Kleidung ab.»

Das mußte ein außergewöhnliches Ereignis gewesen sein: Marvin hatte mir erzählt, daß die Initiative fast immer von ihm ausging. Ich vermutete, daß Phyllis ihre Weigerung, an der Partnertherapie teilzunehmen, wiedergutmachen wollte.

«Zunächst reagierte ich nicht.»

«Wieso nicht?»

«Um ehrlich zu sein, ich hatte Angst. Ich hatte gerade meinen schlimmsten Migräneanfall hinter mir und fürchtete, gleich wieder einen zu bekommen, wenn ich versagen würde. Aber Phyllis begann, meinen Schwanz zu lecken, bis er hart wurde. Ich habe sie noch nie so ausdauernd erlebt. Schließlich sagte ich: ‹Also los, eine gute Nummer ist vielleicht genau das Richtige, um den Streß loszuwerden.›»

Marvin hielt inne.

«Warum reden Sie nicht weiter?»

«Ich versuche mich an ihre genauen Worte zu erinnern. Na ja, jedenfalls fingen wir an, uns zu lieben. Bei mir klappte alles ziemlich gut, aber kurz bevor ich kam, sagte Phyllis: ‹Es gibt auch noch andere Gründe, sich zu lieben, als den Streß loszuwerden.› Und das war's dann! Von da an ging nichts mehr.»

«Marvin, haben Sie Phyllis erzählt, wie Sie sich danach fühlten?»

«Der Zeitpunkt war mehr als schlecht gewählt – wie immer. Aber ich war zu aufgebracht, um zu reden. Ich hatte Angst, daß ich etwas Falsches sagen könnte. Sie hätte mir das Leben zur Hölle gemacht und mich womöglich überhaupt nicht mehr rangelassen.»

«Sie hatten Angst, etwas Falsches zu sagen?»

«Ja. Ich hatte Angst vor meinen Impulsen – meinen mörderischen und sexuellen Impulsen.»

«Was meinen Sie damit?»

«Erinnern Sie sich an die Geschichte, die vor Jahren durch alle Zeitungen ging, in der ein Mann seine Frau mit Säure übergoß? Grauenhaft! Trotzdem mußte ich oft an dieses Verbrechen denken. Ich kann gut verstehen, daß die Wut auf eine Frau sich in einem solchen Verbrechen entlädt.»

Um Gottes willen! Marvins Unterbewußtsein lag näher an der Oberfläche, als ich dachte. Eingedenk meines Vorsatzes, die Tür zu solch primitiven Gefühlen nicht aufzubrechen – zumindest nicht in einer so frühen Behandlungsphase –, wechselte ich schnell vom Thema Mord zum Thema Sex.

«Marvin, Sie sagten, daß Sie auch Angst vor Ihren sexuellen Impulsen hätten. Was meinen Sie damit?»

«Mein Geschlechtstrieb war schon immer sehr stark ausgeprägt. Ich habe gehört, daß das bei vielen Männern mit Glatze der Fall ist. Ein Zeichen für zu viele männliche Hormone. Stimmt das?»

Ich wollte mich nicht vom Thema abbringen lassen und ging mit einem Achselzucken über die Frage hinweg. «Erzählen Sie weiter.»

«Na ja, ich mußte mein ganzes Leben dagegen ankämpfen, weil Phyllis sehr rigide Vorstellungen hat, wie oft man miteinander schlafen soll. Und da läßt sich überhaupt nichts machen – zweimal pro Woche, an Geburtstagen und Feiertagen wird schon mal eine Ausnahme gemacht.»

«Und das ärgert Sie?»

«Manchmal schon. Aber dann denke ich wieder, daß diese Einschränkungen auch ihr Gutes haben. Sonst wäre ich wahrscheinlich völlig zügellos.»

Seltsame Ausdrucksweise, dachte ich. «Was bedeutet ‹zügellos›? Meinen Sie außereheliche Affären?»

Meine Frage schockierte Marvin: «Ich habe Phyllis noch nie betrogen! Und ich werde sie auch nie betrügen!»

«Also gut, aber was meinen Sie dann mit ‹zügellos›?»

Er sah ratlos aus. Ich hatte das Gefühl, daß er über Dinge sprach, über die er nie zuvor gesprochen hatte, und konnte mir vorstellen, wie ihm zumute war. Wir hatten schon ein verdammtes Stück Arbeit hinter uns. Ich wollte, daß er fortfuhr, und wartete einfach.

«Ich weiß selbst nicht genau, was ich damit meine, aber manchmal habe ich mich gefragt, wie es wäre, wenn ich eine Frau geheiratet hätte, die genauso ein starkes Bedürfnis nach Sex hat wie ich, eine Frau, die genauso oft will und die genausoviel Spaß daran hat.»

«Glauben Sie, daß Ihr Leben dann anders verlaufen wäre?»

«Lassen Sie mich mal kurz nachdenken. Ich glaube, ich hätte eben nicht das Wort *Spaß* benutzen sollen. Phyllis hat auch Spaß an Sex. Es ist nur so, daß sie ihn nie *will*, sondern sie schenkt mir gnädig ihre Gunst, wenn ich brav bin. In solchen Augenblicken fühle ich mich betrogen und werde richtig wütend.»

Marvin hielt inne. Er lockerte seinen Kragen, rieb sich den Nacken und drehte den Kopf herum. Er versuchte sich zu entspannen, aber ich hatte den Eindruck, daß er sich auch im Zimmer umsah, um sicherzugehen, daß niemand zuhörte.

«Sie sehen nicht sehr glücklich aus. Was bedrückt Sie?»

«Ich habe das Gefühl, daß ich Phyllis betrüge, wenn ich solche Dinge hinter ihrem Rücken äußere, und daß sie es irgendwie herausfinden könnte.»

«Sie gestehen ihr offenbar große Macht über Ihr Leben zu. Früher oder später werden wir uns damit intensiv befassen müssen.»

Marvin legte auch in den Sitzungen der nächsten Woche eine erfrischende Offenheit an den Tag. Alles in allem war er ein weitaus besserer Patient, als ich erwartet hatte. Er war kooperativ; er baute seine rigiden Vorurteile gegenüber der Psychiatrie ab; er machte seine Hausaufgaben, kam immer gut vorbereitet zu den Sitzungen und war entschlossen, wie er es ausdrückte, seine Investition nutzbringend anzulegen. Sein Vertrauen in die Therapie wurde durch eine unerwartet frühe Dividende gestärkt: Seine Migräneanfälle verschwanden sofort mit dem Beginn der Behandlung auf wundersame Weise (obwohl die extremen Stimmungsschwankungen in Abhängigkeit von seinem Geschlechtsleben anhielten).

In dieser frühen Therapiephase konzentrierten wir uns auf zwei Themen: seine Ehe und (soweit das bei seinem Widerstand möglich war) die Auswirkungen seines Eintritts in den Ruhestand. Aber ich ging bei allem sehr behutsam vor. Ich fühlte mich wie ein Chirurg, der eine Operation vorbereitet, ohne tiefe Einschnitte vorzunehmen. Ich wollte brutale Konfrontationen vermeiden, um nicht das prekäre Gleichgewicht seiner Ehe zu gefährden (was ihn sofort zum Abbruch der Therapie veranlaßt hätte) und um keine weiteren Todesängste hervorzurufen (was zu weiteren Migräneanfällen geführt hätte).

Neben dieser sanften, etwas oberflächlichen Therapie mit Marvin führte ich gleichzeitig ein faszinierendes Gespräch mit dem Träumer, jenem erleuchteten Homunkulus, der in Marvin steckte – oder besser, in ihm eingesperrt war –, einem Marvin, der entweder nichts von der Existenz des Träumers wußte oder ihm aus wohlwollender Gleichgültigkeit erlaubte, mit mir zu kommunizieren. Während Marvin und ich an der Oberfläche dahinplätscherten und beiläufig miteinander sprachen, hörte ich, wie der Träumer mir aus der Tiefe einen nie abreißenden Strom von Botschaften entgegentrommelte.

Vielleicht war meine Unterhaltung mit dem Träumer kontraproduktiv. Vielleicht trieb ich die Therapie mit Marvin zu langsam voran, um auch Zeit für den Träumer zu gewinnen. Ich erinnere mich, daß ich jeder Sitzung entgegenfieberte, aber nicht, weil ich mich auf Marvin freute, sondern weil ich auf das nächste Kommuniqué des Träumers gespannt war.

Manchmal waren die Träume ein furchterregender Ausdruck existentieller Angst; manchmal nahmen sie Dinge vorweg, die sich in der Therapie ereignen sollten; manchmal kamen sie mir wie Untertitel der Therapie vor, wie eine lebendige Übersetzung von Marvins vorsichtigen Äußerungen.

Nach einigen Sitzungen erhielt ich erste hoffnungsvolle Botschaften:

Der Lehrer in einem Internat sah sich nach Kindern um, die Lust hatten, auf eine große, schwarze Leinwand zu malen. Später erzählte ich einem kleinen, dicken Jungen – offenbar mir selbst – davon, und er war so aufgeregt, daß er zu weinen begann.

Eine eindeutige Botschaft:

«Marvin hat das Gefühl, daß ihm jemand – zweifellos du, sein Therapeut – die Gelegenheit bietet, noch einmal ganz von vorne anzufangen. Wie herrlich – eine neue Chance zu bekommen, sein Leben noch einmal ganz neu auf eine schwarze Leinwand malen zu können.»

Weitere hoffnungsvolle Träume folgten:

Ich bin auf einer Hochzeit, und eine Frau kommt zu mir und sagt, sie sei meine langvergessene Tochter. Ich bin überrascht, weil ich nicht wußte, daß ich eine Tochter hatte. Sie ist mittleren Alters und in kräftige braune Farben gekleidet. Wir hatten nur ein paar Stunden, um miteinander zu reden. Ich fragte sie nach ihren

Lebensumständen, aber sie konnte nicht darüber sprechen. Ich war traurig, als wir auseinandergingen, aber wir nahmen uns vor, uns zu schreiben.

Die Botschaft:

«Marvin entdeckt zum erstenmal seine Tochter – den femininen, sanfteren, empfindsameren Teil seiner selbst. Er ist fasziniert. Er sieht unbegrenzte Möglichkeiten. Er will die Kommunikation fortsetzen. Vielleicht kann er sich diese kleinen, neuentdeckten Inseln, diesem bisher unbekannten Teil seiner selbst, aneignen.»

Ein weiterer Traum:

Ich sehe aus dem Fenster und höre ein Rascheln im Gebüsch. Es ist eine Katze, die eine Maus jagt. Die Maus tut mir leid, und ich gehe nach draußen, um sie zu suchen. Was ich finde, sind zwei neugeborene Kätzchen, die noch nicht einmal ihre Augen geöffnet haben. Ich laufe ins Haus, um es Phyllis zu erzählen, weil sie kleine Kätzchen so gerne mag.

Die Botschaft:

«Marvin versteht zum erstenmal, daß seine Augen geschlossen waren und daß er jetzt endlich bereit ist, sie zu öffnen. Er freut sich für Phyllis, die sich auch gerade anschickt, ihre Augen zu öffnen. Aber sei vorsichtig, er hat dich im Verdacht, daß du versuchst, Katz und Maus mit ihm zu spielen.»

Bald erhielt ich weitere Warnungen:

Phyllis und ich sind zum Dinner in ein ziemlich mieses Restaurant gegangen. Der Kellner ist nie da, wenn man ihn braucht. Phyllis sagt ihm, daß er schmutzig und schlecht angezogen sei. Ich bin überrascht, daß das Essen so gut schmeckt.

Die Botschaft:

«Er trägt Beweismaterial gegen dich zusammen. Phyllis will, daß du aus ihrem und Marvins Leben verschwindest. Du stellst für beide eine große Bedrohung dar. Sei vorsichtig. Paß auf, daß du nicht in ein Kreuzfeuer gerätst. Auch wenn dein Essen noch so gut schmeckt, mit einer Frau kannst du es nicht aufnehmen.»

Und dann ein Traum voller Anklagen:

Ich sehe bei einer Herztransplantation zu. Der Chirurg legt sich hin. Jemand beschuldigt ihn, sich nur für die Transplantation zu interessieren und nicht für die schrecklichen Umstände, unter denen er das Herz vom Spender bekommen hat. Der Chirurg gibt zu, daß das wahr ist. Eine OP-Schwester sagte, daß sie es nicht so gut hatte – daß sie den ganzen Schrecken miterleben mußte.

Die Botschaft:

«Die Herztransplantation steht natürlich für die Psychotherapie. [Hut ab, mein lieber Freund und Träumer! ‹Herztransplantation› – ein herrlich anschauliches Symbol für eine Psychotherapie!] Marvin findet, daß du gefühlskalt und gleichgültig bist und wenig persönliches Interesse an seinem Leben zeigst – wenig Interesse an der Entwicklung, die ihn zu der Person gemacht hat, die er heute ist.»

Der Träumer zeigte mir, wie ich vorgehen sollte. Eine solche Supervision hatte ich noch nie erlebt. Ich war so fasziniert von dem Träumer, daß ich langsam seine Beweggründe aus den Augen verlor. Handelte er in Marvins Auftrag, um mir zu zeigen, wie ich Marvin helfen konnte? Hoffte er, daß er, falls Marvin sich änderte, durch die Integration in Marvins Persönlichkeit befreit werden würde? Oder versuchte er einfach, seine eigene Isolation zu durchbrechen, indem er alles tat, um die Beziehung zu mir aufrechtzuerhalten?

Aber unabhängig von seinen Beweggründen, seine Ratschläge waren gut. Er hatte recht: Ich war nicht wirklich engagiert. Marvin und ich verkehrten auf einer so formalen Ebene, daß der Gebrauch unserer Vornamen geradezu gekünstelt wirkte. Marvin nahm sich sehr ernst: Er war praktisch der einzige Patient, mit dem ich nie scherzen oder ironisch sein konnte. Ich versuchte immer wieder, mich auf unsere Beziehung zu konzentrieren, aber abgesehen von einigen spitzen Bemerkungen in den ersten Sitzungen (im Stil des «Ihr Jungs glaubt doch immer, daß alle Probleme ihre Wurzeln in der Sexualität haben»), sprach Marvin mich nie direkt an. Er behandelte mich mit großem Respekt und antwortete, wenn ich ihn nach seinen Gefühlen mir gegenüber fragte, im allgemeinen mit Bemerkungen wie, ich müsse schon etwas von meinem Handwerk verstehen, wenn er nach wie vor frei von Migräneanfällen sei.

Nach sechs Monaten war ich Marvin etwas nähergekommen, wenngleich ich noch keine tiefe Zuneigung zu ihm verspürte. Das war seltsam, weil ich auf der anderen Seite voller Bewunderung für den Träumer war: Ich bewunderte seinen Mut und seine schonungslose Offenheit. Von Zeit zu Zeit mußte ich meinem Gedächtnis energisch nachhelfen, um nicht zu vergessen, daß der Träumer niemand anders als Marvin war, daß der Träumer mir einen Zugang zu Marvins innerstem Kern eröffnete – jener Instanz des Selbst, die absolute Weisheit und Selbsterkenntnis besitzt.

Der Träumer hatte recht, wenn er behauptete, daß ich mich nicht mit den schrecklichen Umständen, die der Herztransplantation vorangegangen waren, befaßt hatte: Ich hatte den frühen Erfahrungen und Strukturen von Marvins Leben viel zu wenig Aufmerksamkeit geschenkt. Deshalb widmete ich die beiden folgenden Sitzungen einer eingehenden Untersuchung seiner Kindheit. Mit das Interessanteste, das ich erfuhr, war, daß Marvins Familie, als er sieben oder acht war, durch ein mysteriöses Ereignis erschüttert wurde, was schließlich dazu führte, daß Marvins Mutter seinen Vater für immer aus dem Schlafzimmer verbannte. Obwohl Marvin die Hintergründe dieses Dramas nie erfuhr, ging er damals aufgrund einiger beiläufiger Andeutungen seiner Mutter davon aus, daß sein Vater entweder untreu oder ein zwanghafter Spieler gewesen war.

Nach der Verbannung seines Vaters machte seine Mutter ihn, den jüngsten Sohn, zu ihrem ständigen Gefährten: Seine Aufgabe war es, sie bei allen gesellschaftlichen Verpflichtungen zu begleiten. Jahrelang mußte er den Spott seiner Kameraden über sich ergehen lassen, weil er anstatt mit Mädchen immer nur mit seiner Mutter ausging.

Unnötig zu sagen, daß Marvins neue Rolle innerhalb der Familie das Verhältnis zu seinem Vater belastete, der zuerst zu einer Nebenfigur wurde, dann zum bloßen Schatten seiner selbst und schließlich für immer verschwand. Zwei Jahre später erhielt sein älterer Bruder eine Postkarte von ihrem Vater, auf der er ihnen mitteilte, daß er wohlauf sei und glaube, daß die Familie ohne ihn besser zurechtkomme.

Offenbar war damals bereits der Grundstein für erhebliche ödipale Probleme in Marvins Verhältnis zu Frauen gelegt. Die exklusive, außergewöhnlich enge und lang anhaltende Mutterbindung hatte katastrophale Auswirkungen auf sein Verhältnis zu Männern; so war er auch überzeugt, daß er wesentlich zum Verschwinden seines Vaters beigetragen hatte. Es überraschte deshalb kaum, daß Marvin dem Vergleich mit anderen Männern immer aus dem Weg ging und sich Frauen gegenüber außergewöhnlich schüchtern verhielt. Sein erstes richtiges Rendezvous hatte er mit Phyllis, und es war gleichzeitig auch das letzte Mal, daß er ein erstes Rendezvous erlebte: Die beiden blieben zusammen, bis sie schließlich heirateten. Sie war sechs Jahre jünger und ebenso scheu und sexuell unerfahren wie er.

Diese Anamneseerhebung war meiner Meinung nach ziemlich produktiv. Ich lernte die Charaktere kennen, die Marvins Geist bevölkerten, und entdeckte, daß sich bestimmte Verhaltensmuster seiner Eltern in seiner eigenen Ehe fortsetzten – seine Frau übte, wie die Frau seines Vaters, Macht aus, indem sie sich sexuell verweigerte.

Dieses Material ermöglichte mir ein Verständnis für Marvins Probleme unter dreierlei Perspektiven: unter einer *existentiellen* (mit dem Schwerpunkt auf ontologischen Ängsten, die durch den Eintritt in eine wichtige neue Lebensphase ausgelöst wurden); unter der *Freudschen* Perspektive (mit dem Schwerpunkt auf ödipalen Ängsten, die im Geschlechtsakt mit gewaltigen Urängsten verschmelzen); und der *kommunikativen* Perspektive (bei der es vor allem um die destabilisierende Wirkung jüngster Ereignisse auf das dynamische Gleichgewicht ihrer Ehe ging. Dazu sollte ich bald mehr erfahren).

Marvin gab sich wie immer alle Mühe, die notwendigen Informationen zu liefern, verlor aber, obwohl in seinen Träumen diese Forderung erhoben wurde, bald das Interesse an den weit zurückliegenden Grundlagen gegenwärtiger Lebensmuster. Einmal sagte er, daß diese verstaubten Ereignisse in eine andere Zeit, ja fast in ein anderes Jahrhundert gehörten. Auch bemerkte er wehmütig, daß wir über ein Drama diskutierten, dessen Figuren mit Ausnahme seiner Person bereits tot waren.

Der Träumer ließ mir bald eine Reihe von Botschaften über Marvins Reaktionen auf unseren historischen Exkurs zukommen:

Ich sah ein Auto mit einer eigenartigen Form, wie eine große, lange Kiste mit Rädern. Es war schwarz und glänzte wie Lackleder. Ich war erstaunt, weil der Wagen nur hinten Scheiben hatte und die so schräg standen, daß man nicht einmal richtig hindurchsehen konnte.

Wieder ein Fahrzeug, diesmal gab es Probleme mit dem Rückspiegel. Vor der Heckscheibe befand sich eine Art Filter, den man hoch- und runterziehen konnte, aber er war verklemmt.

Ich hielt einen glänzenden Vortrag. Dann aber gab es Probleme mit dem Diaprojektor. Zuerst bekam ich ein Dia nicht heraus, als ich ein anderes hineinstecken wollte. Es war ein Dia mit dem Kopf eines Mannes. Dann konnte ich das Dia nicht scharf stellen. Dann waren ständig die Köpfe der Leute im Weg. Egal wo ich auch stand, ich konnte nie das ganze Bild sehen.

Die Botschaft, die mir der Träumer schickte, bedeutete meiner Meinung nach folgendes:

«Ich versuche nach hinten zu schauen, kann aber nichts sehen. Es gibt keine Heckscheibe. Es gibt keinen Rückspiegel. Ein Dia mit einem Kopf versperrt den Blick. Die Vergangenheit, die wahre Geschichte, die Chronik der tatsächlichen Ereignisse ist nicht rekonstruierbar. Der Kopf auf dem Dia – mein Kopf, meine Sicht, mein Gedächtnis – ist im Weg. Ich sehe die Vergangenheit mit den Augen der Gegenwart wie durch einen Filter – nicht wie ich sie damals erlebte, sondern wie ich sie heute sehe. Die historische Rückbesinnung ist ein vergeblicher Versuch, die Köpfe aus dem Weg zu schaffen.

Nicht nur die Vergangenheit ist für immer verloren, sondern auch die Zukunft ist besiegelt. Das Lacklederauto, die Kiste, mein Sarg, nichts hat eine Frontscheibe.»

Allmählich, und mit relativ wenig Hilfe von meiner Seite, begann Marvin, sich in tiefere Gewässer vorzuwagen. Vielleicht schnappte er Bruchstücke aus meiner Unterhaltung mit dem Träumer auf. Zu dem Auto, der seltsamen schwarzen Kiste auf Rädern, sagte er als erstes: «Es ist kein Sarg.» Als er meine hochgezogenen Augenbrauen bemerkte, lächelte er und sagte: «War es nicht auch einer von euch Jungs, der meinte, daß zu heftiger Protest verräterisch ist?»

«Das Auto hat keine Frontscheibe, Marvin. Denken Sie mal darüber nach. Was fällt Ihnen dazu ein?»

«Ich weiß nicht. Ohne Frontscheibe weiß man nicht, wohin es geht.»

«Und woran denken Sie, wenn Sie in Ihrem Leben jetzt nach vorn blicken?»

«An den bevorstehenden Ruhestand. Ich bin ein bißchen langsam, aber jetzt weiß ich, worauf Sie hinauswollen. Aber ich habe keine Angst davor. Warum *fühle* ich denn nichts?»

«Sie fühlen schon etwas. Und zwar in Ihren Träumen. Vielleicht sind die Gefühle nur zu schmerzlich. Vielleicht kommt es zu einer Art Kurzschluß und der Schmerz wird auf andere Dinge verschoben. Überlegen Sie mal, wie oft Sie gesagt haben: ‹Warum hängt mein ganzes Gleichgewicht von meiner Potenz ab? Das ist doch absurd.› Eine meiner Hauptaufgaben besteht darin, die Dinge zu sortieren und die Gefühle wieder dort einzuordnen, wo sie hingehören.»

Bald folgte eine Reihe von Träumen, in denen es explizit um Alter und Tod ging. Zum Beispiel träumte er, wie er durch ein großes, unterirdisches, unfertiges Betongebäude lief.

Ein Traum ging ihm besonders nahe:

Ich traf Susan Jennings. Sie arbeitete in einer Buchhandlung. Sie sah deprimiert aus, und ich ging zu ihr, um sie zu trösten. Ich sagte ihr, daß ich noch andere, sechs andere kenne, denen es genauso ginge. Sie blickte zu mir auf, und ich sah, daß ihr Gesicht ein gräßlicher Totenschädel voller Schleim war. Ich erwachte in großer Angst.

Marvin kam gut voran mit diesem Traum.
«Susan Jennings? Susan Jennings? Ja, vor fünfundvierzig Jahren, im College, kannte ich einmal eine Susan Jennings. Ich glaube, daß ich seitdem nie wieder an sie gedacht habe.»
«Und wenn Sie jetzt an sie denken, was fällt Ihnen da ein?»
«Ich sehe ihr Gesicht wieder vor mir – rund, pausbäckig, große Brille.»
«Erinnert sie Sie an irgend jemand?»
«Nein, aber ich weiß, was *Sie* sagen würden – nämlich daß sie aussieht wie ich: das runde Gesicht, die große Brille.»
«Und was ist mit den ‹sechs anderen›?»
«O ja, richtig, da fällt mir was ein. Gestern sprach ich mit Phyllis über all unsere Freunde, die schon gestorben sind, und über einen Zeitungsartikel, in dem es um Leute ging, die direkt nach dem Eintritt in den Ruhestand gestorben waren. Ich erzählte ihr, daß ich in einem Mitteilungsblatt für ehemalige Studenten meines Colleges gelesen hatte, daß sechs Personen aus meinem Semester bereits gestorben waren. Das müssen die ‹sechs anderen, denen es genauso ging› aus dem Traum gewesen sein. Faszinierend!»
«Da steckt eine Menge Angst vor dem Tod drin, Marvin – in diesem Traum wie auch in all den anderen Alpträumen. Jeder hat Angst vor dem Tod. Ich habe noch niemanden gekannt, der frei davon war. Die meisten Menschen setzen sich ihr ganzes Leben lang damit auseinander. Aber über Sie scheint sie mit einem Schlag hereingebrochen zu sein. Ich bin überzeugt, daß Ihre Angst durch den bevorstehenden Ruhestand ausgelöst wurde.»
Marvin erzählte mir, daß der Traum, der bei ihm den stärksten Eindruck hinterlassen hatte, der von vor sechs Monaten gewesen sei, der Traum mit den beiden hageren Männern, dem Spazierstock mit der weißen Spitze und dem Baby. Diese Bilder tauchten immer

wieder auf – vor allem das Bild der hageren viktorianischen Leichenbestatter oder Temperenzler. Vielleicht, sagte er, stünden sie für ihn: auch er war enthaltsam gewesen, zu enthaltsam. Er wußte schon seit einigen Jahren, daß er sein ganzes Leben hindurch seine Gefühle abgetötet hatte.

Marvin begann mich zu erstaunen. Er wagte sich in solche Tiefen vor, daß ich kaum glauben konnte, daß ich immer noch dieselbe Person vor mir hatte. Als ich ihn fragte, was vor einigen Jahren passiert war, schilderte er eine Episode, über die er nie zuvor mit jemandem gesprochen hatte, nicht einmal mit Phyllis. Als er im Wartezimmer einer Zahnarztpraxis die Zeitschrift *Psychology Today* durchblätterte, stieß er auf einen Artikel, in dem es hieß, die Menschen sollten versuchen, mit allen Verstorbenen, die in ihrem Leben eine entscheidende Rolle gespielt hatten, ein letztes, klärendes Gespräch zu führen.

Eines Tages, als er allein war, versuchte er es. Er sprach mit seinem Vater und erzählte ihm, wie sehr er ihn vermißt hatte und wie gerne er ihn besser kennengelernt hätte. Sein Vater antwortete nicht. Er stellte sich vor, wie er seiner Mutter, die ihm gegenüber in ihrem geliebten Schaukelstuhl aus Bugholz saß, ein letztes Lebewohl sagte. Er sprach die Worte, aber ohne etwas dabei zu empfinden. Er biß die Zähne zusammen und versuchte, irgendwelche Gefühle aus sich herauszupressen. Vergeblich. Er konzentrierte sich auf die Bedeutung von *niemals* – daß er sie *niemals, niemals* wiedersehen würde. Er erinnerte sich, daß er mit der Faust auf den Tisch schlug und sich zwang, an die Szene zu denken, wie er die kalte Stirn seiner im Sarg liegenden Mutter küßte. Vergeblich. Er schrie: «Ich werde dich *nie* wiedersehen!» Immer noch nichts. *Das* war der Augenblick, wo er erkannte, daß er sich selbst abgetötet hatte.

An diesem Tag weinte er in meiner Praxis. Er weinte um alle, die er verloren hatte, um all die Jahre der Gefühllosigkeit in seinem Leben. Wie traurig es sei, sagte er, daß er erst jetzt versuche wieder lebendig zu werden. Zum erstenmal fühlte ich mich Marvin sehr nahe. Ich legte ihm den Arm um die Schulter, als er zu schluchzen begann.

Am Ende der Sitzung war ich erschöpft und sehr bewegt. Ich glaubte, daß wir endlich die Mauer durchbrochen hatten: daß Marvin und der Träumer endlich eins geworden waren und mit einer Stimme gesprochen hatten.

Marvin fühlte sich nach dieser Sitzung besser und war sehr optimistisch, bis sich einige Tage danach etwas Seltsames ereignete. Er und Phyllis hatten gerade begonnen miteinander zu schlafen, als er plötzlich sagte: «Vielleicht hat Dr. Yalom recht, vielleicht sind meine sexuellen Ängste wirklich Todesängste!» Und kaum hatte er den Satz beendet, da passierte es – er hatte eine lustlose, vorzeitige Ejakulation. Phyllis war über seine Themenwahl zum sexuellen Small talk verständlicherweise aufgebracht. Marvin begann sofort, sich schwere Vorwürfe wegen seines mangelnden Einfühlungsvermögens und seines sexuellen Versagens zu machen und verfiel in tiefe Depressionen. Bald darauf schickte mir der Träumer eine wichtige, alarmierende Botschaft:

Ich hatte neue Möbel ins Haus getragen, aber dann konnte ich die Eingangstür nicht mehr schließen. Irgend jemand hatte etwas dazwischen geklemmt, um sie zu blockieren. Dann sah ich zehn bis zwölf Leute mit Gepäck vor der Tür stehen. Es waren verschlagene, schreckliche Gestalten, besonders ein zahnloses altes Weib, dessen Gesicht mich an Susan Jennings erinnerte. Sie erinnerte mich auch an diese Madame Defarge aus dem Film Tale of Two Cities –, *die, die neben der Guillotine strickte, als die Köpfe abgeschlagen wurden.*

Die Botschaft:

«Marvin hat große Angst. Ihm ist zu schnell zu viel bewußt geworden. Er weiß jetzt, daß der Tod auf ihn wartet. Er hat die Tür zur Erkenntnis aufgestoßen; aber jetzt fürchtet er, daß er zuviel gesehen hat, daß die Tür für immer offensteht, daß er nie wieder imstande sein wird, sie zu schließen.»

Kurz darauf folgten weitere Angstträume mit ähnlichen Botschaften:

Es war Nacht, und ich saß hoch oben auf dem Balkon eines Gebäudes. Ich hörte, wie unten in der Dunkelheit ein kleines Kind weinend um Hilfe rief. Ich sagte ihm, daß ich hinunterkommen würde, weil ich ihm als einziger helfen konnte, aber als ich in die Dunkelheit hinunterstieg, wurde der Treppenschacht immer enger, und das dünne Geländer brach unter meinen Händen zusammen. Ich hatte Angst weiterzugehen.

Die Botschaft:

«Wesentliche Teile von mir waren mein ganzes Leben lang verschüttet – der kleine Junge, die Frau, der Künstler, der Sinnsucher. Ich weiß, daß ich meine Gefühle abgetötet und mein Leben kaum gelebt habe. Aber ich kann jetzt nicht in diese Tiefen hinabsteigen. Ich kann mit der Angst und dem Gefühl der Reue nicht fertig werden.»

Und noch ein Traum:

Ich bin in einer Prüfung. Dann gebe ich meine Arbeit ab und merke, daß ich die letzte Frage nicht beantwortet habe. Ich gerate in Panik. Ich versuche das Heft zurückzubekommen, aber die Zeit ist um. Ich will mich nach der Prüfung mit meinem Sohn treffen.

Die Botschaft:

«Ich erkenne jetzt, daß ich aus meinem Leben nicht das gemacht habe, was möglich gewesen wäre. Der Kurs und die Prüfung sind vorbei. Ich bin mit dem Ergebnis nicht zufrieden. Die letzte Prüfungsfrage, wie lautete sie? Vielleicht, was passiert wäre, wenn mein Leben anders verlaufen wäre, wenn ich kein High-School-Lehrer, kein reicher Steuerberater geworden wäre. Aber es ist zu spät, um an irgendeiner meiner Antworten etwas zu ändern. Die Zeit ist abgelaufen. Wenn ich wenigstens einen Sohn hätte, dann könnte ich mich durch ihn über den Tod hinaus in die Zukunft projizieren.»

Später, in derselben Nacht:

Ich steige einen Bergpfad hoch. Ich sehe, wie ein paar Leute in der Nacht versuchen, ein Haus wiederaufzubauen. Ich weiß, daß das unmöglich ist, und versuche es ihnen zu sagen. Doch sie können mich nicht hören. Dann höre ich jemanden von hinten meinen Namen rufen. Es ist meine Mutter, die versucht mich einzuholen. Sie sagte, daß sie eine Nachricht für mich habe. Jemand soll im Sterben liegen. Ich weiß, daß ich es bin, und wache schweißgebadet auf.

Die Botschaft:

«Es ist zu spät. Du kannst dein Haus in der Nacht nicht wiederaufbauen, kannst den Kurs, den du eingeschlagen hast, nicht mehr ändern, jetzt, da du dich dem Tod näherst. Ich bin jetzt so alt wie meine Mutter, als sie starb. Ich überhole sie und erkennen, daß der Tod unausweichlich ist. Ich kann die Zukunft nicht ändern, weil ich von der Vergangenheit eingeholt werde.»

Die Botschaften des Träumers wurden immer eindringlicher, immer lauter. Ich mußte ihnen Beachtung schenken. Sie zwangen mich, mein Vorgehen zu überprüfen und über das, was in der Therapie geschehen war, nachzudenken.

Marvin war schnell vorangekommen, vielleicht zu schnell. Am Anfang war er ein Mensch ohne Sinn für innere Zusammenhänge gewesen: Er konnte und wollte nicht in sich hineinschauen. In der relativ kurzen Zeit von sechs Monaten hatte er ungeheure Entdeckungen gemacht. Er erkannte, daß er wie ein neugeborenes Kätzchen mit geschlossenen Augen durch die Welt gegangen war. Er erkannte, daß sich tief in seinem Innersten eine Welt von ungeheurer Vielfalt verbarg, die zwar, wenn man mit ihr konfrontiert wurde, schreckliche Ängste auslösen konnte, aber auch Erlösung durch Erkenntnis gewährte.

Dinge, die ihm bisher wichtig erschienen waren, verloren an Bedeutung: Er war längst nicht mehr so vernarrt in seine Briefmarken-

und *Reader's Digest*-Sammlung wie früher. Jetzt, da er mit offenen Augen auf die existentiellen Grundlagen des Lebens blickte, mußte er sich mit der Unausweichlichkeit des Todes und seiner Unfähigkeit, sich selbst davor zu retten, auseinandersetzen.

Marvin wachte schneller auf, als ich vermutet hatte; vielleicht hörte er letztlich doch auf die Stimme seines eigenen Träumers. Zuerst war er begierig, alles zu entdecken, aber bald wich seine Begeisterung einem Gefühl unendlicher Trauer. Er trauerte um seine Vergangenheit und die Verluste, die sich drohend abzeichneten. Am meisten trauerte er um die großen Leerräume seines Lebens: das ungenutzte Potential, das in ihm schlummerte, die Kinder, die er nie gehabt hatte, den Vater, den er nie gekannt hatte, das Haus, in dem er nie mit Familie und Freunden zusammen war, ein Arbeitsleben, dessen einziger Sinn es gewesen war, Geld anzuhäufen. Und schließlich trauerte er um sich selbst, um den eingesperrten Träumer, um den kleinen Jungen, der in der Dunkelheit um Hilfe rief.

Er wußte, daß er nicht das Leben gelebt hatte, das er sich gewünscht hätte. Vielleicht war das jetzt doch noch möglich. Vielleicht hatte er doch noch genug Zeit, sein Leben von neuem auf eine große, schwarze Leinwand zu malen. Er begann an den Klinken geheimer Türen zu rütteln, mit einer unbekannten Tochter zu flüstern und sich zu fragen, was aus verschwundenen Vätern wird.

Aber er hatte seine Grenzen überschritten. Er hatte sich zu weit in feindliches Gebiet vorgewagt und wurde jetzt von allen Seiten angegriffen: Die Vergangenheit war düster und nicht zurückholbar, die Zukunft versperrt. Es war zu spät: Sein Haus war fertig, seine Abschlußprüfung beendet. Er hatte die Schleusen des Bewußtseins geöffnet, nur um von der Angst vor dem Tod überflutet zu werden.

Manchmal wird die Angst vor dem Tod als banal abgetan, weil sie jeden trifft. Wer fürchtet sich denn schon nicht vor dem Tod? Doch es ist eines, um den Tod im allgemeinen zu wissen, die Zähne zusammenzubeißen und ein- oder zweimal kurz zu erschauern; es ist etwas ganz anderes, mit dem eigenen Tod konfrontiert zu werden, ihn in den eigenen Knochen und Gelenken zu spüren. Ein solches Bewußtsein des eigenen Todes birgt ein Grauen, das wir nur selten erleben, vielleicht nur ein- oder zweimal im Leben – ein Grauen, das Marvin nun Nacht für Nacht überfiel.

Ihm fehlten alle Abwehrmechanismen, mit deren Hilfe Menschen diese Angst normalerweise bewältigen: Da er keine Kinder hatte, konnte er sich nicht mit der Illusion unsterblicher Keimzellen trösten; da er nicht gläubig war, blieb ihm weder die Aussicht auf ein Fortbestehen seines Bewußtseins in einem anderen Leben nach dem Tod noch der Trost einer allgegenwärtigen Gottheit; er hatte noch nicht einmal die Genugtuung, sich im Leben verwirklicht zu haben. (Man kann die Regel aufstellen: Je geringer das Gefühl eines erfüllten Lebens, desto größer die Angst vor dem Tod.) Und das Schlimmste war, daß Marvin kein Ende seiner Angst absehen konnte. Das Traumbild war drastisch: Die Dämonen waren ausgebrochen und standen in ihrer ganzen Bedrohlichkeit vor ihm. Er konnte ihnen weder entkommen noch sie wieder einsperren, weil die Tür nicht mehr zuging.

So waren Marvin und ich an jenen kritischen Punkt gelangt, zu dem Selbsterkenntnis zwangsläufig führt. Es ist der Augenblick, wo man vor dem Abgrund steht und sich entscheiden muß, wie man den unerbittlichen Grundtatsachen des Lebens gegenübertritt: dem Tod, der Isolation, der Willkür und der Sinnlosigkeit. Natürlich gibt es dafür keine Lösung. Man hat nur die Wahl zwischen verschiedenen Haltungen: Man kann sich «resolut» oder «engagiert» verhalten, mutig allem trotzen oder stoisch alles hinnehmen, oder man kann auf Rationalität verzichten und sich in Ehrfurcht dem Mysterium der göttlichen Vorsehung anvertrauen.

Ich wußte nicht, was Marvin tun würde, und auch nicht, wie ich ihm weiterhelfen konnte. Ich erinnere mich, daß ich vor jeder Sitzung sehr gespannt war, welche Entscheidungen Marvin treffen würde. Was würde er tun? Würde er vor seiner eigenen Entdeckung fliehen? Würde er einmal mehr eine Möglichkeit finden, sich hinter dem Mantel der Selbsttäuschung zu verbergen? Würde er sich letztlich doch eine religiöse Lösung zu eigen machen? Oder würde er Kraft und Schutz aus einer beliebigen Lebensphilosophie ziehen? Nie habe ich die Doppelrolle des Therapeuten als Beteiligter und Beobachter so stark empfunden. Obwohl ich jetzt gefühlsmäßig engagiert war und mir große Sorgen machte, wie es Marvin ergehen würde, war ich mir gleichzeitig bewußt, daß meine privilegierte Situation als Beobachter mir gewissermaßen erlaubte, die Embryologie des Glaubens zu erforschen.

Obwohl Marvin nach wie vor ängstlich und deprimiert war, war er auch weiterhin beherzt bei der Sache. Mein Respekt vor ihm wuchs. Ich hatte angenommen, daß er die Therapie schon viel früher abbrechen würde. Was hielt ihn davon ab?

Mehrere Dinge, sagte er. Erstens sei er immer noch migränefrei. Zweitens erinnerte er sich an meine Warnung bei unserem ersten Treffen, daß es im Verlauf der Therapie zu einer Verschlechterung seines Zustands kommen könne; er vertraute meinem Wort, daß seine gegenwärtige Angst nur eine vorübergehende Phase sei und letztlich wieder verschwinden werde. Außerdem war er überzeugt, daß in der Therapie etwas sehr Bedeutsames geschehen sein mußte: Er hatte in den vergangenen fünf Monaten mehr über sich erfahren als in den vierundsechzig Jahren zuvor.

Und noch etwas anderes, völlig Unerwartetes, war passiert. Seine Beziehung zu Phyllis hatte sich merklich verändert.

«Wir haben öfter und ehrlicher miteinander gesprochen als je zuvor. Ich bin mir nicht sicher, wann es angefangen hat. Als Sie und ich mit der Therapie begannen, gab es mal ein paar kurze Gespräche. Aber das war falscher Alarm. Ich glaube, Phyllis wollte mich nur überzeugen, daß wir auch ohne Therapeut miteinander reden konnten.

Aber seit einigen Wochen ist es anders. Jetzt sprechen wir wirklich miteinander. Ich habe Phyllis erzählt, worüber wir uns in unseren Sitzungen unterhalten. Jetzt wartet sie jedesmal, wenn ich von der Therapie zurückkomme, schon an der Haustür und ärgert sich, wenn ich nicht gleich mit der Sprache herausrücke – zum Beispiel, wenn ich vorschlage zu warten, damit wir beim Essen noch interessanten Gesprächsstoff haben.»

«Was ist ihr denn besonders wichtig?»

«Fast alles. Ich habe Ihnen doch erzählt, daß Phyllis nicht gerne Geld ausgibt – sie ist ständig hinter Sonderangeboten her. So haben wir einmal im Scherz gesagt, daß wir mit dieser Therapie für zwei zum Preis von einer einen feinen Rabatt rausgeschlagen haben.»

«Diese Art von Rabatt gebe ich gerne.»

«Ich glaube, am meisten bewegte sie, was ich ihr von unseren Gesprächen über meine Arbeit erzählte, über meine Enttäuschung über mich selbst, daß ich nicht mehr aus meinen Fähigkeiten gemacht habe, daß ich nur hinter dem Geld her war und nie darüber nachgedacht habe, was ich der Welt hätte geben können. Das hat sie wirklich hart getroffen. Sie sagte, daß das für sie noch viel mehr zutreffe – daß sie ein völlig egozentrisches Leben geführt und nie etwas von sich selbst gegeben habe.»

«Aber Ihnen hat sie doch sehr viel gegeben.»

«Das habe ich ihr auch gesagt. Zuerst dankte sie mir, daß ich das sagte, aber als sie länger darüber nachgedacht hatte, meinte sie, daß sie sich dessen doch nicht so sicher sei – schon möglich, daß sie mir geholfen habe, aber in mancher Beziehung habe sie mir das Leben sicher auch schwerer gemacht.»

«Inwiefern?»

«Sie zählte all die Dinge auf, über die ich mit Ihnen schon gesprochen habe: daß sie sich immer weigerte, Leute zu Hause zu empfangen; daß sie mich davon abhielt, neue Bekanntschaften zu schließen, weil die ja mal Lust haben könnten, uns zu besuchen; daß sie nie verreisen wollte und auch mich davon abbrachte – habe ich Ihnen das eigentlich schon erzählt? Am meisten bedauert sie, daß sie kinderlos geblieben ist und sich jahrelang weigerte, einen Spezialisten aufzusuchen.»

«Marvin, Sie setzen mich wirklich in Erstaunen. Diese Offenheit, diese Ehrlichkeit! Ich frage mich, wie Sie und Phyllis das schaffen konnten. Das sind ja nicht gerade Dinge, über die es einem leicht fällt zu sprechen.»

Er fuhr fort und sagte, daß Phyllis' Selbsterkenntnis ihren Preis hatte. Sie war sehr unruhig geworden. Einmal konnte er nachts nicht schlafen und hörte aus ihrem Zimmer ein Flüstern. (Sie hatten getrennte Schlafzimmer wegen seines Schnarchens.) Er ging auf Zehenspitzen hinein und sah, wie Phyllis neben dem Bett kniete und betete, wobei sie immer wieder denselben Satz psalmodierte: «Die Mutter Gottes wird mich beschützen. Die Mutter Gottes wird mich beschützen. Die Mutter Gottes wird mich beschützen. Die Mutter Gottes wird mich beschützen.»

Marvin ging diese Szene sehr nahe, obwohl er Mühe hatte, sie in Worte zu fassen. Ich glaube, er war überwältigt von Mitleid – Mitleid mit Phyllis, mit sich selbst, mit allen armseligen hilflosen Menschen. Ich glaube, er erkannte, daß ihr Psalmodieren eine magische Beschwörung war, eine wenn auch hauchdünne Schutzschicht gegen all die schrecklichen Dinge, mit denen wir Menschen konfrontiert werden.

Später schlief er dann wieder ein und hatte einen Traum:

> *Es war in einem großen Raum mit vielen Menschen, und auf einem Sockel stand die Statue einer Göttin. Sie sah aus wie Christus, trug aber ein wallendes Kleid in hellem Orange. Auf der anderen Seite des Raumes stand eine Schauspielerin in einem langen, weißen Kleid. Die Schauspielerin und die Statue tauschten die Plätze. Irgendwie tauschten sie auch die Kleider, und die Statue kam herunter, und die Schauspielerin stieg auf den Sockel.*

Marvin sagte, das sei endlich einmal ein Traum, den er verstehe: Der Traum bedeute, daß er Frauen zu Göttinnen erhoben hatte und dann glaubte, daß ihm nichts mehr passieren könne, solange er ihnen zu Gefallen wäre. Deshalb hatte er so viel Angst vor Phyllis' Zorn, und deshalb konnte sie seine Ängste mit sexuellen Gunstbezeugungen immer lindern.

«Vor allem mit oralem Sex – ich glaube, ich habe Ihnen schon gesagt, daß sie, wenn ich in Panik gerate, häufig meinen Penis in den Mund nimmt und meine Angstgefühle sofort dahinschmelzen. Es hat eigentlich gar nichts mit Sex zu tun – das haben Sie ja die ganze Zeit gesagt, und ich weiß jetzt, daß Sie recht haben –, es funktioniert auch, wenn mein Penis überhaupt nicht steif ist. Es ist einfach das Gefühl, daß sie mich vollkommen akzeptiert und mich in sich aufnimmt. Es ist, als ob ich ein Teil von ihr geworden bin.»

«Sie verleihen ihr wirklich magische Kräfte – wie einer Göttin. Sie braucht nur zu lächeln, Sie zu umarmen oder Sie in sich aufzunehmen, und schon sind Sie kuriert. Kein Wunder, daß Sie alles tun, um ihr nicht zu mißfallen. Aber das Problem ist, daß Sex hier zur Medizin wird – nein, das ist noch zu harmlos –, daß Sex zu einer Angelegenheit von Leben oder Tod wird, und Ihr Überleben hängt von der Verschmelzung mit dieser Frau ab. Da muß es zwangsläufig zu Schwierigkeiten kommen. Sex sollte ein Akt der Liebe, ein Akt der Freude sein und kein Schutz vor Gefahren. Mit dieser Einstellung zum Sex hätte jeder, und mit Sicherheit auch ich, Potenzprobleme.»

Marvin nahm seinen Block und notierte sich ein paar Zeilen. Als er sich vor einigen Wochen zum erstenmal Notizen machte, hatte mich das sehr irritiert. Als ich aber sah, wieviel Nutzen er aus der Therapie zog, fing ich an, seine Gedächtnisstützen zu respektieren. «Mal sehen, ob ich Sie richtig verstanden habe. Ihrer Theorie zufolge ist das, was ich Sex nenne, oft gar kein Sex – zumindest kein guter Sex –, sondern eine Art Schutzwall gegen die Angst, vor allem die Angst vor Alter und Tod. Und wenn ich impotent bin, dann nicht, weil ich als Mann sexuell versage, sondern weil ich mir vom Sex Dinge erwarte, die Sex nicht leisten kann.»

«Genau. Und das wird ja in Ihren Träumen auch mehr als deutlich. Da ist einmal der Traum mit den beiden hageren Leichenbestattern und dem Spazierstock mit der weißen Spitze. Dann der Traum, wo sich der Grund unter Ihrem Haus auflöst und Sie versuchen, mit einem riesigen Bohrer dagegen anzugehen. Und schließlich das von Ihnen gerade beschriebene Gefühl, daß Sie durch die körperliche Verbindung mit Phyllis Frieden finden, eine Verbindung, die sich, wie Sie sagten, als Sex maskiert, in Wirklichkeit aber etwas ganz anderes ist.»

«Es gibt also zwei Probleme. Erstens knüpfe ich an den Sex Erwartungen, die dadurch nicht erfüllt werden können. Und zweitens verleihe ich Phyllis beinahe übernatürliche Kräfte, damit sie mich heilen und beschützen kann.»

«Und dann brach alles zusammen, als Sie zufällig Phyllis' Klagelied mit anhörten.»

«In diesem Augenblick erkannte ich, wie zerbrechlich sie ist – nicht nur Phyllis, sondern *alle* Frauen. Nein, nicht nur alle Frauen, sondern alle Menschen. Phyllis tat genau das gleiche wie ich – sie verließ sich auf die Magie.»

«Sie suchen also Schutz bei der allmächtigen Phyllis, und Phyllis bittet mit ihrem Klagegesang um den Schutz der Mutter Gottes – Sie sehen, wohin Sie das gebracht hat.

Noch etwas anderes ist wichtig. Versetzen Sie sich einmal in Phyllis' Lage: Wenn sie, aus Liebe zu Ihnen, die ihr von Ihnen zugedachte Rolle einer Göttin akzeptiert, dann müssen Sie sich fragen, was diese Rolle für ihre eigenen Entwicklungsmöglichkeiten bedeutet. Da sie nicht von ihrem Podest herabsteigen durfte, konnte sie nie mit Ihnen über *ihren* Schmerz, über *ihre* Ängste sprechen – jedenfalls nicht bis vor kurzem.»

«Nicht so schnell! Lassen Sie mich das erst mal festhalten. Ich muß das schließlich alles Phyllis erklären.» Marvin kritzelte jetzt wie wild in seinem Notizblock.

«In gewisser Weise entsprach sie also Ihren unausgesprochenen Wünschen, indem sie ihre eigene Unsicherheit verbarg und sich stärker gab, als sie in Wirklichkeit war. Ich habe das Gefühl, daß das einer der Gründe war, weshalb sie nicht mit in die Therapie kommen wollte, als wir mit unserer Arbeit begannen – mit anderen Worten, sie reagierte auf Ihren Wunsch, sie möge sich *nicht* ändern. Ich habe auch das Gefühl, daß sie jetzt, wenn Sie sie fragen würden, möglicherweise mitkommen würde.»

«Kaum zu glauben, aber jetzt sind wir wirklich auf derselben Wellenlänge. Phyllis und ich haben nämlich schon darüber diskutiert, und sie ist jetzt bereit, mit Ihnen zu sprechen.»

Und so kam Phyllis in die Therapie. Zur nächsten Sitzung erschien sie mit Marvin – eine attraktive, elegante Frau, die mit reiner Willenskraft ihre Schüchternheit überwand und sich im Verlauf unseres Dreiergesprächs mutig offenbarte.

Wir hatten mit unseren Mutmaßungen über Phyllis ziemlich richtig gelegen: Sie mußte oft ihre eigenen Unzulänglichkeitsgefühle herunterschlucken, um Marvin nicht zu beunruhigen. Und natürlich mußte sie ihn besonders schonen, wenn Marvin verzweifelt war – was im Hinblick auf die jüngste Vergangenheit bedeutete, daß sie fast ständig gefordert war.

Aber ihr Verhalten war nicht ausschließlich eine Reaktion auf Marvins Probleme. Sie kämpfte auch mit vielen persönlichen Schwierigkeiten. Was sie vor allem quälte, war ihre fehlende Bildung und der Glaube, daß sie den meisten Menschen, vor allem Marvin, geistig unterlegen sei. Einer der Gründe, weshalb sie soziale Kontakte fürchtete und vermied, war die Angst, daß jemand sie fragen könne, was sie beruflich mache. Sie ging längeren Unterhaltungen aus dem Weg, weil sich dabei möglicherweise herausstellen konnte, daß sie nie auf dem College war. Immer wenn sie sich mit anderen verglich, kam sie unweigerlich zu dem Schluß, daß die anderen besser informiert, klüger, gesellschaftsfähiger, selbstbewußter und interessanter waren.

«Vielleicht», deutete ich an, «ist Sex der einzige Bereich, wo Sie Macht ausüben können. Er ist der einzige Bereich, wo Marvin Sie braucht und Ihnen nicht überlegen ist.»

Phyllis antwortete zunächst zögernd, doch dann sprudelten die Worte nur so aus ihr hervor. «Wahrscheinlich brauchte ich einfach *irgend etwas*, wo Marvin von mir abhängig war. Sonst gibt es ja kaum etwas, wo er auf mich angewiesen ist. Ich habe oft das Gefühl, daß ich ihm nicht viel zu bieten habe. Ich war nicht in der Lage, Kinder zu bekommen, ich habe Angst vor Menschen, ich habe nie außerhalb des Hauses gearbeitet, ich habe keine besonderen Talente oder Fertigkeiten.» Sie hielt inne, wischte sich die Augen und sagte zu Marvin: «Siehst du, ich kann doch weinen, wenn ich es zulasse.»

Sie wandte sich wieder mir zu. «Marvin hat Ihnen ja erzählt, daß er mir immer von Ihren Sitzungen berichtet hat. Ich war also gewissermaßen Patientin zweiten Grades. Einige Sachen haben mich ganz schön aufgerüttelt, besonders die, die auf mich noch mehr zutreffen als auf ihn.»

«Zum Beispiel?»

«Zum Beispiel das Gefühl der Reue. Das war wirklich ein Schlag für mich. Ich bereue vieles, was ich in meinem Leben getan habe, oder besser, was ich nicht getan habe.»

In diesem Augenblick schloß ich Phyllis in mein Herz und suchte verzweifelt nach tröstlichen Worten. «Wenn man zu starr in die Vergangenheit blickt, wird man leicht von Reue überwältigt. Aber jetzt ist es wichtig, in die Zukunft zu schauen. Es ist nie zu spät, etwas zu ändern. Was auf keinen Fall geschehen darf, ist, daß Sie in fünf Jahren wieder etwas bereuen müssen, wenn Sie auf die Zeit zurückblicken, die jetzt vor Ihnen liegt.»

Phyllis antwortete nach einer kurzen Pause: «Am Anfang habe ich mir gesagt, daß ich zu alt bin, um mich zu ändern. Seit dreißig Jahren verfolgt mich dieses Gefühl. Dreißig Jahre! Mein ganzes Leben hatte ich das Gefühl, es sei zu spät. Aber schon Marvins Veränderung in den letzten Wochen hat mich tief beeindruckt. Es mag Ihnen vielleicht nicht bewußt sein, aber die bloße Tatsache, daß ich heute hier in der Praxis eines Psychiaters sitze und über mich spreche, ist an sich schon ein ganz, ganz großer Schritt.»

Ich erinnere mich noch, wie froh ich damals war, daß Marvins positive Entwicklung auch Phyllis angespornt hatte, ihr Leben zu verändern. Das ist nicht immer so bei einer Therapie. Oft wird eine Ehe dadurch stark belastet: Wenn ein Patient sich verändert und der Partner starr an seinen Positionen festhält, zerbricht häufig das dynamische Gleichgewicht einer Ehe. Dann muß der Patient entweder auf persönliches Wachstum verzichten, oder er verzichtet nicht darauf und bringt seine Ehe in Gefahr. Ich war Phyllis sehr dankbar, daß sie soviel Flexibilität bewies.

Zuletzt sprachen wir über die Frage, warum Marvins Symptome gerade zu diesem Zeitpunkt aufgetreten waren. Ich hatte geglaubt, daß die symbolische Bedeutung des Übergangs vom Arbeitsleben in den Ruhestand – die existentiellen Ängste, die sich an diesen wichtigen Meilenstein knüpften – eine ausreichende Erklärung waren. Aber Phyllis lieferte zusätzliche Antworten auf die Frage: «Warum gerade jetzt?»

«Ich bin sicher, daß Sie wissen, wovon Sie sprechen, und daß Marvin der Gedanke an den Ruhestand mehr beunruhigt, als er es wahrhaben will. Aber eigentlich ist es so, daß *mich* der Gedanke noch viel mehr beunruhigt als ihn – und wenn ich mich über etwas aufrege, egal worüber, regt Marvin sich auch auf. So läuft das immer in unserer Beziehung. Wenn ich besorgt bin, auch wenn ich nichts sage, spürt er es und wird selber unruhig. Manchmal regt er sich so auf, daß ich direkt wieder ruhig werde.»

Phyllis sagte das alles mit solcher Leichtigkeit, daß ich für einen Augenblick vergaß, unter welcher Anspannung sie stand. Vorher hatte sie beim Sprechen immer wieder einen Blick auf Marvin geworfen. Ich war mir nicht sicher, ob sie bei ihm Unterstützung suchte oder ob sie sich vergewissern wollte, ob er das, was sie zu sagen hatte, verkraften konnte. Aber jetzt war sie von ihrer Erzählung so in Anspruch genommen, daß sie beim Reden Körper und Kopf völlig ruhig hielt.

«Was beunruhigt Sie denn so bei dem Gedanken an Marvins Ruhestand?»

«Also, erst einmal, daß er sich vorgenommen hat, jetzt endlich zu reisen. Ich weiß nicht, ob er Ihnen erzählt hat, wie ich dazu stehe. Ich bin wirklich alles andere als stolz darauf, aber es fällt mir schon unheimlich schwer, überhaupt aus dem Haus zu gehen, von Reisen um die halbe Welt ganz zu schweigen. Und außerdem kann ich mich nicht mit dem Gedanken anfreunden, daß unsere bisherige Arbeitsteilung über den Haufen geworfen wird. Seit vierzig Jahren kümmert Marvin sich ums Geschäft und ich mich ums Haus. Nun gut, es ist auch sein Haus. Es ist sogar in erster Linie sein Haus, denn schließlich hat er es gekauft. Aber es macht mich ganz nervös, wenn ich höre, daß er die Räume umbauen will, damit er seine diversen Sammlungen besser unterbringen kann. Zum Beispiel versucht er jetzt gerade jemanden zu beauftragen, ihm fürs Eßzimmer einen Vitrinentisch anzufertigen, in dem er seine Polit-Buttons ausstellen kann. Ich habe keine Lust, Polit-Buttons zu sehen, wenn ich esse. Ich habe einfach Angst, daß da Probleme auf uns zukommen. Und...» Hier unterbrach sie sich?

«Sie wollten noch etwas sagen, Phyllis?»

«Ja, aber das fällt mir am schwersten. Ich schäme mich. Ich fürchte, wenn Marvin immer zu Hause ist, sieht er, wie wenig ich eigentlich jeden Tag tue, und verliert jeden Respekt vor mir.»

Marvin nahm einfach ihre Hand. Das schien in diesem Augenblick das einzig Richtige. Er hatte sich während der ganzen Sitzung sehr einfühlsam gezeigt. Keine störenden Fragen, keine Witzeleien, keine Klischees, keine Oberflächlichkeit. Er versicherte Phyllis, daß das Reisen für ihn zwar wichtig sei, aber nicht so wichtig, daß er nicht warten könne, bis auch sie dazu bereit sei. Er sagte ihr ausdrücklich, daß ihre Beziehung für ihn das Wichtigste auf der Welt sei und daß er sich ihr noch nie so nahe gefühlt habe wie jetzt.

Phyllis und Marvin kamen noch zu mehreren Sitzungen. Ich bestärkte sie in ihrer neuen, offeneren Art des Umgangs miteinander und gab ihnen einige praktische Ratschläge zur Überwindung sexueller Schwierigkeiten: wie Phyllis Marvin helfen konnte, seine Erektion aufrechtzuerhalten; wie sie ihm helfen konnte, vorzeitige Ejakulationen zu vermeiden; wie Marvin ein weniger mechanisches Verhältnis zur Sexualität entwickeln konnte; und wie er, wenn seine Erektion nicht anhielt, Phyllis manuell oder oral befriedigen konnte.

Phyllis hatte jahrelang das Haus überhaupt nicht verlassen und wagte sich jetzt sporadisch allein hinaus. Mir schien nun die Zeit reif, dieses Verhaltensmuster aufzubrechen. Ich war der Meinung, daß ihrer Agoraphobie zumindest teilweise die Basis entzogen und die Phobie nunmehr mit Hilfe paradoxer Instruktionen zu knacken war. Zunächst brachte ich Marvin dazu, mir zu versprechen, all meine Ratschläge zu befolgen, um Phyllis bei der Überwindung ihrer Phobie zu helfen. Dann sagte ich ihm, er solle pünktlich alle zwei Stunden – und wenn er im Büro sei, telefonisch – folgende Worte an sie richten: «Phyllis, geh bitte nicht aus dem Haus. Ich muß wissen, daß du jederzeit da bist, um mir zu helfen und mir in meinen Ängsten beizustehen.»

Phyllis' Augen waren immer größer geworden. Marvin starrte mich ungläubig an. Meinte ich das wirklich ernst?

Ich sagte, ich wisse, daß das verrückt klinge, bat ihn aber, meine Anweisungen trotzdem genau zu befolgen.

Am Anfang mußten die beiden noch kichern, wenn Marvin Phyllis bat, nicht aus dem Haus zu gehen: Das Ganze kam ihnen einfach lächerlich und gekünstelt vor; sie hatte das Haus seit Monaten nicht verlassen. Aber bald wich das Kichern einer zunehmenden Gereiztheit. Marvin war wütend auf mich, weil ich ihm das Versprechen abgerungen hatte, immer wieder denselben blöden Satz zu wiederholen. Phyllis, obwohl sie wußte, daß Marvin nur meinen Anweisungen folgte, war wütend auf Marvin, weil der ihr die Anweisung gab, zu Hause zu bleiben. Nach einigen Tagen ging sie allein in die Bibliothek, dann einkaufen, und in den nächsten Wochen wagte sie sich weiter aus dem Haus, als sie es seit Jahren getan hatte.

Ich benutze selten solche manipulativen Methoden in der Therapie; meistens ist der Preis zu hoch – man opfert die Authentizität der therapeutischen Begegnung. Doch kann ein manipulativer Ansatz durchaus wirkungsvoll sein in Fällen, wo das therapeutische Fundament solide genug ist und das verordnete Verhalten dem Symptom seinen Sinn raubt. In diesem Fall war Phyllis' Agoraphobie nicht *ihr* Symptom, sondern *ihrer beider* Symptom, das der Aufrechterhaltung des ehelichen Gleichgewichts diente: Phyllis war immer für Marvin da; er konnte sich in die Welt hinauswagen und für ihre gemeinsame Sicherheit sorgen, während er seine Sicherheit aus dem Bewußtsein schöpfte, daß sie immer auf ihn wartete.

Die Art meines Vorgehens entbehrte nicht einer gewissen Ironie: Der existentielle Ansatz und ein manipulatives Vorgehen sind für gewöhnlich bizarre Bettgesellen. Doch hier schien dieses Gespann angebracht. Marvin hatte die Erkenntnisse, die er aus der Konfrontation mit den wahren Ursachen seiner Verzweiflung gewonnen hatte, auf die Beziehung mit Phyllis übertragen. Trotz seiner Entmutigung (die in seinen Träumen beispielsweise durch seine Unfähigkeit, bei Nacht ein Haus wiederaufzubauen, symbolisiert wurde) hatte er sich zu einer radikalen Neugestaltung seiner Beziehung zu Phyllis entschlossen. Und jetzt waren Marvin und Phyllis so sehr um das Wachstum und Wohlergehen des anderen bemüht, daß sie in einem solidarischen Akt darangehen konnten, ein Symptom vom Sockel zu stoßen.

Marvins Veränderung setzte eine Anpassungsspirale in Gang: Von den Zwängen ihrer bisherigen Rolle befreit, konnte auch Phyllis innerhalb von wenigen Wochen ihr Leben entscheidend verändern. Im folgenden Jahr unterzog sie sich bei einem anderen Therapeuten einer Einzeltherapie, in der sich diese positive Entwicklung fortsetzte.

Marvin und ich sahen uns nur noch einige Male. Hocherfreut über seine Fortschritte, fand er, daß er, wie er es ausdrückte, eine gute Rendite für seine Investition erzielt hatte. Die Migräneanfälle, derentwegen er die Therapie begonnen hatte, kehrten nicht wieder. Obwohl seine Stimmungsschwankungen noch gelegentlich auftauchten (und dann immer im Zusammenhang mit Sex), hatte ihre Intensität erheblich nachgelassen. Marvin meinte, daß sie sich jetzt etwa im Rahmen der letzten zwanzig Jahre bewegten.

Auch ich war zufrieden mit unserer Arbeit. Sicher hätte man noch mehr tun können, aber alles in allem hatten wir weit mehr erreicht, als ich nach unseren ersten Sitzungen erwarten konnte. Auch die Tatsache, daß Marvin nicht weiter von Alpträumen heimgesucht wurde, war beruhigend. Obwohl die Botschaften des Träumers in den letzten Wochen ausgeblieben waren, hatte ich sie nicht vermißt. Marvin und der Träumer waren eins geworden, und ich sprach jetzt zu beiden als einer einzigen Person.

Das nächste Mal sah ich Marvin ein Jahr später. Ich bestelle grundsätzlich alle Patienten ein Jahr nach Beendigung der Therapie zu einer Kontaktuntersuchung ein – sowohl in ihrem Interesse als auch zu meiner eigenen Bestätigung. Außerdem spiele ich ihnen immer eine Kassette mit einem Ausschnitt aus der ersten Sitzung vor. Marvin hörte sich mit großem Interesse die ersten zehn Minuten unseres Einführungsgesprächs an, warf mir ein Lächeln zu und sagte: «Kenn' ich diesen Trottel?»

Marvins spöttische Bemerkung hatte eine ernste Seite. Nachdem ich dieselbe Reaktion schon bei vielen Patienten erlebt hatte, war sie für mich zu einem überzeugenden Beweis für Veränderung geworden. Denn Marvin wollte damit sagen: «Ich bin jetzt ein anderer Mensch. Ich erkenne den Marvin von vor einem Jahr kaum wieder. So wie ich mich damals verhielt, als ich versuchte, andere zu beherrsschen oder einzuschüchtern, als ich versuchte, andere mit meiner Intelligenz, meinen Diagrammen, meinem Perfektionismus zu beeindrucken, so verhalte ich mich heute nicht mehr.»

Das sind keine geringfügigen Verhaltenskorrekturen, sondern tiefgreifende Veränderungen der Persönlichkeit. Doch sind sie ihrem Wesen nach so subtil, daß sie sich mit herkömmlichen Tests zur Erfolgsmessung im allgemeinen nicht erfassen lassen.

Marvin hatte sich mit der gewohnten Sorgfalt auf unsere Sitzung vorbereitet und sich Notizen gemacht, in denen er die Ergebnisse der in der Therapie gesetzten Ziele festhielt und bewertete. Das Urteil fiel gemischt aus: In einigen Bereichen hatte die positive Entwicklung angehalten; in anderen hatte es leichte Rückschläge gegeben. Zunächst erzählte er mir, daß es Phyllis gutgehe: Ihre Angst, aus dem Haus zu gehen, hatte erheblich nachgelassen. Sie hatte sich einer Frauentherapiegruppe angeschlossen und war auf dem besten Weg, ihre sozialen Ängste abzubauen. Am eindrucksvollsten war vielleicht ihr Entschluß, sich für verschiedene Kurse an einem College einzuschreiben, um ihren Bildungskomplex zu überwinden.

Und Marvin? Er hatte keinen Migräneanfall mehr gehabt. Seine Stimmungsschwankungen hielten an, setzten ihn aber nicht mehr außer Gefecht. Er hatte noch gelegentlich Potenzschwierigkeiten, grübelte aber nicht mehr wie früher ständig darüber nach. Seinen Entschluß, aus dem Berufsleben auszuscheiden, hatte er teilweise revidiert, und er arbeitete jetzt halbtags, aber nicht mehr in seinem alten Bereich, sondern auf dem nach seiner Meinung interessanteren Gebiet der Erschließung und Verwaltung von Grundstücken. Er und

Phyllis kamen nach wie vor gut miteinander aus, doch war er manchmal etwas bedrückt wegen ihrer neuen Aktivitäten und fühlte sich von ihr vernachlässigt.

Und mein alter Freund, der Träumer? Was war aus ihm geworden? Hatte er eine Botschaft für mich? Obwohl Marvin nicht mehr so intensiv träumte wie früher und schon gar keine Alpträume mehr hatte, wußte er, daß es in seinen Nächten noch gelegentlich rumorte. In der Nacht vor unserem Treffen hatte er einen kurzen, geheimnisvollen Traum gehabt. Er schien ihm etwas mitteilen zu wollen. Vielleicht, meinte Marvin, konnte ich etwas damit anfangen.

Meine Frau steht vor mir. Sie ist nackt und hat die Beine gespreizt. Ich schaue durch das Dreieck ihrer Beine in die Ferne. Aber alles, was ich sehen kann, weit entfernt am Horizont, ist das Gesicht meiner Mutter.

Die letzte Botschaft des Träumers:

«Meine Sicht wird durch die Frauen meines Lebens und meiner Vorstellung begrenzt. Trotzdem kann ich noch weit in die Ferne schauen. Vielleicht genügt das.»

Danksagung

Mehr als die Hälfte dieses Buches habe ich während der zahlreichen Reisen zweier Urlaubssemester geschrieben. Vielen Personen und Institutionen, die mich in dieser Zeit beherbergt und mir die Arbeit erleichtert haben, bin ich zu Dank verpflichtet: dem Stanford University Humanities Center, dem Rockefeller Foundation Bellagio Study Center, Dr. Mikko und Tsunehito Hasegawa in Tokio und Hawaii, dem Café Malvina in San Francisco und dem Bennington College Creative Writing Program.

Ich danke meiner Frau Marylin (meiner härtesten Kritikerin und verläßlichsten Stütze), meiner Lektorin bei Basic Books, Phoebe Hoss, für ihre auch dieses Mal unverzichtbare Hilfe, und Linda Carbone, die die Entstehung dieses Buches seitens des Verlags begleitet hat. Viele Kollegen und Freunde hatten ein offenes Ohr, wenn ich sie mit immer neuen Geschichten behelligt habe – für Kritik und Ermutigung habe ich ihnen zu danken, auch wenn ich manchen Namen vergessen haben mag. Genannt seien: Pat Baumgardner, Helen Blau, Michele Carter, Isabel Davis, Stanley Elkin, John Felstiner, Albert Guerard, Maclin Guerard, Ruthellen Josselson, Herant Katchadourian, Stina Katchadourian, Marguerite Lederberg, John L'Heureux, Morton Lieberman, Dee Lum, K. Y. Lum, Mary Jane Moffatt, Nan Robinson, meine Schwester Jean Rose, Gena Sorensen, David Spiegel, Winfried Weiss, mein Sohn Benjamin Yalom, der Jahrgang 1988 des Fachbereichs Psychologie an der Stanford University, meine Sekretärin Bea Mitchell, die über zehn Jahre hinweg meine in der Klinik gewonnenen Eindrücke und damit die Grundlagen dieses Buches aufgeschrieben hat. Wie immer danke ich der Stanford University für die mir gewährte Unterstützung, für die akademische Freiheit und intellektuelle Gemeinschaft, ohne die ich nicht arbeiten könnte.

Bei den zehn Patienten, denen diese Seiten zu verdanken sind, stehe ich in tiefer Schuld. Sie haben jede einzelne Zeile ihrer jeweiligen Geschichte gelesen (außer einem, der starb, bevor das Buch fertig wurde) und der Veröffentlichung zugestimmt. Sie alle erklärten sich mit den von mir vorgenommenen Veränderungen ihres Falles einverstanden, einige boten ihre Hilfe beim Verfassen verschiedener Kapitel an, einer, Dave, fand die Überschrift für seine Geschichte selbst. Manch einer meinte, ich hätte die Fälle zu sehr verfremdet und hielt mich zu genauerer Arbeit an. Die schriftstellerischen Freiheiten, die ich mir erlaubt habe, und meine Offenheit verwirrten den ein oder anderen; dennoch haben alle der Veröffentlichung ihrer Geschichte zugestimmt, um andere Therapeuten und Patienten bei ihrer Arbeit zu unterstützen. Meinen Patienten gilt daher meine tiefste Dankbarkeit.

Alle Geschichten sind wahr, aber ich habe zum Schutz der Patienten viele

Veränderungen gegenüber der Wirklichkeit vorgenommen. Häufig wurden Lebensumstände und Persönlichkeit der Betroffenen behutsam verfremdet, gelegentlich habe ich meinen Protagonisten auch Züge anderer Patienten verliehen. Viele Dialoge sind erfunden, und meine eigenen Überlegungen habe ich oft erst im nachhinein angestellt. So ist eine Tarnung entstanden, die nur für die Patienten selbst durchschaubar ist. Wer immer meinen mag, er erkenne einen der zehn, sei versichert, daß er sich irrt.